U0819252

权威·前沿·原创

皮书系列为

“十二五”国家重点图书出版规划项目

中国社会科学院创新工程学术出版项目

河南蓝皮书
BLUE BOOK OF HENAN

河南经济发展报告（2015）

ANNUAL REPORT ON ECONOMY OF HENAN (2015)

新常态下的河南经济发展

主　编／喻新安
副主编／完世伟　王玲杰

社会科学文献出版社
SOCIAL SCIENCES ACADEMIC PRESS (CHINA)

图书在版编目（CIP）数据

河南经济发展报告. 2015：新常态下的河南经济发展/喻新安主编. —北京：社会科学文献出版社，2014.12
（河南蓝皮书）
ISBN 978-7-5097-6830-3

Ⅰ.①河… Ⅱ.①喻… Ⅲ.①区域经济发展-研究报告-河南省-2015 Ⅳ.①F127.61

中国版本图书馆 CIP 数据核字（2014）第 279909 号

河南蓝皮书
河南经济发展报告（2015）
——新常态下的河南经济发展

主　　编／喻新安
副 主 编／完世伟　王玲杰

出 版 人／谢寿光
项目统筹／任文武
责任编辑／高　启　王　颉

出　　版／社会科学文献出版社·皮书出版分社（010）59367127
地址：北京市北三环中路甲 29 号院华龙大厦　邮编：100029
网址：www.ssap.com.cn
发　　行／市场营销中心（010）59367081　59367090
读者服务中心（010）59367028
印　　装／北京季蜂印刷有限公司

规　　格／开 本：787mm×1092mm　1/16
印 张：23.25　字 数：350 千字
版　　次／2014 年 12 月第 1 版　2014 年 12 月第 1 次印刷
书　　号／ISBN 978-7-5097-6830-3
定　　价／79.00 元

皮书序列号／B-2007-067

主要编撰者简介

喻新安　男，河南省洛阳人，经济学博士，河南省社会科学院院长、首席研究员，享受国务院特殊津贴专家、河南省优秀专家、河南省杰出专业技术人才，中国区域经济学会副理事长，中国工业经济学会副理事长，国家统计局“中国百名经济学家信心调查”特邀专家，央行货币政策委员会咨询专家，第二届（2012）“河南经济年度人物”。长期从事区域经济、产业经济、经济体制变迁等研究。主持省部级课题30余项。出版《策论中原崛起》《中原经济区研究》等著作30多部，获省部级特等奖、一等奖10项，在《求是》《新华文摘》《中国工业经济》《改革》《人民日报》等发表论文400多篇。

完世伟　男，河南省鹿邑人，经济学硕士，管理学博士，河南省社会科学院经济研究所所长、研究员。中国工业经济学会理事，河南省学术技术带头人，河南省“555人才工程”学术技术带头人、河南省“四个一批”工程人才。长期从事宏观经济、区域经济、产业经济、技术经济及管理等方面研究。主持或参与完成国家级、省部级项目20余项，获各种优秀成果奖10余项，主编或参与撰写出版专著10多部，主持或参与编制区域发展规划30余项，发表论文60多篇。

王玲杰　女，河南省洛阳人，经济学博士，河南省社会科学院经济研究所副所长、副研究员。长期从事宏观经济、区域经济、生态经济等方面研究。主持或参与国家级、省部级项目10余项，在核心期刊发表论文20余篇，获各种优秀成果奖5项，主编或参与撰写出版专著10余部。

摘 要

本书由河南省社会科学院主持编撰，以“新常态下的河南经济发展”为主题，深入系统地分析了2014年河南经济运行的主要态势特征以及2015年河南经济发展的走势预测，全方位、多角度研究和探讨了河南全力稳增长、调结构、促改革的举措及成效，并提出了新常态下河南经济稳增长保态势的对策建议。

本书的总报告由河南省社会科学院课题组撰写，代表了本书对2014~2015年河南经济形势分析与预测的基本观点，以及对经济新常态下河南经济运行的形势前瞻、问题分析与对策建议。总报告提出，2014年，在世界经济复苏缓慢曲折、全国经济处于新常态“三期叠加”阶段的复杂形势下，河南认真贯彻落实中央和省委省政府的决策部署，坚持调中求进、变中取胜、转中促好、改中激活，统筹稳增长、促改革、调结构、强基础、控风险、惠民生各项工作，确保了经济运行总体平稳、稳中趋好的态势，各项指标比较协调，发展的科学性继续增强，经济运行表现出了一些新特征新亮点，也面临着一些新问题新挑战。预计全年河南省生产总值增长8.6%，规模以上工业增加值增长11.2%，固定资产投资增长20.5%，社会消费品零售总额增长12.9%，居民消费价格指数为102（以上年为100），出口预计增长8%，进口预计增长7.5%。预计2015年河南生产总值增长8.5%，规模以上工业增加值增长11%，固定资产投资增长20%，社会消费品零售总额增长13%，居民消费价格指数为101.5，出口预计增长10%，进口预计增长8%。

本书的调查评价篇，主要通过建立相关指标体系和量化模型，对2014年中原经济区30个省辖市经济综合竞争力和河南108个县域经济发展质量进行了综合评价；总结分析了河南实施三大国家战略规划的主要进展和成效，按照规划目标要求对三大国家战略规划进行实施成效和实施进程等的量化评估，在进行总体评估的同时剖析面临的主要问题，进而提出推进三大国家战略规划实施的战略指向和对策建议。本书的形势分析篇，主要立足于新常态下河南经济不同领域、不同行业、不同产业发展的态势分析以及对2015年的预测展望，进而分别提出加快结构调整、促进转型升级的相应举措。本书的经济热点篇，主要从河南在体系建设、基础支撑能力、战略保障以及高成长服务业大省建设、航空经济驱动型发展模式、丝绸之路经济带重要综合枢纽建设等方面，分析了河南应对经济新常态、打造经济升级版、让中原更出彩的一些重点工作和重点举措。本书的体制改革篇，主要从郑州航空港经济综合实验区体制机制创新、现代市场体系建设、科技体制改革、国有资产管理体制改革、负面清单管理制度、财税体制改革等方面，深入分析了河南全面深化改革的形势、进展、问题及推进思路和建议。

针对新常态下河南经济发展对各部门、各行业提出的不同要求，本书邀请相关科研院所、高等学校和政府部门的知名专家学者，研究分析了各领域在稳增长、调结构、促改革中面临的重点难点问题，并从不同角度提出了新常态下河南实现中原崛起河南振兴富民强省目标的对策建议。

目　录

BⅢ 形势分析篇

BⅣ 经济热点篇

ⅣB Ⅴ 体制改革篇

B Ⅵ 附 录

前　言

2014 年是实施“十二五”规划的攻坚之年。面对复杂严峻的国内外经济形势，河南全省上下认真贯彻落实中央决策部署特别是习近平总书记到河南调研指导时的讲话精神，以开展党的群众路线教育实践活动为契机，坚持调中求进、变中取胜、转中促好、改中激活，统筹稳增长、促改革、调结构、强基础、控风险、惠民生各项工作，有效促进了经济平稳较快增长。

预计 2014 年河南生产总值将达到 3.5 万亿元，比上年增长 8.6%；人均生产总值达到 3.3 万余元，折合 5400 美元；财政总收入达到 4100 亿元，均实现历史性的突破。粮食生产克服秋季大旱，产量实现 11 年连年增，2014 年有望达到 1150 亿斤。先进制造业大省和高成长性服务业大省建设快速推进，2014 年工业总产值预计达到 1.8 万亿，服务业产值达到 1.2 万亿。新型城镇化快速发展，中原城市群实力增强，县域经济竞相发展。综观全局，河南省经济社会发展呈现总体平稳、稳中趋好的态势，各项指标比较协调，发展的科学性继续增强，呈现好的趋势、好的态势、好的气势。

在肯定成绩的同时，我们也清醒地认识到，在自身结构性矛盾与外部严峻复杂环境交织叠加作用下，河南经济下行压力依然较大，经济运行仍面临着较多的困难和障碍。一是三大需求呈现不同程度下滑。受国内流动性紧张的影响，贷款难、贷款贵问题突出，工业、房地产、基础设施投资增速均持续回落；受生产成本上升、下游需求不振等因素的影响，企业经济效益不断下滑，居民就业和收入增速放缓，居民消费需求增长面临较大压力；随着世界经济分化、贸易保护主义的抬头以及劳动力成本的不断上升，对外出口低成本优势逐步削弱，出口增长面临较大挑战。二是能源原材料行业生产经营非常困难。在生产成本不断攀升和产品价格大幅下滑的双重压力下，河南煤炭、钢铁、电解铝、煤化工等行业生产经营形势非常严峻。三是融资难、融资贵问题仍然突出。随着美国量化宽松政策的终结及其未来加息预期的增强，国内资本外流仍将持续。同时，由于央行退出常态干预，2015 年全面放宽银根的可能性不大，未来资金紧张的状况仍将持续。

总体来看，尽管河南经济发展面临复杂环境和深层次矛盾，但全省经济持续稳定较快发展的基本面没有改变，保持良好发展态势的基础依然存在。一是随着重点领域、关键环节改革的持续深入，长期以来束缚河南发展的一些体制性障碍将会得以突破，必将释放出巨大的改革红利。二是随着全省产业结构调整的持续推进，经济增长实现了先进制造业和高成长性服务业“双轮”驱动，经济发展的抗风险能力显著增强。三是积极发挥三大国家战略的先发效应、带动效应、聚合效应、示范效应，全省经济“抗下行、稳增长”的动力显著增强。四是随着郑州航空枢纽以及郑欧班列的开通，河南融入世界经济的步伐加快，对外贸易将更加活跃，对外开放将进一步扩大。五是尽管 2015 年全面降息、降准的可能性较小，但是通过定向降准、再贷款、PSL 等方式注入流动性的力度将会增加，货币政策或将适度放松，河南加快发展的资金约束将会有所缓解。

当前，中原崛起河南振兴富民强省的发展机遇、光明前景前所未有，面临的风险挑战、艰巨任务也前所未有。我们必须坚定信心，进一步增强机遇意识、忧患意识，在把握大势、顺应趋势、发挥优势中牢牢抓住机遇，在应对挑战、突破风险、破解难题中不断创造机遇，努力在发展中促转变、在转变中谋发展，推动河南经济社会又好又快发展。

2015 年是实施“十二五”规划的收官之年，也是河南加快推进三大国家战略的关键之年。我们要认真学习贯彻党的十八大和十八届三中、四中全会精神，把思想和行动统一到中央和省委、省政府确定的目标任务上来，坚定总坐标，坚持总思路，完善总方略，坚持问题导向，着力提升，重在落实，努力把全省改革、发展、稳定提升到新水平。

在新的一年里，河南省社会科学院将继续致力于高水平智库建设，切实研究和把握河南经济社会发展的趋势和规律，摸清找准 2015 年经济社会发展中可能出现的新情况、新问题，更好地为省委、省政府决策服务，为富强河南、文明河南、平安河南、美丽河南建设提供强有力的智力支持。

喻新安

2014 年 12 月 1 日

总 报 告

General Report

B.1

新常态 新课划 新发展

——2014~2015 年河南省经济发展分析与预测

河南省社会科学院课题组*

摘 要: 经济新常态下，2014 年河南经济运行表现出了一些新特征和新亮点，也面临着一些新问题和新挑战。预计全年河南省生产总值增长 8.6%，规模以上工业增加值增长 11.2%，固定资产投资增长 20.5%，社会消费品零售总额增长 12.9%，居民消费价格指数为 102（以上年为 100），出口预计增长 8%，进口预计增长 7.5%。预计 2015 年河南生产总值增长 8.5%，规模以上工业增加值增长 11%，固定资产投资增长 20%，社会消费品零售总额增长 13%，居民消费价格指数为

* 课题组组长：喻新安、完世伟；课题组成员：王玲杰、唐晓旺、袁金星。

101.5，出口预计增长10%，进口预计增长8%。

关键词：河南　新常态　经济形势　分析与预测

2014年，在世界经济复苏缓慢曲折、全国经济处于新常态“三期叠加”阶段的复杂形势下，全省上下认真贯彻落实中央和省委省政府的决策部署，坚持调中求进、变中取胜、转中促好、改中激活，统筹稳增长、促改革、调结构、强基础、控风险、惠民生各项工作，确保经济运行总体平稳、稳中趋好的态势，各项指标比较协调，发展的科学性继续增强。但是同时也要清醒地看到，在自身结构性矛盾与外部严峻复杂环境交织叠加作用下，经济下行压力依然较大，新常态下河南既要坚定信心、谋划发展，也要增强危机感和紧迫感，不掉以轻心，确保实现河南经济稳增长保态势目标。

一　新常态下2014年河南经济形势及特点分析

2014年以来，国际国内形势日趋复杂严峻，经济下行压力不断增大。河南认真贯彻落实中央决策部署，在经济新常态下坚持调中求进、变中取胜、转中促好、改中激活，有效促进了经济平稳较快增长。同时，新常态下河南经济运行也表现出一些新变化和新特征，既要坚定信心进一步做大新亮点和新优势，也要充分认识面临的风险问题，而不能掉以轻心，把握机遇、应对挑战，努力实现2015年河南经济稳增长保态势各项目标。

（一）2014年河南经济发展的总体评价

从前三季度河南经济运行主要指标变化趋势来看，表现出总体平稳、小幅波动、缓中趋升等特点。首先，稳增长体现在几大主要经济指标增速上。据初步核算，2014年前三季度全省生产总值实现25445.43亿元，按可比价格计算，比上年同期增长8.5%，虽然较上季度放缓0.3个百分点，但与全国平均水平相比，快了1.2个百分点（见图1），规模以上工业增加值增速、固定资产投资增速、社会消费品零售总额增速三项主要经济指标在全国的位次也均处在前15位，依然属于增速较高、回落较少的平稳运行省份之一。同时，在遭受63年以来最严重干旱的情况下，全年粮食总产仍有望实现11连增；地方公共财政预算收入和城镇居民人均可支配收入、农民人均现金收入均保持稳定增长；在经济减速换挡的同时就业指标好于预期，城镇新增就业113.13万人，超额完成全年100万人的目标任务。

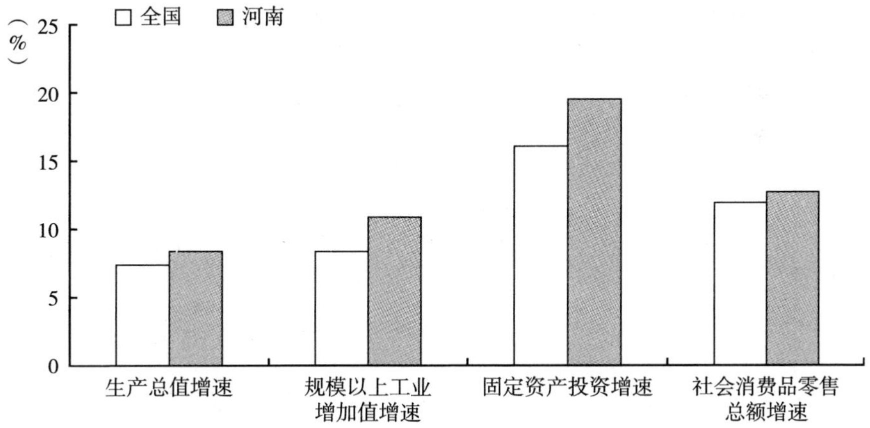

图1 2014年前三季度河南主要经济指标增速与全国平均水平相比较

数据来源：河南省统计局。

从缓中趋升来看，前三季度河南经济运行的质量效益和科学性在持续提升。随着河南先进制造业大省、高成长性服务业大省和现代农业大省“三个大省”建设不断深化，经济发展的抗压性不断增强，在秋粮遭受63年以来最严重干旱的情况下，由于持续加强粮食生产核心区建设，高标准粮田和抗旱保丰收措施得力，全年粮食总产有望实现11连增；规模以上工业增加值增长11%，在全国位次同比前移6位；服务业增加值增长8.7%，占生产总值比重同比提高0.6个百分点。从发展效益来看，前三季度河南地方公共财政预算收入增长13.1%，高于全国地方级平均收入3个百分点；城镇居民人均可支配收入、农民人均现金收入分别实际增长 7.3% 和 10%，同比均提高 0.6 个百分点。

从指标波动情况来看，三季度末规模以上工业增加值增速、固定资产投资增速、社会消费品零售总额增速、地方财政总收入增速等指标均出现小幅回落情况，分别比上半年回落了 0.2 个、1.4 个、0.1 个、1.0 个百分点，如图 2 所示。虽然出现波动回调，但均为小幅缓降，且均处在可控范围之内，不会出现失速风险，经济运行的基本面是好的。

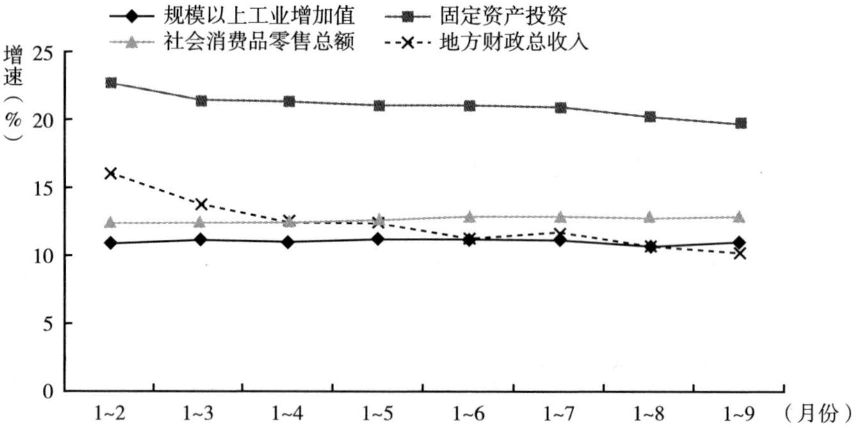

图 2　2014 年 1～9 月河南几个主要经济指标走势

数据来源：河南省统计局。

从上述对河南经济运行出现小幅回落、缓中趋稳的特点分析中不难发现，总体上，河南经济进入新常态的特征明显，一方面随着河南转型升级和结构调整的不断深入，一些经济指标出现波动回调符合经济新常态的内在规律；另一方面，经济减速换挡也为河南加快推进转方式、调结构、促改革提供了空间。

根据河南省宏观经济数量预测模型并结合各类影响变量的综合评估，预计 2014 年河南省地区生产总值比上年增长 8.6%，其中第一、第二、第三产业分别增长 4.0%、11.8%、8.9%；规模以上工业增加值增长 11.2%；固定资产投资增长 20.5%；社会消费品零售总额增长 12.9%；居民消费价格指数为102（以上年为100）；出口预计增长8%，进口预计增长7.5%（见表1）。

表1 2014年河南主要经济指标增长率预测

单位：%

指 标	1~9月	全年(预测)
1. 地区生产总值增长率	8.5	8.6
其中:第一产业增长率	4.3	4.0
第二产业增长率	9.4	11.8
第三产业增长率	8.7	8.9
2. 规模以上工业增加值增长率	11.0	11.2
3. 固定资产投资增长率	19.7	20.5
4. 社会消费品零售总额增长率	12.8	12.9
5. 居民消费价格指数(以上年为100)	101.9	102.0
6. 出口增长率	7.8	8.0
7. 进口增长率	7.1	7.5

（二）2014年河南经济运行的新特征

经济新常态的外在表征是由高速增长转向中高速增长，同时，转型与调整这两个新常态的根本要求也使得河南经济在减速换挡的同时，以提高发展质量和效益为核心，表现出一些快与慢、增与减并存的新变化和新特征。

1. 增长速度中的慢与快

2014年，河南生产总值增速放慢，前三季度生产总值增速分别比一季度末、二季度末和上年同期下降了0.2个、0.3个、0.2个百分点。GDP增速“下台阶”的同时，如图3所示，河南居民收入稳定增长、服务业加快发展，城镇居民人均可支配收入增速、农民人均现金收入增速和服务业增速等一些体现民生改善、调整升级的指标增速均高于GDP增速，这也是河南大力推进调中求进、转中促好的现实体现。

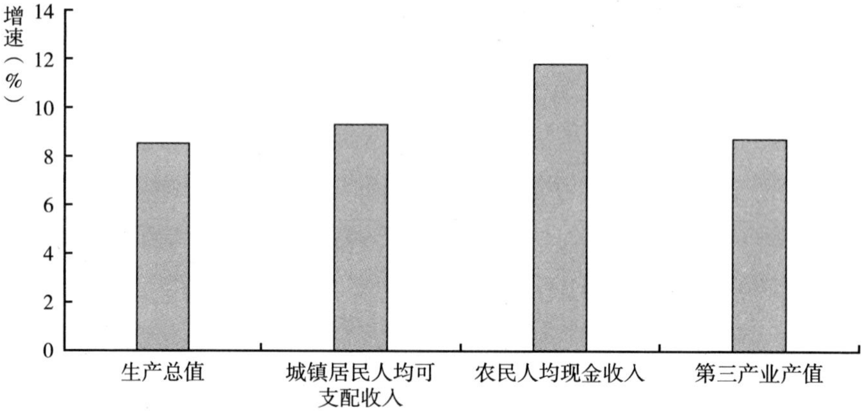

图3　2014年前三季度河南生产总值增速与人均收入和第三产业增速对比

数据来源：河南省统计局。

2. 结构调整中的退与进

新常态下的结构调整，要求经济结构中不协调、不可持续内容的“退”，更高质量、更利民生内容的“进”。从产业结构来看，前三季度河南第二产业增加值的增速和占生产总值比重分别由一季度末的9.6%、61.05%，降至三季度末的9.4%、54.2%；而第三产业增加值的增速和占生产总值比重则分别由一季度末的8.2%、30.3%，升至三季度末的8.7%、31.2%，河南服务业发展明显滞后的问题有所缓解。从投资结构来看，三季度末工业、建筑业投资增速分别比上年同期下降了0.9个、35.1个百分点；同时，教育、水利环境和公共设施管理业投资增速分别比上年同期提高了13.4个、18.4个百分点，民生领域、公共服务领域投资在优化投资结构、提高投资效益中的作用得到显著提升。

3. 发展动力中的减与增

经济新常态需要形成新的动力机制，改变过去投资依赖型增长方式，不断增强消费的拉动作用。2014年前三季度，河南投资增速趋缓，9月末增速不仅比2月末增速减少了3个百分点，而且是近年来首次低于20%。投资拉动作用趋减的同时，消费的拉动作用不断增加，投资与消费、出口对拉动经济发展的协调性稳步增长。2014 年以来，社会消费品零售总额增速稳中有升，9 月末增速比 2 月末增速快了 0.4 个百分点；第三产业对 GDP 增长的贡献率为 28.6%，同比提高 0.7 个百分点；外贸出口增长 7.8%，高于全国平均水平 2.7 个百分点。

4. 优化升级中的下与上

河南经济保持总体平稳运行的同时，在产业优化、发展升级等方面都表现出一些新的特征。如图 4 所示，前三季度，河南高成长性制造业增加值增速高于规模以上工业增加值增速 1.7 个百分点，高于传统支柱产业增加值增速 3.2 个百分点，高成长性制造业已经成为河南经济增长和产业升级的新亮点。在促进经济平稳健康发展的同时，河南经济增长的代价也逐步下降，前三季度六大高载能行业增加值增速分别比一季度末和二季度末降低了 0.2 个和 0.3 个百分点。

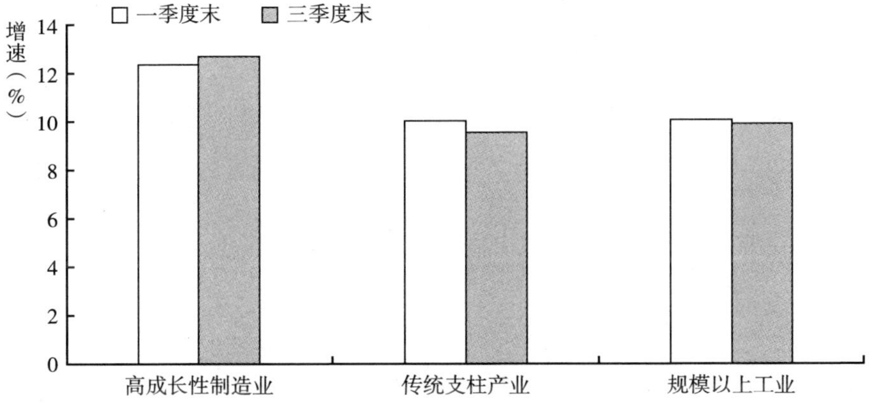

图 4　2014 年前三季度河南高成长性制造业、传统支柱产业和规模以上工业增速对比

数据来源：河南省统计局。

（三）2014年河南经济运行的新亮点

2014 年以来，河南经济运行中涌现出的一些新亮点，成为增创发展新优势、让中原更出彩的重要支撑。

1. 郑州航空港建设全面发力

郑州航空港经济综合实验区作为战略突破口和核心增长极，一年多以来随着实验区建设全面展开，表现出了好的趋势、好的态势、好的气势，几个主要经济指标增速均明显高于全省平均水平，如图 5 所示，航空港的生产总值增速、规模以上工业增加值增速、固定资产投资增速、社会消费品零售总额增速、实际利用外商直接投资增速、地方公共财政预算收入增速分别高出全省平均水平 6.1 个、6.4 个、64.9 个、2.5 个、47.6 个和 48.1 个百分点。在下行压力持续增大、全省主要经济指标均出现趋缓回调的同时，郑州航空港以其独特的战略优势、优良的发展环境、高端的产业体系和先行先试的政策优势成为领先发展的热点亮点。

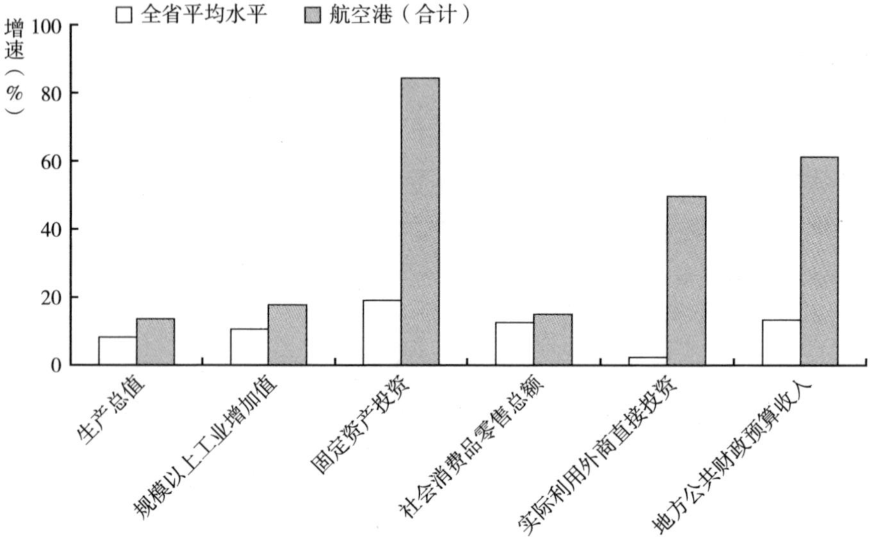

图 5　2014 年三季度末郑州航空港主要经济指标增速与全省平均水平对比

数据来源：河南省统计局。

2. 先进制造业成长性增强

2013 年 12 月《河南省人民政府关于加快推进产业结构战略性调整的指导意见》发布，提出要突出发展电子信息、装备制造、汽车及零部件、食品、现代家居、服装服饰等高成长性制造业，着力扩大产业规模，成为引领工业结构升级的核心力量。2014 年前三季度，河南高成长性制造业增速比规模以上工业增加值增速快了 1.7 个百分点，尤其是汽车及零部件、电子信息、装备制造等几大先进制造业，随着集群发展、基地建设等快速推进，表现出突出的高成长性，如图 6 所示，汽车及零部件、电子信息、装备制造业的增速分别比高成长性制造业增速快了 3.7 个、8.8 个、2.4 个百分点。

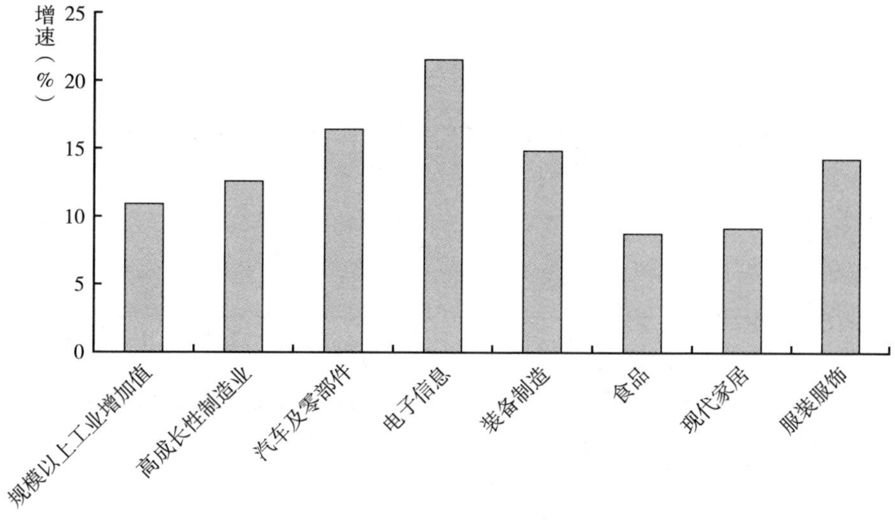

图 6 2014 年 1～9 月河南高成长性制造业增长速度

数据来源：河南省统计局。

3. 金融业呈现较快发展态势

2014 年前三季度，河南金融业产值增速达到 13.9%，在第三产业分行业统计中，是增速唯一达到两位数增长的，比生产总值增速和第三产业增速分别快了 5.4 个和 5.2 个百分点。金融市场健康较快发展还体现在改变之前短期贷款多于中长期贷款的情况，中长期贷款出现了较大增长，到 9 月末新增中长期贷款额达到 1927.12 亿元，比上年同期多增了 693.16 亿元。其中，无论是个人贷款还是单位贷款都出现较大增长，尤其是单位中长期贷款至 2014 年 9 月末新增额度达到了上年同期新增额度的 210%。

4. 产业创新发展能力持续提升

河南在做强工业、建设先进制造业大省中大力发展技术含量高、市场潜力大的高成长性制造业，不断强化产业创新发展能力。2014 年以来，河南高技术产业保持了平稳较快发展态势，如图 7 所示，至三季度末增速达到 18.8%，比同期规模以上工业增加值增速快了 7.8 个百分点。

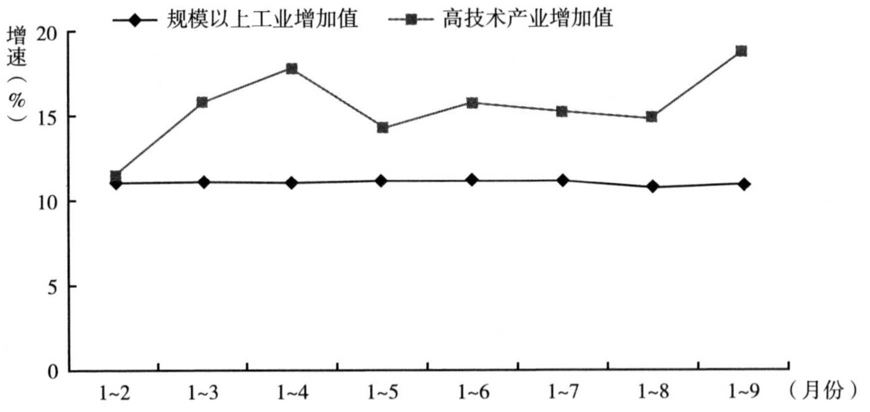

图 7　2014 年 1 ~ 9 月河南高技术产业增速与规模以上工业增加值增速

数据来源：河南省统计局。

（四）2014年河南经济运行中凸显的主要问题

新常态下，河南经济运行表现出了一些增强发展科学性的新特征和新亮点，在坚定发展信心的同时也要清醒地看到，在自身结构性矛盾与外部严峻复杂环境交织叠加作用下，经济下行压力依然较大，对于一些矛盾问题我们不能掉以轻心，应增强危机意识和风险防范意识。

1. 工业企业运行困难

从 2014 年工业经济运行及企业经营效益情况来看，去产能、去库存以及市场需求不足、价格波动等问题都使得工业企业运行更加困难。从统计数据来看，2014 年 1 ~ 8 月，规模以上工业企业主营业务收入增速比年初和上年同期分别下降了 0.7 个和 2.7 个百分点；利润总额增速分别比年初和上年同期下降了2.2个和4个百分点；应收账款增速已经连续5个月环比增加；产成品库存增速则在不断加快，分别比年初和上年同期增长了7.3个和11.2个百分点。

2. 投资增长活力不足

前三季度，全省固定资产投资同比增长19.7%，比上半年和一季度分别回落1.4个和1.8个百分点。其中，工业投资和基础设施投资分别比前8个月回落0.7个和3.5个百分点，住宅投资比1～2月减少了12.1个百分点。民间投资作为优化投资结构、激发投资活力的重要力量，1～9月以来虽然总体增速保持在较快水平，达到23.8%，但是比二季度末、一季度末和上年同期分别降低了1.2个、3.3个、1.1个百分点，增速下滑趋势较为明显。

3. 财政减收压力增大

2014年以来，河南地方财政总收入增速回落，从1月的19.3%降至9月末的10.3%，增速低于上年同期1.2个百分点。从几大税种情况来看，国内增值税和营业税都出现增速回落情况，国内增值税9月末增速为0，且分别比1月和上年同期降低了5.9个、0.5个百分点；营业税9月末增速4.9%，分别比1月和上年同期降低了11.8个、20.9个百分点。

4. 开放发展增长速度放缓

河南进出口增速虽然比全国平均水平快，但是从主要指标走势来看，回调压力正在不断增大。1～9月海关进出口总值增速虽然比2月末快了5个百分点，但是比上年同期减少了6.9个百分点；外商实际投资额增速连续8个月出现负增长，虽然在9月末恢复至2.4%，但是依然比上年同期降低了4.8个百分点，持续保持扩大开放良好态势面临严峻挑战。

5. 运输邮电业增速回落

河南推进三大国家战略规划的一大战略定位和目标要求就是要打造交通运输和现代物流中心枢纽。近年来，随着郑州航空港和现代综合交通运输体系建设不断推进，河南运输邮电业得到快速发展。2014年开始，对于运输邮电的统计数据调整为铁路、公路、水路和航空四种运输方式之和，更能体

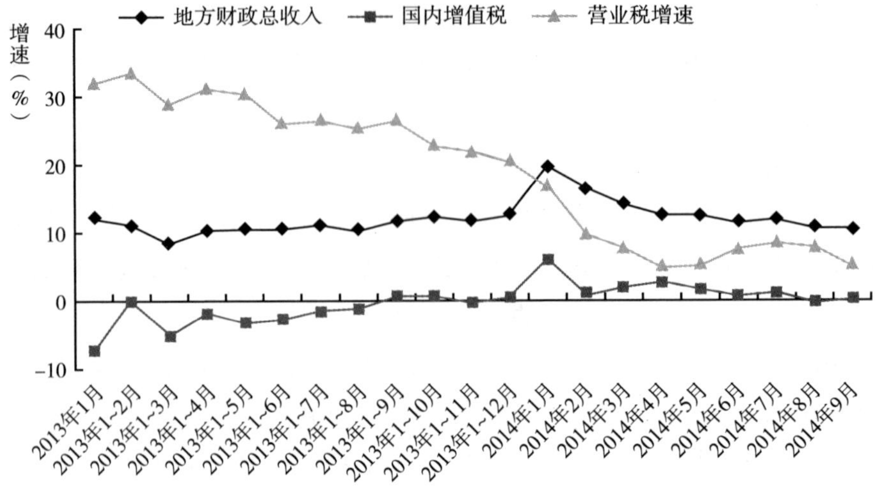

图8　2013年1月到2014年9月河南地方财政总收入、国内增值税、营业税增速

数据来源：河南省统计局。

现铁路、公路、水路和航空综合交通运输体系发展状况。但是从前三季度统计数据来看，河南货物运输量、货物周转量均出现较为显著的增速回落情况，如图9所示，9月末货物运输量和货物周转量增速分别比年初降低了18.9个和13.3个百分点。

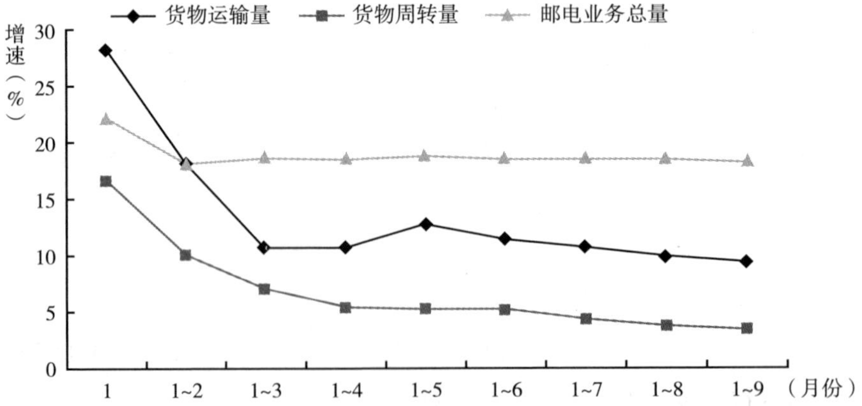

图9　2014年1~9月河南货物运输量、货物周转量、邮电业务总量增速

数据来源：河南省统计局。

6. 房地产业活跃度降低

2014 年前三季度，河南房地产市场虽然总体平稳，但是出现了本年购置面积和新开工面积的负增长，同时竣工面积增加与商品房销售面积降低“一升一降”并存等现象，房地产库存水平不断提高，销售则出现回落，市场活跃度明显降低，保持房地产业健康运行面临的压力不断增加。其中，9 月末本年购置土地面积增速、新开工面积增速、住宅新开工面积增速均为负值，分别为 -20.3%、-15.2%、-19.4%；竣工面积增速达到 22.9%，比上年同期快了 15.5 个百分点；商品房销售面积增速则是由年初的 25.%下降至 9 月末的 11.7%。

二　2015 年河南经济主要指标及总体走势展望

（一）2015年河南主要经济指标分析

1. 工业增速趋缓，下行压力持续增大

在全国经济持续下行的背景下，河南工业生产增幅也持续下滑，部分行业经营困难较大。1～9 月份，全省规模以上工业增加值增长 11.0%，同比下降 0.6 个百分点。化工、冶金、建材、轻纺、能源等五大传统支柱产业和六大高耗能产业增加值增速持续回落，企业经营压力较大。在当前有效需求不足、行业竞争加剧的情况下，作为河南经济增长最重要动力的工业生产面临较大困难，2015 年河南经济仍将在较大程度上受到工业产出低迷的影响。

针对经济下行暴露出来的问题，河南加快工业结构调整，大力发展高成长性制造业和战略性新兴产业。电子信息、装备制造、汽车及零部件、现代家居、食品、服装服饰等高成长性制造业，正逐步取代能源原材料产业成为河南经济增长的主要增长源，形成对 2015 年工业生产的支撑。同时，随着经济持续下行，央行有可能推出定向降准、再贷款、PSL（抵押补充贷款）等精准刺激、微刺激政策，有利于降低贷款成本，减轻企业负担，刺激工业投资，推动 2015 年全省工业生产发展。综合分析，预计 2015 年工业增长仍

将面临较大压力，规模以上工业增加值增长11%左右。

2. 资金紧张状况持续，固定资产投资增长面临较大压力

在工业增速持续下行的压力下，2014年全省企业盈利水平普遍下降，众多企业出现亏损，自有资金不足，投资扩张动力减弱。由于市场资金面紧张，资金成本上升，企业获得贷款的难度也明显增大，2015年全省工业投资增长的压力较大。与此同时，房地产业投资也面临着较大的下行压力。2014年前三季度，房地产开发投资增长16.9%，比上年同期回落7.4个百分点。尤其是房屋新开工面积、土地购置面积持续负增长，对于2015年的房地产投资增长将产生重要影响。按照目前中央调控经济的思路，预估2015年中央不大可能出台大规模的刺激政策，省政府也不大可能出台临时性的帮扶措施，固定资产投资增长面临较大的压力。

同时，针对经济持续下行，2015年中央可能会出台一些刺激政策。尽管全面降息、降准的可能性不大，但是通过定向降准、再贷款等方式，向市场注入流动性，还是值得期待的。2015年河南工业融资环境仍将有所改善、企业利息负担也将有所减轻，工业投资增长压力将会有一定程度的缓解。同时，河南加大基础设施投资力度，以弥补工业投资和房地产投资下滑。2015年河南将加快推进郑州航空港、新郑机场二期工程、米字形高铁等一批重大基础设施建设项目，对投资增长形成一定的支撑。综合预计，2015年全省固定资产投资将增长20%左右。

3. 扩大消费政策发酵，消费增长将保持基本稳定

当前，河南经济增速放缓，下行压力持续加大，对居民收入增长形成较大压力。受生产成本上升、下游需求不振等因素的影响，2014年初以来，河南企业经济效益不断下滑，导致居民收入增速放缓。1～9月份，全省城镇居民人均可支配收入和农民人均现金收入分别增长9.3%、11.8%，同比分别下降0.6个和0.7个百分点。与此同时，经济增速放缓对就业的影响开始显现。全省城镇新增就业增幅逐步下降，企业招聘岗位减少，登记失业人数增加，形成居民收入增长的制约因素。2015年，全省经济增长仍将面临较大压力，企业经营困难依然较大，新增就业增幅下滑幅度将加大，居民实

际收入增长的困难增大，形成对全省社会消费品零售总额增长的制约。

尽管国内消费增速放缓，但网上零售等新商业模式带来的增量不容小觑。从结构来看，消费增长仍具有巨大潜力。郑州是我国首批跨境贸易电子商务服务试点城市，目前E贸易试点运行良好，发展潜力较大。与此同时，2014年河南出台了一系列促进消费的政策，扩大信息消费、养老消费、健康消费、节能环保消费等需求，大众化的餐饮、休闲、娱乐、网络消费等热点正在形成，消费市场继续保持稳定快速的发展态势。预计，2015年消费市场还会保持稳定快速增长的势头，全年社会消费品零售总额有望实现13%以上的增长速度。

4. 外部环境更趋复杂，出口增长面临较大挑战

2014年以来，河南外贸形势严峻复杂，下行压力较大，对明年河南的出口增长构成威胁。一是世界经济发展分化加剧，外需不振持续。伴随着美国经济强劲复苏，美国退出量化宽松货币政策导致资本大量回流，各新兴经济体经济持续下滑，外需不振的局面将继续存在，对2015年河南出口构成严峻挑战。二是贸易保护主义加剧。欧美国家针对中国的贸易摩擦频发，河南光伏、新能源、纺织品、农产品等传统出口商品受阻，对河南2015年出口增长形成利空。三是随着经济持续下行和劳动力成本的不断上升，河南对外出口低成本优势逐步削弱，对2015年出口形成不利影响。

为应对出口增长的不断下滑，河南加快对外贸易的载体和平台建设。通过郑州航空港，积极发展国际航空货运，促进智能手机、生物医药等产品出口；通过开行“郑欧班列”，打通了河南商品对出口中亚乃至欧洲的通道；通过跨境电子贸易平台，积极开展网上出口业务。2015年河南将继续大力发展外向型经济，引进“两头在外”的加工贸易项目，形成2015年河南进出口增长的重要支撑。预计2015年河南出口增长10%，与2014年相比略有增加。

5. 物价水平低位运行，工业领域通缩风险隐现

2014年以来，河南居民消费价格总水平（CPI）低位运行，而工业生产者出厂价格指数（PPI）跌幅则持续扩大。2014年1~9月，全省居民消费价格指数同比上涨1.9%，工业生产者出厂价格指数同比下降1.8%，通货

紧缩压力隐现。2015 年，随着国际资本外流以及国内流动性紧张状况的持续，CPI 将进一步下探，预计 2015 年 CPI 或将步入“1%”时代，通缩已成为威胁。从目前上游产业产能严重过剩、下游生产行业依然疲弱的情况来看，PPI 在短期难以出现转机，工业领域的通缩风险需要警惕。同时，欧洲通缩风险持续加重，日本经济增长依然乏力，美元指数走高，国际大宗商品价格下跌压力不减，导致中国购进价格跌幅持续扩大，输入性通缩压力加大。总体来看，2015 年物价通缩压力上升，预计 2015 年全省居民消费价格指数同比上涨 1.6% 左右。

（二）2015年河南经济运行环境与总体走势判断

1. 有利条件

（1）货币政策或将适度放松。当前我国经济增长正处于“弱平衡”格局，内生动力匮乏、风险仍趋下行。随着未来增长形势进一步恶化，预计 2015 年央行将适度放松货币政策，以降低实际利率、防止不良贷款激增。由于央行退出常态干预，2015 年全面降息的可能性不大，但是通过定向降准、再贷款、PSL 等方式注入流动性的力度将会增加。而未来一年随着美联储加息、美元升值加剧跨境资本波动，央行在面对资本大规模外流的冲击时也可能会考虑降准。货币政策的适度宽松，有利于缓解企业“融资贵”、“融资难”的压力，对工业发展具有一定的刺激作用，同时也有利于刺激投资和消费，对 2015 年河南经济增长形成实质利好。

（2）改革红利持续释放。2014 年以来，中央全面深化改革，出台了一系列重大改革举措，在政府职能转变、市场体系完善、金融财税体制改革等关键领域和环节寻求突破。在这一背景下，河南突出抓好简政放权、工商登记制度改革、国有企业改革、投融资体制改革等 9 个方面 35 条重点改革事项。在此基础上，2015 年河南将继续推进农业农村、财税金融、价格、医药卫生体制、党政机关公务用车、交通执法以及社会事业领域改革。这些改革措施对激发市场主体活力、增强经济发展内生动力、解决政府干预过多等问题具有积极作用。随着这些改革措施的逐步落实到位，2015 年河南经济发展的动力将明显增强。

（3）结构调整成效凸显。近年来，在经济增速逐步下行的同时，河南经济结构调整持续加快。全省六大高成长性制造业比重稳步上升，五大传统支柱产业和六大高耗能产业比重日益下降。1～9月份，汽车及零部件、电子信息、装备制造、食品、现代家居、服装服饰等六大高成长性制造业增加值增长12.7%，对全省工业增长的贡献率超过60%，成为拉动经济增长的主导力量。与此同时，全省现代物流、信息、金融、文化、旅游等高成长性服务业也快速成长，成为经济稳定增长的重要力量。1～9月份，全省服务业占GDP的比重达到31.1%，同比增加0.6个百分点。高成长性制造业和高成长性服务业“双轮”驱动，已成为当前河南经济运行的重要特征，经济发展的抗风险能力显著增强，成为2015年全省经济稳定发展的重要支撑。

（4）“四个效应”持续发酵。近年来，国家粮食核心区、中原经济区、郑州航空港经济实验区等相继上升为国家战略，河南获得在土地流转、人口转移、行政管理、海关监管、服务外包等方面先行先试的权利和政策优惠，面临的机遇前所未有。河南发挥先行先试的先发效应，打造人、财、物等生产要素的“集聚核”，继而发挥带动效应和示范效应，成为引领整个中原崛起乃至中部崛起的核心增长板块。通过先发效应、带动效应、聚合效应、示范效应，河南培育了经济发展的内生动力，全省经济获得平稳较快的发展。上述“四个效应”的持续发酵，为2015年河南经济“抗下行、稳增长”提供了强大动力。

（5）对外开放的载体和平台日益扩大。近年来，郑州航空港以建设国际航空货运枢纽为依托，打通了中原地区面向世界的物流、客流新通道，通过发展航空物流和临空产业，带动了河南进出口贸易的飞速发展。在此基础上，河南以“洛阳”“郑州”“开封”为节点，积极融入丝绸之路经济带，通过开行“郑欧班列”，河南打通了直通中亚、欧洲和大西洋地区的重要通道，成为新时期河南融入全球价值链、融入全球市场的重要载体和平台，对于促进河南对外贸易发展、中原文化振兴具有重要的意义。随着郑州航空物流和郑州班列的进一步发展，2015年河南对外开放的条件将更加优越，对外贸易将会有进一步的发展，构成全省经济发展的重要支撑。

2. 制约因素

（1）国际资本加速外流。2013 年以来，美国经济强劲复苏，特别是 2014 年第二季度，美国 GDP 增速强劲反弹至 4.6%，创下金融危机以来季度增速最高纪录。据此，美国于 10 月 30 日宣布正式终结其第三轮量化宽松政策，预计 6 个月内启动加息进程的可能性较大。受此影响，国际资本加速从新兴市场流出，进入美欧等发达经济体。巴西、印度、俄罗斯等新兴经济体市场流动性紧张状况加剧，经济持续下滑。国际金融研究所（IIF）公布的数据显示，10 月份至今投资者从非洲、拉美、东欧、亚洲股市合计撤出 90 亿美元。中国作为一个新兴经济体，国际资本流出将导致未来几年国内出现持续的钱荒，投资减速、外贸下滑、产能过剩、房地产深度调整，经济面临的下行压力增大。就河南来说，2015 年市场资金紧张的局面将很难有显著改善，“融资难”、“融资贵”的状况仍将持续，经济增长面临着较大的压力。

（2）资源型经济持续低迷。由于进口煤炭的冲击、火电机组开工不足以及企业经济效益下滑等多种因素相互叠加，近年来，国内煤炭库存大幅增加，价格大幅下降，其紧缩效应迅速向下游扩散，资源型经济受到较大冲击。以山西为例，受国内经济下行的影响，前三季度地区经济遭遇“断崖式”下滑。尽管河南近年来经济结构快速调整，资源型产业占比逐步减少，但其比重仍占半数以上。煤炭、钢铁、电解铝等行业深陷困境，生产经营非常困难。虽然 8 月份钢铁、电解铝行业生产经营形势一度有所好转，但 9 月份以来，由于产品价格大幅下滑，企业生产经营再度陷入困境。在经济下行趋势没有明显改变的情况下，2015 年河南经济仍将受到资源型经济下行的拖累，形成对河南经济增长的重要制约。

（3）房地产市场继续调整。2014 年初以来，由于市场流动性持续紧张，金融对房地产供需双方的支持力度不断下降，全国房地产进入一个以销售疲软、价格下跌、开工不足为特征的调整期。为了刺激经济增长，各地纷纷取消限购限贷等房地产调控政策。然而，受制于资金紧张的压力，银行仍然对两套以上住房采取限购政策，客观上抑制了居民的房地产需求。尽管央行可能会出台一些货币宽松政策，但是央行极可能实施的是定向降准等精准刺激政策，对房地产的作用有限。可以预期，2015 年和 2016 年全省房地产仍将呈现持续下滑的态势。房地产开发投资占全省投资的 15%，房地产市场的持续下行，将会对明年保增长构成较大挑战。

（4）要素与环境约束趋紧。一是建设用地需求缺口较大。根据预测，2015 年全省各项建设需新增用地约 80 万亩，而国家安排河南省的新增建设用地计划指标仅为 20 万亩，与实际需求相比，缺口达 60 万亩。一批技术含量高、市场前景好的项目难以落地，成为制约经济发展的重要因素。二是人才需求缺口较大。目前，河南高成长性制造业和高技术产业发展较快，专业技术人员和技术工人短缺，高层次技术人才尤其缺乏；同时，随着经济下行压力加大，企业受到产品价格下降和用工成本提高的双重压力，企业招工难、用工贵等现象比较突出。三是支撑经济增长的环境承载力明显不足。河南钢铁、化工、有色金属等高耗能、高污染产业比重相对较大，“粗、低、重、耗”产品较多，污染排放强度大。2015 年是“十二五”规划的最后一年，全省完成“十二五”规划节能减排目标的任务还比较艰巨，将会给全省经济增长造成一定压力。

（5）地方政府调节能力下降。在这一轮经济下行周期中，房地产调整的特征相对明显。前三季度，房地产开发投资增长 16.9%，比上年同期回落 7.4 个百分点。尤其是房屋新开工面积、土地购置面积持续负增长。房地产增速的下滑表现在，一方面房地产开发商减少土地购置，政府土地出让金收入明显下降；另一方面，房地产交易额的降低，也影响了政府房产税的收入。另外，随着流动性的日益紧张，金融机构对政府投融资平台的贷款也相对减少，导致政府可支配财力的下降，客观上降低了政府干预经济的能力，对河南经济增长形成一定的压力。

3. 对2015年河南经济增长的总体判断

2015 年，世界经济复苏缓慢曲折、全国经济处于“三期叠加”阶段，河南经济发展面临的国内外环境仍然复杂。长期积累的结构性矛盾短期内难以根本破解，产能过剩矛盾短期内难以明显缓解，外需不足的状况短期内难以改观，市场流动性紧张与房地产加速下行将继续存在，部分行业和企业面临的困难仍在累积加深，经济运行面临的困难具有长期性、复杂性，经济增速放缓可能还会持续较长一段时间。

应当看到，河南经济运行基本面是好的。2015 年，河南全面推进各项改革，推进各项政策措施落实，因应形势变化，实施精准刺激政策，积极应对不确定因素可能带来的冲击，经济才能够保持平稳较快发展。从中长期看，河南省正处于新型工业化、新型城镇化加速推进阶段，市场需求潜力巨大，区位、交通、资源、政策等优势进一步凸显，发展载体、开放平台、基础设施等战略支撑条件日趋完善，发展后劲持续蓄积，为河南经济可持续发展提供了重要支撑。

综合判断，2015 年全省经济仍处于结构调整中，工业增速将趋缓，下行压力持续增大，投资、消费、出口增速均面临一定下行压力，物价水平低位运行，工业领域通缩风险隐现，经济增长与 2014 年大体持平。考虑所处的发展阶段和潜在的不确定性，为河南经济在寻求新平衡的过程中保持稳定，并为全面改革和结构调整创造条件，预计 2015 年河南生产总值增长 8.5%。从主要经济指标看，预计 2015 年全省规模以上工业增加值增长 11%；城镇固定资产投资增长 20%；社会消费品零售总额增长 13%；出口预计增长 10%；居民消费价格指数为 101.5，如表 2 所示。

表 2　2015 年河南主要经济指标增长率预测

单位：%

指标＼年份	2014	2015
1. 地区生产总值增长率	8.6	8.5
其中：第一产业增长率	4.0	3.9
第二产业增长率	11.8	11.5
第三产业增长率	8.9	9.2
2. 规模以上工业增加值增长率	11.2	11.0
3. 固定资产投资增长率	20.5	20.0
4. 社会消费品零售总额增长率	12.9	13.0
5. 出口增长率	8.0	10.0
6. 居民消费价格指数(以上年为 100)	102.0	101.5

三 新常态下河南经济稳增长保态势的思路与建议

2015年是实施“十二五”规划的收官之年、“十三五”规划的启动之年，也是全面深化改革的关键之年，推进中原崛起、河南振兴、富民强省的承上启下之年。在国内资源环境约束趋紧、国际经济复苏不稳定的双重压力下，我国经济进入了以中高速、优结构、新动力、多挑战为主要特征的新常态，适应新常态已经上升到战略高度。面对新的发展阶段，全省要深入贯彻落实党的十八大以及十八届三中、四中全会精神和习近平总书记对河南工作的新要求，适应新形势，把握新特征，抓住新机遇，以深化改革为统领，坚持顺势而为、转中求新、以改促活、速效并取，把稳增长、促改革、调结构、惠民生贯穿到全省经济发展的全过程，着力在提质增效上见成效，在改善民生上出实招，在狠抓落实上下功夫，更好地发挥比较优势、放大后发优势、释放潜在优势，以新作为应对新常态，重树河南发展新优势。

顺势而为 要深刻认识新常态是经济规律变化的必然反映，把思想和行动统一到中央对新常态的科学判断和决策部署上来，保持平常心态和战略定力，将河南放在全国的大局中来定位，放在全球的大势中来考量，在错综复杂的形势中看清主流，在不断变化的环境中把握趋势，围绕“坚定总坐标、坚持总思路、完善总方略”，持续推进三大国家战略，聚焦“三个大省”建设，全面深化改革，强化创新驱动，加快结构调整，切实改善民生，因势而谋、应势而动、顺势而为，推动全省经济爬坡而行、拾阶而上。

转中求新 转就是转理念、转方式，新就是新举措、新动能。要转变发展理念，从思想上、思维上适应新常态，彻底摆脱速度情结和换挡焦虑，把发展最终目的确定在生产力水平提高、人民生活水平提升、综合实力增强、整体结构优化上，形成新思路、新举措进而把握发展主动权，应对新挑战。要转变发展方式，持续强化经济结构调整、产业结构升级，大力发展先进制造业、现代服务业、战略性新兴产业，培育新业态、新商业模式和新的经济增长点，形成推动全省经济高效率、低成本、可持续、中高速增长的新动能。

以改促活　要把全面深化改革作为全年工作的重中之重，围绕市场在资源配置中起决定性作用和更好地发挥政府作用，坚持问题导向、需求导向和民生导向，抓好中央和省委已经出台的各项改革举措落实，重点在国企改革、投融资体制、行政管理体制、新型城镇化及民生等领域找准改革的发力点、突破口，力求尽快释放改革红利，见到改革成效。用全面深化改革的办法，激活资金、资源、人才、技术、信息等要素市场，激发和释放更大的市场活力、社会活力和企业活力，迈出适应新常态的新步伐。

速效并取　要全面认识持续健康发展和生产总值增长的关系，兼顾发展速度和发展效率。发展不足是河南面临的最大问题，新常态下要坚持发展是第一要务，以经济建设为中心，保持合理速度、继续做大规模和总量，避免经济增长“失速”“掉挡”，引发房地产、金融等潜在风险；同时，更要持续强化创新驱动、深化改革等对经济增长有“加法效应”“乘法效应”的政策组合和有效举措，追求有效益、有质量、可持续的经济发展，使做大经济总量和规模与提高经济增长质量和效益统一起来，助力全省经济行稳致远。

为应对经济新常态、确保实现2015年河南经济稳增长保态势目标，提出以下建议。

（一）以全面深化改革为引领，先行先试抢占先机

改革催生的竞争优势最全面、最稳定、最持久。全省各项工作都要坚持以深化改革为统领，在改革上动真格、来硬的，用改革的思路和办法破解难题，制定和落实好改革的时间表、路线图和任务书，统筹谋划、重点突破，切实把改革贯穿到全省经济社会发展各领域、各环节。要加快政府简政放权，建立权力清单制度。按照“能放则放，能简则简，能联则联，能快则快”的原则，扎实推进审批权力下放；对没有法律法规依据的，一律取消；对一些虽有法律法规依据但不符合改革精神和发展实际的，要认真评估，予以严格管理；对直接面向基层、量大面广、由地方管理更方便更有效的经济

社会事项，一律下放给市县；通过清权、减权、制权，减少政府对微观事务的管理，激发民间活力。要切实加快市场化改革，更大程度地发挥市场在资源配置中的决定性作用。着力建立统一开放、竞争有序的市场体系，着力清除市场壁垒；在激发非公经济活力和创造力上下功夫，在鼓励民间投资上下功夫；在投融资体制改革、农村集体土地改革、金融改革和国有企业改革方面取得突破性进展。以改革的主动赢得发展先机，以改革的成效取信于民。

（二）以关键环节突破为抓手，加快郑州航空港经济综合实验区建设

把郑州航空港经济综合实验区建设摆在全省工作的突出位置，围绕机场建设、产业支撑、体制机制、对外开放等关键环节，多措并举，力促软、硬件共同提升。加强基础设施建设。抓好机场二期、口岸通关及物流设施等基本能力建设，实现机场二期年底投入运营，完成郑州至机场城际铁路、机场高速改扩建、国道107、省道102等配套项目建设。强化产业支撑。大力发展航空物流，加快机场核心区物流园区和功能区布局，加强与菜鸟科技、京东商城等国内外知名电商合作，实施航空偏好型产业重大项目，加快建设全球重要的智能手机生产基地，积极引进培育以郑州机场为基地的大型货运承运商和物流集成商，形成高端产业集群。理顺管理架构。建立“两级三层”的管理体制，设立实验区管委会，建立联席会议制度，形成省市联动机制。搞好郑州市跨境贸易电子商务服务试点。建成以郑州国际陆港、郑州航空港和重点物流园区为基础的全省物流信息公共服务平台，实现各物流节点设施信息实时共享。大力扩大对外开放。发挥航空港开放龙头作用，提升郑州、洛阳作为新亚欧大陆桥经济走廊重要节点城市支撑作用，强化“郑欧班列”纽带功能，全面融入丝绸之路经济带建设；加强各类开放载体平台建设，开展“全链条、全要素、全服务、无障碍”立体招商，形成“一港带全局”局面。

（三）以重大项目建设为手段，持续扩大有效投资

项目是发展的引擎，是有效拉动经济增长的主要因素，经济进入中高速

增长时期，要坚持把抓项目、扩投资作为稳定经济增长的关键举措，始终把项目建设作为推动四化同步发展、富民强省的关键抓手，保持适度的投资规模和合理的投资增速。全力推进重大项目建设。要继续在交通、能源、生态环保、健康养老、粮食水利等领域推出一批带动作用强、事关全省长远发展的重大项目，加强与国家有关部委的对接，力争获得国家支持。加强重大项目建设调度。严格落实重大项目协调联动推进机制，对计划开工项目，加快推进联审联批，力争早日开工；对在建项目，落实好“周协调、月督促”制度，协调解决项目实施中的征地拆迁等问题，确保项目顺利推进。着力扩大民间投资。通过多渠道将国家、省重大项目向省内外社会资本推介；创新重点领域投融资机制，建立健全合理利益补偿机制，推行政府和社会合作模式，向社会资本开放更多投资领域，增强投资稳定增长的内生动力。实行项目建设推进责任制。各级政府负责的项目推进情况统一纳入省、市、县责任目标考核范围，加强对项目资金落实、征地拆迁等方面的考核，确保项目早日落地、达产和增效。

（四）以“三个大省”建设为目标，推进产业转型升级

经济增速放缓，发展面临的外部约束越来越多、越来越严格，要充分利用外部倒逼时机，围绕“三个大省”建设，加快产业转型升级，带动全省经济提质增效。加快构建现代服务业体系。现代物流业要突出航空港、无水港、国际物流园区以及区域物流节点建设；金融业要实施引资入豫、金融主体培育、地方金融体系建设以及金融集聚工程，加快龙湖金融中心建设；信息服务业要着力加快“宽带中原”建设、“三网融合”步伐、各类服务平台建设以及打造呼叫服务基地；加快旅游业、商贸等消费服务业提升以及文化产业、养老及家庭服务业等公共服务业发展；全面推进“两区”建设成规模、见效益，同时推进国家、省级服务业综合改革试点，发展服务贸易和服务外包。加快构建新型工业体系。以产业集聚区为平台载体，加大承接产业转移力度，围绕电子信息、装备制造、汽车及零部件、食品加工等高成长性制造业，引进一批基地型、龙头型项目，通过建链、补链、延链和强链，提

升竞争力；坚持运用高新技术、先进适用技术和信息化技术改造提升化工、有色、钢铁、纺织等传统优势产业；实施重大应用示范工程，壮大新能源汽车、新材料、生物医药等战略性新兴产业规模。大力发展现代农业。切实加强粮食生产、流通、储备、调控体系建设，做到“产粮于田”“购粮于市”“储粮于库”“稳粮安民”；持续实施高标准粮田“百千万”工程和现代农业产业化集群培育工程，构建新型农业经营体系。

（五）以城乡统筹发展为导向，构建现代城镇体系

推动城乡统筹发展、构建现代城镇体系是破解河南发展难题、谋位新棋局、优化资源配置的必由之路。要科学推进新型城镇化。重点要围绕“产业集聚、人口集中、土地集约”形成有利于新型城镇化发展的体制机制，在省直管县体制、户籍制度、农业转移人口市民化成本分担机制、农村产权制度、建立城乡统一建设用地市场等方面取得更大突破；抓住中原城市群列入国家重点培育发展的跨省级行政区的国家级城市群的机遇，建立五省省级政府联动协调发展机制，加快打造大郑州都市区，培育洛阳、南阳、商丘、安阳四大副中心城市，推进郑州与开封、新乡、焦作、许昌对接融合，打造一批跨区域战略合作示范区，全面提高中原城市群综合实力。要扎实推进新农村建设。围绕以人为本、产业为基、城乡统筹、“五规合一”、因地制宜、分步实施的基本思路，完成“十三五”新农村建设规划；按照“农业强、农村美、农民富”的要求，加快改善农村人居环境，不断提高美丽乡村建设水平；加大农民转移就业扶持力度，积极培养新型职业农民，不断完善农民收入较快增长机制；深入推进城乡一体化示范区和试点建设，深化统筹城乡综合配套改革，总结一批成功典型、推广一批可行经验、突破一批制度瓶颈。

（六）以创新能力提升为核心，实施创新驱动战略

经济进入新常态背景下，通过创新促进经济发展已成为关键因素，要紧跟国内外科技发展新形势，以提升全省创新能力为核心，深入实施创新驱动

战略，全面建设创新型河南。强化科技战略谋划。大力支持平顶山、焦作高新区升格为国家级高新区，连同郑州、洛阳、新乡等国家级高新区实现连片联动发展，争创国家自主创新示范区；组织开展规划战略研究，完成“十三五”科技规划编制。加强技术创新体系建设。继续实施产业技术创新战略联盟发展工程；巩固企业创新主体地位，强化企业与高校、科研院所联系，形成以企业为中心的、具有河南特色的“企业出题、政府立项、共同破题”的产学研用协同创新模式。实施重大科技专项。依托重大科技专项整合科技资源，完善重大专项决策、执行、评价机制，加强过程管理，重点在战略性新兴产业、高成长性产业、传统优势产业以及现代农业领域组织实施，在关系全省创新发展的基础性、战略性、前瞻性重大科技问题上力争突破。深化科技体制改革。出台《关于全面深化科技体制改革　加快创新驱动发展的决定》，加快科技管理体制、成果转化机制、协同创新机制、经费管理机制等改革，全面激发创新活力。

（七）以完善支撑条件为重点，提高综合竞争优势

完备的基础设施支撑和有力的要素保障是加快经济社会发展的基础和先导，要突出重点、弥补短板、强化弱项，全方位提高基础支撑和要素保障能力，推动局部优势向综合优势转变。加快现代交通体系建设。全力推进“米”字形快速铁路网建设，力促郑万铁路早日开工、郑焦城际铁路年底通车运营；抓好航空港、铁路港、公路港等枢纽场站建设，开拓国际货运航线，进一步完善高等级公路网，形成大交通格局。完善信息网络系统。以打造全国重要信息网络枢纽为目标，大力支持信息服务业，加大农村信息化示范省建设、两化融合示范工程投入力度，发展电子政务，不断推进全省信息基础设施建设。提高水利保障能力。推进大中型防洪、灌排工程建设，建设一批抗旱应急水源工程，强化城市供水、排涝以及生态水系建设。提高能源保障能力。大力推广节能技术，重点推进“一枢纽两中心”建设。持续改善生态环境。继续实施蓝天工程、碧水工程、乡村清洁工程，打造“美丽中原”人居环境。深入挖掘人力资源红利。加快国家职教改革实验区建设，

深入实施全民技能振兴工程和职业教育攻坚二期工程，不断提高劳动者素质。提高资金支撑能力。以解决融资问题为重点，积极落实国家融资政策，继续实施银企对接等措施，加快发展多层次资本市场，在股票市场、债券市场、保险市场、区域股权市场等领域多做探索，扩大直接融资规模。

（八）以分享发展成果为目的，保障改善民生福祉

民为邦本，本固邦宁，民生福祉是改革发展最鲜明的价值取向，要坚持把保障和改善民生作为一切工作的出发点和落脚点，优先解决人民群众最关心、最直接、最现实的问题，实现城乡居民共享发展红利。大力发展社会事业。按照“保好基本、放开非基本”的原则，推进义务教育和高中段教育均衡发展、职业教育加快发展、高等教育提质发展，推动优质医疗资源向基层倾斜；加大社会事业对外开放，大力发展民办教育、民办医疗、民办养老、民办文化、民办体育等，促进全省社会事业大发展、大提升。加大扶贫开发力度。扎实推进黄河滩区居民迁建试点工作，积极争取国家支持，完善试点方案，适当扩大迁建试点范围，建成一批移民迁建示范社区。确保房地产行业健康发展。加快保障性安居工程项目建设进度，高质量完成年度建设任务；全面落实国家有关房地产领域的信贷、税收优惠政策，满足居民合理住房需求。加快完善社会保障制度。进一步扩大城镇职工和城乡居民养老、医疗、失业、工伤、生育等各项基本保险的覆盖面，推动社会保障“一卡通”试点，实现社会保障卡对参保人员和人社业务全覆盖。深化“平安河南”建设。加强社会治安综合治理，完善立体化社会治安防控体系，依法严密防范和打击各类违法犯罪活动，确保居民安居乐业。

调查评价篇

Survey and Evaluation

B.2

2014年中原经济区省辖市经济综合竞争力评价

河南省社会科学院课题组*

摘 要： 中原经济区地处我国中部腹地，覆盖了5个省份的30个省辖市和3个县（区），是实现中部崛起的战略载体，在全国区域发展新格局中占有重要地位。省辖市是中原经济区的重要组成单元。本文对2014年中原经济区省辖市经济综合竞争力进行研究。首先构建了新的评价指标体系，然后利用统计数据进行计算，得到2014年中原经济区省辖市经济综合竞争力排名，并提出了分析和建议。

关键词： 中原经济区 经济综合竞争力 层次分析法

---

* 课题组长：喻新安、完世伟、王玲杰；课题组成员：武文超、李斌、袁金星、高璇、林园春、陈锐；执笔：武文超、李斌。

一　背景和评价意义

（一）2013年中原经济区发展现状

中原经济区（Central Plains Economic Region）是以郑汴洛都市区为核心、中原城市群为支撑、涵盖河南全省延及周边地区的经济区域。根据2012年11月国务院批复的《中原经济区规划》，该区域范围包括河南18个地市及山东、安徽、河北、山西的12个地市和3个县（区），总面积约28.9万平方公里，2011年地区生产总值4.2万亿元。

自2012年中原经济区上升为国家战略以来，中原经济区围绕建设国家重要的粮食生产和现代农业基地、全国“三化”协调发展示范区、全国重要的经济增长板块、全国区域协调发展的战略支点和重要的现代综合交通枢纽、华夏历史文明传承创新区的区域发展定位，积极推进经济发展模式转型升级，努力强化体系建设，不断拓展对外开放的领域和深度，特别是2013年以来，中原经济区以“稳增长、调结构、促改革、惠民生”为目标，通过“一个载体、四个体系、五大基础、六大保障”，积极打造区域经济升级版，大力推进区域社会经济发展，取得了明显的成效，其在全国范围内的影响力、辐射力、带动力稳步提升。

1. 经济总量稳步提升

根据中原经济区各省市公布的统计数据测算，2013年中原经济区地区生产总值为5.02万亿元，比2012年增加4546亿元，增长了9.95%，高于全国7.7%的经济增长率。2013年中原经济区公共财政预算收入为3487亿元，比2012年增加497亿元，增长了16.62%；2013年中原经济区进出口总额743亿美元，实际利用外资171亿美元，与2012年相比分别增长5.5%、3.5%。

2. 经济结构进一步优化

2013年中原经济区在经济总量增加的同时，以发展现代农业、先进制造业和现代服务业为导向，大力推进产业结构优化升级，经济结构调整成效显著，2013 年中原经济区三次产业结构为 13.1∶54.9∶32.0。

3. 支持能力进一步增强

2013 年中原经济区基础设施支撑能力显著增强，特别是随着郑州航空港经济综合实验区建设的顺利推进，以及“郑欧班列”的常态化运营，中原经济区在基础设施领域的支撑能力将进一步提升。以中原经济区的主体——河南省为例，2013 年全省年末铁路营运里程 5165 公里，高速公路通车里程 5858 公里。全年货物运输量比上年增长 11.8%，货物周转量增长 9.7%；旅客运输量增长 8.4%，旅客周转量增长 8.3%；机场旅客吞吐量增长 11.3%，货邮吞吐量增长 68.5%。

4. 创新驱动成效明显

中原经济区在发展过程中，强力推进创新驱动战略，截至 2013 年年底中原经济区申请专利 3.8 万件，与 2012 年相比增长 15.7%。

5. 人民生活水平持续提升

以河南省为例，2013 年河南农村居民人均纯收入 8475.34 元，比上年增长 12.6%，扣除价格因素，实际增长 9.5%；城镇居民人均可支配收入 22398.03 元，比上年增长 9.6%，扣除价格因素，实际增长 6.6%。根据 2012 年 12 月起实施的城乡一体化住户调查，全省居民人均可支配收入 14204 元，比上年增长 11.3%，扣除价格因素，实际增长 8.3%。

6. 生态环境日益改善

2013 年中原经济区坚持生态文明的发展理念，大力推进产业结构优化升级，大力发展低碳经济，节能减排成效显著，单位地区生产总值能耗、电耗等指标均有了明显下降。以河南省为例，2013 年河南省单位 GDP 能耗与上年相比下降 8.3%，经济发展对资源环境的压力进一步减轻。

（二）中原经济区省辖市经济综合竞争力评价的意义

省辖市是区域经济空间布局的重要节点，在区域经济发展进程中，省辖市发挥着要素集聚、产业提升、经济辐射等重要作用，是区域经济的增长引擎。当前随着我国经济进入以“速度下台阶、效益上台阶、效率新突破、结构再平衡”为特征的新常态运行阶段，区域经济发展将更加注重内涵式发展和效率的提升，在此背景下，中原经济区的30个省辖市作为中原经济区建设的重要载体和战略支撑点，其经济综合竞争力的水平关系中原经济区建设的成效，因此对中原经济区内省辖市经济综合竞争力进行持续跟踪评价具有重大的现实意义。

1. 中原经济区省辖市经济综合竞争力评价能够反映出中原经济区总体建设进程

自2012年11月国务院批复《中原经济区规划》以来，中原经济区建设已经全面展开，中原经济区建设的成效如何，在建设过程中存在哪些问题，需要梳理清楚。中原经济区省辖市是中原经济区建设的核心力量，其发展水平是中原经济区建设成效的重要体现，其经济竞争力水平也反映出中原经济区在全国经济格局中的竞争力状况，因此连续性地开展中原经济区省辖市经济综合竞争力评价，能够刻画出中原经济区建设的历史进程。

2. 中原经济区省辖市经济综合竞争力评价能够为区域发展提供有益的决策参考

在经济新常态背景下，区域经济发展将更加注重发展的内涵和质量，打造区域经济升级版，适应经济新常态，就需要对经济发展的综合竞争力进行评价。因此，开展中原经济区省辖市经济综合竞争力评价，可以科学客观地反映各省辖市在经济发展水平、经济结构水平、对外经济发展状况、科技创新能力、居民收入，以及基础设施建设等方面的优势和不足，从而有效地反映各省辖市在发展过程中的制约因素和比较优势，为各省辖市制定发展规划提供有效的决策依据。

3. 中原经济区省辖市经济综合竞争力评价能够为区域间合作发展提供有益探索

中原经济区省辖市经济综合竞争力评价客观反映了中原经济区30个省辖市的经济发展水平和竞争力，一方面能够为每个省辖市找准自己的坐标，进而明确未来经济竞争力提升的方向，从而对区域经济发展起到激励作用；另一方面通过对30个省辖市经济综合竞争力进行分析，引导各个省辖市科学地选择能够与自己实现互补和共赢的合作对象，从而促使区域经济在竞争中合作发展，推动中原经济区省辖市经济社会的科学发展。

二　2014年中原经济区省辖市经济综合竞争力评价体系

（一）设定评价指标体系的原则和思路

要进行城市综合竞争力评价，就要从城市经济的规模、发展质量、产业结构、经济效益、科技创新等多个方面进行分析。尤其在当前我国进入经济新常态的宏观背景下，我们在构建城市综合竞争力评价指标体系的过程中，要引入经济新常态下新的发展理念和发展思路。因此，在设定2014年中原经济区省辖市经济综合竞争力评价体系的时候，体现了如下几个方面的原则和思路。

1. 全面性和科学性

城市的经济综合竞争力来自多个方面，所以要评价一个城市的经济综合竞争力就要尽可能地从宏观的角度，综合多方面的指标构建评价体系。只有这样，才能全面、科学地反映2014年中原经济区省辖市经济综合竞争力的情况。此外，评价体系和评价过程一定要尽可能地做到真实、客观。为了保证评价过程和数据的客观性和可靠性，评价体系全部选取定量化的评价指标，所用到的数据来源于相关省份的2014年统计年鉴，以及部分地市的2013年国民经济和社会发展统计公报。

2. 结合经济新常态下新的发展理念、发展思路和要求

2014年，中央多次提出中国经济进入新常态的论断，经济新常态是我国经济发展进入新阶段的高度概括。经济新常态下的新发展目标、发展环境、发展思路对于处在全国发展大局中的中原经济区将产生重大的影响。我们认为2014年中原经济区省辖市经济综合竞争力评价体系要与经济新常态在下调增速目标、注重经济结构转型、创新驱动发展、促进全面深化改革和

惠及民生等方面的理念相结合。因此，2014 年的评价体系单独将经济结构作为一个二级指标，并在权重设定方面更加注重产业结构、能耗、居民收入等与调结构、促转型、惠民生相关的指标。

3. 总量指标和人均指标并重的原则

中原经济区包含 30 个省辖市，不同的地市有着不同的规模、禀赋和发展特点。一方面，规模大的省辖市有着大的经济体量、大的市场规模，较多的人力资源，具备较强的要素聚集能力和辐射带动能力，是经济综合竞争力最为重要的体现之一；另一方面，较高的人均经济发展指标意味着地区发展水平高，也体现了一个省辖市人民群众生活的富裕程度。因此，我们在设置评价体系的过程中要坚持总量指标与人均指标并重的原则。

由于本次评价过程中数据获取方面的问题，2014 年的评价指标相对往年减少了一部分。此外，虽然中原经济区不同省份的 2014 年统计年鉴和部分地市 2013 年国民经济和社会发展统计公报中所公布统计数据的指标选取有所差异，但为了做到总体评价指标的一致性，因此部分指标未被采纳。

（二）评价指标体系的设定和变动

结合 2013 年中原经济区省辖市经济综合竞争力评价的指标体系，在保证评价体系全面性和科学性的基础上，同时力争体现经济新常态下的发展理念和思维，我们构建了 2014 年的中原经济区省辖市经济综合竞争力评价的指标体系。

2014 年的中原经济区省辖市经济综合竞争力评价的指标体系包括 3 个一级指标，10 个二级指标，以及 28 个基本指标，具体指标见表 1。其中，一级指标包含经济发展指标、经济结构指标和支撑要素指标三大类。经济发展指标包括 5 个二级指标，即经济规模、居民收入、发展速度、对外经济和财政金融；经济结构指标包含 2 个二级指标，即能耗水平和产业结构；支撑要素指标则包含了 3 个二级指标，即科技教育、交通通信，以及医疗卫生。2014 年的评价指标体系中的 28 个基本变量指标包含了存量类、增量类、均值类、占比类等各种指标，基本能够做到全面综合反映省辖市的经济综合竞争力。

相对上年的中原经济区省辖市经济综合竞争力评价指标体系，2014 年的评价指标体系有四个方面的变动：一是结合经济新常态下发展的要求，将经济结构指标设定为一级指标，包含能耗和产业结构两方面的基本指标。二是将常住人口纳入到经济综合竞争力评价体系当中。一个城市的常住人口规模也是经济综合竞争力的重要方面，体现了城市对于人力资源的集聚能力，所以将其纳入评价体系。三是由于数据获取方面的问题，部分城市的基础设施建设方面的指标未能获取，因此予以剔除，这也是 2014 版评价指标相对往年有所减少的原因。四是更加注重人均指标。不同于往年，2014 年的评价体系在医疗卫生方面，利用常住人口数量计算了卫生技术人员数量和卫生机构床位数的人均指标。人均卫生技术人员数量和人均卫生机构床位数更好地体现了一个地市卫生事业服务人民群众的水平，更能体现其支撑经济发展和综合竞争力的作用。通过评价指标体系的变动，一方面保证了评价数据和过程的客观性，另一方面也更好地体现经济新常态下的发展理念。

表 1　2014 年中原经济区省辖市经济综合竞争力评价指标体系

	一级指标	二级指标	基本指标
2014 年中原经济区省辖市经济综合竞争力评价指标体系	经济发展指标	经济规模	地区生产总值(GDP)(亿元);常住人口(万人);人均GDP(元);全社会消费品零售总额(亿元);固定资产投资总额(亿元);规模以上工业增加值(亿元)
		居民收入	城镇人均可支配收入(元);农村居民人均纯收入(元)
		发展速度	GDP 增速(%);人均 GDP 增速(%)
		对外经济	实际利用外资(万美元);进出口总额(万美元)
		财政金融	公共财政预算收入(亿元);公共财政预算支出(亿元);年末金融机构存款余额(亿元);年末金融机构贷款余额(亿元);城乡居民储蓄余额(亿元)
	经济结构指标	能耗水平	单位 GDP 能耗(吨标准煤/万元)
		产业结构	第二产业占 GDP 比重(%);第三产业占 GDP 比重(%)
	支撑要素指标	科技教育	专利申请数(件);普通高等学校数量(所);高等学校在校生人数(人)
		交通通信	民用汽车拥有量(辆);移动电话用户数(万户)
		医疗卫生	卫生机构数量(所);卫生技术人员数量(名/万人);卫生机构床位数(张/万人)

（三）评价模型和数据的计算方法

2014 年的中原经济区省辖市经济综合竞争力评价的指标体系所选取的 28 个指标有着不同的含义、统计口径和计量单位。为了评价计算的需要，我们首先对统计数据进行标准化处理，以便在不同指标之间进行对比和加总。本文对数据的标准化方法选取阈值法，将不同单位和不同数量级的经济变量转换为 10 ~ 100 之间的指数，消除了不同指标值之间不能简单汇总计算的问题。在本文的经济竞争力评价指标体系当中，单位 GDP 能耗为逆指标，其他变量均为正指标。通过标准化处理，对于每个评价指标，排名第一的城市的得分为 100，排名末位的城市得分为 10，其他城市根据该项指标在 30 个省辖市之中所处的位置计算得分。通过标准化处理，数据的得分反映了一个城市在 30 个省辖市的排位以及该项指标的表现情况，但是无量纲化处理使得统计指标的得分主要体现先后顺序，指标得分的高低并不完全具备原有的经济意义。

2014 年的中原经济区省辖市经济综合竞争力评价的指标体系包含 4 个层次，28 个基本评价指标。评价的过程与往年一样，对 28 个基本指标进行标准化处理，然后逐层加权合成。线性加权方法的具体计算方式如下：

$$A = \sum \alpha X_i$$

其中，A 为 X 的上一级指标，α 为权重。通过线性加权合成，就能够得到指标 A 的得分，进而进行排序。利用线性加权法，由基本指标得分计算出二级指标得分，由二级指标得分计算出一级指标得分，并最终得到总的评价得分，以及排名结果。

三　中原经济区省辖市经济综合竞争力评价结果与分析

2013 年，中原经济区大力推进区域社会经济发展，取得明显的成效。

中原经济区省辖市经济总量稳步提升，经济结构进一步优化，要素保障能力增强，科技创新日益成为经济社会发展和竞争力提升的重要驱动力。尤其是2013年3月，国务院正式批复了《郑州航空港经济综合实验区发展规划(2013~2025年)》。郑州航空港经济综合实验区成为全国首个上升为国家战略的航空港经济发展先行区，郑州航空港经济综合实验区建设为中原经济区发展提供了强大的动力，其综合交通枢纽地位有利于带动整个地区的经济社会发展和竞争力提升。

2014年的中原经济区省辖市经济综合竞争力评价的指标体系涵盖了28个基本指标，结合经济规模、居民收入、发展速度、对外开放、财政金融、产业结构、科技教育等多方面的因素，基本做到全面客观地反映省辖市经济综合竞争力水平。评价数据主要来源于2014年中原经济区内省辖市所在省份的统计年鉴，以及部分地市2013年国民经济与社会发展统计公报，数据统计期限截止到2013年底。

（一）总体评价结果与分析

利用前文构建的中原经济区省辖市经济综合竞争力评价指标体系，通过数据的收集、分析和计算，得到2014年中原经济区省辖市经济综合竞争力，一级指标评价排名结果列在表2当中，二级指标的分项结果列在表3当中。

郑州作为中原经济区的中心城市，连续第三年位于中原经济区省辖市经济综合竞争力的首位，而且2014年继续遥遥领先。在28个基本指标当中，郑州市在22项当中占据第一位，仅在常住人口、发展速度、第二产业占比以及医疗机构数量等方面没有位居第一；10个二级指标当中有8项处于第一位，在剩余的2个指标中发展速度位于第18位，能耗水平位于第5位。2013年，郑州航空港经济综合实验区建设上升为国家战略，其战略定位为国际航空物流中心、以航空经济为引领的现代产业基地、内陆地区对外开放重要门户、现代航空都市、中原经济区核心增长极。郑州将依托航空港建设现代化综合交通枢纽，其作为中原经济区的中心城市的核心地位和辐射带动能力将得到全面的增强。

表2　2014年中原经济区省辖市经济综合竞争力评价

地区	排名	总得分	经济发展指标	经济结构指标	支撑要素指标
郑州市	1	94.32	64.94	19.25	10.14
洛阳市	2	55.69	34.08	16.90	4.70
聊城市	3	52.71	33.37	15.18	4.16
南阳市	4	49.16	27.44	17.92	3.81
邯郸市	5	48.70	32.20	11.76	4.75
许昌市	6	47.72	28.35	16.16	3.21
菏泽市	7	46.76	27.20	15.07	4.49
焦作市	8	46.28	28.62	14.33	3.33
新乡市	9	45.78	25.82	15.70	4.26
蚌埠市	10	43.95	23.75	17.05	3.15
安阳市	11	41.64	24.81	13.27	3.56
开封市	12	40.97	20.62	17.32	3.03
周口市	13	40.44	19.99	16.97	3.48
商丘市	14	40.06	21.11	15.32	3.64
三门峡市	15	40.04	22.82	14.53	2.69
平顶山市	16	39.43	21.38	14.70	3.34
濮阳市	17	38.88	22.05	13.82	3.02
驻马店市	18	38.75	19.96	16.05	2.74
晋城市	19	38.43	22.59	12.95	2.89
信阳市	20	38.33	19.57	16.31	2.45
长治市	21	37.78	24.30	9.95	3.54
漯河市	22	37.77	20.40	14.95	2.42
宿州市	23	37.29	19.26	15.96	2.07
亳州市	24	37.06	18.13	17.17	1.76
淮北市	25	36.94	20.19	14.33	2.42
邢台市	26	36.52	19.72	12.35	4.46
鹤壁市	27	36.37	22.23	12.02	2.12
济源市	28	35.90	25.30	8.82	1.79
阜阳市	29	35.70	18.53	14.56	2.61
运城市	30	30.16	20.19	6.13	3.84

洛阳作为中原经济区的副中心城市，在中原经济区省辖市经济综合竞争力排名中蝉联第二位。洛阳在一级指标方面，经济发展指标位居第二，经济结构指标位居第四，支撑要素指标方面位居第三，经济综合竞争力持续凸

显。二级指标方面，洛阳在经济规模、对外经济和财政金融方面位居第二，产业结构和科技教育方面位居第三，共计 8 项位居前 6 位，能耗水平位居中游，发展速度方面和郑州一样相对靠后。

本次评价体系的设定坚持总量指标和人均指标并重的原则。原因在于，一方面，规模大的省辖市有着大的经济体量、大的市场规模，较多的人力资源，具备较强的要素聚集能力和辐射带动能力，是经济综合竞争力最为重要的体现之一；另一方面，较高的人均经济发展指标意味着地区发展水平高，也意味着一个省辖市人民群众生活的富裕程度。具体来看，一方面规模性、总量性指标仍占据多数，另一方面提高了人均 GDP、城镇居民人均可支配收入、农村居民人均纯收入的权重，并且对卫生技术人员数量和卫生机构床位数改为选用人均指标，相对上年剔除的指标多属于基础设施方面的总量指标。从评价排名来看，经济综合竞争力排名前十的城市当中，有 9 个地市的经济规模二级指标居前 10 位，7 个地市的财政金融指标居前 10 位，而经济综合竞争力排名后 10 位的城市当中，有 7 个地市的经济规模二级指标居后 10 位，6 个财政金融指标居后 10 位。基本指标当中，经济综合竞争力排名前十的城市有 9 个地市的地区生产总值居前 10 位，7 个地市的固定资产投资总额和规模以上工业增加值居前 10 位；经济综合竞争力排后 10 位的城市当中，有 7 个地市的固定资产投资总额居后 10 位，6 个地市的地区生产总值和规模以上工业增加值居后 10 位。与此同时，人均指标表现出了应有的重要性。省辖市经济综合竞争力与常住人口相关度并不高，常住人口最多的前 10 个城市有 5 个居经济综合竞争力前 10 位，3 个位于中游，2 个居后 10 位。经济综合竞争力前 10 位的省辖市在人均 GDP、城镇居民人均可支配收入和农村居民人均纯收入三个基本指标中分别有 5 个居前 10 位。

本次中原经济区省辖市经济综合竞争力评价指标体系的调整对省辖市评价排名也产生了影响。相对于上年，评价排名上升最多的是濮阳市、安阳市、三门峡市和平顶山市，他们分别居 2014 年省辖市经济综合竞争力的第 17、第 11、第 15 和第 16 位，相对于上年上升了 9 位、7 位、6 位和 6 位。他们的共同特点是第二产业比重比较高。其中，上升最快的濮阳尽管在评价指标上多数处于中下游水平，但是经济发展速度位居中原经济区第3。相对于上年排名出现下降的地市则多数是在人均指标方面表现较差。

需要指出的是，本文选取定量的评价方法尽管能够在评价数据和评价过程方面保持客观公正，但是数据在处理过程中不可避免地会导致信息损失，并进而对省辖市经济综合竞争力的评价结果产生影响，我们可以看到从第11位的安阳起，不同位次的地市之间总得分差距微乎其微。因此，评价结果排名不能完全描述不同省辖市之间经济综合竞争力的对比。

（二）分项指标的评价情况

本部分主要介绍评价指标体系当中的3项一级指标和10项二级指标的分项评价结果（见表3），以便更为清晰地分析评价中原经济区省辖市经济竞争力的分项情况和特点。

1. 经济发展指标

经济发展指标是经济综合竞争力中的重要部分，包含经济规模、居民收入、发展速度、对外经济、财政金融共五方面的二级指标。经济发展指标排名前10位的是郑州市、洛阳市、聊城市、邯郸市、焦作市、许昌市、南阳市、菏泽市、新乡市和济源市；排名后10位的是漯河市、淮北市、运城市、周口市、驻马店市、邢台市、信阳市、宿州市、阜阳市和亳州市。值得注意的是2014年的评价体系不再片面注重规模指标，济源市才得以进入经济发展指标的前10位。

（1）从经济规模二级指标的排名来看，评价结果位居前10位的是郑州市、洛阳市、邯郸市、聊城市、南阳市、长治市、许昌市、焦作市、菏泽市和新乡市；居后10位的是济源市、开封市、濮阳市、蚌埠市、漯河市、淮北市、阜阳市、鹤壁市、宿州市和亳州市。

（2）居民收入二级指标代表一个地市居民的收入水平，评价结果居前10位的是郑州市、聊城市、济源市、焦作市、邯郸市、洛阳市、许昌市、安阳市、晋城市和鹤壁市；居后10位的是濮阳市、宿州市、邢台市、开封市、运城市、阜阳市、商丘市、信阳市、驻马店市和周口市。

（3）在发展速度二级指标方面，评价结果居前10位的是菏泽市、鹤壁

表 3　2014 年中原经济区省辖市经济综合竞争力二级指标评价结果

地区	排名	总得分	经济规模	居民收入	发展速度	对外经济	财政金融	能耗水平	产业结构	科技教育	交通通信	医疗卫生
郑州市	1	94.32	26.78	13.52	4.34	6.76	13.53	13.23	6.01	3.60	3.60	2.94
洛阳市	2	55.69	15.71	7.84	2.64	2.81	5.08	12.14	4.76	1.27	1.55	1.89
聊城市	3	52.71	14.11	9.85	4.54	1.22	3.64	10.88	4.30	1.14	1.37	1.65
南阳市	4	49.16	12.41	5.57	3.89	1.22	4.33	14.15	3.76	0.69	1.52	1.61
邯郸市	5	48.70	14.63	7.87	2.92	1.70	5.07	7.22	4.54	1.10	2.10	1.54
许昌市	6	47.72	11.33	7.52	5.27	1.27	2.95	12.93	3.23	0.69	0.99	1.53
菏泽市	7	46.76	9.87	5.76	6.47	1.04	4.05	10.94	4.12	1.29	1.69	1.51
焦作市	8	46.28	11.10	8.07	5.40	1.40	2.65	10.74	3.59	0.78	0.88	1.67
新乡市	9	45.78	9.86	6.73	4.41	1.39	3.43	11.56	4.14	0.92	1.38	1.97
蚌埠市	10	43.95	7.19	6.35	5.98	1.65	2.58	13.19	3.86	1.12	0.65	1.39
安阳市	11	41.64	9.50	7.33	3.85	1.12	3.03	9.15	4.12	0.56	1.20	1.80
开封市	12	40.97	7.74	3.72	5.47	1.07	2.62	13.30	4.01	0.54	0.92	1.57
周口市	13	40.44	9.33	1.52	4.57	1.09	3.48	14.40	2.57	0.44	1.39	1.65
商丘市	14	40.06	8.30	3.28	5.36	0.90	3.27	11.88	3.43	0.51	1.38	1.74
三门峡市	15	40.04	9.69	5.23	4.16	1.45	2.30	10.90	3.63	0.39	0.64	1.66

续表

地区	排名	总得分	经济规模	居民收入	发展速度	对外经济	财政金融	能耗水平	产业结构	科技教育	交通通信	医疗卫生
平顶山市	16	39.43	8.91	6.00	2.17	1.08	3.23	10.47	4.23	0.59	1.04	1.71
濮阳市	17	38.88	7.63	4.82	6.25	1.04	2.31	11.07	2.75	0.44	0.94	1.63
驻马店市	18	38.75	8.01	2.91	4.82	0.95	3.27	12.84	3.20	0.39	1.07	1.28
晋城市	19	38.43	9.69	6.95	2.46	0.72	2.77	8.07	4.88	0.61	0.76	1.52
信阳市	20	38.33	8.36	3.17	3.60	1.07	3.38	12.88	3.43	0.48	0.99	0.97
长治市	21	37.78	11.44	6.71	1.66	0.99	3.49	5.40	4.54	0.81	0.93	1.80
漯河市	22	37.77	6.70	6.19	4.27	1.31	1.93	12.27	2.68	0.43	0.58	1.41
宿州市	23	37.29	5.80	4.64	5.14	1.10	2.58	12.39	3.57	0.46	0.83	0.78
亳州市	24	37.06	4.84	5.18	4.62	1.10	2.39	13.39	3.78	0.48	0.79	0.48
淮北市	25	36.94	6.39	5.73	5.01	1.09	1.97	10.77	3.56	0.58	0.52	1.31
邢台市	26	36.52	8.81	3.80	2.09	1.19	3.83	8.58	3.77	0.89	1.62	1.94
鹤壁市	27	36.37	6.17	6.84	6.47	1.16	1.59	9.33	2.69	0.39	0.48	1.26
济源市	28	35.90	7.98	9.36	5.65	0.94	1.35	5.55	3.27	0.36	0.36	1.07
阜阳市	29	35.70	6.29	3.40	4.61	0.85	3.38	11.05	3.51	0.52	1.18	0.92
运城市	30	30.16	9.17	3.62	3.43	1.18	2.79	1.44	4.69	0.73	1.21	1.90

市、濮阳市、蚌埠市、济源市、开封市、焦作市、商丘市、许昌市和宿州市；居后10位的是南阳市、安阳市、信阳市、运城市、邯郸市、洛阳市、晋城市、平顶山市、邢台市和长治市。

（4）对外经济二级指标由进出口总额和实际利用外资数量构成，评价结果居前10位的是郑州市、洛阳市、邯郸市、蚌埠市、三门峡市、焦作市、新乡市、漯河市、许昌市和南阳市；居后10位的地区是开封市、信阳市、菏泽市、濮阳市、长治市、驻马店市、济源市、商丘市、阜阳市和晋城市。

（5）在财政金融二级指标方面，评价结果居前10位的是郑州市、洛阳市、邯郸市、南阳市、菏泽市、邢台市、聊城市、长治市、周口市和新乡市；居后10位的是开封市、宿州市、蚌埠市、亳州市、濮阳市、三门峡市、淮北市、漯河市、鹤壁市和济源市。

2. 经济结构指标

经济结构指标由能耗水平和产业结构指标构成，从具体排名来看，排前10位的地市是郑州市、南阳市、开封市、亳州市、蚌埠市、周口市、洛阳市、信阳市、许昌市和驻马店市；排名后10位的地市是焦作市、濮阳市、安阳市、晋城市、邢台市、邯郸市、鹤壁市、长治市、济源市和运城市。

能耗水平二级指标方面，评价结果居前10位的是周口市、南阳市、亳州市、开封市、郑州市、蚌埠市、许昌市、信阳市、驻马店市和宿州市；排名后10位的是焦作市、平顶山市、鹤壁市、安阳市、邢台市、晋城市、邯郸市、济源市、长治市和运城市。能耗水平为计算后的指标，排名靠前表示该地市单位地区生产总值能耗比较低。

在产业结构二级指标方面，评价结果居前10位的是郑州市、晋城市、洛阳市、运城市、长治市、邯郸市、聊城市、平顶山市、新乡市和菏泽市；居后10位的是阜阳市、商丘市、信阳市、济源市、许昌市、驻马店市、濮阳市、鹤壁市、漯河市和周口市。

3. 支撑要素指标

支撑要素是一个地区经济发展的基础，指标包含科技教育、交通通信和医疗卫生三个方面二级指标。支撑要素一级指标居前10位的地市是郑州市、邯郸市、洛阳市、菏泽市、邢台市、新乡市、聊城市、运城市、南阳市和商丘市，而居后10位的是驻马店市、三门峡市、阜阳市、信阳市、漯河市、淮北市、鹤壁市、宿州市、济源市和亳州市。

（1）在科技教育二级指标方面，居前10位的是郑州市、菏泽市、洛阳市、聊城市、蚌埠市、邯郸市、新乡市、邢台市、长治市和焦作市；居后10位的是信阳市、亳州市、宿州市、濮阳市、周口市、漯河市、驻马店市、三门峡市、鹤壁市和济源市。

（2）在交通通信二级指标方面，居前10位的是郑州市、邯郸市、菏泽市、邢台市、洛阳市、南阳市、周口市、商丘市、新乡市和聊城市；居后10位的是焦作市、宿州市、亳州市、晋城市、蚌埠市、三门峡市、漯河市、淮北市、鹤壁市和济源市。

（3）在医疗卫生二级指标方面，2014年的评价体系选取了两个人均指标，更好地反映了一个地市的医疗卫生事业发展水平。具体评价结果居前10位的是郑州市、新乡市、邢台市、运城市、洛阳市、长治市、安阳市、商丘市、平顶山市和焦作市；居后10位的是漯河市、蚌埠市、淮北市、驻马店市、鹤壁市、济源市、信阳市、阜阳市、宿州市和亳州市。

（三）部分典型城市发展情况分析

郑州市。2013年，国务院正式批复了《郑州航空港经济综合实验区发展规划（2013～2025年）》，郑州航空港经济综合实验区成为全国首个上升为国家战略的航空港经济发展先行区。郑州市抢抓中原经济区和郑州航空港经济综合实验区上升为国家战略的重大历史机遇，突出“三大主体”工作，坚持开放创新双驱动，着力“保增长、调结构、促转型、惠民生”，加快推进郑州都市区建设，经济社会呈现持续健康快速发展的良好态势。2013年，郑州市地区生产总值完成6202亿元，年均增长12.1%；地方财政总收入1116亿元，年均增长19.1%；公共财政预算收入723.43亿元，年均增长22.7%；固定资产投资4489亿元，年均增长23.8%；进出口总额427亿美元，年均增长76.1%，占河南省总量70%以上；城镇居民人均可支配收入

26615元，农民人均纯收入14010元，年均分别增长11.1%和13.2%，城乡居民收入比由2.1∶1缩小到1.9∶1，经济发展质量和效益明显提升，科技进步贡献率达到58%，单位生产总值能耗持续下降。大力实施“工业强市”战略，着力打造“6+2”千亿元级产业基地，工业七大主导产业销售收入达到8000亿元；郑东新区金融业集聚效应初显；会展业快速健康发展，服务业综合改革、旅游综合改革试点城市建设和现代物流、电子商务示范城市建设扎实推进；大力发展现代都市农业，农村基础地位进一步巩固。航空港产业集聚区成为全省首个超千亿元产业集聚区，高新区、经开区产业集聚水平明显提升。加快自主创新体系建设，科技创新能力进一步提高。2013年，郑州市通过第二批国家级两化融合试验区验收，被评为国家知识产权示范城市、下一代互联网和全国数字城市建设示范城市，成为电子商务、信息消费、智慧城市试点和国家互联网骨干直联点城市。加大节能减排力度，淘汰落后产能，资源型产业比重降低到45.8%。未来，郑州将依托航空港建设现代化综合交通枢纽，不断辐射带动中原经济区其他省辖市，使中原经济区经济竞争力全面提升。

洛阳市。2013年，洛阳市坚持项目引资双带动，大力实施“六加一”攻坚战，突出抓好“开放招商、服务企业、优化环境”等重点工作，实现了经济稳步增长。2013年，洛阳市完成地区生产总值3141亿元，增长7.2%；地方公共财政预算收入234.05亿元，固定资产完成投资2569亿元，城镇居民人均可支配收入和农民人均纯收入分别达到24820元和8756元。2013年洛阳市经济发展态势良好，继续保持省辖市经济综合竞争力的第二位。2014年，洛阳市提出要建成名副其实的中原经济区副中心城市，成为中原经济区的重要增长极、文化示范区、最佳宜居地、开放创新城。洛阳市市委指出，要围绕副中心的四个定位，突出洛阳优势、彰显洛阳特色、叫响洛阳品牌，确保洛阳的发展速度、质量、效益始终保持较高水平，以经济实力为基础的综合实力和区域竞争力不断提升，保持对其他城市的领先优势；确保洛阳的比较优势得到充分发挥，在中原经济区乃至全国都有较强的影响力、辐射力、吸引力，能有效集聚各种要素资源，加快自身发展并带动周边地区；确保洛阳能成为人们一提到中原经济区就首先想到的城市，成为在中原经济区乃至中部地区，人们最心驰神往、最津津乐道、最愿意留下来的地方。

安阳市。安阳是河南的一座重工业城市和文化历史名城。2013 年，安阳市坚持稳中求进、持续提升工作总基调，统筹稳增长、调结构、促改革，制定出台了支持工业发展的 39 条意见、促进房地产和建筑业健康发展意见等一系列针对性强的政策措施，扎实推进产业转型升级、新型城镇化、项目建设、开放招商等事关全局的重点工作，经济社会发展稳中有为、稳中提质、稳中有进。2013 年，安阳市地区生产总值达到 1683.65 亿元，增长 8.5%；公共财政预算收入 92.2 亿元，增长 10.3%；全社会固定资产投资 1638.88 亿元，增长 22.2%；社会消费品零售总额 536 亿元，增长 13.6%；城镇居民可支配收入、农民人均纯收入分别增长 9.4% 和 12.2%，达到 23019 元和 9670 元。安阳市在本次中原经济区省辖市经济综合竞争力评价中处于第 11 位，相对上年提升了 7 位。在经济综合竞争力评价的二级指标中，安阳的医疗卫生指标和居民收入指标位于前十，分别为第 7 位和第 8 位，发展速度和能耗水平则相对靠后，分别位于第 22 位和第 24 位。2014 年，安阳市政府提出通过深化改革、扩大开放、创新发展为加快发展提供强大动力，着力扩大需求稳增长，着力优化结构促转型，着力改革创新增后劲，着力创造优势强支撑，着力改善民生促和谐，加快实现建设新型工业城市和建设中原经济区区域性中心强市的目标。

濮阳市。濮阳市从城市规模和发展水平来讲，在中原经济区乃至河南省都处于中下游位置。近年来，濮阳各项工作全面发力，各项经济和社会发展指标增长速度大幅提升。生产总值增速 2010 年居全省第 15 位，2011 年上升到第 11 位，2012 年跃居全省第 3 位，2013 年晋升至第 2 位，三年提升了 13 个位次。2013 年，规模以上工业增加值增速跃居第 5 位，较 2008 年上升 13 个位次；公共财政预算收入增速跃居第 4 位，上升 12 个位次；固定资产投资增速跃居第 2 位，上升 12 个位次。2013 年，濮阳市完成地区生产总值 1130.48 亿元，增长 12%；人均生产总值 31483 亿元，增长 11.6%，取得总量和人均指标两个两位数增长，发展速度指标居中原经济区第三位，经济综合竞争力上升9位达到第17位。自2011年起，濮阳市致力科学发展、赶超发展，深入实施“4321”发展战略，坚持“1234”工作思路，实现了经济社会的跨越式发展。

四 政策建议

经济新常态背景下，提升中原经济区省辖市经济综合竞争力，进而推进中原经济区社会经济科学健康发展，需要在“坚定总坐标、坚持总思路、完善总方略”的战略框架下，着力推进经济转型升级、强化四个体系建设、大力实施创新驱动战略、科学推进新型城镇化，从而推动新常态下中原经济区建设顺利进行。

第一，全力推进经济转型升级。始终坚持以领导方式转变促进发展方式转变的科学理念，坚持把构建“一个载体、四个体系”作为科学发展的重要抓手，着力建设提升产业集聚区、商务中心区、特色商业区等载体，大力优化产业结构，积极优化产业布局，加强生态建设和环境保护，全面推进中原经济区经济结构优化升级。一是优化传统支柱产业。依托科技创新，利用高新技术、先进适用技术以及信息化技术，针对现有的化工、有色、钢铁等传统优势产业，综合运用延伸链条、技术改造、兼并重组、淘汰落后等手段，进行脱胎换骨式的改造提升，促使传统制造业向高附加值制造业方向发展。二是促进高成长性产业发展。实施创新驱动战略，按照统筹规划、发挥优势、突出特色、集聚发展的原则，围绕中原经济区高成长性产业发展方向，依托产业集聚区，规划建设高成长性产业示范园区，加强规划政策引导，完善配套服务功能，积极承接产业转移，促进企业集聚，培育发展一批以电子信息产业集群、生物医药产业集群、新型合金材料产业集群等为重点的，特色鲜明、链条完整、具有核心技术、竞争力强的产业集群，为建设先进制造业大省提供有力支撑。三是积极布局战略性新兴产业。坚持自主创新与开放引进相结合、重点突破与整体推进相结合、龙头带动与集群发展相结合、市场主导与政府推动相结合的发展原则，以开放创新为动力，以营造良好的发展环境为重点，以企业为主体，加大规划引导和政策支持力度，着力推进重大产业创新发展工程和示范园区建设，着力培育具有核心技术的龙头企业和产业集群，努力把新一代信息技术产业培育成为新的支柱产业，把生物、新能源、新能源汽车、新材料等产业培育成为先导产业，促进节能环保、高端装备制造产业成为新的增长点，打造全国重要的战略性新兴产业基地，推动产业结构战略性调整，加快经济增长方式转变，为建设中原经济区提供有力支撑。

第二，持续强化四大体系建设。现代产业体系、现代城乡体系、自主创新体系和现代市场体系建设是保障中原经济区持续健康发展的重要基础。一是强化现代产业体系建设。坚持以高新技术产业和先进制造业为基础，高端服务业为方向，现代农业为支撑，形成一二三产业相互协调发展的现代产业结构，推进三次产业协调发展。加强创新基础能力建设，夯实产业链的基础环节。大力引进和培育关键环节的重大产业项目，促进产业链条的成长壮大并向高端延伸。大力推广以信息技术为代表的高新技术，加快用高新技术和先进适用技术改造提升传统工业产业，提升其技术水平和市场竞争力，推进信息化与工业化融合。二是加强现代城乡体系建设。加强体制机制创新，有序推进农业转移人口市民化；强化规划引领，合理优化城镇发展布局和形态；强化科技创新，持续提高城市可持续发展能力；加强制度创新，科学统筹城乡一体化发展，从而全面推进中原经济区创新驱动新型城镇化健康、科学、有序发展，构建现代城乡体系。三是打造自主创新体系。中原经济区应进一步完善落实科技政策法规，营造良好的创新环境；强化企业创新主体地位，完善产学研结合机制；加快培养和引进科技人才，为经济转型升级提供智力支持；加快建设各类创新平台和载体，改善科技创新基础条件；组织实施重大科技专项，突破关键共性技术；全面实施知识产权、标准化和品牌战略，提高产业核心竞争力；扩大国内外科技合作，集聚优质创新资源，进而推进区域自主创新体系建设。四是加快建设现代市场体系。通过建立公平开放透明的市场规则，完善主要由市场决定价格的机制；建立城乡统一的建设用地市场，完善金融市场体系等措施，加快形成企业自主经营、公平竞争，消费者自由选择、自主消费，商品和要素自由流动、平等交换的现代市场体系，使市场在资源配置中起决定性作用，清除市场壁垒，提高资源配置效率和公平性。

第三，全面实施创新驱动战略。中原经济区实施创新驱动发展战略，需要紧紧围绕创新驱动背景下的新型工业化、新型城镇化、农业现代化、信息化以及三化协调、四化同步等战略重点和主要任务，先行先试、有序推进、改革创新、科学发展，以创新驱动助推中原崛起。一是着力构建以企业为主体、市场为导向、产学研相结合的技术创新体系。强化企业技术创新主体地位，加强企业研发中心建设，增强企业自主创新能力。推动产学研相结合，积极发展产业技术创新战略联盟，探索建立产业技术研究院。加强公共技术服务、成果转化服务、科技中介、科技投融资等各类技术创新服务平台建设。构建以企业为主体，技术创新战略联盟、产业技术研究院、企业研发中心、各类服务平台有机结合的产业（集群）技术创新体系。二是深化改革、完善机制，促进创新资源高效配置和综合集成。突出市场需求的创新导向机制，推动科技与经济紧密结合，促进创新资源以企业为主体高效配置。完善科技评价和激励机制，激发广大科技人员创新创业活力。完善科技成果转化机制，促进科技成果迅速转化为现实生产力。健全科技创新的要素保障机制，培育完善资本、技术和人才等要素市场。完善政府科技管理体制机制，提升政府服务、引导、推动创新的效能。三是扩大科技对内对外开放。积极引进技术、成果、人才，引进研发机构，聚集和扩大创新资源。加速引进科技成果的转化和应用，提升引进消化吸收再创新能力。搭建对外科技合作平台，开展合作研究，利用外部资源推动创新。鼓励支持企业走出去，通过企业并购和引进技术，开展国际科技合作，参与国际竞争，快速提升创新能力。四是加强统筹部署和协同创新。强化创新的规划引导、统筹部署，提升创新的整体效能。发挥社会主义集中力量办大事的体制优势，实施重大科技专项，突破重大技术瓶颈。发挥政府的组织协调优势，积极推进协同创新。强化示范带动，组织新技术的应用示范推广，以应用促创新。

第四，科学推进新型城镇化。推进中原经济区城镇化进程，需要坚持以人为本、科学有序的理念，实现新型城镇化健康、科学、有序发展。一是有序推进农业转移人口市民化。通过体制机制创新，提高社会公共服务的供给能力，推进公共资源配置的体制机制创新，推进均等化服务的创新探索与改革实践，实现城镇基本公共服务常住人口的全覆盖，有序推进中原经济区农业转移人口市民化。二是合理优化城镇发展布局和形态。优化城市空间分布和规模结构，加快中原城市群建设，提高中心城市辐射带动能力，着力增强县级城市集聚产业和人口的能力，有重点地发展中心镇，推动大中小城市和小城镇协调发展，形成科学合理的城镇发展布局和形态。三是持续提高城市可持续发展能力。健全规划建设体制机制，推动集约智能、绿色低碳发展，增强文化魅力，完善基础设施，强化社会治理，加强城市管理，实现城市可持续发展。四是完善推进新型城镇化的体制机制。持续深化重点领域和关键环节改革，不断破解土地、资金等要素制约和难题，加快形成有利于新型城镇化发展的制度环境。

参考文献

国家发改委：《郑州航空港经济综合实验区发展规划（2013～2025年）》。

国家发改委：《中原经济区规划（2012～2020年）》。

国务院：《关于支持河南省加快建设中原经济区的指导意见》。

黄茂兴、李闽榕：《中国省域经济综合竞争力评价与预测的方法研究》，《福州师范大学学报》（哲学社会科学版）2008年第1期。

王发曾、吕金嵘：《中原城市群城市竞争力的评价与时空演变》，《地理研究》2011年第1期。

B.3 2014年河南县域经济发展质量评价报告

河南省社会科学院课题组*

摘　要：根据县域经济发展质量的内涵特征和内在目标要求，从县域经济发展的规模水平、发展结构、发展效益、发展潜力活力、民生幸福、发展持续性、发展外向度、科技创新，以及农业基础能力等角度出发，构建县域经济发展质量评价指标体系，并运用计量实证手段，对河南省108个县进行分值计算和排名比较，与2013年度的分项评价指标和综合评价指标作变动对比分析，通过结论发掘优势与反思差距存在的内在根源，并提出河南省县域经济发展的建设性对策建议。

关键词：县域经济　经济发展质量　熵值法

一　河南县域经济发展质量评价指标及模型简介

河南省是县域经济大省，GDP总量的70%左右、就业人口的70%左右、地方财政收入的35%左右均来自县域。深入研判河南省县域经济发展质量的具体位次，揭示优势与差距存在的内在逻辑，意义重大。

本文评价对象包括河南省108个县（市），将这108个县（市）划分为纳入中心城市组团发展范围的县（市）、基础条件比较好的县（市）和农区

* 课题组长：喻新安、完世伟、王玲杰；课题组成员：杜明军、袁金星、高璇、林园春、陈锐；执笔：杜明军。

县（市）共三类。

需要说明的是，为保证评价的连续性、稳定性和可比性，本文中所使用的河南县域经济发展质量评价指标体系及评价模型均采用以往各年度经济蓝皮书中对河南县域经济发展质量评价中所建立的评价指标体系和熵值法评价模型，限于篇幅，不再赘述。

表1　河南省县域经济发展质量评价指标体系

一级指标	二级指标
发展规模水平	县(市)GDP
	县(市)GDP增速
	县(市)人均GDP水平
	县(市)经济增长稳定性
	县(市)地方财政收入水平
	县(市)地方财政收入与GDP之比
发展结构	工业增加值占国内生产总值的比重
	第三产业增加值占国内生产总值的比重
	县(市)城镇化率
	县(市)城乡居民收入比
发展效益	县(市)劳动生产率
	县(市)投资产出率
	县(市)贷款产出率
	县(市)耕地产出率
发展潜力活力	县(市)就业弹性系数
	县(市)生产能力利用率
	投资对县域经济发展贡献率
	消费对县域经济发展贡献率
民生幸福	城镇居民人均可支配收入
	农民人均纯收入
	城镇居民人均可支配收入增长率
	农民人均纯收入增长率
	恩格尔系数
	基尼系数
	人口就业率
	城镇单位从业人员平均工资
	在岗职工平均工资
	县(市)居民人均储蓄额
	城镇居民人均生活消费支出
	农村居民人均生活消费支出

续表

一级指标	二级指标
发展可持续性	单位产值能源消耗量
	单位 GDP 水耗
	单位 GDP 工业废水排放量
	单位 GDP 工业废气排放量
	工业固体废物综合利用率
	每立方米细颗粒物含量
	生活垃圾无害化处理率
	农村饮水达标率
	垃圾集中处理率
	污水处理率
	森林覆盖率
科技创新	研究与开发投入占国内生产总值的比重
	高技术产业增加值占国内生产总值的比重
	专利授权指数
发展外向度	进出口总值
	进出口总值占国内生产总值比例
	利用外资和对外投资总额
	服务贸易占对外贸易的比重
农业基础能力	农林牧渔业总产值
	粮食产量
	有效灌溉面积
	农林水基本建设支出

二　县域经济发展质量评价结果及分析

（一）基本数据来源及预处理

本评价所用基础数据主要源于《河南统计年鉴》（2014）。在具体的实证分析部分，由于统计数据的支持程度和指标判断的实际效果的限制，对指标体系略作改动：其一，在评价发展潜力活力时，生产能力利用率还没有进入统计范围，没能采用；其二，在评价民生幸福时，基尼系数、恩格尔系数、居民人均生活消费支出、社会保障补助支出水平等还没有进入统计范围，没能采用；其三，县域经济的发展可持续性、科技创新、发展外向度等指标尚未进入统计范围，因而涉及较少。尽管如此，基于经济发展质量内涵特征、县域经济发展目标要求，基于指标选用原则所构建的指标体系对县域经济发展质量的代表性和科学性，以及所采用熵值法的合理选择和实用性，本研究仍不失科学合理性和实用可操作性。

（二）评价结果及分析

1. 纳入中心城市组团发展范围的55个县（市）

经济发展质量总体评价居前 5 位的依次分别是：新郑市、新密市、荥阳市、义马市、登封市。其余各分项评价居前 5 位的见表 2 中加重部分。

2. 基础条件比较好（人均 GDP 在2.5万元以上）的19个县（市）

经济发展质量总体评价居前 5 位的依次分别是：巩义市、中牟县、林州市、永城市、安阳县。其余各分项评价居前 5 位的见表 3 中加重部分。

3. 农区县34个

经济发展质量总体评价居前 5 位的依次分别是：邓州市、固始县、长垣县、淅川县、潢川县。其余各分项评价居前 5 位的见表 4 中加重部分。

4. 108个县（市）总体评价

表 5 加重部分显示，经济发展质量总体评价居前 5 位的依次分别是：新郑市、新密市、巩义市、中牟县、荥阳市。

发展规模水平评价居前 5 位的依次分别是：新郑市、巩义市、新密市、中牟县、荥阳市。

发展结构评价居前 5 位的依次分别是：义马市、巩义市、新郑市、沁阳市、新乡县。

发展效益评价居前 5 位的依次分别是：中牟县、新郑市、灵宝市、巩义市、荥阳市。

发展潜力活力评价居前 5 位的依次分别是：南召县、内乡县、镇平县、

表2　纳入中心城市组团发展范围的55个县（市）评价结果

县（市）	综合评价		发展规模水平		发展结构		发展潜力活力		发展效益		民生幸福		农业基础能力	
	得分	排名	得分	排名	得分	排名	得分	排名	得分	排名	得分	排名	得分	排名
新郑市	3.516782	1	0.874254	1	0.634577	2	0.192303	52	0.620704	1	0.847507	3	0.347437	34
新密市	3.367008	2	0.726831	2	0.614648	4	0.259273	42	0.551381	5	0.924019	1	0.290856	43
荥阳市	3.180634	3	0.667966	3	0.608864	5	0.282606	39	0.560624	3	0.749420	4	0.311154	40
义马市	3.010382	4	0.480044	8	0.834066	1	0.282739	38	0.552775	4	0.860758	2	0.000000	55
登封市	2.925477	5	0.645343	4	0.592216	6	0.285117	37	0.459170	9	0.714782	6	0.228849	50
偃师市	2.865923	6	0.424736	11	0.580030	8	0.364996	25	0.477704	8	0.748280	5	0.270177	45
灵宝市	2.758314	7	0.519229	6	0.488619	15	0.144505	54	0.606677	2	0.666257	8	0.333027	35
沁阳市	2.718895	8	0.450134	10	0.618802	3	0.232613	48	0.537314	6	0.644621	9	0.235411	48
禹州市	2.636464	9	0.553205	5	0.510858	14	0.386807	22	0.275099	27	0.543509	14	0.366986	31
辉县市	2.627834	10	0.413357	12	0.478333	17	0.332448	31	0.326829	20	0.629477	10	0.447390	17
长葛市	2.559860	11	0.474531	9	0.589382	7	0.209975	51	0.409420	13	0.523831	15	0.352721	33
渑池县	2.546569	12	0.392959	13	0.460749	21	0.336149	29	0.444407	11	0.685415	7	0.226890	51
孟州市	2.450519	13	0.350933	14	0.562468	9	0.316254	34	0.421631	12	0.558516	13	0.240717	47
新安县	2.428648	14	0.482331	7	0.449274	23	0.317242	33	0.451532	10	0.512840	16	0.215429	53
博爱县	2.363008	15	0.250180	19	0.547582	10	0.218319	49	0.532076	7	0.598542	12	0.216309	52
武陟县	2.289361	16	0.238042	20	0.469075	20	0.356505	27	0.313502	21	0.501440	17	0.410797	23
唐河县	2.269675	17	0.135205	31	0.303216	39	0.504817	9	0.201623	36	0.368005	24	0.756809	1

续表

县(市)	综合评价		发展规模水平		发展结构		发展潜力活力		发展效率		民生幸福		农业基础能力	
	得分	排名	得分	排名	得分	排名	得分	排名	得分	排名	得分	排名	得分	排名
伊川县	2.230049	18	0.299152	15	0.380709	31	0.633656	4	0.225227	33	0.360773	26	0.330532	36
修武县	2.227899	19	0.164012	27	0.480399	16	0.529784	8	0.274333	28	0.601441	11	0.177930	54
镇平县	2.220001	20	0.125033	34	0.378605	32	0.721102	1	0.144000	49	0.468456	20	0.382805	26
濮阳县	2.167746	21	0.212061	23	0.409265	26	0.448815	19	0.254478	30	0.288660	32	0.554467	5
温　县	2.155942	22	0.231067	21	0.536046	12	0.240327	47	0.403763	14	0.468904	19	0.275835	44
襄城县	2.150618	23	0.287625	16	0.471617	19	0.146091	53	0.329810	19	0.445253	21	0.470222	15
鄢陵县	2.133491	24	0.225869	22	0.397670	27	0.266439	41	0.342674	18	0.470324	18	0.430515	20
孟津县	2.096463	25	0.272685	17	0.395546	28	0.349007	28	0.351109	17	0.414164	22	0.313952	39
临颍县	2.089982	26	0.196299	24	0.539423	11	0.254596	44	0.355487	15	0.337836	29	0.406341	24
尉氏县	1.940643	27	0.254205	18	0.394243	29	0.247048	45	0.299784	23	0.249504	39	0.495859	10
项城市	1.937979	28	0.159172	28	0.386108	30	0.333374	30	0.281666	25	0.293013	31	0.484646	13
罗山县	1.908705	29	0.089449	43	0.234681	49	0.561502	5	0.131099	50	0.406574	23	0.485400	12
卫辉市	1.908546	30	0.091265	40	0.419192	25	0.503546	10	0.241617	31	0.356112	27	0.296814	42
清丰县	1.890588	31	0.108328	36	0.371421	33	0.499747	13	0.275585	26	0.209900	47	0.425607	21
方城县	1.869820	32	0.090762	42	0.263564	43	0.705879	3	0.072194	55	0.261813	37	0.475608	14
舞阳县	1.855501	33	0.086437	44	0.325704	37	0.716481	2	0.179059	44	0.167392	51	0.380428	27
叶　县	1.823858	34	0.135026	32	0.359806	35	0.485584	14	0.188818	42	0.223182	45	0.431442	19
淮阳县	1.808950	35	0.091214	41	0.195374	54	0.450653	18	0.201085	37	0.237631	41	0.632993	2
宜阳县	1.784924	36	0.180915	26	0.236623	48	0.478962	16	0.240978	32	0.287300	33	0.360146	32

续表

县(市)	综合评价		发展规模水平		发展结构		发展潜力活力		发展效率		民生幸福		农业基础能力	
	得分	排名	得分	排名	得分	排名	得分	排名	得分	排名	得分	排名	得分	排名
杞　县	1.768821	37	0.181120	25	0.333402	36	0.244278	46	0.295893	24	0.140183	54	0.573945	4
西华县	1.752547	38	0.085782	45	0.216026	51	0.499830	12	0.203135	35	0.223520	44	0.524254	6
遂平县	1.740652	39	0.129295	33	0.320548	38	0.372328	24	0.199171	39	0.341602	28	0.377708	28
通许县	1.730594	40	0.148996	29	0.362404	34	0.257186	43	0.355105	16	0.236834	42	0.370069	29
确山县	1.722061	41	0.103390	37	0.281032	41	0.361772	26	0.214800	34	0.361804	25	0.399263	25
浚　县	1.688923	42	0.083417	46	0.472691	18	0.213747	50	0.195644	41	0.274809	34	0.448615	16
柘城县	1.667954	43	0.079903	48	0.211996	53	0.462165	17	0.171445	45	0.234788	43	0.507657	7
汤阴县	1.664368	44	0.146529	30	0.449966	22	0.119887	55	0.301328	22	0.330582	30	0.316076	38
汝南县	1.643782	45	0.076252	49	0.264051	42	0.374309	23	0.187583	43	0.238751	40	0.502836	8
商水县	1.628792	46	0.098829	38	0.188538	55	0.314098	35	0.197719	40	0.203084	48	0.626524	3
民权县	1.615483	47	0.093841	39	0.214636	52	0.404867	21	0.146428	48	0.263793	36	0.491918	11
延津县	1.611569	48	0.073558	50	0.426213	24	0.325721	32	0.201019	38	0.257133	38	0.327925	37
获嘉县	1.582372	49	0.037094	54	0.521175	13	0.412388	20	0.165378	46	0.211277	46	0.235060	49
虞城县	1.580426	50	0.114534	35	0.240635	46	0.309915	36	0.150417	47	0.264265	35	0.500660	9
原阳县	1.491493	51	0.041544	53	0.300671	40	0.484835	15	0.096379	54	0.146710	52	0.421354	22
社旗县	1.485566	52	0.054085	52	0.241179	45	0.536221	7	0.117738	51	0.167567	50	0.368776	30
内黄县	1.404822	53	0.082906	47	0.239764	47	0.274258	40	0.262323	29	0.113989	55	0.431582	18
鲁山县	1.359875	54	0.072212	51	0.242462	44	0.500967	11	0.103584	52	0.187898	49	0.252752	46
宁陵县	1.329369	55	0.017491	55	0.226347	50	0.539278	6	0.099629	53	0.141271	53	0.305353	41

表3　基础条件比较好（人均GDP在2.5万元以上）的19个县（市）评价结果

县(市)	综合评价		发展规模水平		发展结构		发展潜力活力		发展效益		民生幸福		农业基础能力	
	得分	排名	得分	排名	得分	排名	得分	排名	得分	排名	得分	排名	得分	排名
巩义市	3.316894	1	0.759686	17	0.649644	1	0.284891	12	0.565539	2	0.861396	1	0.195738	18
中牟县	3.194595	2	0.703833	1	0.566927	4	0.050969	19	0.760932	1	0.759240	3	0.352694	6
林州市	2.709915	3	0.430529	16	0.559840	5	0.326339	11	0.312263	11	0.788982	2	0.291962	9
永城市	2.543998	4	0.512050	2	0.359579	14	0.191432	16	0.251331	17	0.491113	10	0.738493	1
安阳县	2.436348	5	0.323112	19	0.500090	7	0.350373	10	0.278787	15	0.555279	7	0.428707	3
陕　县	2.308406	6	0.225677	11	0.358770	15	0.606649	2	0.318397	10	0.599594	5	0.199319	17
栾川县	2.276127	7	0.275810	15	0.368715	13	0.500784	8	0.374571	4	0.544265	8	0.211982	15
新乡县	2.224661	8	0.271135	5	0.617448	2	0.107226	18	0.338109	7	0.689600	4	0.201143	16
汝州市	2.217212	9	0.365917	12	0.452900	9	0.229058	14	0.324582	8	0.442386	13	0.402369	5
西峡县	2.197384	10	0.231204	7	0.450375	10	0.494971	9	0.311195	13	0.490955	11	0.218684	14
舞钢市	2.181233	11	0.159628	8	0.471663	8	0.679436	1	0.154465	19	0.581179	6	0.134862	19
淇　县	2.171882	12	0.252411	13	0.602720	3	0.126067	17	0.454638	3	0.481612	12	0.254434	10
新野县	2.140312	13	0.160329	4	0.409759	12	0.509406	6	0.209968	18	0.427233	15	0.423617	4
许昌县	2.113635	14	0.208149	3	0.435189	11	0.197107	15	0.289076	14	0.511486	9	0.472628	2
宝丰县	2.091338	15	0.286538	18	0.533157	6	0.255661	13	0.346603	6	0.431027	14	0.238352	11
桐柏县	1.892118	16	0.139770	9	0.321425	16	0.567456	3	0.254948	16	0.378192	17	0.230327	13
新　县	1.888866	17	0.070169	6	0.288944	17	0.533141	5	0.350614	5	0.414064	16	0.231934	12
嵩　县	1.847882	18	0.134637	10	0.228203	18	0.556354	4	0.311641	12	0.312824	18	0.304223	8
洛宁县	1.730646	19	0.148152	14	0.209842	19	0.506652	7	0.321441	9	0.209465	19	0.335094	7

表4　农区县34个评价结果

县(市)	综合评价		发展规模水平		发展结构		发展潜力活力		发展效益		民生幸福		农业基础能力	
	得分	排名	得分	排名	得分	排名	得分	排名	得分	排名	得分	排名	得分	排名
邓州市	2. 348682	1	0. 221135	3	0. 289849	10	0. 365525	24	0. 207998	10	0. 365894	8	0. 898281	1
固始县	2. 256190	2	0. 172188	6	0. 238797	24	0. 568294	6	0. 144479	28	0. 336926	9	0. 795506	3
长垣县	2. 216999	3	0. 224780	2	0. 493139	1	0. 327501	26	0. 184226	13	0. 574544	1	0. 412809	23
淅川县	2. 103867	4	0. 239528	1	0. 286114	12	0. 641888	4	0. 169206	18	0. 442122	2	0. 325009	28
潢川县	2. 017882	5	0. 124128	10	0. 310362	9	0. 430351	18	0. 213390	8	0. 397718	5	0. 541933	11
内乡县	2. 017397	6	0. 086140	20	0. 261349	17	0. 776580	2	0. 132150	32	0. 415304	3	0. 345874	26
鹿邑县	1. 903500	7	0. 174377	5	0. 320230	5	0. 313601	27	0. 230100	7	0. 293121	12	0. 572071	8
光山县	1. 887915	8	0. 083976	21	0. 241263	23	0. 606206	5	0. 140693	29	0. 384485	7	0. 431292	22
太康县	1. 866813	9	0. 116750	12	0. 243295	22	0. 429901	19	0. 190902	11	0. 212588	25	0. 673377	4
息　县	1. 839232	10	0. 067057	27	0. 218746	27	0. 554072	7	0. 136761	30	0. 335721	10	0. 526875	13
西平县	1. 831419	11	0. 101799	16	0. 279748	14	0. 430831	17	0. 190074	12	0. 280742	13	0. 548225	10
邑　县	1. 817286	12	0. 078289	24	0. 210455	28	0. 457680	13	0. 121407	33	0. 318310	11	0. 631145	5
滑　县	1. 810007	13	0. 109362	14	0. 167700	33	0. 297876	30	0. 170214	17	0. 203497	27	0. 861358	2
南召县	1. 763152	14	0. 055525	30	0. 273055	16	0. 783960	1	0. 159691	22	0. 265877	14	0. 225044	31
南乐县	1. 746059	15	0. 076148	25	0. 348336	4	0. 466300	11	0. 286652	1	0. 195548	29	0. 373075	25
商城县	1. 720595	16	0. 082610	22	0. 220049	26	0. 453236	15	0. 235432	4	0. 385356	6	0. 343912	27
郸城县	1. 709600	17	0. 125612	9	0. 280745	13	0. 303617	28	0. 174292	16	0. 203737	26	0. 621597	6

续表

县(市)	综合评价		发展规模水平		发展结构		发展潜力活力		发展效益		民生幸福		农业基础能力	
	得分	排名	得分	排名	得分	排名	得分	排名	得分	排名	得分	排名	得分	排名
郏　县	1.692067	18	0.121721	11	0.421619	2	0.480119	10	0.152799	25	0.214779	23	0.301030	29
沈丘县	1.686573	19	0.137824	8	0.259523	18	0.388988	21	0.154646	24	0.214096	24	0.531496	12
开封县	1.653521	20	0.144139	7	0.319677	6	0.302903	29	0.254211	3	0.173034	31	0.459557	16
扶沟县	1.650980	21	0.087801	19	0.289691	11	0.412055	20	0.154792	23	0.264512	15	0.442129	17
兰考县	1.632334	22	0.190138	4	0.311229	8	0.258257	34	0.285956	2	0.186439	30	0.400315	24
平舆县	1.610780	23	0.092915	18	0.258701	19	0.380480	22	0.183007	14	0.262507	16	0.433170	21
正阳县	1.610531	24	0.059751	29	0.195416	30	0.363888	25	0.147167	27	0.237811	19	0.606498	7
卢氏县	1.607547	25	0.049253	32	0.157300	34	0.643797	3	0.167793	20	0.415211	4	0.174193	34
泌阳县	1.605362	26	0.106863	15	0.243522	21	0.296370	31	0.231872	6	0.234708	20	0.492027	15
上蔡县	1.573826	27	0.078772	23	0.253477	20	0.271738	33	0.161684	21	0.242350	17	0.565805	9
睢　县	1.567136	28	0.060892	28	0.184560	31	0.535389	8	0.116678	34	0.232071	21	0.437546	19
汝阳县	1.548835	29	0.109876	13	0.277925	15	0.531737	9	0.208970	9	0.225909	22	0.194418	33
淮滨县	1.544199	30	0.050751	31	0.221487	25	0.464386	12	0.134679	31	0.238250	18	0.434646	20
范　县	1.542403	31	0.095949	17	0.355036	3	0.456177	14	0.234801	5	0.108925	33	0.291515	30
新蔡县	1.439157	32	0.069886	26	0.203031	29	0.283282	32	0.169085	19	0.197546	28	0.516327	14
封丘县	1.398406	33	0.025429	34	0.176754	32	0.444495	16	0.148531	26	0.164916	32	0.438281	18
台前县	1.203837	34	0.032636	33	0.319565	7	0.368855	23	0.177966	15	0.101630	34	0.203185	32

表 5　河南省 108 个县域经济发展质量总体评价 2013～2014 年度排名变动

县(市)	综合评价排名			发展规模水平排名			发展结构排名			发展潜力活力排名			发展效益排名			民生幸福排名			农业基础能力排名		
	得分	名次	变动	得分	名次	变动	得分	名次	变动	得分	名次	变动	得分	名次	变动	得分	名次	变动	得分	名次	变动
新郑市	3.516782	1	0	0.874254	1	0	0.634577	3	0	0.192303	101	(8)	0.620704	2	(1)	0.847507	4	6	0.347437	65	10
新密市	3.367008	2	0	0.726831	3	1	0.614648	6	(4)	0.259273	87	(11)	0.551381	7	(3)	0.924019	1	1	0.290856	82	(1)
巩义市	3.316894	3	0	0.759686	2	0	0.649644	2	(1)	0.284891	80	(11)	0.565539	4	1	0.861396	2	4	0.195738	103	(2)
中牟县	3.194595	4	0	0.703833	4	(1)	0.566927	12	4	0.050969	108	(10)	0.760932	1	6	0.759240	6	16	0.352694	64	(32)
荥阳市	3.180634	5	0	0.667966	5	2	0.608864	7	(2)	0.282606	83	(16)	0.560624	5	1	0.749420	7	1	0.311154	75	(7)
义马市	3.010382	6	4	0.480044	11	3	0.834066	1	9	0.282739	82	20	0.552775	6	(4)	0.860758	3	(2)	0.000000	108	0
登封市	2.925477	7	(1)	0.645343	6	(1)	0.592216	9	(5)	0.285117	79	2	0.459170	11	(2)	0.714782	9	(4)	0.228849	93	2
偃师市	2.865923	8	(1)	0.424736	15	(4)	0.580030	11	(5)	0.364996	58	34	0.477704	10	(7)	0.748280	8	(4)	0.270177	84	(1)
灵宝市	2.758314	9	0	0.519229	8	1	0.488619	23	(2)	0.144505	104	1	0.606677	3	5	0.666257	12	(3)	0.333027	69	(3)
沁阳市	2.718895	10	3	0.450134	13	3	0.618802	4	4	0.232613	95	(1)	0.537314	8	2	0.644621	13	1	0.235411	89	(3)
林州市	2.709915	11	4	0.430529	14	1	0.559840	14	(5)	0.326339	68	27	0.312263	32	(8)	0.788982	5	2	0.291962	80	(4)
禹州市	2.636464	12	(1)	0.553205	7	(1)	0.510858	20	(5)	0.386807	52	4	0.275099	44	(5)	0.543509	23	8	0.366986	61	(8)
辉县市	2.627834	13	(1)	0.413357	16	(6)	0.478333	25	19	0.332448	66	4	0.326829	27	(4)	0.629477	14	9	0.447390	35	6
长葛市	2.559860	14	0	0.474531	12	1	0.589382	10	4	0.209975	99	(3)	0.409420	16	3	0.523831	24	(6)	0.352721	63	(2)
渑池县	2.546569	15	2	0.392959	17	0	0.460749	30	(5)	0.336149	64	18	0.444407	14	(3)	0.685415	11	4	0.226890	94	0
永城市	2.543998	16	(8)	0.512050	9	(1)	0.359579	51	0	0.191432	102	(5)	0.251331	50	9	0.491113	28	8	0.738493	5	0
孟州市	2.450519	17	4	0.350933	19	3	0.562468	13	5	0.316254	71	15	0.421631	15	(2)	0.558516	20	(4)	0.240717	87	1
安阳县	2.436348	18	0	0.323112	20	(1)	0.500090	21	(8)	0.350373	62	39	0.278787	42	(12)	0.555279	21	(2)	0.428707	45	(18)
新安县	2.428648	19	(3)	0.482331	10	2	0.449274	34	(4)	0.317242	70	21	0.451532	13	(1)	0.512840	25	1	0.215429	98	(7)
博爱县	2.363008	20	25	0.250180	29	5	0.547582	15	8	0.218319	97	2	0.532076	9	7	0.598542	17	8	0.216309	97	(4)
邓州市	2.348682	21	(1)	0.221135	37	(7)	0.289849	66	17	0.365525	57	0	0.207998	62	1	0.365894	49	28	0.898281	1	0

续表

县(市)	综合评价排名			发展规模水平排名			发展结构排名			发展潜力活力排名			发展效益排名			民生幸福排名			农业基础能力排名		
	得分	名次	变动	得分	名次	变动	得分	名次	变动	得分	名次	变动	得分	名次	变动	得分	名次	变动	得分	名次	变动
陕　县	2.308406	22	7	0.225677	35	(7)	0.358770	52	(28)	0.606649	10	21	0.318397	30	(9)	0.599594	16	11	0.199319	102	1
武陟县	2.289361	23	7	0.238042	31	1	0.469075	29	(2)	0.356505	61	(3)	0.313502	31	1	0.501440	27	11	0.410797	50	2
栾川县	2.276127	24	(2)	0.275810	24	(4)	0.368715	48	(5)	0.500784	28	40	0.374571	18	(4)	0.544265	22	(10)	0.211982	99	7
唐河县	2.269675	25	(1)	0.135205	56	(7)	0.303216	64	21	0.504817	25	(5)	0.201623	64	(4)	0.368005	48	34	0.756809	4	0
固始县	2.256190	26	(7)	0.172188	45	(1)	0.238797	88	8	0.568294	12	(4)	0.144479	95	5	0.336926	55	(2)	0.795506	3	0
伊川县	2.230049	27	(2)	0.299152	21	0	0.380709	45	(4)	0.633656	9	7	0.225227	57	(17)	0.360773	51	11	0.330532	70	(3)
修武县	2.227899	28	26	0.164012	46	(1)	0.480399	24	2	0.529784	22	14	0.274333	45	(9)	0.601441	15	5	0.177930	105	(5)
新乡县	2.224661	29	(3)	0.271135	26	1	0.617448	5	17	0.107226	107	1	0.338109	25	(7)	0.689600	10	(7)	0.201143	101	(2)
镇平县	2.220001	30	10	0.125033	61	(5)	0.378605	46	(15)	0.721102	3	(2)	0.144000	96	(20)	0.468456	33	13	0.382805	55	3
汝州市	2.217212	31	(8)	0.365917	18	0	0.452900	31	(20)	0.229058	96	4	0.324582	28	0	0.442386	35	7	0.402369	52	(1)
长垣县	2.216999	32	(4)	0.224780	36	(3)	0.493139	22	(2)	0.327501	67	7	0.184226	74	(8)	0.574544	19	(6)	0.412809	49	(4)
西峡县	2.197384	33	6	0.231204	32	(3)	0.450375	32	13	0.494971	31	7	0.311195	34	(3)	0.490955	29	(8)	0.218684	96	1
舞钢市	2.181233	34	10	0.159628	48	(13)	0.471663	27	(15)	0.679436	6	21	0.154465	89	(38)	0.581179	18	(7)	0.134862	107	0
淇　县	2.171882	35	12	0.252411	28	11	0.602720	8	27	0.126067	105	(1)	0.454638	12	3	0.481612	30	(13)	0.254434	85	2
濮阳县	2.167746	36	(5)	0.212061	38	2	0.409265	40	24	0.448815	43	(20)	0.254478	48	5	0.288660	62	41	0.554467	15	0
温　县	2.155942	37	12	0.231067	33	5	0.536046	17	2	0.240327	94	(4)	0.403763	17	3	0.468904	32	(3)	0.275835	83	1
襄城县	2.150618	38	(1)	0.287625	22	3	0.471617	28	0	0.146091	103	3	0.329810	26	22	0.445253	34	(1)	0.470222	32	16
新野县	2.140312	39	9	0.160329	47	3	0.409759	39	0	0.509406	23	9	0.209968	60	(8)	0.427233	38	6	0.423617	47	2
鄢陵县	2.133491	40	(8)	0.225869	34	2	0.397670	41	18	0.266439	86	3	0.342674	24	3	0.470324	31	3	0.430515	44	(8)
许昌县	2.113635	41	(6)	0.208149	39	(2)	0.435189	35	2	0.197107	100	(21)	0.289076	38	9	0.511486	26	13	0.472628	31	(2)
淅川县	2.103867	42	(8)	0.239528	30	(7)	0.286114	69	1	0.641888	8	2	0.169206	81	(13)	0.442122	36	16	0.325009	72	(3)

续表

县(市)	综合评价排名			发展规模水平排名			发展结构排名			发展潜力活力排名			发展效益排名			民生幸福排名			农业基础能力排名		
	得分	名次	变动	得分	名次	变动	得分	名次	变动	得分	名次	变动	得分	名次	变动	得分	名次	变动	得分	名次	变动
孟津县	2.096463	43	(5)	0.272685	25	1	0.395546	42	4	0.349007	63	3	0.351109	21	4	0.414164	41	(13)	0.313952	74	8
宝丰县	2.091338	44	(17)	0.286538	23	1	0.533157	18	(11)	0.255661	90	13	0.346603	23	(6)	0.431027	37	(13)	0.238352	88	4
临颍县	2.089982	45	7	0.196299	40	2	0.539423	16	18	0.254596	91	(4)	0.355487	19	14	0.337836	54	(4)	0.406341	51	3
潢川县	2.017882	46	7	0.124128	62	2	0.310362	63	17	0.430351	46	(9)	0.213390	59	18	0.397718	44	5	0.541933	17	3
内乡县	2.017397	47	29	0.086140	82	(7)	0.261349	77	5	0.776580	2	1	0.132150	100	(29)	0.415304	39	26	0.345874	66	4
尉氏县	1.940643	48	(6)	0.254205	27	4	0.394243	43	5	0.247048	92	(7)	0.299784	36	6	0.249504	73	(5)	0.495859	25	3
项城市	1.937979	49	(6)	0.159172	49	4	0.386108	44	9	0.333374	65	(19)	0.281666	41	9	0.293013	61	(4)	0.484646	29	(4)
罗山县	1.908705	50	6	0.089449	79	6	0.234681	90	(3)	0.561502	14	(2)	0.131099	101	(9)	0.406574	43	(11)	0.485400	28	2
卫辉市	1.908546	51	19	0.091265	76	(15)	0.419192	38	(9)	0.503546	26	7	0.241617	51	(7)	0.356112	52	(1)	0.296814	79	(1)
鹿邑县	1.903500	52	(11)	0.174377	44	3	0.320230	59	6	0.313601	73	(21)	0.230100	56	6	0.293121	60	7	0.572071	13	(2)
桐柏县	1.892118	53	19	0.139770	54	3	0.321425	57	1	0.567456	13	5	0.254948	47	(9)	0.378192	47	12	0.230327	92	(7)
清丰县	1.890588	54	9	0.108328	68	13	0.371421	47	25	0.499747	30	(2)	0.275585	43	(6)	0.209900	90	1	0.425607	46	(3)
新　县	1.888866	55	35	0.070169	95	8	0.288944	68	3	0.533141	20	(6)	0.350614	22	24	0.414064	42	(12)	0.231934	91	7
光山县	1.887915	56	8	0.083976	84	(4)	0.241263	84	8	0.606206	11	(4)	0.140693	97	2	0.384485	46	(6)	0.431292	43	(4)
方城县	1.869820	57	8	0.090762	78	(9)	0.263564	76	(9)	0.705879	5	(3)	0.072194	108	(1)	0.261813	71	31	0.475608	30	4
太康县	1.866813	58	(22)	0.116750	64	3	0.243295	82	15	0.429901	47	(34)	0.190902	70	19	0.212588	88	5	0.673377	6	0
舞阳县	1.855501	59	15	0.086437	81	(5)	0.325704	56	17	0.716481	4	0	0.179059	76	(6)	0.167392	101	(12)	0.380428	56	7
嵩　县	1.847882	60	(2)	0.134637	58	(4)	0.228203	91	(28)	0.556354	15	0	0.311641	33	(4)	0.312824	59	11	0.304223	77	2
息　县	1.839232	61	(6)	0.067057	97	(1)	0.218746	95	0	0.554072	16	(5)	0.136761	98	(3)	0.335721	56	5	0.526875	19	(9)
西平县	1.831419	62	(12)	0.101799	71	1	0.279748	72	6	0.430831	45	(20)	0.190074	71	11	0.280742	64	(19)	0.548225	16	1
叶　县	1.823858	63	(1)	0.135026	57	(6)	0.359806	50	11	0.485584	32	12	0.188818	72	(7)	0.223182	85	(11)	0.431442	42	(5)

续表

县(市)	综合评价排名			发展规模水平排名			发展结构排名			发展潜力活力排名			发展效益排名			民生幸福排名			农业基础能力排名		
	得分	名次	变动	得分	名次	变动	得分	名次	变动	得分	名次	变动	得分	名次	变动	得分	名次	变动	得分	名次	变动
夏邑县	1.817286	64	(3)	0.078289	90	(3)	0.210455	99	(11)	0.457680	39	4	0.121407	102	(5)	0.318310	58	11	0.631145	8	1
滑　县	1.810007	65	(32)	0.109362	67	(2)	0.167700	107	(3)	0.297876	77	(14)	0.170214	80	14	0.203497	93	3	0.861358	2	0
淮阳县	1.808950	66	(15)	0.091214	77	(3)	0.195374	103	3	0.450653	42	(12)	0.201085	65	14	0.237631	78	(2)	0.632993	7	0
宜阳县	1.784924	67	(7)	0.180915	43	(2)	0.236623	89	(34)	0.478962	35	(1)	0.240978	52	(7)	0.287300	63	35	0.360146	62	2
杞　县	1.768821	68	(22)	0.181120	42	4	0.333402	55	22	0.244278	93	(10)	0.295893	37	12	0.140183	105	(19)	0.573945	12	0
南召县	1.763152	69	26	0.055525	100	(14)	0.273055	74	(24)	0.783960	1	4	0.159691	86	(31)	0.265877	66	33	0.225044	95	1
西华县	1.752547	70	3	0.085782	83	7	0.216026	96	11	0.499830	29	(20)	0.203135	63	20	0.223520	84	0	0.524254	20	2
南乐县	1.746059	71	13	0.076148	92	8	0.348336	54	6	0.466300	36	(1)	0.286652	39	(5)	0.195548	96	(8)	0.373075	58	4
遂平县	1.740652	72	3	0.129295	59	7	0.320548	58	4	0.372328	55	(4)	0.199171	67	2	0.341602	53	(16)	0.377708	57	(1)
洛宁县	1.730646	73	(16)	0.148152	51	(3)	0.209842	100	(31)	0.506652	24	15	0.321441	29	(7)	0.209465	91	1	0.335094	68	5
通许县	1.730594	74	(6)	0.148996	50	12	0.362404	49	0	0.257186	89	(5)	0.355105	20	6	0.236834	79	(23)	0.370069	59	1
确山县	1.722061	75	6	0.103390	70	8	0.281032	70	9	0.361772	60	(7)	0.214800	58	(1)	0.361804	50	(15)	0.399263	54	3
商城县	1.720595	76	15	0.082610	87	5	0.220049	94	4	0.453236	41	(12)	0.235432	53	11	0.385356	45	3	0.343912	67	(2)
郸城县	1.709600	77	(6)	0.125612	60	(1)	0.280745	71	22	0.303617	75	(3)	0.174292	78	15	0.203737	92	3	0.621597	10	3
郏　县	1.692067	78	9	0.121721	63	(8)	0.421619	37	5	0.480119	34	14	0.152799	90	(16)	0.214779	86	(22)	0.301030	78	(1)
浚　县	1.688923	79	17	0.083417	85	6	0.472691	26	21	0.213747	98	(10)	0.195644	69	15	0.274809	65	15	0.448615	34	6
沈丘县	1.686573	80	(11)	0.137824	55	3	0.259523	78	(12)	0.388988	51	(4)	0.154646	88	17	0.214096	87	(6)	0.531496	18	3
柘城县	1.667954	81	(1)	0.079903	88	0	0.211996	98	(14)	0.462165	38	2	0.171445	79	(4)	0.234788	80	17	0.507657	22	2
汤阴县	1.664368	82	11	0.146529	52	0	0.449966	33	(1)	0.119887	106	1	0.301328	35	0	0.330582	57	(3)	0.316076	73	1
开封县	1.653521	83	(16)	0.144139	53	7	0.319677	60	(3)	0.302903	76	(5)	0.254211	49	(6)	0.173034	99	(9)	0.459557	33	2
扶沟县	1.650980	84	4	0.087801	80	4	0.289691	67	23	0.412055	49	(8)	0.154792	87	4	0.264512	67	(20)	0.442129	36	11
汝南县	1.643782	85	(2)	0.076252	91	3	0.264051	75	19	0.374309	54	(9)	0.187583	73	8	0.238751	75	(15)	0.502836	23	0
兰考县	1.632334	86	(27)	0.190138	41	2	0.311229	62	(26)	0.258257	88	(11)	0.285956	40	1	0.186439	98	(15)	0.400315	53	2

续表

县(市)	综合评价排名			发展规模水平排名			发展结构排名			发展潜力活力排名			发展效益排名			民生幸福排名			农业基础能力排名		
	得分	名次	变动	得分	名次	变动	得分	名次	变动	得分	名次	变动	得分	名次	变动	得分	名次	变动	得分	名次	变动
商水县	1.628792	87	(21)	0.098829	72	5	0.188538	104	1	0.314098	72	(13)	0.197719	68	19	0.203084	94	0	0.626524	9	(1)
民权县	1.615483	88	1	0.093841	74	5	0.214636	97	(23)	0.404867	50	0	0.146428	94	(6)	0.263793	69	32	0.491918	27	4
延津县	1.611569	89	12	0.073558	93	(11)	0.426213	36	20	0.325721	69	4	0.201019	66	(5)	0.257133	72	(1)	0.327925	71	1
平舆县	1.610780	90	(12)	0.092915	75	(2)	0.258701	79	7	0.380480	53	(4)	0.183007	75	11	0.262507	70	(15)	0.433170	40	(7)
正阳县	1.610531	91	(14)	0.059751	99	(2)	0.195416	102	0	0.363888	59	(5)	0.147167	93	3	0.237811	77	(19)	0.606498	11	3
卢氏县	1.607547	92	8	0.049253	103	(8)	0.157300	108	(27)	0.643797	7	(1)	0.167793	83	(3)	0.415211	40	3	0.174193	106	(1)
泌阳县	1.605362	93	(8)	0.106863	69	2	0.243522	81	18	0.296370	78	(14)	0.231872	55	18	0.234708	81	4	0.492027	26	0
获嘉县	1.582372	94	10	0.037094	105	(1)	0.521175	19	19	0.412388	48	12	0.165378	84	(6)	0.211277	89	(48)	0.235060	90	0
虞城县	1.580426	95	(13)	0.114534	65	3	0.240635	86	(18)	0.309915	74	1	0.150417	91	(6)	0.264265	68	32	0.500660	24	(5)
上蔡县	1.573826	96	(17)	0.078772	89	0	0.253477	80	(26)	0.271738	85	(20)	0.161684	85	19	0.242350	74	(1)	0.565805	14	2
睢　县	1.567136	97	(3)	0.060892	98	1	0.184560	105	(2)	0.535389	19	2	0.116678	104	(6)	0.232071	82	(4)	0.437546	38	0
汝阳县	1.548835	98	(1)	0.109876	66	(3)	0.277925	73	(21)	0.531737	21	3	0.208970	61	(5)	0.225909	83	(11)	0.194418	104	(2)
淮滨县	1.544199	99	0	0.050751	102	3	0.221487	93	(4)	0.464386	37	(11)	0.134679	99	3	0.238250	76	3	0.434646	39	11
范　县	1.542403	100	(14)	0.095949	73	25	0.355036	53	(36)	0.456177	40	(23)	0.234801	54	0	0.108925	107	(44)	0.291515	81	(1)
原阳县	1.491493	101	2	0.041544	104	(2)	0.300671	65	11	0.484835	33	22	0.096379	107	(4)	0.146710	103	4	0.421354	48	(2)
社旗县	1.485566	102	0	0.054085	101	0	0.241179	85	6	0.536221	18	1	0.117738	103	(2)	0.167567	100	8	0.368776	60	(1)
新蔡县	1.439157	103	(11)	0.069886	96	(3)	0.203031	101	0	0.283282	81	(1)	0.169085	82	8	0.197546	95	(8)	0.516327	21	(3)
内黄县	1.404822	104	(6)	0.082906	86	(3)	0.239764	87	13	0.274258	84	(6)	0.262323	46	12	0.113989	106	(2)	0.431582	41	3
封丘县	1.398406	105	1	0.025429	107	(1)	0.176754	106	2	0.444495	44	17	0.148531	92	(20)	0.164916	102	4	0.438281	37	5
鲁山县	1.359875	106	(1)	0.072212	94	(24)	0.242462	83	(43)	0.500967	27	15	0.103584	105	1	0.187898	97	(22)	0.252752	86	3
宁陵县	1.329369	107	0	0.017491	108	(1)	0.226347	92	(17)	0.539278	17	5	0.099629	106	2	0.141271	104	1	0.305353	76	(5)
台前县	1.203837	108	0	0.032636	106	2	0.319565	61	(28)	0.368855	56	6	0.177966	77	(10)	0.101630	108	(42)	0.203185	100	4

注：括号内的数字为排名位次的下降数。

舞阳县、方城县。

民生幸福评价居前5位的依次分别是：新密市、巩义市、义马市、新郑市、林州市。

农业基础能力评价居前5位的依次分别是：邓州市、滑县、固始县、唐河县、永城市。

5. 108个县（市）2013～2014年度排名变动

（1）经济发展质量总体评价2013～2014年度排名变动：排名居前10位的位次变动情况依次分别是：新郑市、新密市、巩义市、中牟县、荥阳市分列前5位，且排名较2013年度保持不变；义马市、沁阳市分别较2013年度上升4位、3位。登封市、偃师市各较2013年度下降1位，灵宝市排名较2013年度保持不变，列第9位。

（2）发展规模水平评价2013～2014年度排名变动：排名居前10位的位次变动情况依次分别是：新郑市、巩义市分列排名前2位，且较2013年度保持不变；新密市、灵宝市的2014年度排名均较2013年度上升1位；中牟县、登封市、禹州市、永城市的2014年度排名则均较2013年度下降1位；新安县2014年度排名第10位，较2013年度上升2位，荥阳市也上升2位。

（3）发展结构评价2013～2014年度排名变动：排名居前10位的位次变动情况依次分别是：义马市、沁阳市、新乡县、淇县、长葛市分别较2013年度上升了9位、4位、17位、27位、4位。巩义市、新密市、荥阳市、登封市则分别较2013年度下降了1位、4位、2位、5位，新郑市排名第3位，位次较2013年度保持不变。

（4）发展效益评价2013～2014年度排名变动：排名居前10位的位次变动情况依次分别是：中牟县、灵宝市、巩义市、荥阳市、沁阳市、博爱县分别较2013年度上升了6位、5位、1位、1位、2位、7位。新郑市、义马市、新密市、偃师市则分别较2013年度下降了1位、4位、3位、7位。

（5）发展潜力活力评价2013～2014年度排名变动：排名居前10位的位次变动情况依次分别是：南召县、内乡县、舞钢市、淅川县、伊川县、陕县分别较2013年度上升了4位、1位、21位、2位、7位、21位。镇平县、方城县、卢氏县则较2013年度下降了2位、3位、1位，舞阳县的2014年度排名居第4位，位次较2013年度保持不变。

（6）民生幸福评价2013～2014年度排名变动：排名居前10位的位次变动情况依次分别是：新密市、巩义市、新郑市、林州市、中牟县、荥阳市分别较2013年度上升了1位、4位、6位、2位、16位、1位。义马市、偃师市、登封市、新乡县分别较2013年度下降了2位、4位、4位、7位。

（7）农业基础能力2013～2014年度排名变动：排名居前10位的位次变动情况依次分别是：除了夏邑县和郸城县分别较2013年度上升了1位、3位，商水县较2013年度下降了1位以外，其余各县的排名均保持不变。

（三）结论与反思

1. 河南省县域经济发展质量源于综合性累计效应

根据发展规模水平、发展结构、发展潜力活力、发展效益、民生幸福、农业基础能力等类别的计算结果可知，这些指标在不同的县域经济发展质量评价过程中，相对于综合评价结果的重要性程度存在变动差异，各县域经济发展质量的综合评价得分源于各个分项结果的综合性累计效应。根据实证结果和经济理论可知，经济实力相对于各个县域经济的发展质量评价结果而言，都是重要的。尽管不能再以GDP论英雄，但经济实力具有基础地位和带动作用，直接影响县域经济发展质量及水平档次，同时能增强县（市）政府财政能力，能使县（市）政府加大公共服务力度，让人民生活水平得以提高；当然也与结构调整、农业支持基础等项指标联系紧密。因此，提升各县域经济发展质量需要高度重视国内生产总值规模，首先要“做大蛋糕”，要求各县（市）在不断增强县域经济总体经济实力规模，逐步优化经济结构，提高产业化水平过程中，更多关注和谐发展、民生幸福和生态环保等问题。

2. 河南省县域经济发展质量存在着明显的地域之间的外部性空间差异

从各县（市）评价得分值及其落差可以看出，河南省县域经济发展质量具有明显的地域空间差异特征：不论是纳入中心城市组团发展范围的55

个县（市）之间，还是基础条件比较好（人均 GDP 在 2.5 万元以上）的 19 个县（市）之间，34 个农区县之间，以及 108 个县域经济总体之间，其各个分项发展指标、分类发展指标以及综合评价指数之间均存在差异，甚至存在明显的差异。这种差异就县域经济整体发展质量而言，属于外部性的、地域之间的空间发展差异。反映出河南省各个县域经济发展之间存在明显的发展阶段、发展速度、发展水平的差异。表明河南区域经济发展质量差异较大，区域间的发展不均衡和协调程度不足的状况比较严重。

3. 河南省县域经济发展质量存在着明显的内部发展的不平衡性

从单个县（市）经济发展质量的综合得分值的分项源泉可以看出，决定各个县（市）经济发展质量的发展规模水平、发展结构、发展潜力活力、发展效益、民生幸福、农业基础能力等各个源泉因素存在明显差异。正是由于组成整体指标体系的发展规模水平、发展结构、发展效益、发展潜力活力、民生幸福、农业基础能力等各项指标计算分值的差异，决定了各县（市）经济发展质量的评价排名。反映出各个县域经济发展质量提升的努力方向、提升路径存在着力点的差异，需要按照科学发展观的要求，针对各个县域经济发展质量评价指标的优势和弱项，努力实现平衡发展、和谐发展，提升经济发展质量。

4. 河南省县域经济发展质量具有城乡一体化的空间集聚特征

根据河南省 108 个县（市）的三大分类和总体的县域经济发展质量评价的综合得分值及其排名情况，可以看出：进入“中原城市群”的县（市），如新郑、新密、巩义、中牟、荥阳等，其县域经济发展质量较好；进入 1 小时左右交通都市经济圈范围内的县（市），如临近 18 个省辖市的部分县（市），其经济发展质量居中或比较好；这些具有禀赋优势的县（市），其县域经济发展质量排名比较靠前。反映出河南省县域经济发展质量具有基于区域性中心城市吸纳集聚效应的城乡一体化的空间集聚特征。特别是进入 1 小时左右交通都市经济圈范围内的县（市），可依托交通通信发达、地广物博、资源条件或经济基础好的比较优势，形成各类工业园区，核心商业圈、产业集聚区，在空间地域上集聚经济发展要素，提升县域经济发展质量。

5. 河南省县域经济发展质量排名变动相对剧烈

将各分项指标和综合评价指标评价结果分别与2013年的相应指标体系对比，可以发现：除了发展基础条件相对优越，经济社会发展持续向好，经济实力累积相对雄厚的县域经济，如新郑、新密、巩义、中牟、荥阳等外，其余大部分评价县域经济发展质量的各个分项评价指标和综合评价指标的得分值及其排名，均发生剧烈的上下波动，名次有进有退，甚至发生较大的位移。即使综合评价指标排名能够保持不变的县域经济，其构成综合评价得分的各分项指标几乎都发生变动，甚至有较大名次位移。反映了县域经济发展的不平衡、螺旋式上升的内在发展规律，也反映了县域经济发展的激烈竞争程度，而这些县城的名次每年都可能会发生变动，若自己不努力，随时都有可能被兄弟县（市）超越。

综合考虑上述情况，基本上可以得出这样的结论：尽管河南省的县域经济发展速度较快，稳定性较好，但发展质量的提升与之并不完全对称，存在明显的内部发展不平衡、外部发展不协调，表现为区域和城乡发展差距偏大，城乡二元经济特征明显，经济结构不尽合理，经济发展的内生动力较弱，生态环境方面更是不容乐观。而且，各个县域经济发展相互之间竞争激烈，反映在县域经济发展质量评价的各个分项指标和综合指标的排名上，绝大部分存在上下位次的较大变动。进入城市群发展圈，或者位于各区域中心省辖城市周围的县（市），其县域经济发展具有明显的基于要素集聚效应的发展优势。具有交通便利条件，特别是位居1小时交通禀赋条件都市发展圈的县域经济发展，更是具有明显的稳定持续发展比较优势。

三 提升县域经济发展质量的政策建议

县域经济发展质量攸关县域经济社会发展转型升级，要以做大做强、提升县域经济整体综合实力为目标，借鉴县域经济发展质量评价的有益结论，把改革创新作为推动县域经济科学发展，实现稳增长、调结构、促发展的主攻方向，立足提高资源配置效率和培育竞争优势，坚持创新驱动、提质增效，发挥市场在资源配置中的决定性作用，协调推进工业化、信息化、城镇化、农业现代化同步发展，全面提升县域经济的内生动力和综合竞争力，使其成为转方式、调结构、保持经济社会平稳较快可持续发展的主导力量，为中原崛起河南振兴和“四个河南”建设提供强力支撑。

（一）创新体制机制，优化县域经济发展环境

1. 全面深化改革，创新县域经济发展的体制机制

创新体制机制，进一步优化环境，是推进县域经济发展质量升级面临的新课题。加快县域经济发展，必须向改革要动力、要效率、要红利。要按照中央和省委、省政府全面深化改革的部署要求，紧密联系各个县域经济发展实际，有序推进各项改革。凡是中央和省明确取消的行政审批项目，各县（市）相应取消；对下放到县（市）的行政审批项目，及时承接到位，确保下放的行政审批事项规范、高效运行。按照事权财权一致的原则，全面清理，从体制机制上松绑、放权、减负、让利，确保县（市）拥有更大的发展空间。目前亟须围绕金融、用地、人才和政策等关键环节进行创新探索，着力培育县域经济发展新的竞争优势。要创新金融支持县域经济发展的体制机制，鼓励商业银行在县域扩大信贷投放规模、下放支行业务权限，持续巩固农村信用社改制成果，加快发展村镇银行等新型农村金融机构，切实解决县域经济发展融资难的问题；要创新财政支持县域经济发展的体制机制，通过财政奖励、补助、贴息等方式，重点支持县（市）重大基础设施和社会公共事业等建设。要创新土地支持县域经济发展的体制机制，在用地指标分配上，按照“指标跟着优质项目走”的办法，向县域重大工业项目、基础设施建设项目倾斜；积极开展“人地挂钩”试点，稳妥推进农村土地综合整治和城乡建设用地增减挂钩，探索土地流转新机制，拓展用地新空间。要创新人才支持县域经济发展的体制机制，向县（市）输送培育高层次人才、创新创业人才、高技能人才、农村实用人才，为县域经济加快发展提供人才支撑。

2. 提高县域政府服务能力，充分发挥企业家创业远见

针对县域经济发展质量存在的薄弱环节，在优化能源、交通、通信、生态等硬环境的同时，着重培育和优化软环境，提升县域经济发展整体形象。取消一切不利于各类市场主体发展的歧视性政策和人为的限制性障碍，最大限度地减少行政事业性审批程序和收费。建立高效服务环境，提高县（市）（政府）机关的办事效率和服务质量，增强透明度。打破所有制垄断、行业垄断和地区性垄断，保护各类市场主体公平竞争，把公开公正原则贯穿于县域经济发展全过程，维护良好的市场竞争秩序。塑造良好的信用环境，必须保证优惠政策和服务承诺的兑现，维护政府信誉，建设“责任政府”。坚持以人为本，充分发挥企业家带动县域经济发展的科技意识、创业意识。企业家是现代企业生存发展的核心资源，对县域经济的未来发展走向具有重大影响。要把发展培养和造就懂经营、会管理、善决策、能创新、具有科技远见的企业家及其核心的企业家团队，作为推进产业转型升级，提高竞争力、促进县域经济发展的重要策略来抓。推动成立企业家协会，搭建政府、企业及第三方相互沟通的交流平台，形成鼓励创业、尊重科技、尊重财富、尊重纳税人的良好导向，打造“目光高远、勇于创新、善于经营、情系社会”的优秀企业家团队，为县域经济保持持续强劲发展势头夯实基础。

（二）依托产业集聚区建设，加速县域经济转型升级

从发展实践看，2008 年以来，产业集聚区发展对河南全省经济转型具有显著的推动效应。通过对县域经济发展质量的评价，结合各个县域经济的产业集聚区发展状况①，可以发现产业集聚区对县域经济发展功不可没。要依托产业集聚区为县域经济发展转型提供重要的产业支撑、为增长提供重要的动力，加速县域经济转型升级。

1. 依托创新汇集更多产业集聚区发展的政策支持资源

注意解决特色主导产业不突出，产业集聚度不够高，集约发展水平较

① 河南省发改委：《关于发布 2013 年度产业集聚区考核综合排序的通知》，2014。

低，产业链条发展不够完善，上下游企业衔接不紧密，企业间关联性不强，竞争机制不健全、技术创新能力比较薄弱等问题。着力解决基础设施和配套服务设施不完善，要素保障不健全，土地、资金、人才、信息面临发展瓶颈等问题。充分借鉴其他地区产业集聚区发展的经验和做法，为县域产业集聚区发展提供更多更好的政策支持和保障，用足政策，用好政策，用活政策。用改革的方法破解产业集聚区发展瓶颈，搞好服务平台建设，积极探索符合产业集聚区发展要求的管理体制，化解不适应的体制性障碍，进一步改善产业集聚区发展的环境，使产业集聚区在县域经济发展中发挥更大作用。

2. 努力实现产业集聚区与城镇化、新农村建设相结合

注意解决部分县域产业集聚区“四集一转”功能发挥不够，与城镇化、农业发展结合不够，与县域经济布局没有很好地衔接，产业功能与居住功能布局划分不清，对吸纳农村人口转移功能的制约。依托产业集聚区打造特色城镇，以产业兴城镇、依城镇促产业，推进新型城镇化，推动产城融合发展，推动县域经济发展升级。在壮大产业集群的基础上，以城镇化为载体，强力推进镇村联动，聚集生产要素，促进城乡一体化发展，提升县域经济发展水平。以产业集聚区拉动就业，形成经营者和产业工人在产业集聚区创业、在附近城镇安家相得益彰的协调发展格局。坚持产业集聚区与新农村建设相呼应，促进农村新型社区建设和土地资源整合，保障农民安居，实现耕地稳定，走发展工业与保障粮食生产相协同，促进就业与保障安居相得益彰的发展路子。

（三）加速完善交通和物流系统，促进县域经济发展质量一体化提升

县域经济发展一体化是区域经济和城镇化协调发展的必然趋势和客观要求。在县域经济发展质量一体化提升中，交通运输和物流系统起着重要的支撑促进作用，有助于县域经济量的扩张、质的改善、经济结构的调整；也会对交通运输和物流系统提出新的要求，并需要在资金、技术等方面提供支持。协调发展的交通和物流系统有利于县域经济内外共存与和谐发展，通过

良性竞争与紧密合作，形成优势互补、整体联动的经济、社会、文化和生态的可持续发展格局。在县域经济发展质量评价过程中，已经印证了基于交通运输系统优势促进县域经济发展质量一体化提升的巨大作用。

1. 高度重视交通运输和物流系统打造对县域经济发展质量的改善和提升作用

发挥交通运输系统促进区域空间结构优化。利用交通费用会随着距离的增大而增加的规律，把握经济增长首先出现在具有创新能力行业或领域的机遇，利用交通运输和物流系统在一定程度上引导经济增长极的扩散，加快形成县域经济活动沿着交通基础设施集聚分布的交通经济带现象。引导县域经济按照梯度由高向低发展，加速各个县域经济产业结构转型优化。依托交通运输系统促进县域经济一体化对区域内货物、人员、资金、技术、信息、服务的自由流动要求。

2. 依托交通网络做大做强现代物流业，突出第三产业拉动效应

加快发展现代物流业是优化区域产业结构、振兴第三产业、实现县域经济发展转型升级的必然选择。按照构建大物流的思路，着力构建具备功能多、集散能力强、辐射范围广的物流产业体系。加快主动转型，改造提升传统第三产业，促进三产平衡发展。以结构不断优化、质量水平不断提升为目标，整合市场资源，加快文化产业园区、中心商贸区等商业网点建设，规划建设一批服务功能强、辐射范围广的服务业集聚区，提升改造商贸流通的水平。大力发展电商服务，建设标准化的仓储设施，完善配送流程和质量管控方案，拓展第三产业发展空间，实现第三产业超越发展。

（四）发挥后发优势，实现县域经济跨越式发展

“后发优势”主要指经济发展相对落后的区域，可以借鉴先进地区的经验教训，有效利用先进区域的资本和先进技术，凭借技术创新，发挥劳动力成本低的优势，在同等的资金、资源、技术成本条件下，少走弯路，后来者居上。后发优势包括两类：其一是技术性后发优势。表现为后发地区通过学习，引进各种先进技术，并经模仿、消化、吸收和创新带来利益和好处。其

二是制度性后发优势。表现为在技术、资本、制度等多种因素共同作用的经济增长中，制度因素起到相当重要的作用。通过后发地区向先进区域的制度学习，效仿或移植各种先进制度并经本土化改造产生效率和益处。后发地区通过强制性和诱致性制度移植变迁均可形成后发优势。而县域经济发展的相对落后往往受制于以下几方面的因素：地理位置偏僻或自然地理环境恶劣使当地缺乏哺育产业发展的环境，受到先进县域经济的辐射影响较弱；落后县域经济的生产力布局大多为资源指向型，常常沦为先进地区的能源、原材料基地，导致其缺乏主导产业、产业结构失衡、增长动力缺乏；落后县域经济的交通闭塞、通信不便、供水供电不足、基础设施差成为发展瓶颈；思想观念落后，发展意识不强，创业精神不足，在犹豫不决中丧失发展机遇，逐步拉大与先进县域经济的发展距离；县域经济聚集效应差，投资环境缺乏吸引力。

后发优势需要通过自身努力、创造条件，采取针对性的技术和制度性措施，才能变为现实。发挥后发优势，实现跨越式发展要从实际出发、创造条件，通过引进、模仿、学习，充分发挥技术性和制度性的后发优势，充分发挥模仿、吸收和采纳有效体制机制的成本优势、时间优势和经验优势，通过强制性和诱致性制度移植变迁，提高资源配置效率、改变激励机制、降低交易费用和风险，缩小同先进县域经济在制度和机制方面的发展差距。向先进县域经济学习，解放思想，更新观念，树立现代市场意识，消除地方保护主义，扩大市场领域，建立完善的市场体系和机制。大力发展非公有制经济，建立健全现代企业产权制度，充分发挥县域经济特色和当地资源优势。抓好县域经济园区建设，把要素集中到园区，集中资金进行基础设施建设，节约投资，减少污染，加快工业化与加快城镇化同步推进，避免走先进县域经济当初不利于可持续发展的老路。依托政府干预，发挥政府第一推动力作用，统筹规划，综合治理，促进相对落后的县域经济可持续发展，获得制度性后发利益。实行县域经济政策倾斜，加大财政对相对落后县域经济的资金投入和扶持力度，大力建设基础设施，逐步把援助相对落后县域经济的各项工作纳入法治化轨道。

参考文献

单薇：《基于熵的经济增长质量综合评价》，《数学的实践与认识》2003 年第 10 期。

郭克莎：《论经济增长的速度与质量》，《经济研究》1996 年第 1 期。

河南省发改委：《关于发布 2013 年度产业集聚区考核综合排序的通知》，2014 年 5 月 4 日。

李京文：《快速发展中的中国经济：热点对策展望》，社会科学文献出版社，1996。

李俊霖、叶宗裕：《中国经济增长质量的综合评价》，《税务与经济》2009 年第 7 期。

毛海波：《浅谈经济增长质量的内涵》，《企业导报》2009 年第 4 期。

毛燕玲、肖教燎、傅春：《中部 6 市经济增长质量的综合比较》，《统计与决策》2008 年第 5 期。

任保平：《以质量看待增长：对新中国经济增长质量的评价与反思》，中国经济出版社，2010。

王文彬、王雅华：《中部地区 6 省经济增长质量的评价与分析》，《价值工程》2009 年第 4 期。

武义青：《经济增长质量的度量方法及其应用》，《管理现代化》1995 年第 10 期。

钟学义等：《增长方式转变与增长质量提高》，经济管理出版社，2001。

B.4

河南实施三大国家战略规划的总体评估及对策建议

河南省社会科学院课题组*

摘　要：在经济新常态下，要保持河南经济社会发展的良好态势，就需要进一步聚焦实施三大国家战略规划。通过总结分析河南实施三大国家战略规划的主要进展和成效，按照规划目标要求对三大国家战略规划的实施成效和实施进程等进行量化评估。在进行总体评估的同时剖析面临的主要问题，进而提出推进三大国家战略规划实施的战略指向和对策建议。

关键词：国家战略规划　总体评估　战略指向　对策建议　河南

粮食生产核心区规划、中原经济区规划、郑州航空港经济综合实验区规划三大国家战略规划赋予了河南前所未有的重大机遇和战略平台，是河南增创发展新优势、实现中原崛起河南振兴富民强省，更好地完成服务全国大局和加快河南发展双重使命的重大战略谋划。本文主要通过对三大战略规划的阶段性、综合性、数量化评估，核算进度、预测趋势，摸清现状、剖析问题，进而明确今后推进三大国家战略规划实施的战略指向和对策建议，为实现规划目标、更好地服务全国大局、推动河南发展提供支撑。

---

* 课题组组长：喻新安、谷建全；执笔：王玲杰、高璇、崔理想、李斌、陈锐。

一　河南实施三大国家战略规划的总体评估

河南肩负着实施粮食生产核心区、中原经济区、郑州航空港经济综合实验区三大国家战略规划的重大使命。三大战略规划实施以来，有的已进入规划中期，有的正处在全面加速阶段。考虑到三大战略的主题、目标、特点各不相同，故此分别针对三大战略规划明确的目标任务情况，对相关指标进行量化评估并综合后分别得出总体评估结果。

（一）粮食生产核心区实施情况评估

以2009年8月国家发改委《关于印发河南省粮食生产核心区建设规划的通知》（以下简称《通知》）为标志，河南省成为全国重要的粮食生产核心区。该《通知》明确提出要经过10多年的努力，全面提高河南省的粮食综合生产能力和农业综合效益。目前，粮食生产核心区规划已经实施将近5年，取得突出成效，实现粮食生产“十连增”、夏粮“十一连增”，为保障国家粮食安全做出了重大贡献，被中央称为河南的“王牌”；但同时也面临着高基点稳产增产、抵御连续出现的重大灾害以及农业生产方式转变、全面深化农村改革等诸多问题挑战，实现规划目标依然存在较大压力。在此规划实施中期阶段，对规划实施情况进行较为系统、全面的指标分析和定量评估，对于摸清现状、核算进度，把握问题、剖析原因，进而采取更具针对性、有效性的措施以推进规划进程具有重要指导作用和实践意义。

1. 规划实施成效评估

河南省粮食生产核心区建设规划明确了总体目标：到2020年，在保护全省1.03亿亩基本农田的基础上，粮食生产核心区粮食生产用地稳定在7500万亩，使河南粮食生产的支撑条件明显改善，抗御自然灾害能力进一步增强，粮食生产能力达到650亿公斤，成为全国重要的粮食生产稳定增长的核心区、体制机制创新的试验区、农村经济社会全面发展的示范区。基于此，在对规划实施成效评估中，应立足规划要求及总体目标，从四个方面出发，分别对粮食综合生产能力、农业综合效益、粮食生产支撑条件、抗御自然灾害能力进行单项评估，并采用德尔菲法确定权重，进而对规划实施成效进行总体评估。

（1）粮食综合生产能力评估。自规划实施以来，河南紧紧抓住粮食生产核心区建设这个中心，毫不放松地抓好粮食生产，从政策支持、科技强农、高产创建等着手，稳步提高粮食综合生产能力，取得总产量 11 连增，连续 8 年超过 1000 亿斤，连续 3 年超过 1100 亿斤的骄人成绩，打造了河南“王牌”，切实保障了国家粮食安全。如图 1 所示，2007～2013 年，河南粮食总产量从 1049 亿斤上升到 1143 亿斤，年均增速达到 1.44%；在河南正处在工业化与城镇化中期阶段、经济社会快速发展的背景下，依然实现了播种面积从 14202 万亩上升到 15123 万亩，年均增速达到 1.05%，有力支撑了河南稳产增产目标。

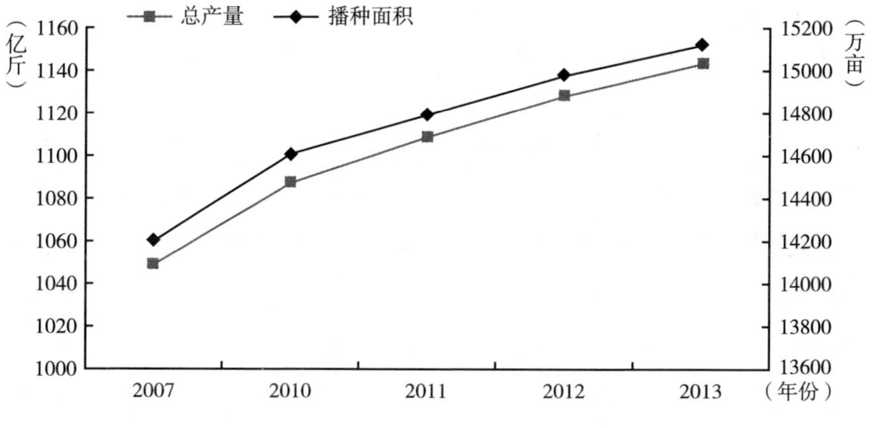

图 1　2007～2013 年河南省粮食总产量和播种面积

数据来源：2008～2014 年《河南统计年鉴》。

在对粮食综合生产能力的评估中，主要基于规划提出的稳定面积、主攻单产的基本思路，分别从实现“稳定面积”目标、实现亩产量情况这两个方面来进行评估。2013 年河南粮食播种面积超过 1.5 亿亩，比 2010 年增长 3.51%，保持了连年平稳增长，实现了“稳定面积”的目标。从亩产量来看，2010 年以来，河南粮食亩产量在实现了从中低产向中高产的提升后，在达到 750 斤的基础上继续保持增长态势，但是与在稳定面积前提下实现总产量目标所需的规划亩产量相比较，依然略有差距，故此在实现亩产量情况的评估中，根据实际亩产量与规划亩产量的量化比较，得分率为 98.9%。在综合 2 个指标的单向评估结果的基础上，进而可以得到河南粮食综合生产能力的综合评估结果为 99.45%（见表 1）。

表 1　粮食综合生产能力评估

类别 \ 年份		2010	2011	2012	2013	单项评估(%)	综合评估(%)
稳定面积	播种面积(万亩)	14610	14790	14978	15123	100	99.45
	增速(%)	0.95	1.23	1.27	0.97		
	是否实现“稳定面积”目标(%)	100	100	100	100		
主攻单产	实际亩产量(斤)	744	750	753	756	98.9	
	规划亩产量(斤)	753	757	761	766		
	完成比例(%)	98.8	99.1	98.9	98.7		

数据来源：2011~2014 年《河南统计年鉴》。

（2）农业综合效益评估。在规划各项目标中，明确提出了农民人均年纯收入力争超过全国平均水平这一目标。基于此，在对农业综合效益评估中，选取了第一产业增加值增速、农民人均现金收入这两个体现农业、农民效益情况的指标进行评估。从第一产业增加值增速来看，如图 2 所示，自 2009 年以来，除了 2011 年河南第一产业增加值增速低于全国平均水平 0.6 个百分点外，其余各年均与全国平均水平持平或是快于全国平均水平。

从农民人均现金收入情况来看，如图 3 所示，2009~2012 年，河南农民人均现金收入均低于同期全国平均水平，其中，2010 年差距最大，达到 395 元。但是同时也要看到，2009~2012 年河南农民人均现金收入平均增速为 16.11%，快于全国农民人均现金收入平均增速 0.71 个百分点，收入差距呈逐步缩小趋势。另外，作为农业和粮食生产大省，进一步比较农民人均第一产业收入状况可以发现，河南农民的第一产业收入水平明显高于全国平均水平，且保持了平稳增长态势。

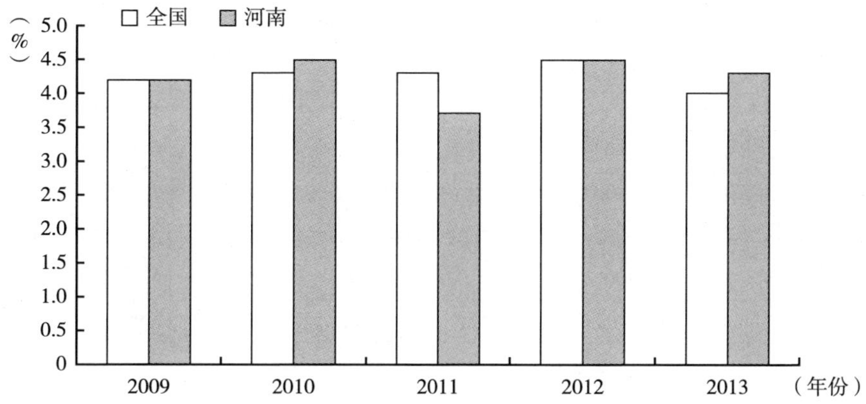

图2　2009～2013 年河南省第一产业增加值增速及与全国平均水平比较

数据来源：2010～2014 年《河南统计年鉴》。

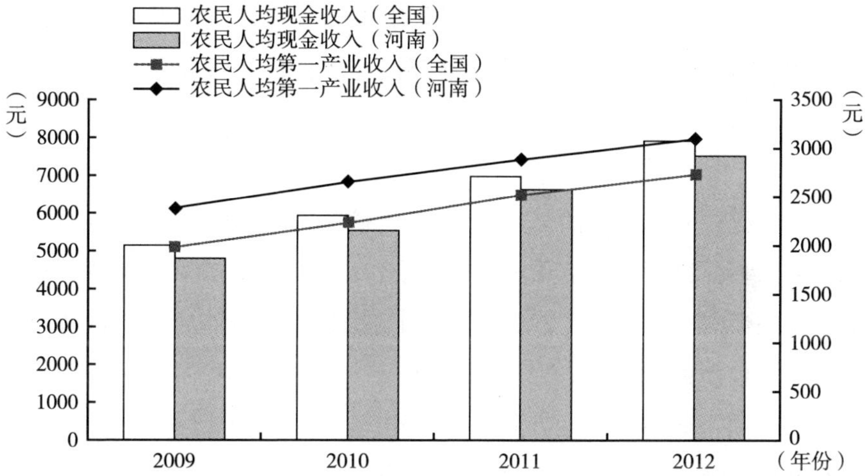

图3　2009～2012 年河南农民人均现金收入、农民人均第一产业收入及与全国比较

数据来源：2010～2013 年《河南统计年鉴》。

按照农民人均年纯收入超过全国平均水平这一目标要求，对第一产业增加值增速和农民人均现金收入这两个指标与全国平均水平进行量化比较，可以得出 2009～2013 年的年度评估结果，进而取平均值得到农业综合效益的综合评估结果为 95.18%（见表 2），其中第一产业增加值完成情况明显高于农民人均现金收入的评估情况。

表 2　农业综合效益评估

年份	第一产业增加值增速(%)			农民人均现金收入(元)			年度评估(%)	综合评估(%)
	全国	河南	完成比例(%)	全国	河南	完成比例(%)		
2009	4.2	4.2	100.0	5153.2	4806.95	93.3	96.65	95.18
2010	4.3	4.5	104.7	5919.0	5523.73	93.3	99.00	
2011	4.3	3.7	86.0	6977.3	6604.03	94.7	90.35	
2012	4.5	4.5	100.0	7916.6	7524.94	95.1	97.55	
2013	4	4.3	107.5	10982.7	8475.34	77.2	92.35	

数据来源：2010～2014 年《河南统计年鉴》。

（3）粮食生产支撑条件评估。在规划提出的目标中明确指出要使河南粮食生产的支撑条件得到明显改善，考虑到粮食生产的支撑条件与农业科技、财政投入、农业基础设施、机械化水平以及现代农业载体建设密切相关，因此从科技支撑、投资支撑、基础设施条件、机械化水平、载体建设这 5 个方面分别进行单项评估，进而得出粮食生产支撑条件的综合评估结果。

第一，科技支撑。河南坚持大力实施科技兴农战略，农业新品种、新技术、新方法不断得到推广应用，农业科技水平大幅提升。全省小麦良种覆盖率基本达到 100%，玉米、水稻等良种覆盖率达到 98% 以上。在高标准粮田区域内，良种覆盖率达到 100%。通过重点加强稳产增产和抗灾减灾关键技术的集成应用，达到测土配方施肥 100%、病虫害统防统治 100%。但是综合来看，河南农业科技发展总体水平还不高，农业科技贡献率为 51%，低于全国平均水平。考虑到科技支撑的总体状况和现实需求，采用农业科技贡献率作为科技支撑评估结果。

第二，投资支撑。2008～2012 年，全省公共财政用于农林水事务支出累计达 2002.6 亿元，占全部财政支出额的 11.2%，这一比例比“十一五”期间提高了 0.8 个百分点。在进行投资支撑评估中，采用各考核年度农林水事务支出额增速与全国平均水平进行比较得出，再用各年度评估结果加权平均可以得到投资支撑的综合评估结果（见表 3）。

表 3　地方财政农林水事务支出情况评估

单位：亿元，%

年份	全国		河南		完成比例	综合评估
	支出额	增速	支出额	增速		
2008	4235.63	37.0	209.59	37.4	101.0	90.7
2009	6401.71	51.1	361.60	72.5	142.0	
2010	7741.69	20.9	399.19	10.4	50.0	
2011	9520.99	23.0	480.48	20.4	88.7	
2012	11471.39	20.5	551.73	14.8	72.0	

数据来源：2009～2013 年《河南统计年鉴》。

第三，基础设施条件。从河南粮食生产基础设施条件来看，2012 年，农田有效灌溉面积达到 7809 万亩，比 2007 年增加了 375.2 万亩，其中，机电灌溉面积占有效灌溉面积的比重保持在 80% 左右，考虑到机电灌溉的重要性并且是体现农业现代化水平的重要指标，采用这一指标值作为基础设施评估结果为 80%。

第四，机械化水平。近年来，河南农业机械化水平全面提高，农业机械总动力由 2007 年的 8718.7 万千瓦增长到 2012 年的 10872.7 万千瓦，增幅达 24.7%。小麦机播和机收水平稳定在 95% 以上，基本实现了机械化；水稻机收率达到 76.5%；玉米机播水平超过 80%，机收水平为 50%，实现了连年翻番。基于此，采用机收率作为评估指标，分小麦、水稻、玉米三种作物，采用德尔菲法确定权重，进而进行加权评估，可以得到机械化水平的综合评估结果为 80.45%（见表 4）。

表 4　河南机械化水平评估结果

单位：%

	小麦	水稻	玉米
权　重	50.00	30.0	20
机收率	95.00	76.5	50
综合评估	80.45		

第五，载体支撑。按照河南省高标准粮田建设规划和任务安排，2013 年，全省要建设 900 万亩高标准粮田。2012 年开始的粮食生产核心区高标准粮田“百千万”工程建设进展顺利，两年来，全省建成高标准粮田 2623 万亩，其中 2013 年建成 970.9 万亩。建成的高标准粮田“百千万”区内，粮食平均亩产 1153 公斤，比未建成区每亩增产 293 公斤，增幅达 34%。根据目标值与实际完成情况比较，得到载体支撑评估结果为 100%。

根据科技支撑、投资支撑、基础设施、机械化水平、载体支撑这 5 个指标的单指标评估结果，进行加权综合可以得到粮食生产支撑条件评估结果为 80.43%（见表 5）。

表 5　河南粮食生产支撑条件评估

单位：%

	科技支撑	投资支撑	基础设施	机械化水平	载体支撑
单项评估	51	90.7	80	80.45	100
粮食生产支撑条件综合评估	80.43				

（4）抗御自然灾害能力评估

近年来，河南粮食生产在遭遇雨雪冰冻、特大旱灾等情况下，依然保持了高基点连年增产，取得傲人成绩。其中比较典型的灾害包括 2008 年遭遇的严重雨雪冰冻灾害；2009 年遭遇的 50 年不遇的特大旱灾，秋季狂风暴雨造成未成熟作物大面积倒伏；2011 年遭遇的 60 年来最严重干旱等重大灾害。基于此，在进行抗御自然灾害能力评估中，课题组重点选取了遭遇重大灾害的典型年份，并以该年粮食总产量是否保持持续增长、完成规划增速的比例这两个指标作为重点评估指标，进而可以得到 2008 年、2009 年、2011 年这 3 个年度的评估结果，进行加权平均可以得到抗御自然灾害能力综合评估结果为 91%（见表 6）。

表6　河南抗御自然灾害能力评估结果

单位：%

	2008年	2009年	2011年
自然灾害情况	雨雪冰冻灾害	50年不遇特大旱灾,秋季狂风暴雨造成未成熟作物大面积倒伏	60年来最严重干旱
粮食总产量(亿斤)	1073	1078	1109
实际增速	2.29	0.47	2
规划平均增速	1.7	1.7	1.8
完成规划增速	135	28	111
综合评估	91		

数据来源：2009～2012年《河南统计年鉴》。

（5）实施成效总体评估。根据粮食综合生产能力、农业综合效益、粮食生产支撑条件、抗御自然灾害能力这4个单指标评估结果，采用德尔菲法确定各指标权重，加权后进而可以得到规划实施成效的总体评估结果为92.54%（见表7）。

表7　河南规划实施成效评估结果

单位：%

	粮食综合生产能力	农业综合效益	粮食生产支撑条件	抗御自然灾害能力
权重	30	30	20	20
单项评估	99	95.18	80.43	91
	略有差距	略有差距	较大差距	存在差距
规划实施成效总体评估	92.54			

2. 规划实施进程评估

河南省粮食生产核心区建设规划明确了总体目标：到2020年，粮食生产能力达到650亿公斤。在规划实施进程评估中，采用各年度实际总产量与规划目标值进行比较，得出各年度完成目标比例，进而求出平均值作为完成目标进程情况的评估结果（见表8）。根据前述评估方法，得到综合评估结果为98.8%，与目标进程相比还略有差距。

表 8　河南规划实施进程评估结果

单位：亿斤，%

年份	规划目标值	实际总产量	完成目标比例	完成目标进程评估
2010	1100	1087	98.8	略有差距
2011	1120	1109	99.0	
2012	1140	1128	98.9	
2013	1159	1143	98.6	
合计	4519	4467	98.8	

数据来源：2011～2014 年《河南统计年鉴》。

3. 差距构成结构性分析

从前述规划实施进程评估中可以看到，各考核年实际完成值与目标值相比均略有差距。为对差距构成进行深入分析，分别采用播种面积、亩产量两个指标，分夏粮、秋粮进行纵向比较。2007～2013 年，夏粮的播种面积年均增速为 0.46%、亩产量年均增速为 0.84%，亩产量增速高于播种面积增速，总体上夏粮生产保持了稳定增长的良好态势。从秋粮生产情况来看，则表现出与夏粮生产较为不同的特征。秋粮播种面积年均增速为 1.77%，是夏粮播种面积年均增速的 3.8 倍，然而秋粮亩产量存在明显波动，且考核年间表现出波动下降趋势。例如，2013 年全省粮食总产量与规划目标总产量相差 16 亿斤，是 2010 年以来差距最大值；其中就受到该年度秋粮亩产量出现负增长，且为 2010 年以来最小值的直接影响。由上述分析可以发现，保持夏粮稳定增长、激发秋粮增产潜力，是有效缩小差距、实现既定目标的路径选择。

4. 实现规划目标面临的主要问题

（1）农业科技支撑能力不强的问题。粮食增产的根本出路在科技，从综合性指标来看，河南农业科技贡献率为 51%，低于全国平均水平。同时，在农业服务体系建设方面也存在一些问题，直接影响着农业科技的转移、转化，导致一些先进农业适用技术难以及时推广普及，如良种良法配套技术的推广应用，玉米仅有 70% 左右，小麦 50% 左右，水稻 55% 左右。但是也要

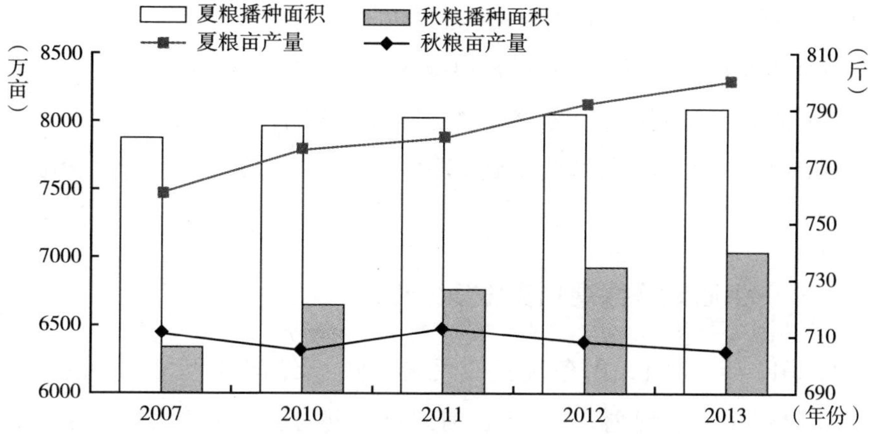

图4　河南夏粮与秋粮的播种面积、亩产量变化情况

数据来源：2008～2014年《河南统计年鉴》。

由此看到，通过科技服务和精耕细作提高单产的潜力还有待发掘。

（2）基础设施支撑能力不足的问题。在评估中，粮食生产支撑条件是得分最低的一项。目前全省仍有5000多万亩中低产田，近3000万亩不能得到有效灌溉，还有1519万亩低洼易涝地需要治理。差距也同时意味着潜力，加快中低产田改造、扩大有效灌溉面积等，均是挖潜、提产、增效的关键点和着力点所在。另外，随着生态环境保护压力增大、极端气候出现频率增多，重大自然灾害频发直接影响着粮食稳产增产目标的实现，而这一问题更是对基础设施支撑能力提出了更高要求。

（3）种粮比较效益偏低的问题。2013年河南夏粮每亩生产收益361.3元，秋粮每亩生产收益504.3元，两季相加共865.6元，抵不上农民外出打工半个月的收入。近年来，粮食价格虽有上涨，但涨幅有限，农资、劳动力成本等涨幅却很大，尽管国家采取了一系列措施，农民种粮的收益依然偏低，直接影响其种粮积极性。

（4）边际产量递减的问题。2008～2013年，河南粮食总产量累计达到6617.3亿斤，粮食产量年均递增1.4%，粮食单产超过750斤/亩，实现了从中低产到中高产的跨越。河南以全国1/16的耕地，生产出了全国1/10的粮食、1/4 的小麦，除了解决河南 1 亿人口的粮食消费，每年还调出 400 多亿斤的原粮及加工制成品，为国家粮食安全做出了重大贡献。但是同时，河南粮食单产已经达到中高产水平，受边际效应影响，要在高基点上、在中长期内保持粮食总产量持续增长，到 2020 年实现 1300 亿斤的目标，面临着较大挑战。

（二）中原经济区规划实施情况评估

自 2012 年 11 月，国务院正式批复《中原经济区规划（2012 ~ 2020 年）》（以下简称《规划》）以来，河南以规划为引领，着力破解难题、加快发展。规划实施一年半以来，河南的综合实力不断增强、在区域发展中的作用不断凸显。目前，距离第一个阶段性目标，即 2015 年目标只有不到一年半的时间。此时，对规划实施情况进行量化评估和综合分析，了解规划实施的现有成效、实施进程情况，以及对规划目标完成趋势进行预测评估，对于摸清现状、把握问题，并进而采取更有针对性的对策措施具有重要意义。

本评估报告以《规划》提出的主要规划指标及其目标值为量化评估依据。

1.《规划》实施成效评估

在《规划》实施成效评估中，指标选取及目标值确定，均依据《规划》中“第二章　总体要求”“第三节　发展目标”提出的中原经济区主要规划指标及其分阶段目标值，在单指标评估的基础上，分经济发展、结构调整、资源环境、民生改善共四类进行分项评估，并进而得到总体评估结果，具体指标及数据评估如表 9 所示。

2.《规划》实施进程评估

在对中原经济区规划实施进程进行量化评估中，依据“中原经济区主要规划指标”，采用了 14 个指标，包括经济发展 2 个、结构调整 5 个、资源环境 3 个、民生改善 4 个，分别对各指标的 2011 年基期值、2013 年规划值、2013 年实际值进行了比较评估，以 2013 年实际完成值与规划目标值的比值作为实施进程的评估重点。从比值情况来看，有 11 个指标超额完成，其中达到或超过 105% 的指标有 3 个；未完成规划目标进程的指标有 3 个，分别

表 9　河南实施中原经济区规划成效评估

类别	指标	2011 年实际值	2013 年实际值	2011～2013 年均增速（%）	2011～2015 年规划年均增速（%）	指标评估	分项评估	总体评估
经济发展	人均地区生产总值（元）	28661	34187	9.22	7.31	较好完成	完成	总体完成规划目标
	地区生产总值占全国比重（%）	5.75	5.7	-0.44	1.36	略有差距		
结构调整	粮食综合生产能力（亿斤）	1109	1143	1.52	1.99	略有差距	略有差距	
	战略性新兴产业增加值占地区生产总值的比重（%）	4	5.3（2012 年预计目标值）	15.11	15	完成		
	第三产业增加值比重（%）	28.8	32	5.41	2.05	较好完成		
	城镇化率（%）	40.6	44.3	4.46	4.27	完成		
	社会消费品零售总额增速（%）	18.1	13.8			差距明显		
资源环境	粮食播种面积（万亩）	14790	15123	1.12	1.0	完成	完成	
	单位地区生产总值能耗（等价值）同比下降（%）	3.6	4.1（前三季度）	6.72	—	完成		
	森林覆盖率（%）	22.68	22.98	0.66	0.35	完成		
民生改善	城镇年新增就业人数（万人）	141	143.13	0.75	0.11	完成	较好完成	
	城镇居民人均可支配收入（元）	18194.8	22398.03	10.95	8.27	较好完成		
	农村居民人均纯收入（元）	6604	8475.34	13.29	12.29	完成		
	高等教育毛入学率（%）	24.63	30.1	10.55	9.18	完成		

注：①评估表中均为河南省数据。②数据来源除注明外，均来自 2012～2014 年《中国统计年鉴》和《河南统计年鉴》。③中原经济区规划提出的主要规划指标中，万元工业增加值用水量、中等职业教育在校生人数这两个指标，因为缺乏连续性权威统计资料，未做相关评估。

是地区生产总值占全国比重、粮食综合生产能力、社会消费品零售总额增速。综合来看，各指标完成比例平均值达到105%，总体实施进程评估为完成规划进度目标（见表10）。

表10　河南实施中原经济区规划的进程评估

类别	指标	2011年基期值	2013年规划值	2013年实际完成值	完成比例（%）	实施进程综合评估
经济发展	人均地区生产总值(元)	28661	33004	34187	103.6	完成规划进度目标
	河南地区生产总值占全国比重(%)	5.75	5.91	5.7	96.4	
结构调整	粮食综合生产能力(亿斤)	1109	1153.6	1143	99.1	
	战略性新兴产业增加值占地区生产总值的比重(%)	4	5.29	5.3(2012年预计目标值)	100.2	
	第三产业增加值比重(%)	28.8	29.99	32	106.7	
	河南城镇化率(%)	40.6	44.14	44.3	100.4	
	社会消费品零售总额增速(%)	18.1	16	13.8	86.25	
资源环境	粮食播种面积(万亩)	14790	—	15123	102	
	单位地区生产总值能耗(等价值)同比下降(%)	3.6	2.5	4.1(前三季度)	164	
	河南森林覆盖率(%)	22.68	22.84	22.98	100.6	
民生改善	河南城镇年新增就业人数(万人)	141	141.31	143.13	101.3	
	河南城镇居民人均可支配收入(元)	18194.8	21328.7	22398.03	105	
	河南农村居民人均纯收入(元)	6604	8327	8475.34	101.8	
	河南高等教育毛入学率(%)	24.63	29.36	30.1	102.5	

数据来源：2012～2014年《河南统计年鉴》。

3. 实现《规划》目标面临的主要问题

（1）虽然总体来看已经完成现状目标，并且预期能够完成2015年、2020年的阶段性规划目标；但是从各指标现状值来看，距离全国平均水平依然存在差距，且差距逐步拉大。例如，《规划》明确提出“到2015年，人均地区生产总值与全国平均水平的差距进一步缩小；农村居民人均纯收入力争达到全国平均水平，城镇居民人均可支配收入与全国平均水平差距进一步缩小”等目标。从相应各指标实际变化及对比情况来看，2011年、2012年、2013年，河南人均GDP与全国平均水平相比分别少了6536元、6960

元、7720元，河南城镇居民人均可支配收入与全国平均水平相比分别少了3615元、4122元、4557元，河南农村居民人均纯收入与全国平均水平相比分别少了373元、392元、420元，尤其值得关注的是，这三个指标的差距均表现出逐步扩大的趋势（见图5、图6）。

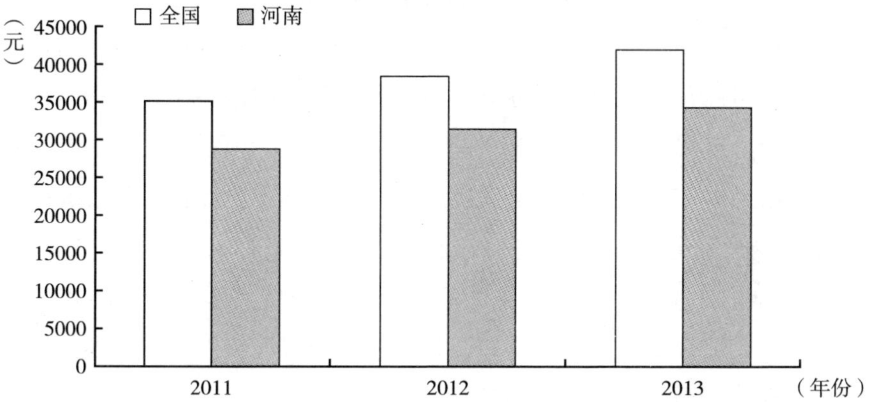

图5　2011～2013年河南人均GDP与全国平均水平比较

数据来源：2012～2014《河南统计年鉴》。

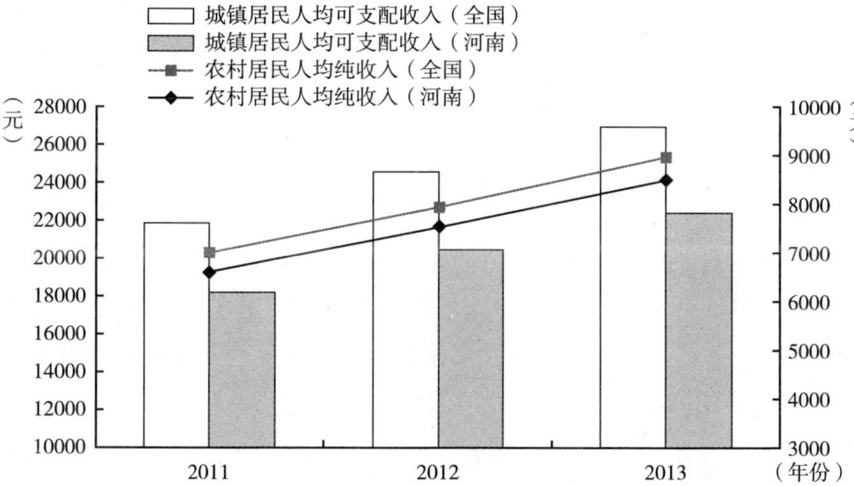

图6　2011～2013年河南城镇居民人均可支配收入、农村居民人均纯收入与全国平均水平比较

数据来源：2012～2014年《河南统计年鉴》。

（2）本次《规划》实施情况量化评估，依据就是《规划》中明确提出的主要规划指标及其目标值。但是也要看到，中原经济区规划作为指导区域发展的，具有系统性、全面性的综合性规划，在“主要指标”中选取的指标基本是体现经济社会发展的大项指标，且考虑到重点突出及可操作性等问题，共选取了4类共16个指标，从规划覆盖面而言，数量相对较少。结合河南发展来看，一些体现河南近年来面临的主要问题和挑战、采取的重大实践举措等的指标并未能得到充分体现，例如工业结构调整相关指标、科技创新相关指标、现代服务业发展相关指标、对外开放相关指标，等等。因此，本次评估结果即使数据总体情况尚属乐观，但依然需要保持头脑清醒冷静。

（3）本次量化评估中，未完成或存在差距的指标共有3个，分别是河南GDP占全国比重、粮食综合生产能力、社会消费品零售总额增速，这也反映出河南在综合实力、粮食生产、消费这三个方面依然面临着如何推动扩总量与提水平、增效益并进等问题。

（4）中原经济区主要规划指标共选取了4个，分别是经济发展、结构调整、资源环境和民生改善，从量化评估结果来看，结构调整分项评估是4个分项评估中最差的，3个未达标指标有2个都是属于结构调整分项指标，这也从另一个侧面反映出河南在加快转方式、调结构、促转型中依然面临较大挑战。

（三）《郑州航空港经济综合实验区规划》实施情况评估

2013年3月7日，国务院批准了《郑州航空港经济综合实验区发展规划（2013～2025年）》（以下简称《航空港规划》）。作为全国首个上升为国家战略的航空港经济发展先行区，郑州航空港经济综合实验区对中原崛起河南振兴、打造中原经济区的核心增长极、为中西部地区扩大开放提供强力支撑都具有重大意义。实现良好开局，是《航空港规划》能够高效、快速、有序推进的基本要求。在本评估报告中，依据2013年统计数据资料，基于《航空港规划》明确的“到2025年，航空货邮吞吐量达到300万吨左右，进出口总额达到2000亿美元”等重点指标目标值，对《航空港规划》开局一年的实施成效、实施进程、完成趋势预测等进行量化分析，并进而提出《航空港规划》推进中面临的一些问题和挑战。

1. 实施成效评估

（1）分项评估。

第一，国际航空货运集散中心建设。2013 年，郑州机场全年新开航线 53 条，达到 143 条，基本形成覆盖欧洲、美洲、亚洲、大洋洲等国家和地区的航线网络。其中，已开通全货运国际航线达到 19 条，货邮吞吐量完成 25 万吨，同比增长 69.5%，增速居全国大型机场第 1 位。同时，郑州机场还是中部地区唯一开展国际快件的机场、货运航线总数位居中西部第一的机场。显然，国际航空货运集散中心建设取得突破性进展。

第二，开放门户建设。2011 年、2012 年、2013 年，郑州航空港经济综合实验区完成进出口总额分别达到 95 亿美元、285 亿美元、348.8 亿美元，占全省的比重始终在 50% 以上，对全省进出口增长的贡献率始终在 95% 以上，推动全省进出口增长的强劲攀升，航空港开放门户地位已初步奠定。

（2）总体评估。总体来看，郑州航空港经济综合实验区建设在短短一年多的时间里，表现出起点高、增速快、成效显的突出特征。

2. 实施进程评估

从实施进程来看，郑州航空港经济综合实验区在 2013 年 3 ~ 12 月航空货邮吞吐量就已经完成 2025 年总目标的 8.33%，进出口总额就已经完成 2025 年总目标的 17.44%，均超额完成进程目标（见表 11）。

表 11　郑州航空港经济综合实验区实施进程评估

指标	2013 年完成值	2025 年规划目标值	规划时间完成比例(%)	规划目标完成比例(%)
航空货邮吞吐量(万吨)	25	300	6.5	8.33
进出口总额(亿美元)	348.8	2000	6.5	17.44

数据来源：《河南商务发展报告（2014）》。

3.《航空港规划》实施中面临的主要问题和挑战

（1）保持高起点高速增长的挑战。《航空港规划》实施以来，2013 年

3～12 月，郑州航空港在基础设施、公共服务、产业体系、枢纽建设等各方面均表现出全民聚焦、全力推进、全面展开、全速发展的积极态势，以航空货邮吞吐量、进出口总额以及地区生产总值、第三产业增加值等为代表的各指标均表现出高速增长态势。但是在起点高的同时也面临着任务重的挑战，尤其是在高起点上保持高速稳定增长，面临更大挑战。

（2）高端航空港经济产业体系构建的挑战。《航空港规划》明确提出要推动航空设备制造维修、与航空关联的高端制造业和现代服务业快速发展，集聚一批具有国际竞争力的知名品牌和优势企业，形成创新驱动、高端引领、国际合作的产业发展格局。这其中，既有航空经济这一新兴产业领域的创新探索要求，又有高端产业发展水平的要求，还有产业体系构建的系统要求，如何立足发展基础、突出发展特色、增创发展优势，均是新课题和新挑战。

（3）形成具有特色优势的航空港经济内生增长模式的挑战。《航空港规划》提出“建设大枢纽，培育大产业，塑造大都市”的实验区发展主线，也就是要通过建设大枢纽，带动大物流；通过大物流，带动产业群；通过产业群发展，带动城市群发展，进而以城市群带动中原崛起河南振兴富民强省。如何在这一发展路径指引下，形成以互动融合为特征的航空港经济内生增长模式，进而实现快速发展，是目前航空港在起步期必须筹谋的时不我待的关键问题。

二　河南加快推进三大国家战略规划实施的战略指向

实施好三大国家战略，事关全国及河南发展大局，使命重大、责任重大。面对经济发展新常态的阶段性新特征，应进一步明确实施三大国家战略规划的战略指向，坚定总坐标、坚持总思路、完善总方略，从着力转化、着力提升、着力协调、着力深化、着力创新这五个方面出发，在践行“三个总”中加快中原崛起河南振兴富民强省进程。

（一）着力转化，增创发展新优势

增创发展新优势是河南实施三大国家战略的重要环节，是完善总方略的根本保障。在进一步推进三大国家战略进程中，着力转化，也就是将优惠政策转化为发展优势、传统优势转化为新优势，全面增创发展新优势。

1. 将优惠政策转化为发展优势

三大国家战略规划实施以来，河南省提出了一系列优惠政策，但总体而言，优惠政策效应还比较弱，政策配套体系还有待进一步完善。通过建立健全粮食生产稳定增长的投入机制、科技创新机制、金融支持机制、现代农业经营机制、农村土地流转机制、农村人力资源开发机制、以工补农以城带乡长效机制等方面政策保障，推动粮食生产核心区建设；通过产业升级和投资引导、统筹城乡发展、生态补偿等方面给予更多的政策倾斜和政策优惠推动中原经济区建设；通过在金融服务、土地管理、服务外包等方面给予更大政策支持推动郑州航空港经济综合实验区建设。

2. 将传统优势转化为发展新优势

随着三大国家战略规划的深入实施，依靠单一发展优势的传统优势效应在逐渐减弱，迫切需要对传统优势进行有机整合，实现传统优势转化为新优势。依托“米”字形快速铁路网单一区位优势，结合“四港联动”多式联运的综合交通网络，构筑基于现代综合交通枢纽的现代物流新优势，将传统交通区位优势转化为融合新兴业态发展的现代物流新优势；依托农村就业人口回流常态化、劳动技能培训格式化、职业教育社会化、公共服务全覆盖，培养一批懂技术、懂管理、懂市场的新型农民，将传统劳动力资源优势转化为由创新优势、技能优势和低成本基础优势协同整合的人力资源新优势，为三大国家战略建设奠定人力资源保障。

（二）着力提升，增强综合素质和竞争力

增强综合素质和竞争力是河南实施三大国家战略的重要抓手。通过着力提升产业发展实力、综合竞争力和战略地位，全面推进河南三大国家战略实

施，为“三个大省”建设提供重要支撑。

1. 要着力提升产业发展实力

依托实施高标准粮田“百千万”建设工程、现代农业产业化集群培育工程、都市生态农业发展工程，加快提升农业发展水平，推动全国粮食生产核心区快速发展，提升河南发展的保障能力；通过对传统制造业的改造提升，战略性新兴产业加快培育，构建集聚度高、竞争力强、带动力强、吸纳就业能力强、资源环境友好的现代工业体系，有效推动中原经济区和郑州航空港经济综合实验区建设，增强河南发展实力和综合竞争力。

2. 要着力提升综合竞争力

依托三大国家战略建设，加快城市基础建设和公共服务建设，推进城市绿化和美化工程，拓展城市空间，强化环境保护，增强以城市基础设施为依托的综合承载力，提高河南发展实力；以三大国家战略建设为主线，努力打造良好的人文环境，培育河南精神，提高河南发展品位，以河南软环境的不断改善促进河南综合竞争力的提升。

3. 要着力提升战略地位

通过进一步推动全国粮食生产核心区规划实施，将河南建设成为国家粮食生产核心区中的“核心区”，进一步稳固和提升在国家粮食生产中的战略地位；依托中原经济区建设，将河南建设成为国家重要的粮食生产和现代农业基地、全国“三化”协调发展示范区、全国重要的经济增长板块、全国区域协调发展的战略支点和重要的现代综合交通枢纽、华夏历史文化传承创新区，进一步提升中原经济区在全国区域发展中的战略地位；通过推动郑州航空港经济综合实验区建设，将郑州航空港建设成为国际航空物流中心、以航空经济为引领的现代产业基地、内陆地区对外开放重要门户、现代航空都市、中原经济区核心增长极，不断提升河南在全国区域发展的战略地位，推动河南加快发展。

（三）着力协调，统筹兼顾全面发展

统筹兼顾全面发展是河南实施三大国家战略的题中之义。在进一步推进

河南三大国家战略实施进程中，应着力推动“三化”协调、区域协调、经济社会生态协调，为实现富强河南、文明河南、平安河南、美丽河南做出更大贡献。

1. 要着力推动“三化”协调

实现“三化”协调发展是河南破解发展难题，探索中原特色崛起之路的具体实践。依托三大国家战略，以粮食安全为核心的农业现代化发展为基础，以人为核心的新型城镇化发展为条件，以科技创新为核心的新型工业化发展为支撑，探索“三化”协调发展之路，为河南实现全面发展提供支撑。

2. 要着力推动区域协调

区域协调发展是全面建成小康社会的客观要求，是实现河南全面发展的重要举措。以粮食生产核心区建设为抓手，加快提升农业现代化发展水平，有效破解“三农”难题，缩小城乡差距；以加快中原经济区建设为着力点，全面提高中原经济区经济社会发展水平，为促进中部地区崛起，缩小中原经济区与发达地区差距提供重要支撑；以加快郑州航空港综合经济实验区建设为突破口，不断提升郑州航空港发展水平，有效缩小内陆与沿海地区的差距，推动区域协调发展。

3. 要着力推动经济社会生态协调

面对日益突出的环境问题和频繁出现的极端天气问题，河南在实施三大国家战略时，要考虑生态环境问题，通过提升生态自然修复能力、实施节能降耗行动计划、强化环境容量控制等工程实现经济社会生态协调发展。

（四）着力深化，激发发展动力活力

在错综复杂形势下解决三大国家战略实施中的瓶颈制约和体制障碍，激发新的发展动力活力，让中原大地充满勃勃生机，关键在于深化改革开放和实施创新驱动发展。

1. 要坚决主动有序推进全面深化改革

改革开放是决定当代中国命运的关键一招，也是河南三大国家战略顺利实施的关键环节。通过进一步健全粮食统计制度、健全和完善粮食应急体

系、加强粮食行政管理体系建设，构建河南粮食安全体系，推动全国粮食生产核心区建设。通过进一步加快土地制度改革，继续推进人地挂钩工作；进一步加快融资体制改革，推动农村金融工作；进一步完善城镇体制改革，建立农村人口有序转移机制；进一步加快行政体制改革，规范行政审批事项，加快推动中原经济区建设。通过进一步加大金融支持力度、土地政策支持力度、服务外包政策支持力度，加大对外开放力度，积极推动郑州航空港综合实验区建设。

2. 要深入实施创新驱动战略

以三大国家战略建设为主线，坚持以构建自主创新体系为导向，坚持出路在创新，把握好创新的内涵，因地制宜推进创新，把握好先进性和经济性、当前和长远、质量和规模的关系，加快科技创新、企业创新、产品创新、市场创新，全面推进创新河南建设。

（五）着力创新，探索中原特色崛起之路

着力创新，走中原特色崛起之路，是中国特色社会主义的生动诠释，是推动三大国家战略顺利实施的有益实践。

1. 要着力思想创新

思想决定思路，思路决定出路，各级领导干部能不能解放思想、开拓创新，在很大程度上决定着三大国家战略的实施进程，决定着中原崛起河南振兴富民强省的发展前景。河南各级领导干部应围绕国家三大战略开拓创新，加大创新力度，集思广益，寻求重点领域和关键环节上的创新思路和发展道路，为探索中原特色崛起之路提供重要理论支撑。

2. 要着力实践创新

一切从实际出发、按规律办事，不断提高实践创新能力，是加快河南三大国家战略顺利实施的重要做法。坚持因势而谋、应势而动、顺势而为，不断创新新形势新条件下解决三大国家战略实施中瓶颈问题的方法举措，充分发挥市场在资源配置中的决定性作用，在培育发展航空港新业态、新模式，确保粮食安全、破解“三化”协调瓶颈制约等方面改革创新，力求用最少

的资源换取最大的效益，用最小的代价赢得最大的成功，用最短的时间实施好三大国家战略，为加快中原崛起河南振兴富民强省探索新路子。

三　新常态下河南实施三大国家战略规划的对策建议

当前，我国经济发展进入新常态运行阶段，为适应经济新常态，河南明确了坚定总坐标、坚持总思路、完善总方略的战略谋划。在此背景下，要深入实施三大国家战略规划，更好地服务全国大局和推动河南发展，需要在完善“一个载体”、构建“四个体系”、夯实“五大基础”、强化“六个保障”的基础上，统筹处理好“服务大局与河南发展、改革创新与发展稳定、增量升级与存量优化、拓展空间与夯实基础、先行先试与有序推进”之间的关系，加快推进中原崛起河南振兴富民强省步伐。

（一）服务全国大局与加快河南发展并重

国家制定三大战略，高瞻远瞩，通盘谋划，立足河南，辐射全国，立足当前，着眼长远。当前，河南肩负着服务全国大局和推进中部崛起的历史重任，河南应立足三大国家战略规划，坚持服务全国大局与推进河南发展并重，加快三大国家战略的推进与落地实施。

1. 立足三大国家战略，把握服务大局与河南发展的关系

粮食生产核心区建设是保障国家粮食安全的重要环节；中原经济区建设是促进中部崛起，实现全国区域协调发展的重要途径；郑州航空港经济综合实验区建设是推进中西部地区全方位扩大开放的新途径。在新形势下，河南科学有序坚实有效地推进三大国家战略实施，本身就是服务全国大局与加快河南发展的有机统一。

2. 深入实施三大国家战略规划，全力服务全国发展大局

以高标准粮田“百千万”建设工程、现代农业产业化集群培育工程、都市生态农业发展工程等为重点，加快推进粮食生产核心区建设，为保障国家粮食安全做出应有的贡献；加快推进中原经济区建设，完善一个载体、构

建四个体系、夯实五大基础、强化六个保障，坚持走好四化协调同步科学发展的路子，落实中原经济区规划，以中部崛起助推全国区域协调发展；加快推进郑州航空港综合经济实验区建设，搭建内陆省份在全球化背景下的对外开放平台和参与国际经济循环的窗口，形成带动产业发展的发动机和核心增长极，推进中西部地区全方位对外开放。

3. 加快推进“四个河南”建设步伐，促进中原崛起河南振兴

以加快实施三大国家战略为契机，紧抓发展第一要务，打造“富强河南”；培育和践行社会主义核心价值观，打造“文明河南”；坚持标本兼治，打造“平安河南”；强化生态文明建设，打造“美丽河南”。将“四个河南”建设有机统一于河南全面建成小康社会的实践中，通过四个河南建设，推动河南由传统农业大省、经济大省、文化资源大省向新兴工业大省、经济强省、文化强省、生态大省的历史性转变，进而促进中原崛起河南振兴。

（二）改革创新与发展稳定并重

新常态呼唤新探索，需要创新宏观调控思路和方式，统筹稳增长、促改革、调结构、惠民生、防风险，发挥市场的决定性作用，培育经济发展的内生动力，改善民生，促进社会和谐发展。鉴于此，河南实施三大国家战略，需要处理好改革创新与发展稳定的关系。

1. 持续深化改革，释放发展动力

利用好三大国家战略赋予河南先行先试的机遇，深化经济体制改革，加快完善现代市场体系、宏观调控体系、开放型经济体系；深化行政体制改革，切实转变政府职能，创新行政管理方式；深化社会体制改革，加快形成科学有效的社会治理体制，释放发展动力。

2. 实施创新驱动，激发发展活力

坚持需求导向、问题导向，正确认识和把握先进性和经济性、当前和长远、效益和规模等关系，增强创新的实效性。大力实施创新驱动发展战略，强化企业创新的主体地位，构建政、产、学、研、用协同创新机制，推进重大关键技术研发和突破，推动科技成果的转移转化，以创新驱动促进“三

化”协调、“四化”同步发展。

3. 转变发展方式，促进经济升级

坚持把“完善一个载体、构建四个体系、夯实五大基础、强化六个保障”作为科学发展的重要抓手，促进经济发展动力由投资拉动型向创新驱动型转变、产业结构由高碳型向低碳型转变，经济发展模式由粗放型向集约型转变，全面推进河南经济结构优化升级。

4. 着力改善民生，保持和谐稳定

以“稳步扩大支出，尽快覆盖全民，着力均等机会，努力缩小差距，切实提高效率”为基本政策方向，优化财政支出结构，扩大民生支出；扩大社会保障制度的覆盖面；推进基本公共服务均等化；缩小基本公共服务和社会保障标准的区域差距；通过改革公共投入的方向和方式提高效率。

（三）增量升级与存量优化并重

经济新常态的最大特点是“速度下台阶、效益上台阶、效率新突破、结构再平衡”，在此背景下，先进生产力将不断优化和升级，落后生产力将不断萎缩和退出。鉴于此，河南在实施三大国家战略进程中，应处理好增量升级与存量优化的关系。

1. 加快推动传统支柱产业升级发展，促进存量优化

立足当前河南产业发展基础，依托科技创新，利用高新技术、先进适用技术以及信息化技术，针对河南现有的化工、有色、钢铁等传统优势产业，综合运用延伸链条、技术改造、兼并重组、淘汰落后等手段，进行脱胎换骨式的改造提升，促使传统制造业向高附加值制造业方向发展。

2. 着力促进高成长性产业集群发展，促进增量调整

实施创新驱动，按照统筹规划、发挥优势、突出特色、集聚发展的原则，围绕河南高成长性产业发展方向，依托产业集聚区，规划建设高成长性产业示范园区，加强规划政策引导，完善配套服务功能，积极承接产业转移，促进企业集聚，培育发展一批以电子信息产业集群、生物医药产业集群、新型合金材料产业集群等为重点的，特色鲜明、链条完善，具有核心技

术、竞争力强的产业集群，为建设先进制造业大省提供有力支撑。

3. 积极布局战略性新兴产业，提升产业综合竞争力

坚持自主创新与开放引进相结合、重点突破与整体推进相结合、龙头带动与集群发展相结合、市场主导与政府推动相结合的发展原则，以开放创新为动力，以营造良好的发展环境为重点，以企业为主体，加大规划引导和政策支持力度，着力推进重大产业创新发展工程和示范园区建设，着力培育具有核心技术的龙头企业和产业集群，努力把新一代信息技术产业培育成为新的支柱产业，把生物、新能源、新能源汽车、新材料等产业培育成为先导产业，促进节能环保、高端装备制造产业成为新的增长点，打造全国重要的战略性新兴产业基地，推动产业结构战略性调整，加快经济增长方式转变，为建设中原经济区、加快中原崛起河南振兴提供有力支撑。

4. 加快资源型产业绿色转型，促进产业可持续发展

依托河南能源、有色等资源性产业发展基础，发挥比较优势，发展循环经济，拓展资源型产业的加工深度，拉伸并整合产业链条，进一步做大做强资源深加工产业，形成产业集群，做出品牌，巩固提升传统产业在资本积累中的地位。健全激励与约束机制，加强资源节约与管理，大力发展循环经济，推动工业发展由过度消耗资源、污染环境的粗放增长模式向资源节约、环境友好的集约发展模式转变，根据资源型产业的不同阶段，实行不同的转型策略，引导资源耗费型生产模式向资源循环利用型生产模式转变，最终实现资源性产业的绿色重构，即建立物质—技术—生态三大产业群全方位的同步绿色化体系。

（四）拓展空间与夯实基础并重

经济新常态意味着向改革要动力，向结构调整要助力，向民生改善要潜力，积极拓展发展空间。在此背景下，河南在实施三大国家战略过程中，需要处理好拓展空间与夯实基础之间的关系。

1. 持续强化五大基础建设，夯实发展基础

以实施三大战略规划为依托，着力强化现代交通、信息网络、水利支持、能源支撑、生态环境等五大基础建设，发挥资本潜力、劳动力潜力、土

地潜力、城镇化潜力，夯实发展基础。

2. 加快推进“三个大省”建设，拓展产业空间

紧紧围绕建设先进制造业大省、高成长服务业大省和现代农业大省的战略目标，积极承接产业转移，大力发展高成长性产业，积极发展战略性新兴产业，改造提升传统支柱产业，紧抓新业态、新趋势，大力发展业态复合型产业，拓展产业发展空间。

3. 加速推进新型城镇化建设，拓展发展空间

坚持以人的城镇化为核心，强化“一基本两牵动”，推进农业转移人口市民化；坚持因地制宜，合理布局，促进大中小城市协调发展；提高城市综合承载能力，提升可持续发展水平；创新体制机制，消除政策障碍，拓展发展空间。

（五）先行先试与有序推进并重

新常态下的发展改革，需要以敢为天下先的精神，创新宏观调控思路和方式；以积极稳妥防范风险的心态，培育经济发展的持久动力。鉴于此，河南实施三大国家战略，需处理好先行先试与有序推进之间的关系。

1. 先行先试推进国家战略规划

国家三大战略在财政、金融、投资、产业、土地等多个领域，赋予河南一系列先行先试的权利和相应的政策，要加强研究，充分挖掘国家战略所蕴含的政策潜力，力争“横向到边、纵向到底”，使政策红利效应最大化。

2. 示范引领带动全局发展

打造土地流转、航空管理、海关监管、财税管理、投融资、科技创新、社会保障等领域先行先试亮点，发挥示范引领作用，以点带面，带动全局发展。

3. 积极有序推进三大战略实施

统筹国家三大战略实施的全局性和协同性，区分轻重缓急，注重长短结合、点面结合，按照“积极有序、重点突出、协调推进，试点先行、分步实施”的原则，强化各区域、各部门的协作配合，优化政策组合，形成政策合力，助推中原崛起、河南振兴。

形势分析篇

Situation Analysis

B.5

新常态下河南工业2014年发展分析及2015年发展展望

曹武军*

摘　要：本文根据经济新常态的特征以及“先进制造业大省”的要求，结合河南省发展实际，全面总结了河南省 2014 年 1 ~9 月份工业发展的总体情况以及运行的特点。在对河南工业外部环境和内部环境进行分析的基础上，对河南省 2015 年的工业发展进行了展望，提出了河南省 2015 年工业发展的重点。

关键词：河南　工业发展　新常态

* 曹武军，博士，郑州大学副教授。主要研究方向为区域经济，产业经济。

2014年，是中国经济增长速度换挡期、结构调整阵痛期、前期刺激政策消化期。在“三期叠加”的效应下，中国经济进入“新常态”，经济发展步入中高速发展阶段，经济结构正处于不断优化升级过程中，创新驱动的能力也在不断加强。在这样的背景下，2014年，面对错综复杂的国内外形势，河南省全省上下坚持调中求进、变中取胜、转中促好、改中激活，着力解决经济运行中的突出矛盾和问题，经济总体保持平稳运行态势，结构调整持续推进，民生保障不断改善，发展的科学性继续增强。具体在工业领域，河南省工业经济基本延续了2013年平稳增长态势，工业生产保持平稳增长，结构调整取得积极进展，经济效益增速基本稳定。但面临的环境依然复杂，特别是在国内外市场需求未明显改善、国内落后产能淘汰和工业转型升级力度加大等因素影响下，河南省工业增速仍存在较大的稳中向下压力，总体上处于“新常态”的运行环境。

本文对2014年前三季度河南工业发展情况进行了回顾，并对2015年河南工业发展的形势进行展望。

一 2014年河南工业发展运行总体情况

工业增幅速度加快。前三季度，全省规模以上工业增加值同比增长11.0%，高于全国平均水平2.5个百分点，增速居全国第9位，较上年同期前移6个位次，仍处于中等稍快的增长区间。

1. 发展质量稳步提高

前三季度，全省高技术产业增加值同比增长18.8%，高于全省工业增速7.8个百分点。高成长性制造业继续保持较快发展势头，前三季度产业增加值同比增长12.7%，高于全省工业增速1.7个百分点。

2. 投资结构主体突出

前三季度，全省工业投资10812.51亿元，同比增长17.8%。其中，高成长性制造业投资5778.22亿元，同比增长25.3%，高于全省工业投资增速7.5个百分点；高成长性制造业投资占工业投资的比重为53.4%，同比提高3.1个百分点。

3. 工业增速加快

前三季度，全省18个省辖市中有10个省辖市工业增速超过全省平均水平。其中，开封、濮阳、济源、鹤壁等市生产增速较快，增速为13.6%、12.7%、12.2%、12.1%，分别高于全省平均水平2.6个、1.7个、1.2个、1.1个百分点。前三季度，10个直管县市中有7个工业增速超过全省平均水平。其中，固始、长垣、鹿邑增速均在14%以上，分别高于全省平均水平3.6个、3.2个、3.1个百分点。

4. 产业结构日益优化

前三季度，电子信息行业增加值同比增长21.5%；汽车行业增加值同比增长16.4%；汽车产量10.7万辆，同比增长11.4%；装备制造业行业增加值同比增长15.1%；医药产业增加值同比增长17.8%；实现主营业务收入47.4亿元、利润13.0亿元，同比分别增长13.8%、72.9%。

5. 传统产业处于调整期

家电产业、家电企业纷纷向中高端市场寻求突破，但新产品市场成熟周期长，转型升级成效显现慢，行业整体出现大幅下滑，产量同比下降25.0%。有色金属产业，前三季度累计生产29.0万吨，同比下降3.2%。钢铁产业，国际铁矿石价格暴跌41%左右，钢铁行业产成品价格也同步下跌，钢铁企业因铁矿石价格下跌带来的盈利空间基本被挤掉。前三季度，传统行业增加值同比增长10.3%。建材行业，水泥微利运行，水泥产量同比增长6.0%。化工产业，实现主营业务收入534.5亿元，同比增长5.6%，主要化工产品产量继续保持增长，部分化工产品价格涨跌互现。煤炭产业前三季度国有骨干煤炭企业煤炭产量9596.6万吨，同比减少6%；销售量9282.2万吨，同比减少3.8%；库存煤369.5万吨，同比增加157万吨。

二 2014年河南工业发展运行特点

1. 产业集聚区快速发展

前三季度，全省规划建设的180个产业集聚区继续快速发展，工业增加值同比增长15.3%，固定资产投资同比增长24.9%，对全省工业、投资增长的贡献率分别达到63.7%和59.3%。作为全省规模最大的产业集聚区，郑州航空港经济综合实验区的龙头引领效应正逐步显现。2014年上半年，实验区实现生产总值140亿元，同比增长13%；完成固定资产投资236亿元，同比增长100%；完成规模以上工业增加值160亿元，同比增长14%；实现财政收入31.42亿元，同比增长32%。

2. 进出口持续保持增长

2014年1~8月，全省进出口完成347.1亿美元，增长3.8%。其中：出口210.0亿美元，增长2.4%；进口137.1亿美元，增长6.0%。进出口、出口增幅分别高于全国平均水平1.5个、1.4个百分点。进出口、出口在全国排名分别为第13位、第14位，增幅分别为第21位、第22位；在中部六省排名分别为第1位、第2位，增幅均为第5位。

3. 高成长性制造业工业投资增加

在投资领域，前三季度，河南省集中使用结构调整、科技研发等专项资金，重点支持转型升级项目建设，大力发展高成长性制造业，积极培育战略性新兴产业，综合运用技术改造、兼并重组、淘汰落后等手段改造提升传统支柱产业。全省高成长性制造业投资占全省工业投资的比重为53.4%，对全省工业投资增长的贡献率达到65.7%。

4. 传统支柱产业向精深加工发展

全省通过大力淘汰落后产能，增强产业链中高端产品带动能力，传统支柱产业精深加工产品产量较快增长，精深加工与初加工产量比例关系发生较大变化。冶金工业中，铝材产量增长15.1%，高出上游电解铝增速12.3个百分点，铝材与电解铝产量比例关系从上年同期的68.6∶31.4调整为71∶29；钢材产量增长14.8%，增速分别高于上游粗钢和生铁7.3个和3.3个百分点，钢材、粗钢和生铁的产量比例关系从上年同期的44.8∶28.8∶26.4调整为45.6∶28∶26.4。

三　2015年河南工业发展形势分析

从总体上看，2014年河南工业经济发展比2013年有了一定的提高，但仍存在发展质量亟待改善，产业结构亟待优化，产业组织结构偏弱，自主创新能力不足等一系列问题。2015 年，河南工业发展仍然面临着外部和内部的矛盾。

从河南面临的外部环境来看，新常态下的河南工业发展面临着一系列挑战。国际上，金融危机的深层次影响持续蔓延，欧债危机仍在发酵，发达国家瞄准高端制造领域和新兴产业，提出了“再工业化”发展路线，谋求塑造新的竞争优势。美国、英国、法国等通过降低企业所得税税率鼓励企业回归本土，加大本土投资；加强高科技研发，提高效率，降低成本；支持先进制造业所需高技能人才的培训。工业发达国家重振装备制造业计划的实施，以及发展中国家的崛起，使我国面临工业发达国家高技术创新优势和发展中国家低端产品成本优势的双向挤压。而国内其他地区，随着资源环境对经济社会发展的约束作用日益加强，新常态下的产业转型升级不断提速，湖北、安徽、湖南同处于中部省份，河南的工业基础、科技教育、高级人才都与他们有一定的差距，这使河南在工业新常态下的招商引资、政策先行先试的空间受到挤压。

从河南内部发展环境来看，新常态下的河南工业发展也面临着一系列矛盾。一方面，随着前一阶段工业的高投入、高消耗，低产出、低效益的高速发展，资源环境承载力下降、国家政策限制，已形成强有力的资源环境约束机制，资源的供求缺口和环境的压力日趋增加，导致经济运行的成本过高，这促使新常态下的河南工业发展受到资源环境和成本挤压。另一方面，河南省人口众多、人均水平低、发展不平衡，经济社会发展任务重压力大，需要高速发展才能改变当前局面，而目前经济处于“新常态”转型时期，短期内面临发展动力不足问题，已进入到从要素和投资驱动向创新和消费驱动转变的创新发展转型时期。

新常态下河南工业发展也面临着一些利好因素。一是中央与省的经济政策为工业长期健康发展提供了政策保障。习近平总书记在 2014 年河南考察时指出，我国发展仍处于重要战略机遇期，我们要增强信心，从当前中国经济发展的阶段性特征出发，适应新常态，保持战略上的平常心态。2014 年 6

月 25 日，在河南省市厅级主要领导干部学习贯彻习近平总书记系列重要讲话和党的十八届三中全会精神研讨班开班式上，省委书记郭庚茂提出的坚定总坐标、坚持总思路、完善总方略等三个方面，为加快中原崛起河南振兴富民强省做出了战略谋划和总体设计。这为河南工业 2015 年的发展提供了质量优先的新常态发展的理念，为河南工业健康良性、着眼长远发展提供了政策支撑。二是粮食核心区、中原经济区、郑州航空港经济综合实验区三大国家战略的强力推进，尤其是郑州航空港经济综合实验区倾力打造的全球重要的智能终端（手机）生产基地、全球一流的智能终端（手机）交易物流中心、我国新兴的智能终端（手机）研发设计中心和移动互联网应用开发中心，为河南工业经济发展提供了很好的引擎，并为一些机制体制的创新和要素的获取提供了平台。三是具有良好发展模式的产业集聚区为工业发展提供了良好的载体。集中、集群、集约、集合成为产业集聚区发展的核心，从根本上解决了企业布局、产业发展、资源利用、功能构建的问题。同时，促进人口向城镇转移，依城促产、以产兴城，通过产业集聚创造就业岗位，以就业岗位的增加促进人口集聚，推动城市规模扩大，为工业发展提供了良好的发展空间。

四　2015年河南工业发展重点

2015 年，河南要摆脱在传统资源型产业、重化工业等的发展路径依赖，以“先进制造业大省”为建设目标，以高加工度产业和高技术产业为主体，初步形成技术装备水平先进，集群化特征明显，竞争力强、带动力强、吸纳就业能力强的工业体系。

1. 确定产业发展重点

一是充分发挥河南在电子信息、装备制造、汽车及零部件、现代家居、食品、服饰服装等领域已有的产业基础和技术优势，大力发展高成长性制造业。推动规模做大、实力做强、品牌做优，重点抓好基地型、龙头型重大项目建设，进一步做大总量、提升效益，增强对经济增长的支撑带动作用，为河南参与国内外市场竞争奠定基础。二是围绕生物医药、新能源、新材料、节能环保等战略性新兴制造业，内培外引，多种渠道并举，规划建设一批战略性新兴产业示范园区，促进企业集中集聚，加速其发展，促进技术进步，尽快成为新常态下河南工业发展的重要力量。三是利用先进技术和手段，改造提升冶金、建材、化工、轻纺、能源等传统支柱产业。围绕智能制造、再制造技术以及物联网、大数据等前沿技术，着重进行信息化改造，并通过延伸链条、技术改造、淘汰落后等手段对传统支柱产业进行提升，创新培育一些新款且先进的产品，使其能够进入新一轮生命周期，保持产业持续竞争力。

2. 提高制造业的服务增值能力

从制造业内部生产部门独立发展起来而又贯穿于企业生产的上游、中游和下游诸多环节中的生产性服务业，是促进制造业技术进步、产业升级和生产效率提高，保持制造业生产过程连续性，为制造业提供服务保障的一个新兴产业。河南要以在制造业有良好基础和技术水平的重点领域，如输变电设备、大型水泥设备、大型化工装备、煤炭综采设备、环保设备、大型基础部件等，以骨干企业为依托，加强与工程设计、施工单位战略合作，提升其系统成套和工程承包能力，在系统成套、工程承包、设备租赁、再制造等方面开展增值服务，促进企业由单一提供设备向提供成套设备和工程总承包转变，最终发展成为具有总承包能力的大型企业集团。

3. 加强集聚发展

充分利用产业集聚区良好的发展态势，通过政策倾斜、资金扶持、税费减免、土地优先供应等措施，促进产业集群式发展。一是增强产业集群的整体配套能力。依托现有一定基础的产业集群，加强与省内重点装备制造企业的对接，提升集聚化、规模化、专业化、系列化生产水平，着力推动产业配套发展，提高技术装备、整机配套和材料本地化水平。二是改变当前一些产业集聚区内只是企业堆积的现状，引导大中小型企业建立分工合作关系，实现由政府主导向市场主导转变，充分发挥企业以商招商、产业链招商的积极性，提高河南产业的延伸度和链接度。

4. 进行创新能力建设

一是推动技术创新。通过建设企业研发平台，加强产学研合作，创新要素要向企业集聚等手段，并重点建设优势产业、先导产业创新联盟，加速培育具有自主知识产权的核心技术、高新产品，强化企业技术创新主体地位，增强自主创新能力；同时，加快建设一批公共研发平台、公共检测中心、技术服务机构，集中攻克制约河南工业发展的关键技术和共性工艺技术。二是推动服务创新。河南工业大部分领域在中间的制造环节规模大，而在上游的研发、设计和下游的品牌、渠道、售后服务等两端能力较弱，加快向价值链前后两端延伸，实现制造业与服务业的一体化发展，提高其增值服务的能力。三是推动商业模式创新。充分利用各种手段，提高企业价值创新、客户、经济联盟、应变能力和信息网络的运用能力，把新的商业模式引入企业的生产体系中。

五　结语

2015 年是“十二五”的收官之年，也是在新常态下，河南“先进制造业大省”战略实施的关键一年，要充分发挥企业市场主体作用，提高市场在资源配置中的决定性作用；另外政府应充分发挥“看得见的手”的作用，加强宏观调控，招商引资和内部培育并重，并加大政策扶持力度，充分发挥税收、土地、资金等经济要素的作用，引导河南工业做强。

参考文献

河南省工业和信息化厅网站，http：//www. iitha. gov. cn/。

河南省统计局网站，http：//www. ha. stats. gov. cn/hntj/index. htm。

喻新安：《建设先进制造业大省的理性审视》，《河南日报》2014 年 2 月 26 日。

B.6

2014～2015年河南省服务业发展形势分析与展望

侯红昌*

摘　要：2014年前三季度，服务业发展总体平稳有序，投资规模继续扩大，消费需求持续增长，但仍存在总量小、比重低，传统服务业比重大，局部发展失衡等突出问题。展望2015年，河南服务业虽然面临诸多挑战因素，但仍有很多发展良机，预计河南服务业将实现增长9.2%。

关键词：服务业　形势分析　展望预测　对策建议

2014年是河南全面贯彻落实党的十八大和十八届二中、三中、四中全会精神与省委决策部署，紧紧围绕中原崛起、河南振兴、富民强省总目标，聚焦实施粮食生产核心区、中原经济区、郑州航空港经济综合实验区三大国家战略规划，深入推进“一个载体、三个体系”建设的重要一年，也是服务业发展的重要一年。

一　2014年全省服务业总体运行情况分析

总体来看，随着我国经济发展步入“新常态”，河南服务业的发展越发

* 侯红昌，河南省社会科学院副研究员，主要从事区域政策与服务经济发展研究。

呈现出与经济发展的一致性，增速间的差距越来越小，经济活跃度进一步提升，全省服务业整体呈现以下特点。

（一）服务业发展总体平稳

2014 年前三季度，全省服务业总体运行平稳，实现增加值 7926.22 亿元，同比增长 8.7%，增幅与上年同期保持一致（见图 1），比全国平均水平高出 0.8 个百分点。服务业增加值占地区生产总值的比重为 31.1%，与上年同期基本持平。服务业对全省经济增长的贡献率为 31.2%，比上年同期有较大幅度下降。总体判断，河南服务业发展基本呈现出在周期性底部企稳的态势，总量稳定增长、增速稳中有进。预计全年服务业增加值超过 11000 亿元，增速会保持在 9% 左右。

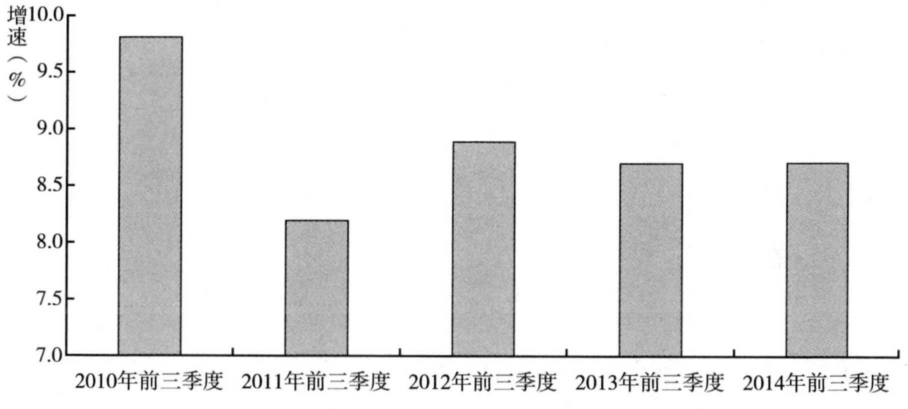

图 1　2010～2014 年前三季度河南服务业增速对比

（二）服务业投资规模继续扩大

前三季度，全省完成服务业固定资产投资 9557.93 亿元，同比增长 20.5%，高于同期全省固定资产投资增速 0.7 个百分点，比全国平均水平高出 3.1 个百分点。服务业固定资产投资占全省固定资产投资额的 44.9%，比上年同期占比提高 0.3 个百分点。其中，信息传输、计算机服务和软件业固定资产投资增速最快，为82.4%；另外，水利、环境和公共管理业固定资产投资增速31.7%，交通运输、仓储和邮政业固定资产投资增速21.3%。其他服务业固定资产投资增速大多保持在10%以上。总体判断，服务业固定资产投资保持较快增长，增速保持稳定。预计全年服务业将完成固定资产投资13000多亿元，增速会保持在21%左右。

（三）消费品需求持续平稳增长

前三季度，全省社会消费品零售市场保持平稳增长态势，实现社会消费品零售总额为9938.13亿元，同比增长12.8%，增幅同比下降1个百分点，但比全国平均水平高了0.8个百分点。其中，限额以上批发和零售业、住宿餐饮业实现销售额3812.16亿元，同比增长13.3%。分行业看，限额以上批发业实现销售额477.69亿元，增长10.0%，增速同比提高1.7个百分点；零售业实现零售额3072.47亿元，增长14.2%，增速同比回落1.5个百分点；住宿业实现零售额52.86亿元，增长1.7%，增速同比提高6.6个百分点；餐饮业实现零售额209.14亿元，增长9.9%，增速同比提高3.8个百分点。总体判断，消费品市场基本保持平稳增长态势，虽然部分行业出现增速回落现象，但不妨碍全年的消费品需求市场的稳定增长。预计2014年全省社会消费品零售总额会突破14000亿元大关，增速接近13%。

（四）服务业整体发展平稳有序

全省交通运输、仓储和邮政业发展基本平稳，前三季度，完成增加值944.69亿元，实现同比增长2%。其中，交通运输业累计完成客运量10.65亿人次，增长2%；客运周转量1433.79亿人公里，增长10.3%；货运量14.29亿吨，增长9.4%；货物周转量5302.68亿吨公里，增长3.5%。邮电业务较快发展。前三季度实现邮电业务收入696.05亿元，同比增长18.2%，其中电信类业务增长较快，实现业务总量650.98亿元，增长19.1%。

批发和零售业、住宿餐饮业发展较好，实现增加值占服务业增加值的比重达到29.3%，拉动服务业增长近2.2个百分点，对服务业贡献率达到25.9%。其中，批发和零售业实现增加值1566.02亿元，同比增长8%，占服务业的比重为19.8%；住宿餐饮业实现增加值758.74亿元，同比增长6.8%，占服务业的比重为9.6%。

金融业加速发展，前三季度完成增加值962.54亿元，同比增长13.9%。9月末，全省金融机构本外币存款余额41618.85亿元，比上年同期增长12.3%；金融机构人民币各项贷款余额为26444.43亿元，同比增长17.1%，金融环境总体宽松。

房地产业基本保持平稳。前三季度，全省房地产业完成增加值879.32亿元，同比增长6.5%；房地产开发投资3050.41亿元，同比增长16.9%。商品房销售继续保持稳定。前三季度，全省商品房销售面积为4661.55万平方米，同比增长11.7%；商品房销售额2096.10亿元，同比增长15.8%。房屋新开工面积下滑趋势减缓。前三季度，全省房屋新开工面积6884.17万平方米，同比下降15.2%，比上半年的降幅收窄一半。

二 当前服务业发展中存在的一些突出问题及其成因

整体来看，前三季度全省服务业的发展态势良好，有力地促进了河南经济社会的发展，但是依然存在一些长期以来并未发生根本改观的问题，主要表现在以下几个方面。

（一）存在的突出问题

1. 总量小、比重低的问题依旧

整体而言，河南服务业总量偏小、比重偏低、增长速度不快等问题依然存在。2013年，河南服务业增加值实现10290.49亿元，在全国居第8位，低于河南GDP总量在全国排名第5位的位置。比重方面，2013年河南服务业增加值占全国服务业总量的3.9%，比生产总值占全国比重低1.8个百分点，与2012年相比，下降了0.1个百分点。服务业增长速度

居全国31个省份的第22位，比上年落后了5位。进一步分析可知，河南服务业对经济发展的贡献率较低，与全国服务业平均水平相差18.3个百分点。服务业对地区增长总值的拉动效应较弱，也低于全国平均水平1个百分点（见图2）。

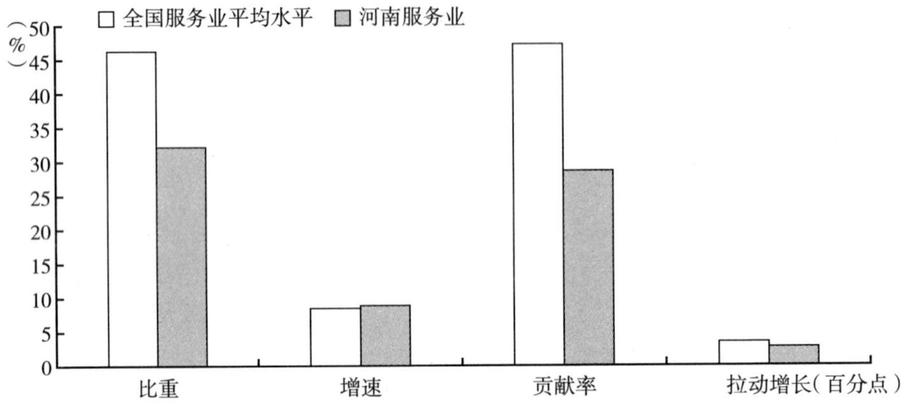

图2　2013年河南服务业发展与全国平均水平比较

2. 服务业内部结构失衡问题依旧

目前，河南服务业的增长依然倚重传统业态。从服务业内部结构来看，传统服务业在总量上依然具有明显的优势，是拉动服务业增长的主要力量，尤其批发零售业一直处于主导地位。2013年，以交通运输、仓储和邮政业，批发零售业、住宿餐饮业为代表的传统服务业实现增加值4380.36亿元，占全省服务业的比重仍达42.6%，对服务业的贡献率达到33%，拉动服务业增长2.9个百分点。代表知识型、技术型的现代服务业，如信息传输、计算机服务和软件业，金融业，租赁和商务服务业等行业虽然发展势头较好，但比重仍然偏低，实力较弱，带动性不强。例如，增速较快的金融业2013年实现增加值1181.77亿元，对服务业的贡献率仅为18.5%，拉动服务业增长1.6个百分点。

3. 服务业发展区域失衡问题依旧

受地区经济发展水平、结构和自然环境的影响，河南服务业发展的区域性失衡问题依然突出。这表现在两个方面，一是省会郑州市的服务业发展龙头带动作用不明显，难以起到对全省服务业的带动作用；二是全省18个地市的服务业发展呈现“高点区有限、低洼地弥散”的发展格局。2013年，郑州市服务业实现增加值2584.37亿元，仅占全省服务业增加值的25.1%，加之位居前三的洛阳市和南阳市，总共实现的服务业增加值仅占全省的43.2%，还不到一半。服务业发展的集聚性不强，省会郑州的带动作用没有显现出来。此外，在全省18个地市中，有66.7%（即12个）的地市服务业增加值都还在500亿元以下。其中，排在倒数三位的是济源、鹤壁和漯河三市，服务业增加值还不到200亿元，充分显示出河南服务业的洼地现象弥漫全省。

4. 服务业就业潜力仍未充分发掘

就全国来看，虽然我国服务业就业人员数量自改革开放以来，呈现历年稳步增长的趋势，每年净增数百万人，总量规模也不断扩大，但与世界平均水平相比，服务业就业人员占全社会就业人员的比重仍然明显偏低。河南这一状况尤甚，与全国平均水平又有相当的差距。2013年，河南服务业就业人员1789.9万人，占全社会就业人员的28%，与全国平均水平相差10个百分点。在现有的服务业从业人员中又以批发和零售业的从业人员占大头，达到575.91万人，紧随其后的是从事居民服务、修理和其他服务业从业人员为345.34万人，加上住宿和餐饮业的184.76万人，仅在传统服务业方面的从业人员就高达61.8%，凸显了河南现有服务业从业人员的从业现象，暴露出全省服务业就业方面的不足。与此相应的是，在一些代表服务业未来发展方向的科技、商务、IT等领域的从业人员仅为89.6万人，只占服务业全部从业人员的5%，比重之低，再次表明河南服务业就业潜力有待发掘。

（二）问题的成因

1. 主观认识有偏差

当前经济处在低位运行期，使很多人都认识到服务业在转变产业结构和增加就业方面的重要作用，但一直以来形成的思维惯性和主观认识的偏差，认为“多摆个摊、多开个店”就是增加服务业的就业了。这种主观认识的偏差导致河南服务业的发展环境亟待提升。一些服务行业的进入管制和行业垄断依然存在，如电信、金融、教育、卫生、信息媒体等行业的市场化程度低，竞争不充分，服务产品的供给难以满足社会的需求。同时，一些服务业中的国有资本比重过高，民营经济难以进入，市场配置资源的基础作用没有得到充分发挥，经营效益差，抑制了服务业的发展。

2. 经济社会发展水平不高

多年以来，河南 GDP 总量在全国的排名一直靠前，显示河南经济大省的地位，但计算人均值时，问题就来了，河南的很多经济发展指标都低于全国平均水平。而服务业的发展在某种程度上是和诸多人均经济指标紧密关联的。数据显示，2013 年河南人均 GDP 为 34174 元，在全国居第 23 位，在岗职工人均工资在全国居倒数第一位，城镇居民人均可支配收入居全国第 23 位，农民人均纯收入居全国第 16 位，居民消费价格指数居全国第 14 位。这些排名靠后的诸多经济社会发展指标，在显示河南整体经济社会发展水平不高的同时，也进一步为河南服务业发展的整体落后做了注脚。较低的经济社会发展水平不仅无法提供有效的服务业供给，也无法带来有效的服务业需求，在客观上制约了河南服务业的进一步发展。

3. 城镇化发展水平较低

一般而言，城镇化发展水平越高的地区其服务业发展水平也就越高，所占比重也越大。我国城镇化水平最高的北京、上海等地区，服务业产值所占 GDP 份额已达 3/4，其服务业发展水平领先全国。目前河南人均 GDP 按当年汇率折算早已突破 5000 美元，一般认为，人均生产总值只要达到 3000 美元，城镇化水平就应当保持在 60% 左右，但河南的城镇化率 2013 年仅为 43.8%，低于世界标准水平近 20 个百分点，低于全国平均水平近 10 个百分点。城镇化水平低意味着还有大量劳动力滞留在农村，从需求方面制约着服务业的发展，因为农村居民的消费水平低于城镇居民的消费水平。2013 年河南城镇居民人均消费支出是农村居民的 2.6 倍。

4. 投资率偏高，消费率偏低

据测算，我国每增加1%的投资需求，会拉动第二产业增加值增长0.47个百分点，拉动服务业增长0.18个百分点；每增加1%的消费需求，会拉动第二产业增长0.25个百分点，拉动服务业增长0.59个百分点。长期以来，河南经济增长对投资依赖较大，投资率偏高，消费率偏低。投资率高有利于第二产业增长，而消费率低则不利于拉动服务业增长和比重提高。虽然我国总体均是以投资拉动为主，但是河南对投资的依赖程度更为明显。2013年，河南投资率达78.3%，高于全国平均水平2个百分点；居民消费率为32.9%，低于全国平均水平4个百分点。这不仅导致河南服务业的发展滞后，还导致河南服务业和第二产业之间的差距越来越大。此外，2013年河南的服务业固定资产投资占全社会固定资产总投资的比重仅为45.9%，也远低于全国平均水平。

三　2015年河南服务业发展环境分析与趋势预测

（一）环境分析

展望2015年，全球经济复苏还在继续，但依旧较为疲软，而且具有不平衡性。国内经济运行尽管仍需要寻求再平衡，但已基本步入新常态的健康发展轨道。服务业的发展环境仍面临诸多不确定性因素，但整体向好。

1. 国际环境

2015年世界经济仍处在复苏期，对服务业的发展总体存在不利和有利两方面的因素。

（1）不利因素：一是美联储在近期宣布决定退出QE3（第三轮量化宽松政策），将会引发我国企业出口能力的下降和国内资金配置结构中投机资本比例的增加，干扰了国内实体经济的活力复苏和金融为实体经济服务能力的提升。二是日本扩大量化宽松政策的实施，给世界经济复苏带来更多不确定因素。

（2）有利因素：一是欧元区经济持续缓慢增长复苏疲软。二是我国依然是新兴经济体的领头羊。特别是近期有望推出的中国版“马歇尔计划”，一旦推进实施，将给服务业中的生产性服务业发展带来重大机遇。

2. 国内环境

2015 年，我国经济将呈现以“高速增长转为中高速增长”的发展新常态，给服务业发展带来良好环境。

（1）在宏观政策方面，我国将会继续实施积极的财政政策和稳健的货币政策，这将有助于保持经济运行在一个合理的区间，有利于服务业的进一步投资发展。

（2）我国将进一步推进六大领域消费的升级，包括扩大信息消费、促进绿色消费、稳定住房消费、升级旅游休闲消费、提升教育文体消费以及鼓励养老健康家政消费等，这将有助于提供更好的产品与服务，促进消费。

（3）我国在 2015 年有关“发挥市场在配置资源中的决定性作用”的改革将会取得初步成效。随着政府的大力简政放权，市场活力进一步释放，国内经济结构的优化升级稳步推进，发展前景将更加广阔。

3. 省内环境

2015 年，河南将继续深入实施粮食生产核心区、中原经济区、郑州航空港经济综合实验区三大国家战略规划，推进“一个载体、三个体系”建设，打造富强河南、文明河南、平安河南、美丽河南，特别是深入推进在全省服务业大会上提出的“高成长服务业大省”的建设目标，给全省服务业发展带来新的历史机遇。尤其是 2015 年，郑州航空港试验区有可能成功申报自贸区，将会再次给河南服务业的发展带来新的发展契机。

（二）趋势预测

综合国际、国内环境和各种不利因素与有利因素，我们在激进和保守两种方案的经济增速假设前提下，预计 2015 年河南服务业增速将可能为 9.6% 或 9.2%（见表 1）。

表1　2015年河南服务业发展预测

单位：%

指　标		服务业增速
2013年(实际值)		8.8
2014年1～9月(实际值)		8.7
2014年(预测值)		9.1
2015年(预测值)	激进方案(GDP增长9.8)	9.6
	保守方案(GDP增长9.3)	9.2

四　河南建设高成长服务业大省的对策建议

服务业体现一个国家、地区发展水平和综合竞争力。加快发展服务业、建设高成长服务业大省，既是河南贯彻落实中央决策部署的具体行动，也是遵循经济发展规律、加快实施三大国家战略规划，打造“四个河南”，实现中原崛起河南振兴富民强省总目标的战略举措，更是扩内需、稳增长的内在要求；是调结构、促转型的迫切需求；是惠民生、促和谐的有效途径。

（一）转变发展理念，推动服务业对内对外进一步开放

1. 要转变发展理念，大力推动服务业对内开放

以重点领域的改革来寻求服务业发展的突破口，破除一些固有的体制机制障碍，增强服务业发展的内生活力和动力。打破地域界限和行业垄断，坚决执行服务业的“负面清单”制度，除法律、法规明令禁入的服务业领域外，全部面向社会资本开放。鼓励民间资本进入电信、铁路、航空、公路、水运、金融、市政公用设施、教育卫生、文化旅游等服务业领域。做好郑州国家服务业综合改革试点工作，力争探索一条适合中部地区的服务业加速发展的新路子。

2. 借助国家“走出去”对外开放新战略，加大服务业对外开放力度

当前，国家正在通过设立亚洲基础设施投资银行等形式，实现基础建设

等领域的资本输出，这将有助于提升附着在基建等行业上的生产性服务业的对外开放水平。河南应充分借助相关装备制造和工程建设等行业走出去的时机，重点提升生产性服务业的发展水平，为产业结构的升级做好先导。在“引进”方面，应大力引进高端人才、先进技术和现代管理理念，争取跨国公司、央企、知名民营企业在豫设立地区总部和区域性研发、物流、销售、结算、后台服务中心。不断优化开放环境，建立大通关机制，完善电子口岸，推动有条件的省辖市建设海关特殊监管区域，依托郑州航空港经济综合实验区，积极申请设立中国（郑州）自由贸易试验区。

（二）以生产性服务业的优化升级带动现代服务业提速发展

服务业是一个很宽泛的概念，包含很多门类，但真正能给经济转型发展带来有力提升的是其中的生产性服务业，并以此带动河南现代服务业的提速升级。

1. 充分利用河南交通地理位置，发展现代物流业

要依托郑州航空港经济综合实验区建设，打造全国性的航空、铁路、高铁、公路等综合交通运输枢纽，实现现代物流业的大发展。推进全国性高铁快运中心和卡车航班基地建设，构建高效衔接的多式联运体系。建成全省联网、与国家边贸口岸连接的电子口岸，拓展综合保税区功能，建设综合保税区进口商品展示平台和肉类、药品、汽车等进口特定口岸，开展跨境贸易电子商务服务试点。完善区域物流节点体系，依托中心城市、交通枢纽、口岸和产业集聚区，规划建设和改造提升 20 个集货运枢纽、商贸服务、生产服务、口岸服务于一体的综合服务型物流园区，在全省建设一批布局合理、衔接顺畅、高效便捷的城市公共配送中心，增强区域物流集散、分拨和城市配送功能。

2. 借助信息化产业发展潮流，打造区域信息平台支撑高地，实现生产性服务业的新突破

大力实施“宽带中原”战略，建设郑州国家级互联网骨干直联点，推动 4G（第四代移动通信技术）网络规模商用，开展下一代互联网示范城市、智慧城市、物联网重大应用示范工程区域试点，加快中国联通中原数据基地、中国移动（郑州）数据中心建设。积极引进知名互联网、物联网、云计算企业设立总部或区域基地，建成全国重要的区域性数据枢纽。推进“三网”（广播电视网、电信网、互联网）融合，扩大移动支付、社交网络、手机游戏等新兴增值业务规模，实施信息惠民工程。

3. 打造极具开放性和包容性的地方金融业的发展格局

区域金融在地方生产性服务业发展格局中是重头，应充分重视。但资本的天然属性决定了它不可能在生产力水平不太高的地区实现集聚性发展。所以发展区域性金融要把握开放、包容和自建的原则。开放性是指在吸引境内外银行和非银行金融机构方面，要充分用足国家赋予地方政府的优惠发展条件。包容性一方面是指对民间资本和金融的发展，要给予宽松的环境和良好平台，比如鼓励民间资本入股和参与金融机构改造，发起设立民营银行、村镇银行、消费金融公司等金融机构；另一方面是指在吸引境内外金融机构的入驻方面不要总限于总部，只要愿来，先设个点也行。自建性是指对地方各级各类金融机构要管理好、发展好、支持好、整合好。比如完成省级银行组建，推动设立地方保险法人机构、资产管理公司、金融租赁公司、大型基金公司和区域性股权交易市场等。

（三）以信息技术和现代管理理念对传统服务业改造升级

服务业的发展整体水平不高的很大一部分原因就是传统服务业所占比重过高，没有任何竞争力可言。为此，应用现代管理理念、信息技术改造提升传统服务业，并通过发展新型业态的模式，培育传统服务业的竞争力。一是对批发零售类的服务行业，要借助物联网等新技术，推动其改造升级。推动建设电子商务、电商服务平台、网上商城和针对农村市场的消费网络平台。要积极推动设立连锁机构、品牌折扣店、工厂直销店等商业新型业态的发展。不断优化城镇商业网点科学合理布局，推动大中城市中心城区批发市场外迁整合。二是对住宿餐饮一类的服务行业，在积极发掘培育特色品牌和“老字号”企业的同时，借助网络的新兴预订和支付模式大力推进开辟新的市场空间，推动餐饮住宿企业的分层错位经营。推进整合一批传统住宿餐饮与生态游憩、演艺娱乐、文化体验相融合发展的综合休闲服务产业，提升行业档次和服务水平。三是，对房地产业运用新技术实施绿色、生态、节能化的升级改造。积极发展健康住宅、绿色环保住宅和节能省地型住宅，培育新的增长点。大力发展城市综合体、园区地产、文化旅游地产、养老地产等新兴业态。

（四）以集聚平台建设为依托打造服务业发展新龙头

服务业的集聚发展和载体平台建设，必须依托现有的基础条件，有选择地打造一些发展的新龙头。首先，应当强化和引导服务业的招商引资。在一些城市的商务中心区和特色商业区，大力引进服务业的龙头企业和高端品牌，着力推动金融、管理咨询、中介服务等商务服务机构和企业总部向商务中心区集聚，对符合居民消费升级换代的综合商业设施和文化休闲项目应引导其在特色商业区集中布局。其次，依托现有产业集聚区，推动以研发设计、物流配送、检验检测、展示交易等生产性服务业为重点的区中园建设，形成一批为集聚区主导产业提供社会化服务的配套服务区。再次，通过搭建服务业公共平台，大力培育现代服务业发展新龙头。注重产业融合、区域合作和平台整合，依靠改革创新，盘活存量，扩大增量，进一步焕发服务业企业的生机与活力。依托河南现有优势产业，通过引进战略投资者，实现现代服务企业的差异化、特色化发展。

B.7

新常态下河南省农业经济形势分析与展望

吴一平　陈素云*

摘　要：2014年，河南省农业经济发展态势良好，主要农产品产量稳定增长，农产品和农资相对价格下跌，农村居民收入持续增长，新型农业经营主体发展较快，农村土地承包经营权流转加快。河南省农业经济发展面临的主要问题为：粮食需求刚性增长与资源硬约束趋紧并存、农业现代化滞后于城镇化和工业化、农业信息化发展滞后于产业发展。展望2015年，在经济稳定增长有利于推进农业现代化、产权制度的健全有助于深化农村土地制度改革、经济结构调整进一步缩小城乡区域差距、农业法治建设有利于农业经济形势稳定的背景下，河南省农业经济会有较大的发展空间。

关键词：新常态　农产品供求　土地制度　经营主体

一　2014年河南省农业经济发展态势分析

（一）主要农产品产量稳定增长

2014年，河南省夏粮总产量持续增长。夏粮总产量达到3338.8万

* 吴一平，经济学博士，河南农业大学经济与管理学院院长，教授，博士生导师，研究方向为现代农业建设、农村可持续发展；陈素云，管理学博士，河南农业大学经济与管理学院副教授，研究方向为农业循环经济。

吨，占全国夏粮产量的24.44%，比上年增加103.6万吨，实现连续十二年增产。十年来，河南省粮食总产量由2004年的4260万吨，增至2013年的5713.7万吨；夏粮由2004年的2520万吨，增至2014年的3338.8万吨；秋粮由2004年的1740万吨，增至2013年的2478.5万吨（见图1）。

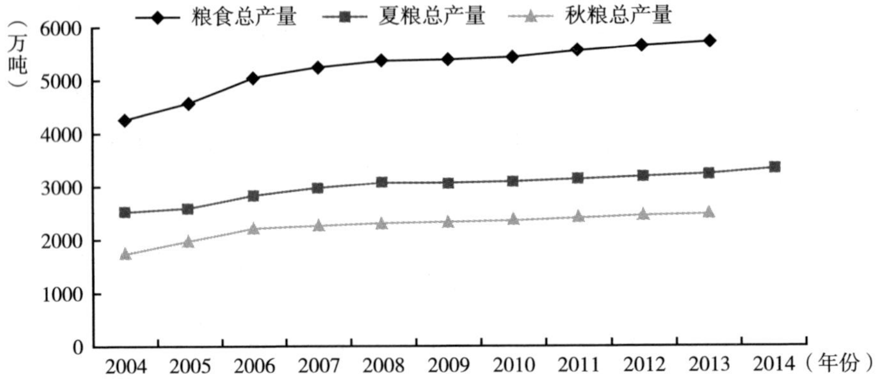

图1　2004～2014年河南省粮食产量

2014年，河南省夏粮产量增幅为3.2%，为2008年以来的最大增幅。近十年来，夏粮产量的总体增幅低于粮食总产量的增幅（见图2）。

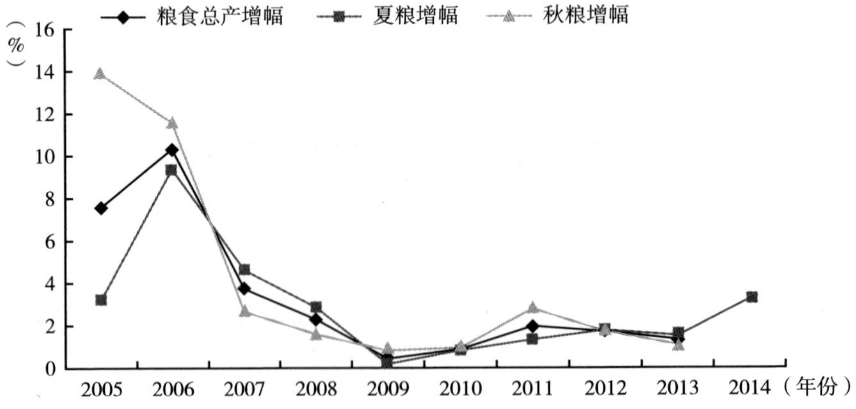

图2　2004～2014年河南省粮食增幅

在2014年增产的103.6万吨夏粮中，因播种面积增加而增产24万吨，贡献率为23.17%；河南省夏粮播种面积为543.33万公顷，比上年增加4万公顷，增长0.74%，增速高于上年0.24个百分点，高于全国0.64个百分点。因单产提高而增产79.6万吨，贡献率为66.83%；河南省夏粮平均单产6145公斤/公顷，比上年提高146公斤，增长2.43%，增速高于上年1.42个百分点，低于全国1.07个百分点。

2014年1~9月，河南省肉类总产量503.9万吨，比上年同期增长2.73%。其中，猪肉产量339.3万吨，比上年同期增长5.11%；牛肉产量56.1万吨，比上年同期增长2.94%；羊肉产量19.7万吨，比上年同期增长1.55%；禽蛋产量284.5万吨，比上年同期降低3.2%；牛奶产量206.1万吨，比上年同期增长4.35%。总体而言，畜牧产业产量稳定，相较于上年，肉类产量的增速有所下降，禽蛋类产量降低，牛奶产量增幅明显加大。

（二）农产品和农资相对价格下跌

2014年1~9月，居民消费价格总指数101.9，比上年同期下降0.88%。食品、粮食、肉禽及其制品和蔬菜均有不同幅度下跌，蔬菜下跌幅度最大（见表1）。

表1　河南居民消费价格指数

指标	2013年1~9月	2014年1~9月	涨幅(%)
居民消费价格总指数	102.8	101.9	-0.88
其中:食品	105.4	102.5	-2.75
粮食	106.7	104.8	-1.78
肉禽及其制品	104.5	98.4	-5.84
蔬菜	106.9	94.8	-11.32

2014年1~9月，河南省商品零售价格指数比上年同期下降0.98%；农业生产资料价格总指数下降4.51%，除化学农药和农用覆膜略有上涨外，其他农业生产资料均有下跌，下跌幅度最大的为化学肥料（见表2）。

表2　河南商品零售及农业生产资料价格指数

指标	2013年1~9月	2014年1~9月	涨幅(%)
商品零售价格总指数	102.0	101.0	-0.98
农业生产资料价格总指数	102.1	97.5	-4.51
其中:饲料	107.0	101.2	-5.42
化学肥料	96.9	89.4	-7.74
化学农药	102.0	102.9	0.88
农用种子	107.0	103.3	-3.46
农用覆膜	102.4	102.8	0.39
农业生产服务	106.3	104.2	-1.98

（三）农村居民收入持续增长

2014年1~9月，河南农村居民人均现金收入7599.66元，比上年同期增加802.11元，增长11.8%。其中，工资性收入3254.90元，增加404.77元，增长14.2%；来自第一产业的现金收入为2678.24元，增加216.84元，增长8.81%；第二产业现金收入为220.31元，增加24.38元，增长12.44%；第三产业现金收入为774.79元，增加77.37元，增长11.09%；其他收入为671.41元，增加78.76元，增长13.29%。工资性收入和第一产业收入是农村居民收入的主要来源（见图3）。

2010~2014年，农村居民人均现金收入的增幅较为平稳，工资性收入的增幅有所下降，家庭经营收入的增幅有所上升。

（四）新型农业经营主体发展迅速

截至2014年9月，河南省在工商部门登记注册的农民合作社8.1万家，出资总额1787亿元，经营耕地面积470万亩；农业产业化龙头企业6500多家，其中国家级龙头企业60家，省级760家，有15家涉农企业在境内外上市；规模种植大户3.9万家，经营耕地面积612万亩；家庭农场1.6万户，在工商部门登记的有1.2万家，经营耕地面积287万亩。

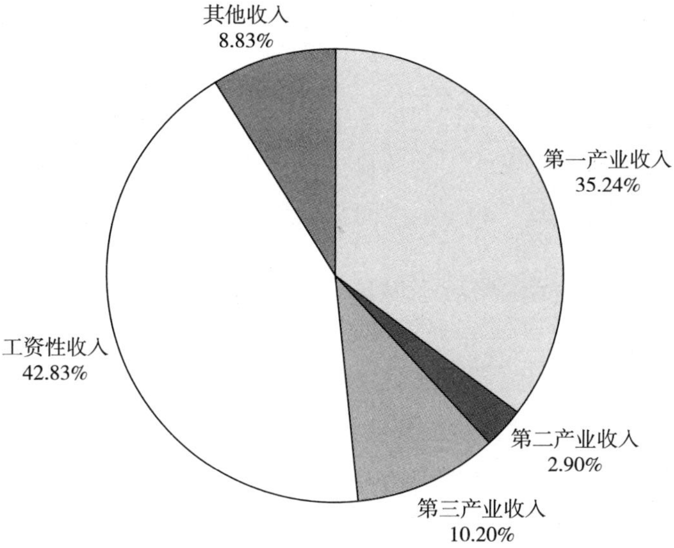

图 3　2014 年前三季度农村居民人均现金收入比例

（五）农村土地承包经营权流转加快

截至 2014 年 9 月，河南省已有 136 个县（市）、1571 个乡镇建立了土地流转服务组织，103 个县（市）、833 个乡（镇）建立了土地流转服务大厅，村有信息员、乡镇有中心、县市有网络的土地流转服务体系初步建立，有效促进了农村土地流转健康发展。到 6 月份，全省农村土地流转面积 3393 万亩，占家庭承包耕地面积的 34.8%，流转土地中用于粮食生产的有 2200 万亩。

二　河南省农村经济发展面临的主要问题

（一）粮食需求刚性增长与资源硬约束趋紧并存

随着人口红利的消失，国家逐步放开计划生育政策，这意味着未来人口数量的增加；城镇化进程中，城市居民数量增多，农产品消费升级。人口增长和消费升级引致粮食刚性需求增加。同时，耕地和水资源约束加剧。随着工业化、城镇化快速推进，农村土地减少；城市用水、工业用水和生态用水挤压农业用水空间；为了保护和恢复生态环境，还要适度退耕还林还草。粮食需求增长和农业资源减少，为粮食生产带来巨大压力，河南省粮食11连增后，依赖资源投入增产粮食的空间减少。

（二）农业现代化滞后于城镇化和工业化

基于资本的逐利性，城镇化和工业化吸纳了大量资金，而相对弱质的农业则资金和人力不足，导致农业现代化明显滞后。工农业发展不平衡，农业生产率仅为第二产业生产率的1/5，农业劳动生产率和比较效益低，制约农业现代化进程。农业就业结构演进慢于产业结构变化，不利于农业规模经营发展。农民收入水平和消费水平大幅低于城镇居民，其收入水平仅为城市居民收入的36%，影响消费需求。

（三）农业信息化发展滞后于产业发展

河南省农业正处于向高产高效、生态安全的现代农业转型期，但农业信息化总体发展滞后于产业发展，对产业整体竞争力的提升支撑不足。城乡之间的“数字鸿沟”“信息孤岛”现象非常严重；信息资源开发利用基础薄弱，农业信息化投入不足；信息技术在农业生产、经营上的推广应用滞后；农业信息数据共享机制缺乏，缺乏共享对接的统一支撑和数据平台；信息监测、预警建设与当前农产品供需多变、市场价格波动和安全问题频发的现状相比明显滞后。

三 2015年河南省农业经济走势展望和预测

（一）2015年农业经济发展环境预测

1. 经济稳定增长将有利于推进农业现代化

中国经济经历了30多年的快速增长后，进入稳定增长期。在经济快速增长阶段，人口和资源禀赋向工业和城镇集聚，农业向工业化和城镇化输送了大量人口、资源和环境红利。基于资本的逐利性，在城镇化、工业化、信息化和农业现代化“四化”协同中，农业现代化成为短板。在稳定增长阶段，工业化的速度减缓，农村和农业成为新的经济增长点，人力和资源禀赋向农业回归，制约农业现代化发展的主要因素——人力资源和资金短缺将得到解决，这将有利于农业现代化的推进。

2. 产权制度的健全将深化农村土地制度改革

农村土地制度改革是适度规模经营，推进农业现代化，发展农业经济的制度本原，而产权界定是农村土地制度改革的核心。党的十八届三中全会提出“健全归属清晰、权责明确、保护严格、流转顺畅的现代产权制度”，现代产权制度的建立赋予农民更多财产权利，激发农村各类生产要素潜能，允许农村集体经营性建设用地出让、租赁、入股，实行与国有土地同等入市、同权同价。产权制度的健全为所有权、承包权、经营权“三权分立”的农村土地制度改革奠定了基础，征地制度改革、集体土地入市、农民住房财产权抵押转让等政策或将出台。种田能手、专业大户、家庭农场和农民专业合作社等新型经营主体的培育，家庭经营、集体经营、合作经营、企业经营等共同发展的农业经营方式创新，将激发农村经济发展的活力。

3. 经济结构调整将进一步缩小城乡区域差距

中国的经济结构优化升级，由投资拉动转向消费驱动，由发展第二产业转向发展第三产业，由发展东部地区转向发展中西部地区，并强调城镇化和新农村建设协调并进，缩小城乡差距。未来将继续推进城乡要素平等交换和公共资源均衡配置，维护农民生产要素权益，保障农民工同工同酬，让农民平等参与现代化进程，分享现代化成果。农业支持保护体系，农业补贴制度、粮食主产区利益补偿机制、农业保险制度、户籍制度、城乡基本公共服务均等化等制度体系的健全将进一步缩小城乡差距。

4. 农业法治建设将有利于农业经济形势的稳定

党的十八届四中全会颁布了《全面推进依法治国若干重大问题的决定》，制定了依法治国的方针，依照符合人民意志和社会发展规律的法律治理国家。农业领域将形成完备的农业法律法规体系、高效的农业行政执法体系和健全的依法行政工作机制。基建投资、财政补贴、价格支持、金融保险、农产品贸易等政策均将以法律的形式界定，避免了政策的随意性，这将为农业经济的发展创造更好的制度环境，有利于农业经济形势的稳定。

（二）2015年农业经济发展态势预测

1. 农产品供求处于紧平衡状态

随着人口增长和城镇化的进程，农产品的刚性需求增加，农村土地资源、水资源的减少，将加剧农产品供需矛盾。但随着产权的明晰，土地制度改革的深化，制度改革的红利将逐步显现；以创新为动能的农业发展方式，也将促进农业科技的发展。河南省粮食产量在11连增后，增长的阈值接近，但秋粮的单产还有较大的提升空间。由此预测，2015年粮食作物供需基本平衡，其他农产品供求处于紧平衡状态。

2. 农村居民收入较快增长

新常态下，需求结构中的消费率明显上升，消费成为需求增长的主体；收入结构中的企业收入占比明显下降，居民收入占比明显上升，这为农村居民收入的增长提供了政策空间。2014年“中央一号文件”提出：“完善粮食等重要农产品价格形成机制……逐步建立农产品目标价格制度，在市场价格过高时补贴低收入消费者，在市场价格低于目标价格时按差价补贴生产者，切实保证农民收益。”2014年已经启动东北和内蒙古大豆、新疆棉花目标价格补贴试点，随着农产品价格形成机制的建立，农产品价格的逐步市场化，农村居民的第一产业收入有望提升。

3. 土地适度规模经营

随着土地制度改革的深化，征地制度改革、集体土地入市等政策的出台，县乡农村土地流转服务机构和农村土地承包纠纷仲裁调解体系的建立，农村土地股份合作组织、社会中介机构、农村土地评估和流转信托等服务机构的培育，土地流转的速度将进一步加快，将逐步实现土地适度规模化经营，农村劳动力结构性短缺与家庭小规模经营并存的矛盾将得到缓解。

4. 农业发展方式转型

新常态下，随着资源红利和环境红利的消失，农业的发展方式将逐步从以化石能源、大型农机、化肥农药使用为特征的高能耗农业，向着眼于环境改善和资源有效利用、强调人与环境和谐共生、主张建立有利于自然界平衡的生产管理系统转变，实现向循环农业、生态农业、低碳农业和可持续农业转型，走低碳、循环、可持续的绿色发展道路。

四　新常态下河南省农业经济发展对策建议

（一）发展信息农业，促进“四化”协同发展

“四化”协同发展是保障经济稳定发展的重要路径，信息化是有效配置城镇化、工业化和农业现代化资源的保障。通过物联网、云计算、移动互联、3S 等现代信息技术，可以提高资源利用率、劳动生产率和经营管理效率，实现农业生产智能化、经营网络化、质量追溯化，完成传统农业向现代农业的转型升级。发展信息农业应建设河南省农业云计算中心，构建省农业自然资源和生态环境基础信息数据库；引导规模生产经营主体实施大田种植智能管理、畜牧养殖智能管理；完善农产品监测预警平台体系，建立信息采集和发布信息网络；建设农产品质量安全追溯管理信息平台，完善食品安全溯源体系；培育农业电子商务平台，推动涉农企业、农民专业合作社发展在线交易。

（二）发展品牌农业，推进农业现代化

农业现代化是“四化”同步中的短板和制约因素，发展品牌农业是推进农业现代化的有效途径。新常态下，天然、优质、安全的农产品市场空间持续扩展，农产品质量的提高和数量的增长同等重要，品牌农业成为食品安全获得消费者信任的重要保证，也是新型农业经营主体核心经营策略。品牌农业立足于自然生态和资源禀赋，集中体现农业科技的应用和资源的合理配

置，有利于推动农业现代化。同时，品牌农业产品比较优势突出、市场竞争力强，也是区域发展的重要路径。由此，应把构建农业品牌发展战略作为河南省农业经济发展的一个重要组成部分，以传统文化、地方特色优势产业及产品为基础，建设区域品牌农业，将科技支撑、金融支持等与品牌建设相结合。

（三）发展科技农业，落实创新驱动发展战略

新常态下，要素驱动从资源驱动、人力驱动转向创新驱动，农业经济发展也将依赖于科技的进步。河南省承载着保障国家粮食安全的重任，在粮食生产实现11连增后，由于播种面积增加受自然阈值限制，粮食产量的提升有赖于新品种的研发，以及生物技术、信息技术、新材料技术等高新技术研究的创新；要加强新兴产业技术创新，引领现代农业产业体系建设，促进农业产业结构调整；加强资源环境技术创新，以加快农业生产方式转变，促进农业可持续发展。

参考文献

韩俊：《准确把握土地流转需要坚持的基本原则》，农业部网站，2014年10月21日。

人民日报评论员：《新常态下的中国经济》，《人民日报》2014年8月6~8日（连载）。

《中共中央关于全面深化改革若干重大问题的决定》，2013年11月。

《中共中央国务院关于全面深化农村改革加快推进农业现代化的若干意见》，2014年。

B.8

新常态下对河南省固定资产投资的分析与展望

李鸿昌*

摘　要：本文在分析了“十二五”前三年河南省乃至全国固定资产投资形势演变的基础上，着重分析了2014年前三季度的投资现状，并对投资增长速度、投资结构与三大产业结构、工业投资结构、房地产投资和产业集聚区的投资等问题进行了分析，肯定了积极因素，找出了存在的问题，并对新常态下河南投资的发展进行展望。

关键词：新常态　固定资产投资　分析与展望

改革开放以来，我国经济以10%左右的增长速度快速发展了三十余年。发展速度之快、持续时间之长，在世界上是少有的。但是，由于国际、国内种种因素的制约，这样的发展速度不可能长久持续下去。2012~2013年两年GDP的增长速度均降为7.7%，2014年前三季度分别为7.4%、7.5%、7.3%，全年的平均增速在7.5%左右已成定局。如果说10%左右的增长速度曾经是改革开放前三十余年的发展常态的话，而今7.5%左右的经济发展速度将会成为“新常态”的标志。在新常态下，河南省的固定资产投资形势将呈现什么样的变化？这是本文所探讨的中心议题。

* 李鸿昌，郑州师范学院特聘教授，河南财经政法大学教授，郑州财经学院院长。

一 投资增长速度放慢、趋稳，略高于20%将成为常态

从全国看，投资增速已从20%以上放慢到20%以下，2011年为23.6%；2012年为19%；2013年为18.9%；2014年1~9月，全国固定资产投资（不含农户）357787亿元，同比名义增长16.1%，扣除价格因素，实际增长15.3%。从近四年投资增长速度下滑与GDP增长速度放慢的相应关系来看，要支撑7.5%左右的GDP增长速度，全国的固定资产投资增长速度应以略低于20%为宜。

2014年前三季度，河南省累计完成固定资产投资21284.59亿元，同比增长19.7%。全省实现生产总值25445.43亿元，按可比价格计算，比上年同期增长8.5%。GDP的增速由2011年的11.6%下降为8.5%，下降了3.1个百分点。虽然8.5%的增速比全国增速7.4%高1.1个百分点，但3.1个百分点的下降幅度，却大大超过全国1.8个百分点的下降幅度。

河南是人口大省，也是经济大省，但不是经济强省。2013年，河南省居民人均可支配收入14204元，全国居民人均可支配收入18311元，河南仅相当于全国的77.6%。由此看来，河南至今仍是经济欠发达省份。河南赶超全国平均发展水平的任务还相当重。因此，如果说在新常态下，全国的GDP增长速度保持在7.5%左右，那么，河南就应该有8.5%左右的增长速度。为此，河南省的固定资产投资就应该保持略高于20%的增长速度。这将成为河南的常态。

二 在“三驾马车”中，投资、出口的作用下降，消费支撑GDP增长的作用增强

就全国来看，2011全年国内生产总值比上年增长9.2%，基本上还处在改革开放以来10%左右高速增长的常态之中。但是到了2012年和2013年国

内生产总值增长的速度均为7.7%。2014年前三季度国内生产总值的增长速度为7.4%。在促成这一“新常态”的形成过程中，“三驾马车”中的投资、消费、出口所发挥的作用发生了微妙的变化，消费成为支撑GDP增长的稳定因素。

2011年全国全社会固定资产投资311022亿元，比上年增长23.6%，扣除价格因素，实际增长15.9%；2012年，全社会固定资产投资374676亿元，比上年增长20.5%，扣除价格因素，实际增长19.0%；2013年，全社会固定资产投资447074亿元，比上年增长19.3%，扣除价格因素，实际增长18.9%；2014年前三季度，固定资产投资（不含农户）357787亿元，同比名义增长16.1%，扣除价格因素，实际增长15.3%，增速比2012年回落3.6个百分点。固定资产投资增长速度的回落，是GDP增速在2014年前三季度下降到7.4%的主要原因之一。

2011年，全国货物进出口总额36421亿美元，比上年增长22.5%；其中，出口额为18986亿美元，增长20.3%；进口额为17435亿美元，增长24.9%。2012年，全国货物进出口总额38668亿美元，比上年增长6.2%；其中，出口额为20489亿美元，增长7.9%；进口额为18178亿美元，增长4.3%。2013年，全国货物进出口总额为41600亿美元，比上年增长7.6%；其中，出口额为22096亿美元，增长7.8%；进口额为19504亿美元，增长7.3%。2014年前三季度，全国进出口总额为31626亿美元，同比增长3.3%；其中，出口额为16971亿美元，增长5.1%；进口额为14655亿美元，增长1.3%。就出口的增长速度来看，从2011年的20.3%下降到2012年和2013年的7.9%，再下降到2014年前三季度的5.1%，出现大幅度下滑。出口增速下滑是拖累GDP增速放慢的最为重要的因素。

2011年，全国社会消费品零售总额183919亿元，比上年增长17.1%，扣除价格因素，实际增长11.6%；2012年，社会消费品零售总额210307亿元，比上年增长14.3%，扣除价格因素，实际增长12.1%；2013年，社会消费品零售总额237810亿元，比上年增长13.1%，扣除价格因素，实际增长11.5%；2014年前三季度，社会消费品零售总额189151亿元，同比名义增长12.0%，扣除价格因素，实际增长10.8%。社会消费品零售总额近几年的增速基本稳定在11%左右。这是三驾马车中唯一稳定GDP增长速度的因素，也是我国经济由投资、出口拉动为主向消费拉动为主转变的标志性表现。由此看来，投资、出口拉动经济的作用相对下降、消费拉动保持强劲，是我国经济步入“新常态”的根本原因，是经济发展可持续的表现。

河南省2011年生产总值为27232.04亿元，比上年增长11.6%；2012年全省生产总值为29810.14亿元，比上年增长9.5%；2013年全省生产总值为32155.86亿元，比上年增长7.9%；2014年前三季度河南省生产总值为25445.43亿元，按可比价格计算，比上年同期增长8.5%。

2011年，河南省全社会固定资产投资17766.78亿元，增长25.8%；2012年，全省全社会固定资产投资21761.54亿元，增长22.5%；2013年全省全社会固定资产投资26220.92亿元，比上年增长20.5%；2014年前三季度，全省累计完成固定资产投资21284.59亿元，同比增长19.7%。三年零九个月的时间，投资增速下降了6.1个百分点，这是河南省GDP增速放慢的主要原因。

2011年进出口总额326.42亿美元，比上年增长83.1%，同比提高51.1个百分点。其中：出口总额192.40亿美元，增长82.7%；进口总额134.02亿美元，增长83.5%。2012年全省进出口总额517.50亿美元，比上年增长58.5%。其中：出口总额296.78亿美元，增长54.3%；进口总额220.72亿美元，增长64.7%。2013年全省进出口总额599.51亿美元，比上年增长15.8%。其中，出口总额359.92亿美元，增长21.3%；进口总额239.59亿美元，增长8.5%。河南省近几年的进出口强劲源于两个主要原因：富士康落地河南和郑州航空港经济实验区的建设。这两大举措不仅引进了大量外资（包括境外和省外资金），而且扩大了出口和进口，对保证河南经济的增长速度起到了加分的作用。但是，我们也应该看到，富士康所带来的引进外资和扩大出口的高速增长效应不会长期存在。与此同时，郑州航空港经济实验区的建设也会在分母基数加大的情况下，在引资和扩大进出口方面放慢增长速度，进而也会成为河南 GDP 增长速度放慢的因素。

2011 年社会消费品零售总额 9322.90 亿元，比上年增长 18.1%，扣除物价因素，实际增长 11.7%。2012 年社会消费品零售总额 10787.62 亿元，比上年增长 15.7%，扣除价格因素，实际增长 13.1%。2013 年社会消费品零售总额 12426.61 亿元，比上年增长 15.2%，扣除价格因素，实际增长 11.7%。2014 年前三季度，全省社会消费品零售总额 9938.13 亿元，同比增长 12.8%，增速同比回落 0.6 个百分点。从上述社会消费品零售总额所反映的消费拉动来看，河南与全国一样，消费拉动稳定、强劲，是 GDP 保持增速的基本依托力量。而且，这一依托力量将会持续强劲，成为常态。

三 投资结构不断优化，实现“三大产业”结构合理化仍需不懈努力

世界发达国家三大产业的 GDP 按比重高低最终呈现三、二、一的顺序，尤其是后工业化时期，第一产业占比很小自不必说，第三产业的比重都大大高于第二产业的比重，达到 GDP 的 75% 左右。我国与之相比还有很大距离，河南的距离更大。因此，通过优化投资结构，逐步调整三大产业的结构比例，是河南经济发展转型升级的必由之路。

全国“十二五”前三年三大产业的固定资产投资情况如下：2011 年，固定资产投资（不含农户）301933 亿元，增长 23.8%。第一产业投资 6792 亿元，比上年增长 25.0%；第二产业投资 132263 亿元，增长 27.3%；第三产业投资 162877 亿元，增长 21.1%。三大产业投资增速按高低排序为二、一、三；三大产业的投资结构为 2.3∶43.8∶53.9。2012 年，固定资产投资（不含农户）364835 亿元，增长 20.8%。第一产业投资 9004 亿元，增长 32.6%；第二产业投资 158672 亿元，增长 20.0%；第三产业投资 197159 亿元，增长 21.0%。三大产业投资增速高低的顺序为一、三、二；三大产业的投资结构为 2.5∶43.5∶54.0。2013 年固定资产投资（不含农户）436528 亿元，增长 19.7%。其中，第一产业投资 9241 亿元，比上年增长 2.6%；第二

产业投资 184804 亿元，增长 16.5%；第三产业投资 242482 亿元，增长 23.0%。增速顺序仍为一、三、二；三大产业的投资结构为 2.1∶42.3∶55.6。2014 年 1～9 月，全国固定资产投资（不含农户）357787 亿元，第一产业投资 8642 亿元，同比增长 27.7%；第二产业投资 150180 亿元，增长 13.7%；第三产业投资 198965 亿元，增长 17.4%。增速顺序没有发生变化；三大产业的投资结构为 2.4∶42.0∶55.6。投资结构优化使第三产业投资的比重明显提高。

河南“十二五”前三年三大产业的固定资产投资情况如下：2011 年，固定资产投资（不含农户）16932.15 亿元，增长 26.9%；其中，第一产业投资 641.02 亿元，增长 9.5%；第二产业投资 9126.37 亿元，增长 34.0%；第三产业投资 7164.75 亿元，增长 20.6%；三大产业的增速顺序为二、三、一，投资结构为 3.8∶53.9∶42.3。2012 年，固定资产投资（不含农户）20870.16 亿元，增长 23.3%；其中，第一产业投资 783.84 亿元，增长 22.3%；第二产业投资 11223.10 亿元，增长 23.0%；第三产业投资 8863.23 亿元，增长 23.7%；三大产业投资的增速顺序为三、二、一，结构为 3.8∶53.8∶42.4。2013 年，固定资产投资（不含农户）25321.52 亿元，增长 21.3%；其中，第一产业投资 895.91 亿元，增长 14.3%；第二产业投资 13186.27 亿元，增长 17.5%；第三产业投资 11239.34 亿元，增长 26.8%；三大产业投资的增速顺序为三、一、二，结构为 3.5∶52.1∶44.4。2014 年前三季度，全省累计完成固定资产投资（不含农户）21284.59 亿元，同比增长 19.7%；其中，第一产业投资 910.28 亿元，同比增长 37.9%；第二产业投资 10816.39 亿元，同比增长 17.8%；第三产业投资 9557.92 亿元，同比增长 20.5%；三大产业投资的增速顺序为一、三、二；结构为4.3∶50.8∶44.9。

很显然，从河南省三年零九个月的考察期来看，第二产业投资的增长速度已从 2011 年的第一位下降为第三位，所占比重也由 53.9% 下降为 50.8%；第三产业 2012 年、2013 年连续两年处在增速第 1 位，所占比重也由 2011 年的 42.3% 上升到 44.9%，第一产业投资的增速由 2011 年的第 3 位上升到连续两年的第 2 位，并在 2014 年前 3 季度跃升为第 1 位，所占比重也由 2011 年的 3.8% 上升到 4.3%。投资结构一步步趋向合理。

投资结构的变化促进了产业结构的变化。从全国来看，2011 年全国的第一、第二、第三产业的结构为 10.1∶46.8∶43.1；2012 年为 10.1∶45.3∶44.6；2013 年为 10.0∶43.9∶46.1；2014 年前三季度初步核定为 9.1∶44.2∶46.7。全国的第三产业在 2013 年已超过第一产业而居第 1 位，2014 年前三季度又进一步巩固和提升了这一地位。

由于历史的原因，河南虽然与全国有差距，但也在发展进步之中。2011 年河南的产业结构为 12.9∶58.3∶28.8；2012 年为 12.7∶57.1∶30.2；2013 年为 12.6∶55.4∶32.0；2014 年前三季度初步核定为 14.6∶54.3∶31.1。2013 年，第三产业的比重已由 2011 年的 28.8% 上升到 32%，第二产业的比重则由 2011 年的 58.3% 下降到 55.4%。经济发展的历程告诉我们，现在的产业结构是过去的投资结构形成的，今天的投资结构正形成并改变着明天的产业结构。在投资结构优化的促使下，河南省的产业结构正在向合理的方向发展。但是，我们应该清醒地认识到，河南省实现产业结构合理化任重道远，不仅与发达国家的标准有大的差距，就是与发达省份相比，乃至与全国的平均水平相比都有很大差距。因此，通过优化投资结构改善历史上形成的不合理的产业结构还要经过长期不懈的努力。

四 工业投资结构呈现出积极变化，存在问题仍需高度重视

河南省 2012 年全年工业投资 11215.27 亿元，比上年增长 23.1%。其中，六大高成长性产业投资 7319.42 亿元，增长 33.2%；四大传统支柱产业投资 2849.25 亿元，增长 8.4%；六大高耗能行业投资 3050.35 亿元，增长 9.4%。2013 年全年工业投资 13175.62 亿元，比上年增长 17.5%。其中，六大高成长性产业投资 8728.53 亿元，增长 19.3%；四大传统支柱产业投资 3079.15 亿元，增长 8.1%；六大高耗能行业投资 3529.13 亿元，增长 15.7%。在六大高成长性产业投资增速连续两年大幅度高于工业投资增长速

度的同时，四大传统支柱产业和六大高耗能行业投资增速连续两年大幅度低于工业投资的平均增长速度，标志着河南工业结构的调整正在大踏步前进，合理的工业结构正在逐步形成之中。

2014 年 1 ~8 月，全省工业投资 9378.91 亿元，同比增长 18.5%，增速与 1 ~7 月持平。全省工业投资占全部投资的比重为 51.0%，同比降低 0.8 个百分点。工业投资对全省投资增长的贡献率为 47.1%，比 1 ~7 月提高 1.3 个百分点。在工业投资中，采矿业投资 378.14 亿元，同比增长 1.3%；电力、燃气及水的生产和供应业投资 409.75 亿元，下降 13.4%；制造业投资 8591.02 亿元，增长 21.6%。高成长性制造业投资增速有所加快，占比提高。1 ~8 月，全省高成长性制造业投资 4988.92 亿元，同比增长 25.5%，高于全省工业投资增速 7 个百分点，增速比 1 ~7 月加快 1.6 个百分点。全省高成长性制造业投资占工业投资的比重为 53.2%，同比提高 3 个百分点。高成长性制造业投资对全省工业投资增长的贡献率达到 69.2%，比 1 ~7 月提高 4.1 个百分点。高成长性制造业中，服装服饰、现代家居、汽车及零部件制造、装备制造等行业投资增长较快。1 ~7 月，全省服装服饰业投资增长 63.2%；现代家居业投资增长 33.1%；汽车及零部件制造业投资增长 24.1%；装备制造业投资增长 22.0%；食品行业投资增长 20.7%；电子信息行业投资增长 15.1%。

传统支柱行业投资增速出现回落，占比降低。1 ~8 月，受建材、化工等行业投资增速回落，能源行业投资持续下降的影响，全省传统支柱行业投资增速在连续两个月小幅加快的基础上出现回落。1 ~8 月，全省传统支柱行业投资 3426.28 亿元，同比增长 9.9%，低于全省工业投资增速 8.6 个百分点，增速比 1 ~7 月回落 1.6 个百分点。全省传统支柱行业投资占工业投资的比重为 36.5%，同比降低 2.9 个百分点。传统支柱行业投资对全省工业投资增长的贡献率为 21.1%，比 1 ~7 月降低 3.3 个百分点。传统支柱行业中，冶金行业投资增长 22.3%；化工行业投资增长 17.5%；轻纺行业投资增长 13.7%；建材行业投资增长 9.1%；能源行业投资下降 14.9%。

2014 年 1 ~8 月的工业投资数据表明，传统产业和高耗能产业的发展已经得到一定程度的抑制，六大高成长性产业的投资在前两年的基础上继续快速增长，工业结构的良性发展在不断深化。与此同时，存在的问题也不可忽视。一是从传统支柱产业和高耗能产业来看，2012 年六大高耗能行业投资 3050.35 亿元，增长 9.4%；但到了 2013 年六大高耗能行业投资 3529.13 亿元，增长 15.7%，仅仅以 1.8 个百分点略低于当年 17.5% 的工业投资增速，出现了大幅度反弹。在传统支柱行业中，2014 年前三季度冶金行业投资增长 22.3%，高于工业投资平均增速 3.8 个百分点；化工行业投资增长 17.5%，仅低于工业投资平均增速 1 个百分点。二者又是高耗能和重污染行业，值得我们在工业投资结构调整中高度重视。二是在高成长性制造业中，2014 年前三季度装备制造业投资增长 22.0%，比冶金行业低 0.3 个百分点；电子信息行业投资增长 15.1%，比当期工业投资增速低 3.4 个百分点。这两大行业在河南省的工业发展中占有极其重要的地位，应成为工业发展的重中之重，但其投资增长速度不理想，必须予以高度重视。

五　房地产投资逐步放缓，适度的增长速度是经济发展和城镇化进程的必然要求

2011 年，河南省房地产开发投资 2620.01 亿元（占全国的 4.2%），比上年增长 23.9%（比全国低 4 个百分点）；其中，住宅投资 2022.06 亿元（占全国的 4.6%），增长 20.0%（比全国低 10.2 个百分点）。2012 年，河南省房地产开发投资 3035.29 亿元（占全国的 4.2%），比上年增长 15.9%（比全国低 0.6 个百分点）；其中，住宅投资 2203.06 亿元（占全国的 4.5%），增长 9.0%（比全国低 2.4 个百分点）。2013 年河南省房地产开发投资 3843.76 亿元（占全国的 4.5%），比上年增长 26.6%（比全国高 6.8 个百分点）。其中，住宅投资 2827.09 亿元（占全国的 4.8%），增长 28.3%（比全国高 8.9 个百分点）。

2011 年和 2012 年两年河南的房地产投资增速慢、占比低，与河南的经济总量、人口在全国的占比不相符，与河南农业人口向城镇转移的历史任务

极不相称。但到了2013年，河南省房地产投资的形势发生了可喜的变化，房地产投资增速大大高于全国，在全国所占比重也显著上升。这是河南经济发展和城镇化进程的必然要求。

2014年前三季度，全国房地产开发投资68751亿元，同比增长12.5%，增速比上半年回落1.6个百分点，其中住宅投资46725亿元，同比增长11.3%，增速回落1.1个百分点。住宅投资占房地产开发投资的比重为68.0%。房屋新开工面积131411万平方米，同比下降9.3%，其中住宅新开工面积下降13.5%。全国商品房销售面积77132万平方米，同比下降8.6%，其中住宅销售面积下降10.3%。全国商品房销售额49227亿元，同比下降8.9%，其中住宅销售额下降10.8%。房地产开发企业土地购置面积24014万平方米，同比下降4.6%。9月末，全国商品房待售面积57148万平方米，同比增长28.0%。前三季度，房地产开发企业到位资金89869亿元，同比增长2.3%。

2014年前三季度，河南全省累计完成房地产开发投资3050.41亿元（占全国的4.4%，占中部地区的21%），同比增长16.9%（比全国高4.4个百分点，比中部地区高6.2个百分点），增速比上半年和1~8月分别回升0.3个和0.5个百分点。其中，住宅投资2285.63亿元（占全国的4.9%），同比增长19.7%（比全国高8.4个百分点），增速比上半年和1~8月分别加快0.9个、0.5个百分点。全省房屋新开工面积6884.17万平方米（占全国的5.2%），同比下降15.2%（比全国多下降5.9个百分点），降幅比上半年和1~8月分别回落15.7个和7.2个百分点。全省商品房销售面积为4661.55万平方米（占全国的6.0%），同比增长11.7%，增速比上半年和1~8月分别回落3.8个和0.9个百分点。全省商品房销售额2096.10亿元（占全国的4.3%），同比增长15.8%，增速比上半年回落1.7个百分点，比1~8月加快0.5个百分点。

从2014年前三季度房地产投资的一系列数据来看，河南省的房地产投资虽然比固定资产投资增速低，但比全国的房地产投资增速高4.4个百分点，住宅投资更是高出8.4个百分点。这对河南经济“稳增长”有强力的支撑作用，对城镇化进程也有强力的推动作用。

近年来，国家几次出台针对房地产业的调控政策，其目的在于抑制过高的房价，以适应民生的要求。高房价所推动的房地产的高速发展并非良性发展，换句话说是不可持续的。国家出台的调控政策是正确的。基本住房和粮食一样是人民群众的生活必需品，不可完全商品化。当然，调控政策在一定程度上抑制了住宅商品房建设的发展，这是必要的，将会引导房地产业逐步走向良性发展的道路。习近平总书记在中共中央政治局第十次集体学习时强调，加快推进住房保障和供应体系建设，是满足群众基本住房需求，不断实现全体人民住有所居目标的重要任务。因此，我们要高度重视房地产业对经济发展的推动作用，尤其要高度重视保障性安居工程住房的投资与建设，使良性发展的房地产业在国民经济发展中仍然保持支柱产业地位。各阶层人民群众的住房问题能得到较好解决，将会大大提高老百姓的幸福指数。这也是经济转型升级的目的所在。

六　产业集聚区继续成为完成投资的主要载体和经济增长的发动机

产业集聚区投资继续保持较快增长，投资结构稳步优化。2014 年 1 ~ 8 月，全省 180 个产业集聚区完成投资 9581. 41 亿元，同比增长 25. 4% ，高于全省投资增速 5. 1 个百分点，增速比 1 ~ 7 月加快 0. 9 个百分点，占全省投资的比重为 52. 1% 。产业集聚区投资对全省投资增长的贡献率达到 62. 4% 。

1 ~ 8 月，全省产业集聚区投资中工业投资完成 6882. 98 亿元，同比增长 24. 5% ，高于全省工业投资增速 6. 0 个百分点，占产业集聚区投资的比重为 71. 8% ，占全省工业投资的比重为 73. 4% ，对全省产业集聚区投资增长的贡献率为 69. 8% ，对全省工业投资增长的贡献率为 92. 4% 。其中，高成长性制造业投资 3940. 88 亿元，增长 31. 0% ；传统支柱行业投资 2340. 18 亿元，增长 14. 3% 。

1 ~ 8 月，全省 180 个产业集聚区合计在建项目 6791 个，占全省在建项目个数的 37.8%。其中，亿元及以上项目 5131 个，占全省亿元及以上项目个数的 52.7%；新开工亿元及以上项目 2163 个，占全省新开工亿元及以上项目个数的 57.4%。产业集聚区亿元及以上项目完成投资 8281.50 亿元，增长 26.8%，占产业集聚区投资的比重为 86.4%。

产业集聚区是大量投资项目在河南落地的重要载体，占全省投资的比重将继续提高，必将成为河南经济发展的主要引擎。第一，产业集聚区是新建投资项目尤其是亿元及以上大项目落地的优先选择地点，实实在在的建设项目才是推动河南经济增长的抓手；第二，河南的新型工业化尚未完成，工业投资还会在产业集聚区保持较快的增长速度，尤其是装备工业等六大高成长性行业将会成为投资的重点，并将成为拉动河南经济增长的重要力量；第三，产业集聚区必将带动城镇化的发展，第三产业的投资将随之快速发展起来，成为经济增长的又一重要力量。总之，随着时间的推移，产业集聚区在聚集大量投资的同时，将成为河南经济增长的主要力量。

参考文献

《1~8 月份河南省固定资产投资运行情况简析》。
《2014 年 1~3 季度我国 GDP（国内生产总值）初步核算情况》。
《2014 年 1~9 月份全国房地产开发和销售情况》。
《河南省 2011 年国民经济和社会发展统计公报》。
《河南省 2012 年国民经济和社会发展统计公报》。
《河南省 2013 年国民经济和社会发展统计公报》。
《前三季度河南省国民经济运行情况》。
《中华人民共和国 2011 年国民经济和社会发展统计公报》。
《中华人民共和国 2012 年国民经济和社会发展统计公报》。
《中华人民共和国 2013 年国民经济和社会发展统计公报》。

B.9

河南省居民消费价格指数走势分析与预测

蔡玉平　高慧清*

摘　要：作为经济发展的“晴雨表”，河南省居民消费价格指数的走势既遵从了全国物价变动的大趋势，又呈现出明显的区域特征。2013 年，受经济发展外部环境好转有限、需求不足和投资增长乏力等多方面因素的影响，河南省 CPI 增速呈现出先下降后微弱上升的态势，基本维持在 2.6% 的水平。进入 2014 年，河南省 CPI 上涨压力明显减弱，同比涨幅持续回落，与全国相比，河南省居民消费价格指数的变化呈现出“波动大”的特点，这一特点主要是由河南省经济发展水平以及经济结构的内在特征所决定的。2014 年第四季度和 2015 年，在经济运行缓中趋稳的背景下，河南省居民消费价格指数不会出现明显上升，预计 2014 年四季度同比涨幅将维持在 1.9% 左右；2015 年，在“三期叠加”的背景下，CPI 涨幅会小幅回升至 2.2% 左右。

关键词：居民消费价格指数　三期叠加　物价调控

居民消费价格指数（CPI）是衡量居民购买或以其他方式获得的用于直

---

* 蔡玉平，郑州大学商学院教授，副院长；高慧清，经济学博士，郑州大学商学院讲师。

接或间接满足其自身需求的产品和服务价格水平变动情况的指标。CPI 的变化不仅反映了价格变动的基本情况，而且还可以折射出经济运行状况以及价格变动对社会经济和居民生活水平的影响，满足各级政府制定政策和计划、进行宏观调控的需要。因此，准确把握河南省 CPI 变动态势，分析其变化特点及影响因素，对省委、省政府出台科学的调控政策、稳定物价、保持经济平稳增长具有十分重要的意义。

一 河南省 CPI 运行整体情况

受全国以及河南省经济增长速度回落影响，2014 年以来，河南省居民消费价格呈温和上涨态势。2014 年前三季度，河南省 CPI 同比上涨 1.9%，涨幅比上年同期回落 0.9 个百分点，分别比上半年和一季度提高 0.1 个、0.2 个百分点。总体来说，2013 年 1 月至 2014 年 9 月，河南省 CPI 涨幅呈现出温和上涨的态势。

分类别看，2014 年前三季度，食品价格同比上涨 2.5%，涨幅比上年同期低 2.9 个百分点；烟酒及用品同比下降 1.8%；衣着同比上涨 2.3%，涨幅比上年同期下降 0.3 个百分点；家庭设备用品及维修服务同比上涨 0.9%，涨幅比上年同期下降 0.6 个百分点；医疗保健和个人用品同比上涨 0.9%，涨幅比上年同期下降 0.8 个百分点；交通和通信同比下降 0.1%；娱乐教育文化用品及服务同比上涨 3.4%，涨幅高于上年同期 0.8 个百分点；居住同比上涨 2.3%，涨幅比上年同期高 0.5 个百分点。

二 河南省 CPI 走势特征分析

2014 年，河南省 CPI 上涨压力明显减弱，新涨价因素尤其是服务类、食品类价格上涨是推动 CPI 上涨的主要动力。与全国相比较，河南省 CPI 呈现出“趋势同、波动大”的特点；与中部6省相比，呈现出CPI涨幅“相对偏低”的特征。

（一）河南省CPI内部结构特征分析

2014年前三季度，CPI累计上涨1.9%。CPI从5月份开始温和回落，一直持续到9月，连续4个月维持在“1.8%”左右的水平，这主要是由于食品价格，尤其是肉禽及其制品和蔬菜价格上涨引起的，食品需求保持平稳，物价随食品价格季节性波动。2014年9月，河南省CPI环比上涨0.6%，低于市场预期。食品价格环比上涨1.1%，非食品价格环比上涨0.4%。9月份CPI上行完全由食品价格带动，食品价格中，猪肉、鸡蛋和蔬菜都出现不同程度的上涨。

1. 新涨价因素和翘尾因素变动情况

2014年9月，CPI同比增速为1.9%，其中翘尾因素影响0.2%，新涨价因素影响1.7%。5月翘尾因素的影响达到全年的最高值，为1.7%，之后翘尾因素的影响开始减弱，9月减至0.2%，低于当月新涨价因素1.5个百分点。由于2013年4季度和2014年CPI环比波动相对趋缓，所以预计2014年最后一个季度翘尾因素影响处于低位。

2. 娱乐教育文化用品及服务类成为CPI上涨的重要原因

娱乐教育文化用品及服务类同比价格稳步上升，成为CPI上涨的重要动力。随着居民生活水平的提高，人们对娱乐教育文化用品及服务的需求也相应增加，娱乐教育服务和居住价格同比上涨较为明显。分年度来看，2013年，娱乐教育文化用品及服务类价格同比上升2.9%；2014年1月，娱乐教育文化用品及服务类涨幅达到4.1%，2月同比涨幅略有回调，3~9月涨幅趋于稳定，但都高于3%，始终高于全省CPI同比增幅，成为2014年CPI上涨的重要推动力。

3. 食品类拉动物价势头减弱，但仍是主要因素

与2013年相比，2014年前三季度，食品类价格涨幅明显回落，但食品的价格变动仍然是推动CPI变动的主要因素。2014年1月，由于春节临近，

食品价格同比上升 2%，主要是因为蔬菜、水果类价格涨幅比较大。春节过后，食品价格由于需求大幅减少下降，5 月份后开始逐月回落（见图 1）。

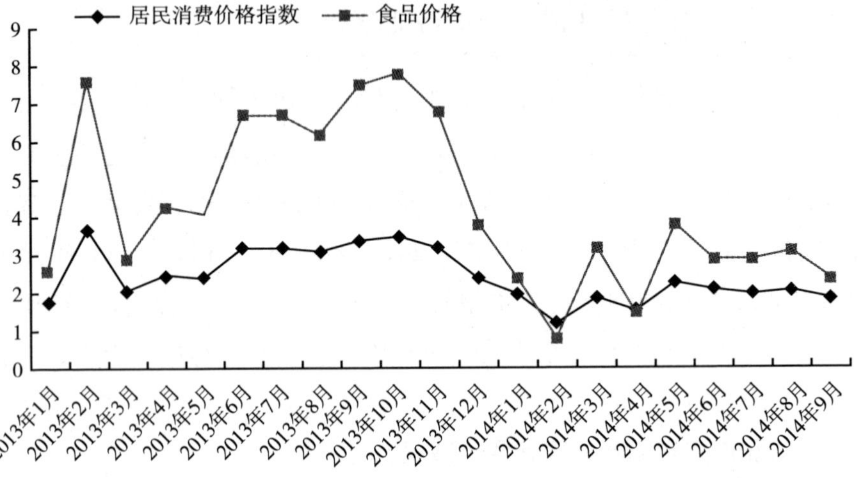

图 1　2013 年 1 月至 2014 年 9 月河南省 CPI 与食品价格同比变动情况

数据来源：国家统计局数据库。

各月同比、环比数据显示，2014 年一季度，食品价格涨幅有了较大幅度的回落，进入 5 月以后，食品价格涨幅有所回升，主要是鸡蛋、鲜果价格快速上涨引起的。进入三季度，由于中秋节临近，肉蛋禽价格全部上涨，其中猪肉、鸡蛋价格涨幅较大，8 月鸡蛋价格创年内新高，价格达到 11.24 元/千克，环比上涨 10.26%，同比上涨 28.2%。

（二）与全国 CPI 比较

1. 同比变动幅度大于全国平均水平

2013 年 1 月至 2014 年 9 月河南省 CPI 增速与全国平均水平存在较强的一致性，但波动幅度大于全国平均水平。

2013 年，河南省 CPI 涨幅基本高于全国平均水平。进入 2014 年后，河南省 CPI 增速明显放缓，从 2014 年 1 月份开始，平均低于全国 CPI 增速 0.3 个百分点，2014 年 9 月，河南省 CPI 涨幅开始超过全国平均水平（见图 2）。

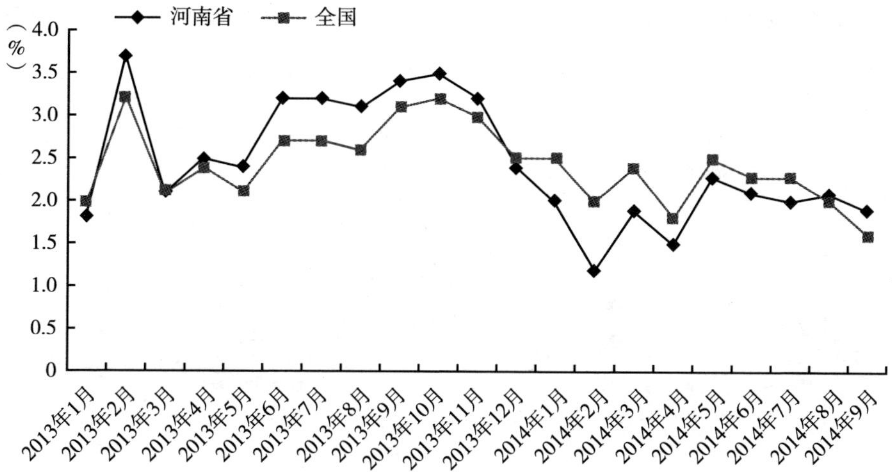

图 2　2013 年 1 月至 2014 年 9 月河南省与全国 CPI 同比增速比较

数据来源：国家统计局数据库。

2. 除娱乐教育服务外，七大类商品和服务价格同比涨幅均低于全国平均水平

受 2013 年河南省 CPI 普遍高于全国平均水平的影响，2014 年前三季度，除娱乐教育文化用品及服务类 CPI 同比涨幅高于全国平均水平以外，河南省其余七大类商品和服务价格同比涨幅均低于全国水平。其中，食品同比涨幅低于全国 0.8 个百分点，烟酒及用品降幅高于全国 1.2 个百分点，衣着低于全国 0.1 个百分点，家庭设备和医疗保健低于全国 0.3 个百分点，交通和通信低于全国 0.2 个百分点，居住价格涨幅与全国平均水平基本持平。

（三）与中部其他5省 CPI 比较

2013 年，全国 CPI 同比上涨 2.6%，河南上涨 2.9%，CPI 涨幅相对较大，涨幅仅次于山西省，居中部六省第 2 位。进入 2014 年后，河南省 CPI 涨幅有所回落，在中部六省排名靠后（见图 3）。2014 年 9 月，江西省 CPI 上涨 2.6%，居中部 6 省之首；湖南省 CPI 上涨 2.1%，居第 2 位；湖北省

CPI 上涨 2%，居第 3 位；河南省和山西省增速与上年同期相比均有所回落，并列第 4 位；安徽省 CPI 上涨 1.7%，为中部六省最低。

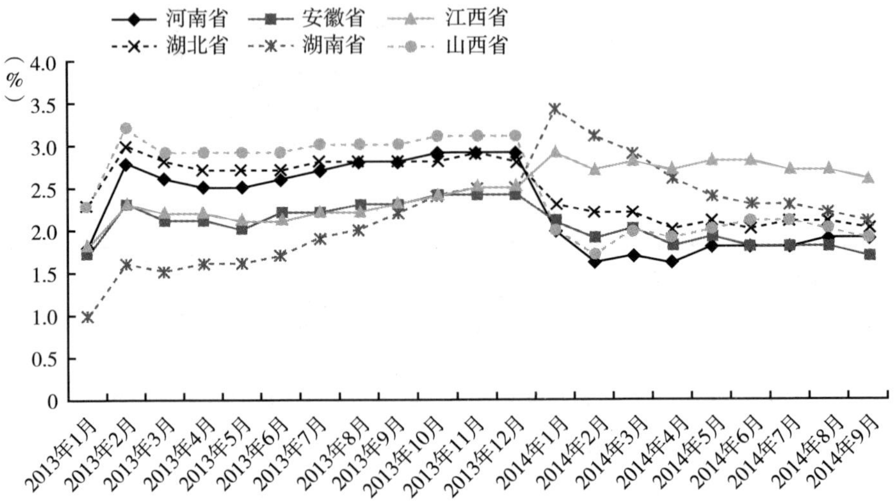

图 3　2013 年 1 月至 2014 年 9 月中部六省 CPI 同期变动情况

数据来源：国家统计局数据库。

三　2014年第四季度及2015年 CPI 走势分析

CPI 是宏观经济的晴雨表，预测 CPI 未来走势，需结合经济运行中影响物价变动的因素进行分析。

（一）抑制物价上涨的因素

1. 宏观经济增速下行压力较大

在全国经济增速放缓的背景下，河南经济水平保持持续上升的同时，河南省经济下行的压力依然较大，当前投资增速下降明显，内需主引擎作用仍有待加强。

2. 工业生产者价格指数持续下降

2013 年 1 月以来，PPI 生产者价格指数和 CPI 出现倒挂，河南省各月工业生产者价格指数同比涨幅均为负值，CPI 同比涨幅均为正值，CPI 与 PPI 同比涨幅差平均达到 4% 左右（见图 4）。当前生产领域价格持续下降，主要原因是国内需求偏弱和产能过剩。成本的变动通常会导致 CPI 同方向变动，因此生产者价格向消费者价格传导的压力较轻。

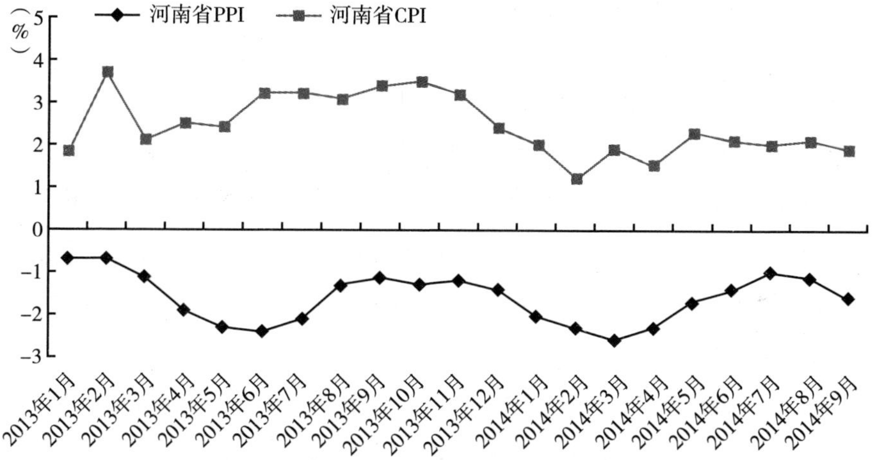

图 4　2013 年 1 月至 2014 年 9 月河南省 CPI 与 PPI 同比变动情况

数据来源：国家统计局数据库。

3. 粮食丰收

2014 年三季度，河南省秋粮播种面积 7165 万亩，比上年增加 132 万亩。由于夏粮增产，河南省全年粮食总产量有望连续 4 年超过 1100 亿斤。丰富的粮食产量为物价稳定奠定了坚实基础。

4. 翘尾因素有所回落

翘尾因素对 CPI 具有重大影响。2014 年以来，河南省 CPI 翘尾因素持续回落，经测算，河南省 CPI 翘尾因素从 2014 上半年的 1.6% 回落至 2014 年 9 月份的 0.2%，CPI 翘尾因素的回落将有利于减轻物价上涨压力。

（二）支持物价上涨的因素

1. 货币供给

2014 年上半年，我国社会融资规模已经突破 10.57 万亿元，创历史最高水平；广义货币供应量（M2）增长了14.7%。预测表明，全年广义货币供应量（M2）增长将达到14.2%，远超过年初制定的广义货币供应量（M2）增长13%的目标，也高于2013年13.6%的增速。2014年的货币超发，将使2015年在经济增长减速的同时，通货膨胀率上升。

2. 农产品供给不确定因素较多

（1）猪肉价格维持震荡回升

猪肉价格是CPI涨跌的重要因素。由于供应充足，2014年以来，河南省猪肉价格持续下降，一直持续到4月底，跌幅达22%。进入五月，在库存减少和中央冻猪肉收储工作调控的影响下，猪肉价格止跌回升，6月份猪肉价格环比上涨2.4%，但由于目前生猪养殖依然处于亏损状态，生猪存栏仍在持续下降，因此，从后期走势看，猪肉价格有望震荡回升。

（2）蔬菜价格

蔬菜是影响CPI的重要指标，其权重占到3.83%。2014年下半年以来，受河南省旱情以及洪涝灾害的影响，河南省蔬菜产量严重下滑，蔬菜价格呈不断上涨态势，且随着蔬菜周期的影响，其价格有不断扩大之势。

3. 劳动力成本

受河南最低工资标准持续上调等刚性约束和人口劳动力供给增速的持续下降的影响，河南省制造业和服务业劳动力成本继续提升，成为物价上涨的长期压力。由于短期内劳动力工资存在一定程度的刚性，人力资本价格只涨不跌，增加了商品生产成本，进而可能推动物价水平上涨。

（三）未来河南省物价变动走势预测

2014年第四季度，河南省物价总水平不会出现明显上升。考虑当前经济仍然呈现有效需求不足，尽管货币政策维持稳中偏松，但对CPI影响有限。食品方面，预计猪肉价格年内难有趋势性上升；蔬菜价格及其他食品价格处于正常的波动范围。在经济运行缓中趋稳的背景下，2014年第四季度，预计河南省居民消费价格指数同比涨幅将维持在1.9%左右，全年涨幅在1.9%左右。

2015年，宏观经济环境依然错综复杂，由于国际经济复苏进程缓慢，国内经济结构失衡，体制改革一时难以到位，发展方式尚难有较大转变，自4万亿元反危机投资刺激政策逐步退出之后，经济增长始终面临着较大的下行压力。“三期叠加”，经济增速换挡回落，经济步入新常态，也是30多年高速发展的必然结果。尽管河南省经济发展面临的国内外经济环境仍然复杂严峻，但经济运行基本面是好的，特别是河南省正处于新型城镇化、新兴工业化加速推进阶段，市场需求潜力巨大，综合交通体系、发展载体、开放平台等战略支撑条件日趋完善，加之河南省经济以农产品和资源品为主的结构特征，都为河南经济增长提供了重要支撑。预计2015年河南省CPI将继续呈现温和上涨态势，全年涨幅在2.2%左右。

四　做好物价调控的对策建议

对河南而言，经济持续健康的发展态势要稳，安定和谐的社会大局要稳，全面深化改革的步子要稳，物价调控的目标也要稳。基于近期河南省物价走势的特征以及今后物价形势预测分析，河南省物价调控应着力强化以下几个方面的工作。

（一）保证农副产品供应充足，防止价格大起大落

农副产品涨价是推动物价上涨的主因，因此要大力支持第一产业发展，保证农副产品供应充足，防止价格大起大落。一是着力增加粮食、猪肉等主要食品供给，从源头上抑制食品价格的大起大落。通过加大对生猪标准化规模养殖的扶持力度，保障猪肉供应量和价格；通过粮油、棉花等主要农产品的生产和供应，加大补贴力度，切实调动农民积极性和地方政府抓好农产品生产供应的积极性；通过加强蔬菜生产基地建设，扩大蔬菜种植面积，保障蔬菜供给，建立全面的蔬菜储备制度，切实提高蔬菜的自给能力和应急供应能力。二是促进农副产品流通体系建设，降低农副产品流通成本。通过促进城乡一体化的农副产品流通大市场建设，大力发展农副产品物流，创新运营

模式，积极发展“农超对接”、订单生产模式，降低农副产品流通成本。三是财政支出进一步向“三农”倾斜，破解农业增产的“软、硬”约束。一方面，努力破解农业增产的“硬约束”。加大农村水利基础设施建设，解决水利设施“最后一公里”较差的问题，支持中低产田改造和高标准农田示范工程建设，增强农业生产应对自然灾害的能力，切实提高农业综合生产能力；另一方面，努力破解农业增产的“软约束”，加快农业科技进步，重点支持农业领域基础研究、前沿技术研究、社会公益研究、重大共性关键技术研发等，为农业不断增产提供科技支撑。

（二）掌握好资源性产品价格调整节奏和力度，释放隐性价格压力

党的十八届三中全会《决定》提出，完善主要由市场决定价格的机制，凡是能由市场形成价格的都交给市场，推进水、石油、天然气、电力、交通、电信等领域价格改革。2014 年以来，相关部门一直在推进相关价格改革，出台了民用天然气、水、盐、铁路货运、电信资费等领域的改革措施。2014 年政府工作报告提出 3.5% 的物价调控目标，已经为资源价格改革预留了一定的空间，当前物价水平较低，是加快推进资源价格改革的好时机。2014 年，河南省开始全面实施居民生活阶梯水价，加大差别电价、惩罚性电价实施力度，理顺天然气与可替代能源比价关系。另外，河南还将推进大用户直购电试点、煤电价格联动机制改革，基本完成农电体制改革。

（三）继续有效落实适时适度的微刺激政策，发挥结构调整功能

一是统筹发挥政府投资在基础设施建设中的引领作用。积极引进社会资金，加快公路、市政、能源、环保等基础设施项目建设，推进特高压输电、水电等项目开工建设，开展城市地下管网建设的投融资机制和收费研究，使地下管网建设成为继路网建设之后的重要基础设施建设领域。二是加大对新兴产业发展的支持力度。地方财政应加大对高技术产业、现代服务业等新兴产业发展的支持力度，可以减少经济增长和发展对于能源、原材料等资源性

产品的过度依赖，从而可以减轻资源性产品价格上涨带来的成本压力。三是加快设立政府投资引导基金平台，激发民间资本活力。设立政府投资基金，发挥财政资金的引导作用，鼓励民间资本参与，引导社会资本投资方向。一方面，加大对保障房、集成电路、宽带等基础性、战略性产业支持力度；另一方面，落实和完善促进中小企业发展和民间投资的优惠政策，推动技术创新和企业创业投资发展。

（四）进一步健全价格预警、调控和监管体系

一是建立价格分析、监测和预警体系。不仅要监测分析省内市场价格，还要密切关注全国和国际市场价格变动的情况，分析对本省的影响，同时分析和预测中长期价格变动趋势，当出现价格异常波动的前兆时，要及时进行预警。二是建立政府价格信息权威发布制度，定期向社会发布实时、准确、全面的价格信息，为各级政府制定和调整价格调控政策、产业政策提供决策依据，合理引导市场预期，促进微观主体理性生产和消费。三是制定重要商品价格调控预案。借助物联网技术，建立重要商品生产、供应、库存、价格等基础信息数据库，便捷地了解市场最新动向，把信息引导、储备调控、税收补贴、存量调节和市场监管等措施有机结合起来，提高管理效率。

参考文献

财政部财政科学研究所课题组：《中国物价形势分析与宏观财政政策》，《经济研究参考》2013 年第 19 期。

桂文林、韩兆洲：《中国居民消费价格指数间的关系与选择》，《统计研究》2012 年第 9 期。

河南省统计局科研处：《2012 ~ 2013 年河南省居民消费价格走势分析》，河南统计网，2013 年 3 月 4 日。

河南省统计局综合处：《2014 年前三季度河南省国民经济运行情况》，河南统计网，2014 年 10 月 30 日。

李建伟：《我国居民消费价格上涨的影响因素及其贡献评估》，《经济学动态》2011

年第8期。

李颖：《中国物价波动的特征和影响因素研究》，东北财经大学博士学位论文，2011。

林洪、麦忠海：《2013年广东CPI回顾与2014年展望》，《市场经济与价格》2014年第2期。

渠慎宁、吴利学、夏杰长：《中国居民消费价格波动：价格黏性、定价模式及其政策含义》，《经济研究》2012年第11期。

史秀红：《近年来我国物价上涨原因探究》，《经济师》2013年第4期。

厦门大学宏观经济研究中心课题组：《探索新常态下宏观调控新思维——中国宏观经济预测与分析2014年秋季报告》，《经济参考报》2014年9月12日。

喻新安等：《保持良好态势实现既定目标——2014年上半年河南省经济运行分析和全年经济走势展望》，《河南日报》2014年7月16日。

B.10

提质增效：新常态下河南开放型经济发展的焦点问题

梁 丹*

摘 要： 在实现开放型经济各项指标稳定增长的同时，更加关注开放型经济发展的质量和效益，已经成为新常态下河南开放型经济发展的焦点问题。本文主要从提高出口产品的整体技术含量和附加值、提高机电产业和高新技术产业的素质、提升引进项目的质量、优化产业集聚区建设的顶层设计、建立和完善技术创新体系、培育一批有灵魂的企业和成功的企业等方面对2015年河南省开放型经济发展提出对策建议。

关键词： 河南 开放型经济 提质增效

近年来，实施开放带动“主战略”、推动内陆开放高地建设、贯彻对外开放基本省策一直是河南省委、省政府推动全省经济社会发展的一项中心工作。在我国整个经济发展进入新常态的大背景下，河南开放型经济经过前期的快速发展也已经进入增速换挡期，同时进一步提高开放型经济发展质量和效益的任务也变得越来越紧迫。依据当前国内外经济环境和2014年前三季度河南开放型经济发展的态势，增强机遇意识，加紧提质增效已经成为新常态下河南开放型经济发展的一个焦点问题。

---

* 梁丹，中共河南省委党校教授，经济管理教研部主任。

一　2014年河南省开放型经济发展的基本态势

坚持对外开放基本省策，不断拓宽开放领域，提升招商质量，创新招商方式，优化开放环境，拓展外需市场，以开放促改革、促转型、促发展，这是2014年河南省政府工作报告对2014年全省开放型经济发展提出的总体要求。按照省委、省政府的总体部署，2014年，全省上下克服各种不利因素，努力提高对外开放度，提升开放型经济发展水平。依据郑州海关的统计数据，全省开放型经济发展在一些主要领域都取得明显的成效。

（一）2014年前三季度全省货物贸易进出口态势分析

1. 全省货物贸易回暖势头明显

据郑州海关统计，2014年前三季度，全省进出口总值416.49亿美元，增长7.5%，增幅高于全国平均水平4.2个百分点。其中出口249.57亿美元，增长7.8%；进口166.92亿美元，增长7.1%。进出口和出口在全国的排名分别为第13位和第14位，在中部六省范围内的排名分别为第1位和第2位。

从全省1~9月进出口同比增幅变化来看，9个月的增幅分别是0.6%、2.5%、8.7%、10.5%、6.5%、7.5%、5.8%、3.8%和7.5%。有3个月增幅低于5%，其中1月进出口同比只增长了0.6%，是1~9月中的增幅最低点，2月也仅仅增长了2.5%，8月增长了3.8%。其他6个月的增幅都在5%以上，增幅最高点是4月，达到10.5%。总体上看，尽管增长很不稳定，但全省货物贸易进出口回暖的势头还是比较明显的。

2. 18个省辖市进出口规模相差悬殊，增幅也极不均衡

2014年1~9月，全省18个省辖市进出口增长极不均衡。郑州进出口累计完成280.06亿美元，占全省的67.24%，增幅为7.3%，基本上达到全省7.5%的平均增幅。除郑州市外，进出口超过10亿美元的省辖市还有6个，按照进出口规模排列依次是焦作、许昌、南阳、济源、洛阳和安阳，焦

作市累计进出口额 18.63 亿美元，仅次于郑州市，排全省第二位，增幅为 10.8%；安阳市累计进出口 10.82 亿美元，同比下降 18.0%。其他 11 个省辖市进出口规模都在 10 亿美元以下，其中 8 个省辖市进出口规模不到 5 亿美元，进出口规模最小的三门峡市只有 1.92 亿美元。从 18 个省辖市 1～9 月的进出口增幅看，增幅超过 20% 的有 4 个，其中，漯河、平顶山和商丘三个省辖市进出口规模不大，都在 5 亿美元以下，但增长较快，分别为 54.4%、48.0% 和 39.2%；南阳市进出口总额为 14.82 亿美元，增幅为 21.5%。进出口规模同比下降的有 5 个省辖市，降幅较大的是安阳和三门峡，同比分别下降了 18.0% 和 15.8%。

3. 10个省直管县（市）进出口整体增长较快，但在进出口规模和增幅方面差别也很大

从进出口规模方面看，2014 年 1～9 月，全省 10 个省直管县（市）差别很大。巩义市超过 3 亿美元排第一位，固始县和兰考县分别为 7406 万美元和 6179 万美元，分别排在第 2 位和第 3 位，邓州市排 10 个省直管市的末位，进出口只有 831 万美元。从增长幅度看，10 个省辖市进出口总额 5.83 亿美元，同比增长 38.2%，远远高于全省平均增幅，其中增长最快的是巩义市和汝州市，增幅分别为 121.5% 和 102.1%。进出口同比下降的是新蔡县和滑县，进出口同比分别下降了 77.9% 和 16.5%。

4. 大宗出口产品变化不大，机电产品进口增幅及占全省进口总额的比重都比较大

2014 年 1～9 月，全省出口额排前 6 位的产品分别是有线电话和手机、人发制品、服装及衣着附件、橡胶及其制品、汽车和汽车底盘、未锻造的铝及铝材。6 大类产品出口总额占全省出口总额的比重为 63.2%，与上年同期的 63.3% 基本持平。

2014 年 1～9 月，全省机电产品进口额为 119.61 亿美元，同比增长 14.1%，占全省进口总额的比重为 71.7%；高新技术产品进口额为 103.68 亿美元，同比增长 17.5%，占全省进口总额的比重为 62.1%。机电产品和高新技术产品进口占全省进口总额的比重分别比上年同期提高了 4.4 个和

5.4个百分点。

5. 加工贸易整体增长态势良好，进口增幅较大

据海关统计，2014年1～9月，全省加工贸易进出口总额达到249.02亿美元，同比增长8.3%，占全省外贸进出口总额的比重为59.8%，与上年同期基本持平，但远高于全国32%的平均水平。其中，加工贸易进口106.28亿美元，同比增长16.5%，占全省外贸进口总额63.7%，高出上年同期5.1个百分点；加工贸易出口142.73亿美元，同比增长2.8%，占全省出口总额的比重为57.2%，低于上年同期2.7个百分点。同期河南加工贸易进出口总额在全国加工贸易进出口中排名第11位，在中部六省中排名第1位。

6. 外商投资企业进口增长较快

2014年1～9月，全省外商投资企业进出口额为262.85亿美元，同比增长8.5%，占全省进出口总额的比重为63.1%。其中出口144.21亿美元，同比增长2.9%，占全省出口总额的比重为57.8%；进口118.64亿美元，增长15.2%，占全省进口总额的比重为71.1%。与上年同期相比，外商投资企业进口增速与出口增速都比较突出，外商投资企业进口占全省进口总额的比重也高于往年同期，这可能与全省招商引资力度加大导致外商投资企业大量进口设备有密切关系。

7. 进出口市场的集中度进一步提高

根据郑州海关提供的资料，2014年前三季度河南十大进出口市场的集中度均有所提高。来自韩国、东盟等十大进口市场的进口占全省进口总额的比重达到91.4%，对美国、欧盟和日本等十大出口市场的出口占全省出口总额的83.9%。进出口市场集中度进一步提高的主要原因是，产品针对各个主要市场的外贸企业进出口规模的扩大，其中富士康科技集团就是一个突出的例子。

（二）2014年前三季度全省服务贸易进出口态势分析

1. 服务贸易出口降幅较大

据省外汇局统计，2014年1～9月，全省服务贸易进出口总额为20408

万美元，同比下降13.8%。其中服务贸易出口9494万美元，同比下降29.4%；服务贸易进口10915万美元，增长6.6%。这种情况与河南省整体服务业发展水平较低、现代服务业发展滞后的现状是一致的。

2. 服务贸易结构不合理，部分服务贸易门类发展严重滞后

2014年前三季度，全省服务贸易出口同比下降了29.4%，带动服务贸易进出口下降13.8%。从服务贸易出口的构成方面看，运输服务、工程建设、旅行、文化娱乐服务、其他商业服务等五大传统服务贸易门类相对规模比较大，出口额合计9279.10万美元，占全省服务贸易出口总额的97.7%，而保险服务、金融服务、电信计算和信息服务、维护和维修服务、知识产权使用费、货物和服务等服务贸易门类发展水平比较低，合计出口额只有208.50万美元，占全省服务贸易出口总额的2.2%，特别是其中的金融服务、货物和服务出口两项内容在这一时间段都是空白。

（三）2014年前三季度全省利用外资的态势分析

1. 前8个月全省实际利用外资均为负增长

2014年1~9月，全省新批外商投资企业235家，增长4.4%；合同利用外资83.87亿美元，增长20.3%；实际利用外资99.56亿美元，增长2.4%。从实际利用外资的情况看，总体上不容乐观。1~8月份，全省实际利用外资均为负增长，9月份增长2.4%，为2014年以来的首次正增长。

2. 外资来源地比较集中

2014年1~9月，河南实际利用外资的来源地比较集中，实际投资额排在前6位的国家和地区分别是中国香港、中国台湾、中国澳门、美国、新加坡、英属维尔京群岛。6个国家和地区实际对豫投资合计653356万美元，占同期河南实际利用外资总额的85.7%。

3. 实际利用外资在省内分布极不均衡

近年来，尽管全省各地对招商引资工作都十分重视，但许多地市利用外

资工作的进展依然十分艰难，即使在对外开放重点县（市、区）范围内也是如此。2014 年 1 ~9 月，全省 55 个对外开放重点县（市、区）中，实际利用外资超过 1 亿美元的有 7 个县（市、区），其中有两个县市超过 2 亿美元。但是，同期实际利用外资在 1000 万美元以下的有 14 个县（市、区），其中 9 个县（市、区）实际利用外资为零。

（四）2014年前三季度全省利用省外资金的态势分析

加强与央企的合作，积极承接国内产业转移是近年来河南招商引资工作的一个亮点，2014 年 1 ~9 月全省实际利用省外资金也实现了快速增长。2014 年 1 ~9 月，全省新增省外资金项目 3791 个，同比下降 14.3%；合同利用省外资金 15379 亿元，增长 8.5%；实际到位省外资金 5463 亿元，增长 17.8%。从 14 个国家级开发区和 55 个对外开放重点县（市、区）利用省外资金的情况看，除少数存在负增长或增长幅度较小外，其中的大多数都实现了 15% 以上的快速增长。55 个对外开放重点县（市、区）中有 21 个县（市、区）增幅超过 20%，有 11 个县（市、区）增幅超过 30%，有 4 个县（市、区）增幅超过 50%。

（五）2014年前三季度全省对外承包工程和对外直接投资的态势分析

2014 年 1 ~9 月，全省对外承包工程和劳务合作新签合同额 29.84 亿美元，增长 17.1%；完成营业额 32.72 亿美元，增长 3.6%；外派劳务 46584 人次，增长 3.9%；对外直接投资协议额 10.00 亿美元，增长 2.1%。主要指标增幅较小，绝对额与上年基本持平，但区域分布很不平衡。以对外承包工程实际完成营业额为例，同期 18 个省辖市实际完成营业额 23.88 亿美元，其中，郑州、洛阳、濮阳三市实际完成营业额分别是 125563 万美元、27668 万美元和 59868 万美元，三市占总额的比重分别为 52.6%、11.6% 和 25.1%。而同期有 10 个省辖市实际完成营业额低于 500 万美元，其中 4 个省辖市实际完成营业额为零。

二　2014年全年数据预测及对2015年的展望

历史地分析河南开放型经济发展各个年度的指标完成情况，其中有一些普遍性的规律，即四个季度发展不平衡，在每年的第四季度，指标增长情况一般都比较好。2014 年前三季度，开放型经济各项指标完成年度目标的情况分别为：货物贸易进出口 63.2%、货物出口 63.0%、合同利用外资 47.5%、实际利用外资 67.3%、实际利用省外资金 76.7%、对外承包工程和劳务合作完成营业额 70.7%、对外直接投资协议额 72.7%，与上年同期的完成情况相比，相差不大。预计 2014 年第四季度各项指标仍然会实现较大幅度增长，从而保障年度目标的完成。以外贸出口为例，前三季度只完成全年目标的 63.0%，但基于 iPhone 6 系列手机的市场销售情况考虑，9 月份出口手机 781.9 万部，增加 72.5%，第四季度苹果手机扩大出口的空间仍然较大，由此将带动全省第四季度外贸回暖趋势的延续。总体上看，全年完成开放型经济主要发展指标应该不会有大的问题。

以前期全省开放型经济的快速发展和结构调整为基础，2015 年全省开放型经济实现稳定增长具有良好的基础，但是结构性矛盾依然是一个应引起各方关注的焦点问题，以推进产业结构调整和产业升级为基础实现提质增效是 2015 年全省开放型经济发展的一项重要内容。

三　促进2015年全省开放型经济科学发展的对策建议

由于河南整个开放型经济发展起步较晚，之前一直处于规模扩张阶段，较多地关注开放型经济各项指标的增长速度和绝对规模，在我国整个经济发展进入新常态的大背景下，河南开放型经济经过前期的快速发展也已经进入增速换挡期，更多地关注开放型经济发展的整体竞争力，努力提质增效已经成为新常态下河南贯彻对外开放基本省策的一个焦点问题。

（一）以提质增效为目标全面提升开放型经济发展水平

2013 年 3 月 17 日，李克强总理在全国两会上首次提出打造“中国经济升级版”之后，我国经济转型升级成为宏观经济发展中的一个热点。2013 年 12 月在河南省委经济工作会议上，省委书记郭庚茂同志提出了“打造河南经济升级版”的目标，并强调 2014 年全省经济工作的核心，即“调中求进、变中取胜、转中促好、改中激活”。加快产业结构调整和经济转型升级，以全面深化改革开放激发经济发展活力，提高经济发展的质量和效益已经成为今后一个时期河南经济发展的总思路、大方向和常态。2015 年全省开放型经济领域尤其要注意以下几个方面。

1. 提高出口产品的整体技术含量和附加值

出口结构是产业结构的反映。前期，河南产业结构调整取得的成效已经引发了出口结构的较大变化，但是，总体上看，目前河南出口产品的整体技术含量和附加值还比较低。2014 年前三季度，河南出口额超过 1 亿美元的产品有 22 类，其中劳动密集型的产品有 9 类，包括手机、人发制品、服装及衣着附件、蔬菜、鞋、干蔬菜、陶瓷产品、毛皮制品、家具等；资源密集类产品有 7 类，包括橡胶及其制品、未锻造的铝及铝材、钢材、电线及电缆、钛白粉、塑料制品、人造刚玉；技术含量和附加值较高的产品只有 4 类，包括汽车和汽车底盘、汽车零件、医药品、摩托车及自行车零件。从前面分析也可以看出，全省服务贸易出口结构不合理的情况也十分严重。以上情况说明，目前河南的产业结构调整和产业升级还没有取得实质性进展，进一步加大产业结构调整和产业升级的力度，从根本上提高三次产业的竞争力，任务十分紧迫。

2. 正视机电产品和高新技术产品出口快速增长的现状，进一步提高产业素质

2014 年前三季度机电产品和高新技术产品的出口规模虽然都比较大，分别为 155.80 亿美元和 125.56 亿美元，占全省出口总额的比重分别为 62.4% 和 50.3%，但我们对出口产品的技术含量和附加值情况要有清醒的

认识。前三季度全省出口总额为249.6亿美元，其中富士康科技集团1家的出口就达到121亿美元，而富士康科技集团的主打出口产品目前依然是苹果手机。前三季度河南累计出口手机4375万部。但是苹果手机在河南的加工组装项目基本上属于劳动密集型项目，技术含量和附加值比较低。而且，目前河南出口的机电产品和高新技术产品整体上也是技术含量和附加值比较低的。分析河南的进出口结构，不仅要看数据，还要看到数据背后的真相。加紧扶持现有的高新技术企业，支持企业的产品研发和市场拓展，提高产业素质已经成为当务之急。

3. 进一步提升引进项目的质量

招商引资是推进产业结构调整和产业升级的主要战略举措。近年来，省委省政府一直十分重视招大引强，提高招商引资项目的质量，工作中也取得很大的进展。以郑州航空港经济综合实验区为例。据统计，2014年前三季度，郑州航空港区累计签约项目40个，包括航空物流项目7个，高端制造业项目24个，投资总额超过1110亿元。其中有19个项目的投资均超过10亿元。除了已经签约的项目，郑州航空港区还与手机、航空物流、航空制造及维修、生物医药、电子商务等多个产业以及高校方面频频接触，且与不少企业及高校已经有了合作意向。但从总体上看，前期河南引进的项目仍然主要集中在产业链的中间环节，一般加工制造较多，高端制造和现代服务业项目较少，从事研发设计和营销服务的企业较少。进一步提高招商引资的质量是下一阶段招商工作的重点。

（二）着力培育河南开放型经济发展的新优势

河南开放型经济发展的新优势是与传统优势相对而言的。在以往河南经济发展的过程中，各地都比较重视发挥自身比较优势，特别是片面强调自身在劳动力和资源方面的静态比较优势，对动态比较优势的培育重视不够，对实施竞争优势战略的必要性认识滞后。河南要加快转变对外经济发展方式，全面提高开放型经济的发展水平，就需要在继续发挥传统比较优势的基础上加快培育河南开放型经济发展的新优势，即培育动态比较优势和竞争优势，重点提升利用两类资源和两个市场的能力，完善创新机制，培育高素质的人力资本和区域自主创新能力，培育一大批拥有自主知识产权、知名品牌的大型企业集团和龙头企业，促进产业结构升级和产品竞争力的增强，形成长远可持续发展的能力。从河南的实际出发，尤其要注意以下三个方面。

1. 优化全省产业集聚区建设的顶层设计，从战略层面上推进河南开放型经济发展新优势的培育

建设180个产业集聚区是河南实现经济转型升级和培育河南开放型经济发展新优势的一项重要战略举措。经过5年的艰苦实践，产业集聚区建设已经取得显著成效，但同时也存在一些问题和不足。要推进产业集聚区科学发展，进一步优化全省产业集聚区建设的顶层设计至关重要。为此，一是尽快形成产业集聚区优化、淘汰与转移机制。由于各种原因，一部分产业集聚区在初期确定主导产业时存在一定的盲目性，需要为他们提供一次进一步优化、修正主导产业方向的机会。同时还要淘汰一批滥竽充数的项目，并从省级或者市级层面统筹调整与转移一批多头分散布局的项目，促进产业集群发展。二是形成意向性招商项目在省内顺畅流动的机制和平台。针对一些产业集聚区引进项目之间关联性弱、主导产业被弱化等现象，建议通过省财政奖励、GDP分成和税收分成等办法在项目引进、落地各个环节之间形成利益分享机制，引导意向性招商项目在省内顺畅流动，保证引进的每一个项目都能在最佳地点完美落地，促进各个产业集聚区主导产业的进一步凸显。

2. 建立和完善技术创新体系

完善区域自主创新体系，增强区域自主创新能力是培育河南开放型经济发展新优势的一项重要内容，当前主要是抓好以下四个方面的工作：一是完善政府科技投入引导机制，引导社会资源和创新要素向企业集聚，不断提高企业自主创新能力。二是支持企业、高校、科研院所共建技术创新研发平台，特别是公共研发平台和特色产业集群技术创新平台。三是依托骨干高新技术企业，加快在产业集聚区布局建设工程技术研究中心、工程技术中心、企业技术中心等研发机构。四是依托高等院校、科研机构和其他有条件的企事业单位，加强重点实验室、工程实验室、高校重点实验室、院士工作站、博士后科研工作站建设，进一步改善科技创新条件。

3. 着力培育一批有灵魂的企业和成功的企业

培育河南开放型经济发展新优势的重要内容是要培育一批有灵魂的企业和成功的企业。所谓有灵魂的企业主要是指那些站位高、有长远打算，有应变能力，拥有自主知识产权、专利、品牌，有一定市场影响力的企业。而做成功的企业，是所有那些有灵魂的企业下一步的目标。成功企业一般应具备以下条件：稳定且高瞻远瞩的管理层（董事会）；处于本行业一流水平；广受企业人士尊重；经历很多代 CEO 任期和很多次产品生命周期；对世界有不可磨灭的贡献。培育有灵魂的企业是培育成功企业的第一步，凡是成功的企业一般是有灵魂的企业。从河南实际出发，要培育开放型经济发展新优势，归根到底是要形成一批有较强竞争力的产业和企业，核心内容就是要形成一批有灵魂的企业，在此基础上进一步形成一批成功企业。

参考文献

郭庚茂：《深入学习贯彻习近平总书记系列讲话精神让中原在实现中国梦的进程中更出彩》，《河南日报》2014 年 6 月 26 日。

梁丹：《培育开放型经济发展新优势的难点与对策》，《学习论坛》2014 年第 4 期。

B.11

2014～2015年河南省房地产运行态势分析预测及新常态下发展对策研究

杜书云*

摘　要：2014年河南省房地产呈现整体下行走弱、运行好于全国、市场明显分化及郑州逆市上行的特征。河南省房地产要想健康发展需要树立几个观念：房地产不能长久作为撬动经济增长的手段；过高的房价可能是郑州跨越发展的障碍；房地产开发要有可持续的资源、环境支撑。为此，提出河南省房地产的发展对策。

关键词：房地产　运行态势　发展对策

2014年在国家"限贷""限购"以及"限价"等日益严厉的宏观调控措施的挤压下，中国的房地产市场终于结束了10年单边整体向上的格局。再加上受国际、国内政治经济环境变化影响，与房地产市场相关的各项指标尤其是商品房价格整体呈现弱态，楼市真正步入"新常态"。在这种宏观背景下，河南省尤其是作为中原经济区核心增长极的郑州市的房地产市场运行状况如何？在经济"新常态"下，河南省、郑州市房地产业发展应该树立什么理念？对房地产市场应采取什么样的发展对策？上述三个问题是本文试图分析阐述的重点。

---

* 杜书云，博士，教授，博士生导师，郑州大学旅游管理学院院长，郑州大学房地产市场研究中心主任。

一　2014年河南省房地产市场基本特征

（一）房地产下行调整，市场整体走弱

2014年前三季度，河南省房地产市场几个重要指标呈现整体下调趋势。

1. 房地产开发投资低位增长

2014年初，河南省房地产开发投资延续2013年的强劲增长势头，1～2月累计增长速度高达30%。进入4月，受中国房地产宏观背景的影响增速明显减缓，之后开发投资增速基本维持在16%。前三季度，全省累计完成房地产开发投资3050.41亿元，增长16.9%，虽然比1～8月增幅提高0.5个百分点，但增速同比回落7.4个百分点，与正常年份相比属于低位运行。

2. 土地购置面积延续上年负增长态势

2013年，河南省房地产业购置土地面积1501.56万平方米，同比减少13.8%。2014年以来，受土地政策及宏观调控等多种因素影响，河南房地产业土地购置基本延续这种态势。1～2月，河南省房地产业本年土地购置面积达到250.63万平方米，同比增长25.7%。但是从3月开始，全省土地购置面积各月均为负增长，4月增幅下降最大，同比下降34.1%。之后虽然降幅有所波动，6月份回升至－13.5%，但是7月、8月、9月降幅基本维持在20%左右。前三季度，全省本年度土地购置面积达到735.60万平方米，与2013年同期相比，减少20.3%（见图1）。

3. 房屋建设速度减缓

首先，新开工面积下降。前三季度，河南省房屋新开工面积6884.17万平方米，比上年同期下降15.2%，其中，住宅施工面积5278.72万平方米，下降19.4%。其次，施工面积、竣工面积增速回落。2014年1～9月，河南省房屋施工面积34647.29万平方米，比上年同期增长11.7%，增速比上半年回落0.4个百分点。房屋竣工面积3929.20万平方米，比上年同期增长22.9%，增速比上半年和1～8月分别回落0.4个和1.9个百分点（见表1）。

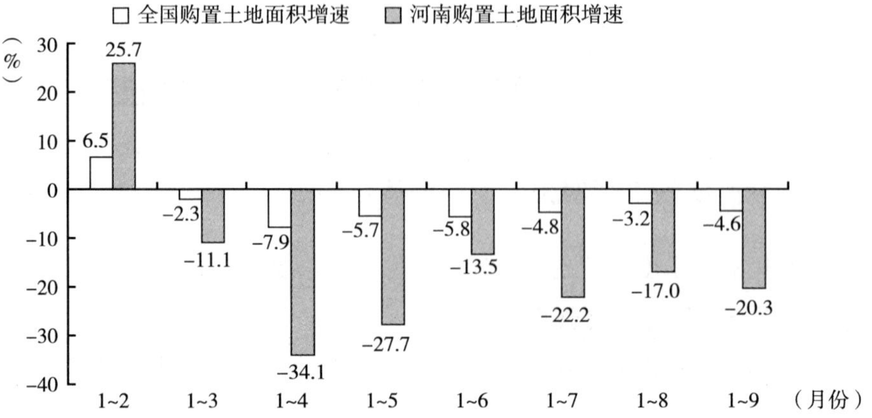

图 1　2014 年 1～9 月河南省及全国房地产业土地购置面积增速对比

数据来源：根据国家统计局、河南省统计局数据制作。

表 1　2014 年河南省房屋建设情况

单位：万平方米，%

2014 年	房屋施工面积				房屋竣工面积	
	总数		新开工面积			
	绝对数	同比增速	绝对数	同比增速	绝对数	同比增速
1～2 月	28201.74	22.2	910.32	-24.9	498.15	-8.0
1～3 月	29133.03	20.7	1603.47	-28.8	1022.13	0.6
1～4 月	29477.47	16.9	1922.04	-42.6	1321.68	1.8
1～5 月	30211.34	14.5	2644.24	-38.3	1895.93	16.5
1～6 月	31237.60	12.1	3734.01	-30.9	2545.05	23.3
1～7 月	32226.26	11.3	4771.13	-25.1	2805.69	13.7
1～8 月	33223.22	10.4	5628.1	-22.4	3491.43	24.8
1～9 月	34647.29	11.7	6884.17	-15.2	3929.20	22.9

数据来源：根据河南省统计资料整理制作。

4. 商品房销售增速回落

2014 年前三季度，全省商品房销售面积为 4661.55 万平方米，比上年同期增长 11.7%，增速比上半年和 1～8 月分别回落 3.8 个和 0.9 个百分点。

全省商品房销售额2096.10亿元，增长15.8%，增速比上半年回落1.7个百分点，比1～8月略升0.5个百分点（见图2）。

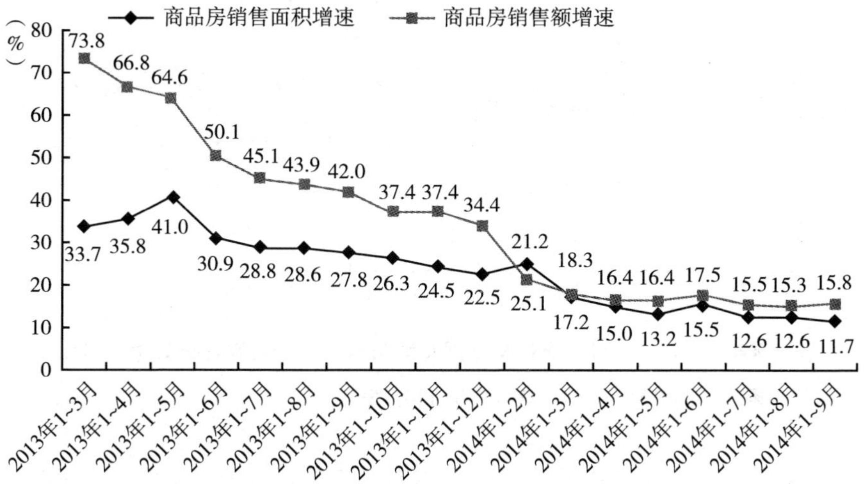

图2　2013年以来河南商品房销售面积和销售额走势

数据来源：根据河南省统计局数据制作。

（二）全省房地产运行好于全国，快于中部

1. 房地产开发稳中回升

房地产开发投资是房地产市场运行的主要指标，它实实在在将形成房地产市场的供给，更重要的是它影响人们对未来市场的预判。2014年1～9月，尽管河南省房地产开发投资保持低位增长，比2013年同期增长16.9%，但是比全国12.5%的平均增速却高出了4.4个百分点，房地产开发投资总量居全国第9位。而且，比中部六省平均水平高出1.6个百分点，居中部六省第2位。同时，与全国逐月下降的走势也不完全吻合，呈现稳中趋升状态（见图3）。

2. 房地产市场交易相对活跃

2014年1～9月，河南省商品房销售面积为4661.55万平方米，比上年同期增长11.7%。商品房销售面积增速虽有回落，但比全国平均增速高

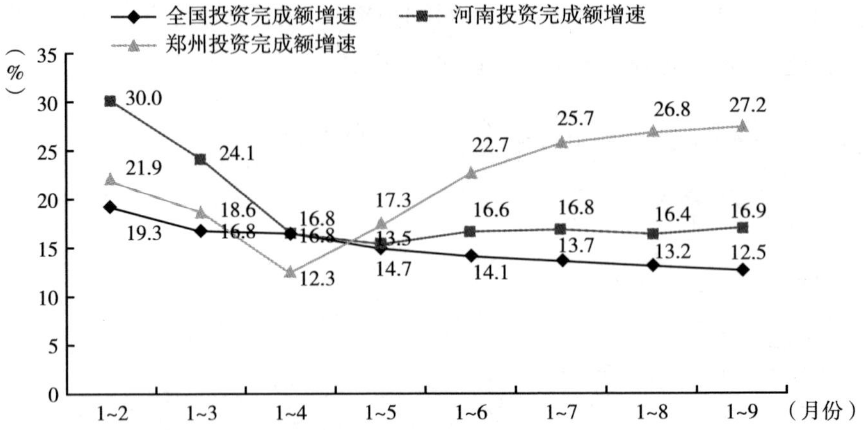

图3　2014 年 1～9 月河南省与全国及郑州市投资分月累计增长速度对比

数据来源：根据国家统计局、河南省统计局数据制作。

20.3 个百分点，居全国第 4 位。比中部六省平均增速高 10.3 个百分点，居中部六省之首。

（三）市场分化明显，郑州逆市上行

1. 区域房地产市场分化

房地产市场原本就是区域市场，如同全国一级、二级、三四级的分化一样，河南省城际房地产市场表现各异，区域房地产市场分化比较明显。就房地产开发来看，安阳房地产一改近年来的颓势，“报复性反弹”使增速高达 31.1%，居全省之首。而洛阳、济源、漯河三市 1～9 月房地产开发投资与上年同期相比则呈下降态势，漯河降幅最大，下降了 18.2%。其余 15 个省辖市呈增长态势。就房地产销售来看，开封、洛阳、焦作、漯河、济源五市商品房销售面积同比下降，降幅最大的济源下降 34.4%。其余 13 个省辖市均呈增长态势，许昌增速最高达 69.8%，安阳、鹤壁、商丘、驻马店四市增速均超过 20%。

2. 房地产内部不同产品市场表现各异

2014 年前三季度，河南省房地产市场内部基本结构并未发生根本变化，住宅投资所占比重仍然较大，占房地产开发投资的比重为74.9%。然而，市场内部不同产品增速存在差异。住宅、商业用房投资增速比上半年有所加快，办公楼投资增速回落。河南省统计局数据显示，前三季度，住宅投资2285.63亿元，比上年同期增长19.7%，增速比上半年加快0.5个百分点；商业营业用房投资363.12亿元，增长16.4%，增速比上半年加快3.8个百分点；办公楼投资144.64亿元，增长18.0%，增速比上半年回落0.8个百分点。

3. 郑州市场持续强劲

在全国房地产市场依然整体低迷的情况下，郑州市房地产市场仍然延续多年“一枝独秀”态势，2014年前三季度主要市场运行指标明显好于全国。全市房地产开发投资累计完成1263.07亿元，增长27.2%，增速高于全省增速10.3个百分点。全市商品房销售面积1345.92万平方米，同比增长13.55%。市区商品房销售均价为8982元/平方米，其中，商品住宅销售均价为7887元/平方米。郑州市前三季度商品房价格逆市上涨，商品住宅前7个月月均上涨124元/平方米，而8月、9月平均上涨63.5元/平方米。

二　经济新常态与房地产未来变化趋势

在2014年房地产市场整体调整的背景下，房地产市场未来的走势如何，可谓仁者见仁，智者见智。有人“唱空”房地产，甚至预测了中国房地产崩盘的时间表；有人一如既往力挺房地产，并说房地产市场已经见底，买房的时候到了。中国房地产业的发展与宏观国民经济密切相关，它不但关系地方政府正常运作的财力支撑，也关系金融机构资产保值以及风险规避，利益相关的产业和个人诸多，再加上中国特有的中央政府掌控和动员资源的能力，可以肯定，目前，中国房地产不可能崩盘。但中国房地产也不可能延续近10年整体向上的格局，其未来发展方向主要取决于以下因素。

（一）各级政府救市力度的大小

从2014年4月开始，针对房地产疲弱态势，地方政府陆续出台救市措施。这些措施归结起来主要有以下几种。

1. 买房赠户口

例如，无锡市《关于无锡市户籍准入登记规定的通知》，2014年5月1日起，无锡市范围内（市区、江阴、宜兴）执行统一的户籍准入登记规定，购买成套商品住宅（含二手房）、户均建筑面积达60平方米以上，且在本市有稳定工作的人员，准予本人、配偶和未成年子女来锡落户。再如南宁，按照《关于促进广西北部湾经济区开放开发的若干政策规定》、《广西北部湾经济区同城化发展推进方案》精神，从4月25日起，北部湾经济区内户籍居民家庭可参照南宁市户籍居民家庭政策在南宁市购房。

2. 限购松绑并取消

例如，福建4月13日出台了《关于促进房地产市场持续健康发展的十条措施》，即所谓的“闽十条”，在限购、限价和信贷等方面提出了10条松绑调控政策。郑州市限购“升级版”也随之悄然作废。除北上广深4个一线城市外，所有限购城市都不再限购，这意味着国务院于2011年出台的《关于进一步做好房地产市场调控工作有关问题的通知》中关于限购政策基本退出。

3. 放宽公积金贷款条件及组合贷款

例如，郑州市、安徽铜陵市均出台了放松个人住房公积金贷款条件，并推出公积金与商业银行贷款结合的组合贷款。

4. 购房税收优惠及政府补贴

郑州等城市采取购房税收优惠政策。安徽铜陵等城市采取居民购房享受幅度不等的补贴。

上述救市措施的纷纷出台，一定程度上缓解了开发商来自市场的压力，但2014年房地产形成的基本格局并未发生根本改变。如果地方政府不从根本上改变对房地产的过度依赖，2014年中国房地产面临的困境还会重现。

（二）中国城镇化道路的选择

始自2003年中国房地产的“大牛”周期，很大程度上得益于中国加速城镇化进程，因为，对房地产市场有利的预期以及市场需求的判断也大多以城镇化为依据。众所周知，城镇化是人口向城镇集聚的过程，在这一过程中，其外在形式表现为城市数目、城市空间和城市人口的扩张，而内在形式上则表现为经济要素向城市的转移、非农业活动比值的上升以及个体福利水平因城镇化而趋于改善的过程。城镇化过程的推进将引致生产要素在空间和产业内部进行转移，并释放出巨大的有效需求。因此，城镇化成为经济增长潜在动力的逻辑可能性，但城镇化能否扮演这一角色则需要依赖其自身的健康状况。近年来，中国城镇化进程的确呈现非常规推进的特点：大规模建造新城以至于房地产化；以土地的城镇化为主导致人地要素失衡；公共服务不均等造成大城市化；以大规模的拆迁透支城市的未来等。上述城镇化道路是不可持续的，引发的社会经济问题以及风险也是显而易见的。

现阶段，“潜在增长率下降”“降速换挡”等新常态为我国经济增长提出了新命题，回答好这一命题需要积极寻找新的突破口和支撑点。主动适应经济的新常态，探索高质量的健康的新型城镇化发展道路就必须达成如下共识：以提升城镇化质量为主，合理回归城镇化的内涵，遏制城市空间的盲目扩张；以人的城镇化为核心实现城镇化过程人地要素的科学合理匹配；以城市的可持续发展为前提，合理确定城市房屋拆迁、建设规模；以提高公共服务均等化程度为手段，使城镇化体系得到优化；等等。

综上所述，经济发展的新常态使新型城镇化有了新内涵，也给房地产业的发展提出了新的要求。未来房地产业还会随着城镇化进程而发展，但应以满足和改善人们的消费需求为首要目的；房地产开发必须按照土地的节约、集约利用原则，过度依赖土地和房地产的局面将逐步得到改善；房地产业的发展周期以经济发展周期为前提，运用市场手段调节房地产应该是新常态。政府、开发商以及居民等市场的参与者要把握新常态，共同维持房地产健康发展的新局面。

（三）银行金融政策变化方向及实施成效

1. 融资支持是房地产走出困境的关键

2013 年 6 月以来"钱荒"、信贷收紧、利率上浮以及信贷环境恶化成为决定楼市走向的主要因素。2014 年前三季度，困扰房地产开发企业以及购房者的最大问题同样是资金紧缺。首先，资金到位总额及增速均不及 2013 年。2014 年 1 ~9 月份，全国房地产开发企业到位资金 89869 亿元，同比增长 2.3%（2013 年同期 87827 亿元，增速 28.7%），增速大幅回落。其次，到位资金来源结构不尽合理。虽然国内贷款占到位资金比例由上年同期 16.58% 提高到 18.12%；但是，自筹资金占到位资金比例由上年同期 34.34% 提高到 41.77%，其他资金（主要包括定金预付款和个人按揭贷款）则增速下降 9.1%，占全部资金比例由 2013 年同期的 44.62% 下降为 39.63%。这意味着开发商在商品房销售回款以及按揭贷款大幅减少的情况下，不足资金部分要么只能通过其他高息渠道补充，要么无以为继。造成资金短缺困境除了国际、国内大背景外，最主要原因是多年房地产价格高位运行累积的风险增加，金融机构纷纷调低房地产行业资金投放比例，同时提高企业融资门槛和成本。

2. 金融支持政策很难有效实施

针对房地产市场的资金短缺问题，政府给予了极大关注。2014 年 5 月，央行和银监会召集银行负责人座谈会，要求各商业银行从政治高度保证满足正常房地产融资需求，提出商业银行不许停止个人购房贷款，要提高贷款发放和审批的效率，对个人住房按揭贷款要合理定价等。2014 年 9 月 30 日中国人民银行、中国银监会出台了《关于进一步做好住房金融服务工作的通知》，在首套房认定上给予放宽，提出"对拥有 1 套住房并已结清相应购房贷款的家庭，为改善居住条件再次申请贷款购买普通商品住房，银行业金融机构执行首套房贷款政策"，即"认贷不认房"。同时提出，"对于贷款购买首套普通自住房的家庭，贷款最低首付款比例为 30%，贷款利率下限为贷款基准利率的 0.7 倍，具体由银行业金融机构根据风险情况自主确定"。上述对房地产的金融服务政策的出台，无疑对房地产市场是最大的利好。但是，各大商业银行对此并没有人们预期的那样积极，尤其是最低7折的优惠利率很难见到。

综上所述，对于资金密集的房地产业来讲，其市场走势除了受金融市场固有规律影响外，很大程度上取决于国家的宏观金融政策，而具体的房地产市场运行则取决于金融机构执行政策的力度和效果。

（四）长效机制建立所需时间长短

近年来，为了实现房地产市场的平稳运行，如何建立房地产市场调控的长效机制，越来越受到政府以及社会各界的重视。房地产市场的长效机制是使制度能够长期正常运行并发挥预期功能的配套制度，主要包括金融、土地、税收等政策工具。现阶段，对于中国的房地产来说，可能对市场及其预期产生深刻影响的长效机制主要有不动产登记（2016年底结束）、房产税、低价保障房的有效供给以及坚持不懈的反腐败。这些基础性调控机制对房地产市场的影响大小，关键取决于其建立所需要时间的长短、实施需要具备的条件以及是否具有可持续性。

三　河南房地产业健康发展理念及对策

（一）经济新常态下河南省房地产发展的理念

20世纪90年代初，为了中国经济走出1989~1991年的经济低谷，邓小平南方谈话之后房地产曾一度挑大梁。90年代末，为了摆脱东南亚金融危机引致的通货紧缩，我国把住宅产业当作“新的经济增长点”。现阶段乃至以后相当长时间，无论大家是否承认房地产的支柱产业地位，房地产在国民经济中都将担当重要角色。2014年10月29日，国务院总理李克强主持召开国务院常务会议，要求重点推进6大领域消费，住宅消费以及与房地产密切相关的养老健康消费赫然在列，再次印证了房地产对中国经济发展的重要程度。

对于河南省来讲，城镇化的进程相对滞后，实现工业化任重道远，政府社会管理和事业发展的财力依然薄弱，在今后相当时间内还需要大力发展房地产业。然而，在经济新常态下河南省发展房地产业需要树立以下理念。

1. 不能长久把房地产作为撬动经济的手段

房地产是一个联系效应很大的产业，但作为最终产品其基本功能是满足居住和工商业生产经营需要。正常情况下，房地产市场周期应该在工商业发展周期之后。在实体经济不景气的情况下，随之而来的应该是房地产业的凋敝，然而，在我国却相反。在经济发展的特别困难时期把房地产当作撬动经济的手段无可厚非，但正常情况下，如果过分依赖房地产会对实体经济产生挤出效应，房地产业长久脱离实体经济发展现状就会不利于经济的转型升级，同时会加大社会经济风险。

2. 过高的房价可能成为郑州跨越发展的障碍

众所周知，21 世纪最紧缺的资源是高层的人力资源，高层次人才是竞争取胜的关键因素。稳定房地产市场价格不但可以保证居民生活质量，降低工商业运营成本，还能为人才成长创造良好的社会环境。相反，过高的房地产市场价格可能成为经济社会发展的障碍。

3. 房地产开发需要有可持续的资源、环境做支撑

在土地资源的诸多用途中用于房地产开发的建设用地无疑市场价值最高。因此，通过行政权力征购农用地然后出让以获取利益成为各级政府的不二选择。于是，大规模的城中村改造、大范围的合村并镇、超速度的房地产开发成为河南省尤其是郑州市发展的真实写照。土地资源不可再生，对于河南省来讲，现阶段过于猛烈的大拆大建，不但透支未来，也造成环境的恶化。房地产开发需要与土地资源可持续利用、自然环境的保护相匹配，否则，将助推潜在社会经济风险的累积。

（二）河南省发展房地产业的对策

1. 把握房地产市场阶段性规律，有序推进房地产开发

中国房地产行业的高速增长时期已经过去，房地产业已经步入“新常

态”。在房地产发展的新阶段，房地产市场运行将呈现不同于以往的特征：房地产市场会经常性有规律波动；产品结构中80%的住宅份额可能会改变；市场交易以新建商品房为主的局面不会持久；租金可能成为房地产市场的主要调节杠杆；以市场手段为主的长效机制对房地产的影响深远等。随着《国务院关于加强地方政府性债务管理的意见》实施，地方政府过分依赖房地产的局面迟早将会改变。因此，只有认真研究房地产市场规律，按照房地产业发展规划有序推进房地产开发，才能最大限度利用好有限的土地资源，推动河南经济社会高质量发展。

2. 创新房地产发展新业态，引导房地产企业转型升级

随着河南省社会经济的发展以及新型城镇化进程的加快，房地产开发及经营的新业态不断涌现。房地产与其他产业的渗透融合形成的产业地产、旅游地产、养老地产以及文化休闲地产，这些新业态成为房地产开发的新领域，房地产企业的多元化转型发展成为大势所趋。然而，这些新业态有其特有的开发运营规律。政府应该认真研究新业态，统筹把握，合理规划，积极扶持，引导企业谨慎、有序转型。

3. 兼顾多方利益，切实解决被征地农民的可持续生计问题

随着城中村改造、合村并镇等房地产开发项目的实施，大量农民失去了赖以生存的土地。政府在此项工作中重点解决拆迁补偿等相关问题，而对失地农民的可持续生计缺乏顶层设计。建议应该授权专门政府或其他机构深入调查研究，作为专题进行制度设计，制定出切实可行的长远解决方案。

B.12

新常态下2014～2015年河南省旅游经济运行状况与发展趋势预测

任　瀚*

摘　要：受新常态经济的影响，2014 年河南省旅游经济亦表现出中国新常态经济特有的增速回落走势。国内旅游、出境旅游和入境旅游三大市场呈现出“总量增长，增速放缓”的态势，与全国其他省市区相比，国内旅游收入居第 3 位，前几年的高速增长在很大程度上得益于人口红利在省内游和国内游中的集中释放，达到一定基数后，必将放慢增速，持续中速增长；入境旅游受益于前期基数小和 9 月份郑州机场开放的“落地签证”政策的影响，保持了 6% 的增速，总量居全国第 25 位；出境旅游得益于人均 GDP 逐年升高，接近 6000 美元，正是出境旅游与人口红利叠加的高峰期，为延续中速增长态势创造了条件。预计，2015 年河南旅游经济将延续 2014 年旅游经济发展的阶段性特征，可以概括为：河南旅游产业将持续全面中速增长，旅游产业增长速度高于全省国民经济增长速度，高于全国旅游产业平均增长速度；旅游综合收入增长速度高于游客数量增长速度。预计，今后相当长的一段时期内，这种“新”变化将成为河南旅游经济发展的“常态”，为河南旅游产业发展带来新的机遇，为适应新常态，使其成为河南旅游经济可持续发展的基础，提出提升

* 任瀚，博士，郑州大学旅游管理学院教授，河南旅游咨询网特聘专家。

旅游发展质量、科学引导旅游投资、重视文化的传承与保护、促进旅游与社会全面融合发展等政策建议。

关键词：旅游经济新常态　产业绩效　市场表现　可持续发展

一　2014年河南省旅游经济运行状况

（一）新常态下旅游经济发展环境的变化

2014年，中国国民经济步入"新常态"经济的关键转型期，对旅游经济的发展产生诸多影响。从全球来看，世界经济弱复苏、全球化退潮、世界多重分化格局加剧，极大地抑制了旅游经济前进的步伐，尤其是阻滞了入境旅游经济的发展。从全国来看，中国经济发展方式的转变和经济结构的调整，加速了旅游产业的发展，8月份发布的《国务院关于促进旅游业改革发展的若干意见》，明确了旅游业转型升级的发展方向。从河南省来看，经济发展动力结构的转换，增强了旅游内需消费的拉动力；人均GDP逐年升高，接近6000美元，提升了游客旅游消费的能力；新型城镇化建设，进一步释放了民众的旅游需求。这种大环境、大政策为河南省旅游经济持续发展创造了良好的发展环境。

1. 新常态下国际环境的变化及对旅游业的影响

2014年，慢复苏是全球经济的"新常态"，美日欧主要发达经济体经济触底反弹，新兴经济体在市场剧烈波动后也逐渐恢复了元气。联合国发布的《2014年世界经济形势与展望》认为距全球金融危机爆发已经有6年，但至今危机带来的负面效应远未消除，2014年世界经济总体上将有所好转，发达国家缓慢走出衰退，多数发展中国家企稳回升，预计2014年全年的世界生产总值（WGP）将达到3.0%。国际货币基金组织预计，2014年全球经济增长3.6%，比2013年提高0.6个百分点。世贸组织预计，2014年全球贸易量增长4.7%，比2013年提高2.6个百分点。

经济的复苏带动国际旅游持续增长，欧洲和亚太地区继续引领国际旅游发展。世界旅游经济新常态呈现出旅游产业特有的四大特点：一是世界已进入“旅游时代”，很多国家和地区更加重视旅游业的发展，把旅游业作为经济复苏的增长点，积极制定旅游发展战略，以刺激经济增长。比如，美国、中国、日本、西班牙、澳大利亚、英国、俄罗斯等国，在调整经济结构和发展新兴产业中，都把旅游业放在更加重要的位置，制定了旅游中长期发展战略。二是在世界新常态经济体系中，各个国家旅游业在GDP、对外贸易和就业中所占的比重持续提高，他们都期望旅游业能发挥更加重要的作用，成为经济持续复苏的重要动力。三是世界旅游业的发展重心在逐步东移，2013年，全球入境旅游总人数10.87亿人次，同比增长5%。其中，欧洲、亚太、美洲继续保持国际三大旅游热点地位。2014年，欧洲仍然是最大的入境旅游目的地，占全球的比重达到51.6%。相关人士预测，到2020年亚洲的旅游市场国际游客接待量会达到全球的30%，而欧洲的比重将会降到49%。[①] 四是融合发展的趋势明显。经济全球化的退潮趋势没有阻挡2014年世界旅游经济跨国界、跨领域、跨行业、跨产业、跨部门的融合发展，且旅游经济全面融合趋势日益明显。

2. 新常态下中国国内环境的变化及对旅游业的影响

2014年，在国际形势错综复杂、国内经济增长减速、外贸增长滞缓，环境污染问题不能有效解决等诸多矛盾和挑战面前，中国经济增长开始结构性减速，主动调低增速，但全年仍在7.5%左右的合理区间，结构调整、民生改善等有条不紊地推进，前三季度GDP匀速增长，说明中国经济增长进入新的时期，告别了过去的高速度正向“中速增长”的新常态经济过渡。

2014年前三季度中国旅游经济运行总体良好，三大市场表现各异——国内游、出境游、入境游继续保持“两升一降”局面：受国民旅游消费的

---

① 汤一亮《2013年我国旅游人数达32亿人　自驾游成旅游消费新亮点》，央广网，2014年1月6日。

基本需求进一步释放推动，国内游继续保持两位数的高速增长；受国内中高收入水平国民数量持续增加、游客对更高质量旅游环境的追求等综合因素影响，出境游继续火暴；受外国经济增长乏力导致部分居民收入放缓、中国环境污染持续等因素制约，入境游人数持续下降。

根据世界旅游组织的数据，2014 年中国继续保持世界旅游第一大客源国和游客海外消费全球第一的地位。中国游客成为国际旅游经济表现强劲的重要力量，各国纷纷给出多项针对中国游客的激励措施，12 个国家允许中国公民免签入境，37 个国家可落地签；2014 年 1 月，澳大利亚政府为进一步提高中国公民赴澳旅游品质，推出了“China Ready——为中国服务”国家级旅游联合质量认证，用于帮助中国公民甄别高质量的澳大利亚旅游产品和服务供应商。

（二）新常态下河南旅游经济的基本业绩

2014 年河南旅游经济发展相对乐观，受新常态经济的影响，河南 2014 年旅游市场表现出“新常态”转型期的增长态势。

从市场表现来看，2014 年河南省旅游经济亦表现出中国新常态经济特有的增速回落走势。国内旅游、出境旅游和入境旅游三大市场呈现出“总量增长，增速放缓”的态势，与全国其他省市区相比，国内旅游收入居第 3 位，前几年的高速增长在很大程度上得益于人口红利在省内游和国内游中的集中释放，达到一定基数后，必将放慢增速，持续中速增长；入境旅游受益于前期基数小和 9 月份郑州机场开放的“落地签证”政策的影响，保持了 6% 的增速，但总量居全国第 25 位；出境旅游得益于人均 GDP 逐年升高，接近 6000 美元，正是出境旅游与人口红利叠加的高峰期，为低速增长进入中高速增长阶段创造了条件。预计 2014 年全年总接待海内外游客 4.58 亿人次，比上年增长 11.5%。旅游业总收入 4357.97 亿元，同比增长 12.5%。

国内旅游中速增长。2014 年“十一”国庆黄金周适逢重阳佳节，高速公路免费通行，油价连续下降，节日期间天气良好，游客出游热情理性。七天假日河南省接待游客 4136.13 万人次，比 2013 年“十一”黄金周增长

11.2%，旅游总收入238.28亿元，比2013年“十一”黄金周增长12.4%。增幅虽然保持两位数，但在13%以下，呈现继续下降趋势。位列2014年全国各省市区“十一”黄金周旅游总收入排行榜中第3名，比2013年下降一个位次。①

出境旅游持续大幅增加，2014年河南省公民出境人数持续大幅增加，增长趋势强劲，发展速度惊人，消费金额大增。每年出境证件办理量增幅均超过40%，2014年1~7月，河南省出境证件办理量达250多万人次，增幅达61.7%。出境旅游继续保持高速增长态势。

2014年河南省入境旅游人数和入境旅游市场综合效益平稳增长，其在全国入境旅游呈现下滑趋势的情况下逆势增长的原因，一是“落地签证”的刺激起到一定的作用，2014年9月11日，郑州机场口岸签证业务正式开通，符合条件的外国赴豫旅游者，可在郑州机场享受“落地签”。为入境旅游发展提供便利条件，尤其使河南的最大客源国韩国游客受益。二是主要客源国市场的营销力度加大，效果显著。三是本身基数低，2013年河南省入境旅游收入在全国31个省区市中排名第25位，处于中下游水平，故增长较易。预计2014年河南入境游230万人次，同比增长6%，旅游创汇收入7.20亿美元，同比增长7%。

（三）新常态下河南旅游经济的发展特征

1. 河南旅游经济新常态的“新”

河南旅游经济逐渐进入新常态化旅游经济发展阶段，将逐渐表现出一系列的“新”，具体是指新业态、新游客、新结构、新发展、新评价。新业态是指基于游客需求的新业态创新成为旅游产业成长的关键力量。新游客是指45岁以下旅游者的人数正在逐年增加，成为主流游客。他们大多偏好自由行，追求不同的旅游体验，且掌握大量关于目的地的旅游信息，不会盲目跟风。旅游消费更趋理性成熟，且更加重视旅途的安全感、亲切感及归属感。

---

① 资料来源：http：//hn.ifeng.com/lvyou/zixun/detail_2014_10/08/2985110_0.shtml。

新结构是指中外游客结构构成发生根本性变化，中高端游客比重增加，游客更加追求个性优雅、深度文明和负有责任感的旅行。新发展是指旅游发展的思路不再是高投入和高增长，而是具有文化传承与创新的地域性旅游产品。新评价是指对旅游业发展的评价不再限于数量和规模，而是发展的竞争力和游客的满意度。

2. 河南旅游经济新常态的“常”

河南旅游经济新常态的“常”是指旅游常态式增长、旅游常态式投资增长以及旅游常态化消费增长。

旅游常态式增长是指国内游、出境游和入境游增速换挡。国内游和出境游由高速增长换挡为中速增长，增速将由以前的15%～35%降至10%左右，入境旅游由以前的两位数增长降至一位数增长。

旅游常态式投资增长是指由于中国经济结构调整和转型升级，政府支持性旅游投资、产业旅游投资和民间旅游投资常态化增长。

旅游常态化消费是指旅游已经成为人民的日常生活方式，老百姓常态化的旅游需求及其增长将是未来一段时间内推动河南省旅游市场繁荣的主力。据统计，河南城镇居民旅游花费占总收入的8%左右，平均出游次数3.5次/年，到2020年将增加到10%左右和5次/年。总体上，河南旅游消费表现出常态化的增长。

3. 新常态会更加关注游客满意度

2014年，河南游客满意度呈波浪形上升，服务质量有进一步上升空间，根据中国旅游研究院公布的全国游客满意度调查报告①，河南入选的两座城市——郑州和洛阳2014年第一、第二和第三季度满意综合指数分别为：74.59、73.19、76.23和72.24、75.11、75.86，均处于较满意水平，在全国60个样本城市的排名分别为第15、第22、第21位和第27、第15、第24位，处于中上游水平（见图1）。两个城市均有进一步提升的空间。

① 全国游客满意度调查由国家旅游局发起、中国旅游研究院组织实施的，是国内首个面向全国游客的满意度评价体系，是评价旅游经济运行质量的有效指标之一。列入抽样调查的60个样本城市均为国内热点旅游城市及重要旅游城市，以省会城市及经济发达的大中城市为主。

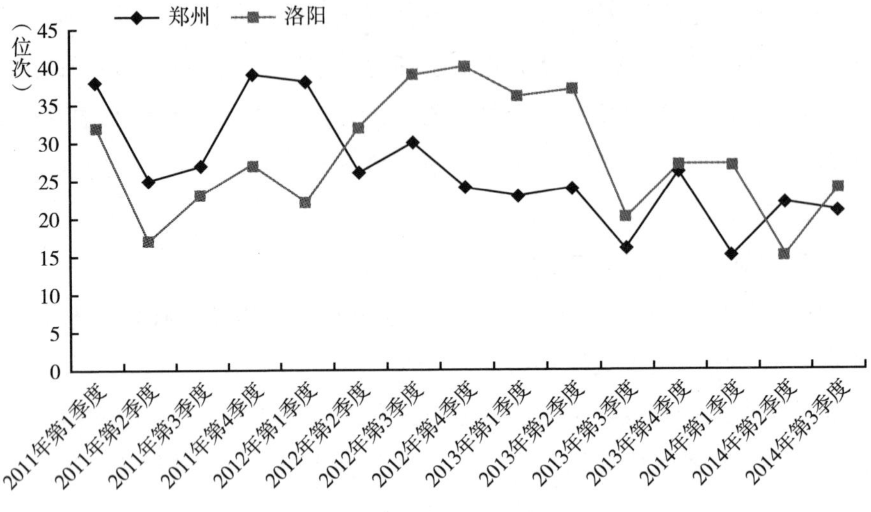

图1　2011～2014年郑州、洛阳游客满意度排名

（四）新常态下旅游经济需要关注的问题

2014年，河南旅游经济逐步转入新常态，取得了良好的业绩，但是也面临转型关键期必然遇到的问题，亟待解决。

1. 注重文化传承与创新的关系

2014年河南古都、古镇和古村落改造开发力度较大，但存在急功近利、急于求成，重拆建、轻保护，重形式、轻文化的行为。例如，在河南开封老城区改造和洛阳老城历史文化街区保护与旅游开发等古城开发改造项目中，缺失保护性规划，缺失科学论证，缺失“修旧如旧”观念。

2. 旅游项目投资和规划亟须科学引导

旅游项目片面追求大规模、大投资，规划重视引进和效仿，缺少能凸显中原文化、震撼游客心灵的世界级原创地域性文化旅游产品。盲目投资的结果使有些大项目缺少客源市场，难以收回投资，而炙热的大众旅游市场又得不到满足。

3. 自驾游服务保障体系亟须建设

自驾游已经成为河南旅游市场成长最快的一种旅游休闲方式，自驾车休闲旅游、家庭自助旅游在河南省正呈迅猛发展态势，已占市场的70%，针对自驾游的服务体系建设仍然不够成熟。

4. 入境旅游市场有待提升

河南入境旅游市场持续低迷，增长乏力，固然与国际经济形势、国家关系和入境旅游政策等常规因素有关，但也深受河南环境污染的影响，雾霾天气、饮用水质和食品安全都对入境旅游造成深刻影响。

二　2015年新常态下河南省旅游发展形势分析与趋势预测

（一）2015年河南省旅游经济发展形势分析

1. 新常态下国际旅游形势

2015 年是新常态经济发展非常关键的一年，处于危机之后缓慢、脆弱的复苏阶段，各国复苏步伐不一，世界经济复苏呈现出不均衡性和易变性，同时，新常态经济正在酝酿一系列积极向上发展的动力，失业率有望下降，预计整个世界的经济发展平均将有 4% 左右的增幅，继续保持低速增长的态势，将对旅游业的发展起着积极的作用，国际旅游发展环境明显改善，世界旅游经济运行将偏向“相对乐观”。

2. 新常态下国内旅游形势

中国社会科学院在“中国经济形势分析与预测”中认为，2015 年中国经济增速可能会在 2014 年回落的基础上继续回落，但增速仍然会高于发达国家，在一定时期会保持中高速增长，潜力范围可能会在 6% ～8% 之间。在国内资源环境约束加强和国际经济复苏不稳定的双重压力下，我国进入经济增速趋向潜在水平、物价涨幅趋于适度、新增就业趋于稳定、经济结构趋于优化的“新常态”。

（二）2015年河南省旅游经济发展预测

1. 河南省2015年旅游发展预测：相对乐观

从河南旅游资讯网了解到，2014 年“十一”期间全省接待游客

4136.13 万人次，同比增长 11.2%；旅游总收入 238.28 亿元，同比增长 12.4%。2013 年河南接待游客 41105.33 万人次，旅游总收入 3875 亿元（见表 1），2013 年“十一黄金周”期间，全省接待游客 3719.54 万人次，实现旅游收入 211.9 亿元。预计 2014 年河南省旅游接待人数 45709.12 万人次，实现旅游总收入 4357.97 亿元。

表 1　2009～2015 年旅游人数、旅游收入

单位：万人次，亿元

年份	旅游接待人数	旅游收入
2009	23437.85	1985
2010	25991.84	2282
2011	30767.29	2802
2012	36319.77	3364
2013	41105.33	3875
2014	45709.12	4358
2015	50113.46	4832

以 2009～2014 年河南省旅游人数和旅游收入来预测 2015 年河南省旅游人数和旅游收入。使用 EViews6.0 软件进行定量预测，构建模型：$Y_i = at + c$，Y_1 表示旅游接待人数，Y_2 表示旅游收入，t 表示年份序列，则：

$$Y_1 = 4635.69428571t + 17663.6 \quad （式 1）$$

$$Y_2 = 491.6t + 1390.4 \quad （式 2）$$

将 $t = 7$ 分别代入式 1 和式 2 得：$Y_1 = 50113.46$，$Y_2 = 4832$

预计 2015 年河南省旅游接待人数为 50113 万人次，同比增长 9.6%，旅游收入实现 4832 亿元，同比增长 10.9%。综合分析，我们对 2015 年河南省旅游经济形势保持“相对乐观”的判断。

2. 河南省2015年旅游发展趋势：增速放缓

受新常态经济的影响，2014 年河南省旅游经济亦表现出中国新常态经济特有的增速回落走势，面对国家保增长、扩内需、调结构的政策，旅游业投资热情异常高涨。投资力度明显加大，预计，2015 年河南旅游经济将延续2014年旅游经济发展的阶段性特征，具体是：河南旅游产业增长速度将持续全面中速增长，增长速度高于全省国民经济增长速度，高于全国旅游产业平均增长速度；旅游综合收入增长速度高于游客数量增长速度。今后相当长的一段时期内，这种“新”变化将成为河南旅游经济发展的“常态”。

三　促进河南省旅游业升级发展的政策建议

中外新常态经济特征，对河南旅游经济产生了深刻和持久的影响，为进一步适应新常态经济，使其成为河南旅游经济可持续发展的基础，提出提高旅游发展质量、改善旅游企业效益和投资收益、注重旅游发展的文化生态效益、旅游业与河南社会经济全面融合发展等政策建议。

（一）提升旅游发展质量，提高旅游竞争力和游客满意度

1. 转型升级、提质增效，加快转变发展方式

促进河南省旅游业由单一观光型向复合型转变、由门票经济型向产业经济型转变、由效仿复制型向传承创新型转变、由量的扩张型向质的提升型转变，全面提升旅游产业规模化、品牌化、市场化水平。

2. 完善旅游统计指标体系和调查方法，建立科学的旅游质量考核评价体系

尽快建立TSA统计指标体系和调查方法，使旅游统计数据与SNA横向可比，纵向可加，更具有科学利用价值和预警价值。科学的旅游质量考核评价体系逐步引入旅游竞争力和游客满意度等综合发展指标体系，形成科学全面的评价方法。

3. 加快建设旅游业社会诚信体系

在社会诚信体系建设中，完善旅游相关企业和从业人员诚信记录。行业协会要完善行业自律规则和机制，引导会员企业诚信经营并进行诚信监督。建立严重违法企业和从业人员“黑名单”制度，加大曝光力度，完善违法

信息共享机制。加强旅游市场综合执法。

4. 加强旅游人才队伍建设，统一国际国内旅游服务标准

实施“人才强旅、科教兴旅”战略，编制河南省旅游人才中长期发展规划，优化人才发展的体制机制。充分发挥旅游者、社会公众及新闻媒体的监督和引导作用，推进旅游质量全面提升。

（二）科学引导旅游投资，改善旅游企业效益和投资收益

1. 树立科学旅游投资观，使市场在资源配置中起决定性作用

建立公开透明的河南旅游市场准入标准和运行规则，打破行业、地区壁垒，推动河南旅游市场向社会资本全面开放。

2. 将旅游业纳入政府支持资金范围

国家和河南应设立支持服务业、中小企业、美丽乡村建设、扶贫开发、节能减排等专项资金，要将符合条件的旅游地、旅游企业和旅游项目纳入支持范围。尤其是旅游道路、步行道、停车场、厕所、供水供电、应急救援、标志标牌、游客信息服务以及垃圾污水处理、安防消防等基础设施和公共服务设施建设，要尽量争取国家和省市资金的支持。

3. 政府引导，推动设立旅游产业发展资金

支持符合条件的旅游企业上市，通过企业债、公司债、中小企业私募债、短期融资券、中期票据、中小企业集合票据等债务融资工具，加强债券市场对旅游企业的支持力度，发展旅游项目资产证券化产品。加大对小型微型旅游企业和乡村旅游的信贷支持。

4. 加强市场的主体作用

积极培育壮大市场主体，扶持河南特色旅游企业，鼓励发展专业旅游经营机构，推动河南旅游企业实施跨地区、跨行业、跨所有制兼并重组，打造跨界融合的河南大型旅游产业集团和产业联盟，支持具有自主知识产权、民族品牌的旅游企业做大做强。

5. 准确把握旅游投资的周期和回收期

不同的旅游产品具有不同的投资周期和回收期，要提高河南旅游企业投

资效益，就需要注重旅游投资环境分析以掌握准确的投资效益信息，并需要全面提高河南旅游企业的管理水平。

（三）重视文化的传承与保护，实现可持续地利用资源

1. 推进旅游古城、古镇、古村、古街的传承与保护工作

在旅游大开发、大投资和大建设时期，做好河南开封、洛阳、安阳和郑州四座古都的文化传承与保护工作，充分发挥后发优势，坚持保护与开发并重，加强科学保护论证，不提倡大规模拆旧建新，对古城、古镇、古村、古街提倡修旧如旧，旧为今用。

2. 积极建立省级公园体制

为国家公园体制建设做准备，实现对河南省自然和文化遗产地的有效保护和利用。同时规范 A 级景区、风景名胜区、地质公园、省级森林公园、湿地公园和文物保护单位的保护和利用工作。

3. 建立河南省景区远程智能保护监管系统

促进河南省旅游产业运行监测调度系统、智慧景区、智慧旅游企业的建设，完善旅游信息服务体系的同时进行远程智能保护预警与监管。

4. 建立河南省景区门票预约制度

分季节性、时节性对热点景区游客进行最大承载量、预警和控制研究，以此为基础科学制定各个热点景区的最大饱和量，进而建立景区门票预约制度。

（四）支持泛旅游产业整合，促进旅游与社会全面融合发展

1. 支持河南泛旅游产业整合

旅游业自身边界的模糊性和高度的开放性，使得旅游业融合的产业范围表现出极度的宽泛性，以旅游产业为核心，利用整合手段，使河南的旅游产业及其他相关产业通过乡村旅游、工业旅游和现代服务业等多种方式彼此衔接，打破各自为政的状态，构建一个有社会生态价值、有经济效率的产业集合，实现产业联动，从而推动河南社会经济全面发展。

2. 在河南城乡规划中要统筹考虑国民休闲度假需求

加强旅游设施建设，完善旅游服务功能，合理优化布局，营造居民休闲度假空间；河南城乡旅游规划也要注重和城市的发展及其特有的文化底蕴与旅游产品设计相结合，突出城乡本土文化特色。

3. 促进河南城市旅游发展

旅游已经成为城市重要的功能之一，旅游活动已经与城市的交通基础设施、生产服务、生活服务和社会服务的每一个要素相关联。旅游业与城市赖以存在和发展的各产业高度融合，工业旅游、会展旅游、文化创意旅游、养生旅游、在线旅游等旅游业与其他产业融合而衍生出的旅游新业态不断成为城市发展的新动力。

4. 积极发展河南乡村旅游

安全、舒适、畅达的交通，洁净的空气以及优良的生态环境，是河南乡村旅游可持续发展不可或缺的组成部分。依托地方性文化内涵、资源特色和市场需求，发挥生态优势，突出乡村特色，开发形式多样、特色鲜明的乡村旅游产品。推动乡村旅游与新型城镇化有机结合，合理利用自然村落、古村古镇，发展有历史记忆、地域特色、民族特点的旅游小镇和美丽乡村，建设一批特色景观旅游名镇、名村。加强乡村旅游精准扶贫，扎实推进乡村旅游富民工程，带动贫困地区脱贫致富。

参考文献

《2013 年河南省国民经济和社会发展统计公报》，《河南日报》2014 年 3 月 2 日。

钱春弦：《为中国旅游业战略定位——专访国家旅游局局长邵琪伟》，新华网，2012 年 3 月 16 日。

王春燕：《中国社科院“中国经济形势分析与预测——2014 年秋季报告”》，《中国社会科学报》2014 年 10 月 17 日。

王兴斌：《旅游业发展如何适应“新常态”》，《中国旅游报》2014 年 9 月 17 日。

熊树安：《2014 年上半年中国旅游业分析报告》，迈点网，2014 年 7 月 25 日。

经济热点篇

Economic hot spots

B.13
经济新常态下河南强化体系建设问题研究

李　斌*

摘　要：本研究以经济新常态下河南强化体系建设为视角，分析体系建设对河南经济发展的重要意义，在此基础上对河南当前体系建设的发展现状和存在的问题进行客观分析，认为产业体系的深层次矛盾尚未破解、城乡体系的体制性问题依旧突出、创新体系的创新性资源相对薄弱、市场体系的结构性矛盾较为突出等因素制约河南体系建设的进程，并从优化产业结构、统筹城乡发展、提升创新能力、深化市场改革等角度提出河南强化现代产业体系、现代城乡体系、自主创新体系和现代市场体系的对策措施，为相关部门制定决策提供科学

* 李斌，管理学博士，河南省社会科学院经济研究所助理研究员。

有效的借鉴和参考。

关键词：经济新常态　河南省体系建设　对策建议

2014年5月，习近平总书记在河南考察时指出："我国发展仍处于重要战略机遇期，我们要增强信心，从当前我国经济发展的阶段性特征出发，适应新常态，保持战略上的平常心态。"以新常态来判断当前中国经济的特征，并将之上升到战略高度，表明中央对当前中国经济增长阶段变化规律的认识更加深刻，必将对经济政策产生方向性、决定性的重大影响。当前，河南经济运行已经进入以"速度下台阶、效益上台阶、效率新突破、结构再平衡"为特征的新常态运行阶段，为适应经济新常态，河南省委省政府明确了"坚定总坐标、坚持总思路、完善总方略"的战略谋划。"三个总"战略是河南在经济新常态背景下谋划未来发展的总体思路，其中，"完善总方略"就是对河南长期以来行之有效的发展思路和举措因应形势变化加以完善和提升，具体而言，就是"完善一个载体、构建四个体系、夯实五大基础、强化六个保障"。其中，"四个体系"，即现代产业体系、现代城乡体系、自主创新体系、现代市场体系。当前，强化"四个体系"建设，是保障"三个总"战略实施的重要基础，在经济新常态下，如何根据国内外发展形势变化，因势利导，进一步强化河南现代产业体系、现代城乡体系、自主创新体系、现代市场体系的建设，确保经济新常态下中原更出彩，是河南当前亟须深入研究的重大现实问题之一。

一　经济新常态下河南强化"四个体系"建设的现实意义

当前，随着中国经济进入新常态运行阶段，河南经济发展必将更加注重以质量和效率为特征的内涵式发展，然而，长期制约河南经济持续健康发展的深层次矛盾尚未得以根本性破解，粗放型的经济发展方式、较弱的区域创新能力、薄弱的高新技术产业、滞后的现代服务业、较低的城镇化水平、滞后的市场体系和体制机制障碍等问题依然存在，尚未实现根本性改观。在此背景下，一方面河南经济发展面临着经济新常态的紧迫形势，另一方面制约河南发展的深层次矛盾依旧存在，为破解这一现实难题，需要从根本上强化现代产业体系、现代城乡体系、自主创新体系和现代市场体系建设，以此践行“三个总”战略，为河南在经济新常态下实现跨越式发展扫清障碍，为打造河南经济升级版提供核心动力，进而推进河南“三个大省”建设，为2020年河南全面建成小康社会奠定坚实的基础。

（一）强化“四个体系”是践行“三个总”战略的根本体现

为应对经济新常态带来的挑战，河南省提出了“坚定总坐标、坚持总思路、完善总方略”的战略谋划与总体设计，强化“四个体系”建设作为“完善总方略”的重要内容，是经济新常态下践行“三个总”战略的重要体现。当前，河南所面临的经济新常态意味着全方位的新探索，需通过创新宏观调控思路和方式，统筹稳增长、促改革、调结构、惠民生、防风险之间的关系。以深化市场体系改革开路，充分发挥市场的决定性作用，激发企业和社会活力；以创新驱动为核心，培育经济发展的内生动力；以构建现代产业体系为重点，加快经济转型升级和结构优化；以统筹城乡一体化打造现代城乡体系为抓手，更好地改善民生，促进社会和谐稳定发展。因此，唯有持续强化体系建设，深入践行“三个总”战略，才能在新常态下推进河南社会经济健康发展。

（二）强化“四个体系”是打造河南经济升级版的核心动力

经济新常态下打造河南经济升级版，意味着向改革要动力，向结构调整要助力，向民生改善要潜力，积极拓展发展空间，以敢为天下先的精神，创新宏观调控思路和方式，以积极稳妥防范风险的心态，培育经济发展的持久动力。强化“四个体系”建设，将为打造河南经济升级版提供强大的发展动力。完善现代产业体系是打造河南经济升级版的重要基础动力，通过进一步优化产业结构和发展方式助力河南经济转型升级；现代城乡体系为打造河南经济升级版提供巨大的潜力，通过统筹城乡一体化发展、构建现代城乡体系，将为河南经济拓展更大的发展空间；构筑自主创新体系，实施创新驱动战略是打造经济升级版的内在要求，也是河南经济未来发展的内在动力；完善的现代市场体系，将激发市场活力，提高市场经济效率，是打造河南经济升级版的重要动力。

（三）强化“四个体系”是推进河南“三个大省”建设的重要保障

经济新常态的最大特点是速度“下台阶”、效益“上台阶”，增长动力实现新突破，经济结构实现再平衡。在动力、速度和效益实现新均衡的过程中，先进生产力将不断优化和升级，落后生产力将不断萎缩和退出。河南推进“三个大省”建设，打造先进制造业、高成长性服务业和现代农业大省，需要通过加快推动传统支柱产业升级发展、着力促进高成长性产业集群发展、积极布局战略性新兴产业、加快资源型产业绿色转型、抑制部分行业产能过剩引导产业健康发展等措施，通过转变发展方式、调整产业结构、优化产业布局、重构产业动力，加快建设和完善现代产业体系，实现河南产业的内涵式发展，推进河南“三个大省”建设的步伐。

（四）强化“四个体系”为河南全面建成小康社会提供坚实的基础

经济新常态下的区域经济发展将更加注重民生的改善，通过改善民生实现改革发展成果的全民共享。当前，河南强化“四个体系”建设既是推进河南经济社会发展的重要举措，也是改善民生的重要措施。其中，打造现代城乡体系，意味着在城镇化进程中，将更加重视以人为本，以统筹城乡一体化发展的战略思路，处理城乡关系、工业化与城镇化关系，深入破解传统城乡二元结构，实现城镇居民和农村居民生活水平和质量的大幅改善和提升，为2020年河南全面建成小康社会提供坚实的基础和保障。

二　河南体系建设的发展现状及制约性因素分析

（一）发展现状

1. 产业质量逐步提升，现代产业体系不断完善

近年来，河南以产业集聚区为载体，以建设“三个大省”为目标，以先进制造业为重点着力做强工业，以现代服务业为重点加快建设高成长服务业大省，以构建现代农业体系为重点坚持做优农业，产业发展方式逐步转变，产业结构进一步优化，产业质量进一步提升。一是经济总量持续提高。2014年前三季度全省生产总值25445.43亿元，按可比价格计算，比上年同期增长8.5%。分三次产业看，第一产业增加值3715.19亿元，增长4.3%；第二产业增加值13804.02亿元，增长9.4%；第三产业增加值7926.22亿元，增长8.7%。二是经济结构进一步优化。通过不断优化产业结构，河南三次产业结构的比重由2012年的12.7∶57.1∶30.2调整为2013年的12.6∶55.4∶32.0，现代服务业占比进一步提升，2014年产业结构继续改善，服务业增速加快，对经济增长的支撑作用增强。2014年上半年，全省服务业增加值增长8.6%，分别比上年同期和今年一季度加快0.3个、0.4个百分点，二季度快于一季度；对GDP的贡献率28.0%，比一季度提高1.4个百分点。工业内部结构继续呈现积极变化。高成长性制造业、高技术产业占比提高。上半年，全省高成长性制造业、高技术产业增加值分别增长12.6%、15.8%，分别高于全省工业增加值增速1.4个、4.6个百分点；占全省工业增加值比重分别为43.6%、6.3%，同比分别提高1.6个、0.8个百分点。2014年上半年，传统支柱产业、高耗能行业占比下降。上半年，全省传统支柱产业、高耗能行业增加值分别增长10.1%、10.2%，分别低于全省1.1个、1.0个百分点；分别占全省49.0%、36.4%，分别下降0.9个、1.2个百分点。

2. 统筹城乡科学发展，现代城乡体系基础坚实

近年来，河南坚持把城镇化放在攸关经济社会发展全局的突出位置，不

断完善发展思路、发展举措，以人为本推进新型城镇化，统筹构建现代城乡体系，取得了显著成效。一是进一步明确城乡体系构建思路。2014 年河南省委省政府先后出台了《中共河南省委关于科学推进新型城镇化的指导意见》《河南省科学推进新型城镇化三年行动计划》《河南省新型城镇化规划（2014～2020 年）》等文件，从总体上为河南打造现代城乡体系指明了方向和路径。二是城镇化水平进一步提升。2013 年全省城镇常住人口为 4123 万人，比 2007 年增长 22.46%，城镇化率为 43.8%，高于 2007 年 9.5 个百分点。中原城市群实力日益增强。大力实施中心城市带动战略，中原城市群不断发展壮大，成为国家重点培育发展的中西部地区三大城市群之一。三是现代城镇体系初步形成。郑州国家区域性中心城市地位进一步提升，地区性中心城市组团式发展深入推进，县城规模不断壮大，截至 2014 年 10 月，全省城区人口规模超过 20 万人的城市有 39 个，正在形成以城市群为主体形态、大中小城市和小城镇协调发展的格局。四是现代城乡体系试点示范机制正在形成。2014 年 10 月，洛阳市、新郑市、禹州市、兰考县入选国家新型城镇化综合试点名单，成为国家级新型城镇化试点城镇，将进一步发挥试点示范作用，推进河南现代城乡体系建设。

3. 创新驱动成效显著，自主创新体系推进顺利

河南近年来按照构建一个载体、四个体系的战略部署，强化创新驱动发展政策导向，围绕粮食生产核心区、中原经济区、郑州航空港经济综合实验区三大国家战略规划实施，加快推进自主创新体系建设，创新主体不断壮大，创新载体不断丰富，创新活动日趋活跃，创新人才和成果明显增多，科技创新支撑引领经济发展的能力显著增强。一是研发投入力度加大。2013 年全省 R&D 经费投入 355.3 亿元，比 2012 年增长 44.6 亿元，增幅 14.4%。工业企业是河南省 R&D 经费投入的主力，共投入 295.3 亿元，增幅 18.6%，远远高于其他研发队伍的增速，占全省 R&D 经费投入的 83.1%。2014 年研发专项预算比 2013 年增加 1 亿元，增长 17.36%，明显高于财政经常性收入增长幅度。二是创新能力增强。2013 年以来，河南建立了 25 个协同创新中心，为此省政府召开了协同创新推进会。郑州大学、河南大学、

河南理工大学等已与多家企业建立了产学研联盟，河南农业大学牵头组建的河南粮食作物协同创新中心入选国家首批 14 个协同创新中心。三是创新驱动产业发展能力不断提升。2013～2014 年 10 月，河南围绕产业链部署创新链，启动实施了传统产业技术创新工程和战略性新兴产业科技成果转化工程，促进产业的转型升级。新启动实施重大科技专项 21 项，涉及项目总投入 62.07 亿元，研发投入 8.56 亿元，培育形成新的经济增长点。

4. 市场化改革不断深化，现代市场体系建设提速

2014 年，河南全面贯彻落实党的十八届三中全会精神，深入推进市场化改革，把改革开放作为推动科学发展的根本动力，努力消除体制机制障碍、提升对外开放水平，现代市场体系建设速度不断加快。河南省委全面深化改革领导小组，先后印发了《省委全面深化改革领导小组专项小组及专题小组设置方案》和《省委全面深化改革领导小组督办的近期重点任务》，进一步明确了深化体制改革，建设现代市场体系的重要任务。在此基础上，以推进郑州航空港区体制机制创新、完善产业集聚区管理体制、深化投融资体制改革、积极推进金融改革等为重点，聚焦影响经济社会发展的突出障碍深化改革，围绕激发市场内在动力和活力、促进经济社会持续健康发展，放活市场主体，激活生产要素，提升公共服务能力和服务效率，提升资源配置的科学化和集约化水平。

（二）制约因素

1. 深层次矛盾尚未破解，制约现代产业体系发展

当前，尽管河南产业发展态势良好，但是在经济新常态背景下，仍存在深层次矛盾制约河南现代产业体系发展的问题。一是三次产业结构仍不合理。按照产业结构升级理论，在经济水平发展到一定程度以后，第二产业的主导地位应该逐渐转向第三产业。然而，2013 年河南三次产业结构的比重为 12.6∶55.4∶32.0，仍为二、三、一的产业位序，第三产业比重与周边的湖北、山东等省相比仍有较大差距。二是产业内部结构仍不协调。工业结构不够优化，资源性产业的比重较大。现代服务业比重偏低，商业餐饮、交通

运输等传统服务业比重较大，金融、信息、咨询、科技、创意等现代服务业比重仍然不高，产品创新仍然不足。现代农业占农业发展比例不高，农产品品种结构尚未优化；休闲观光农业、都市型农业等业态占比较低。三是产业集群同构化严重。河南省产业集聚区的综合载体作用日益突出，但政策诱导下的集聚区发展模式，造成省内不同地区集聚区内部产业结构同质，没有形成合理的区域分工，产业同构已经导致了区域之间的产业互补性弱，跨地区的产业分工合作难以展开。

2. 体制性问题依旧突出，限制现代城乡体系建设

由于城乡体制机制制约，河南现代城乡体系建设仍面临诸多问题。一是大量农业转移人口难以融入城市，市民化进程滞后。截至 2013 年底，全省共有 2600 多万农民工，其中在省内的有 1500 多万。受城乡分割的户籍制度影响，大量农村转移人口未能在教育、就业、医疗、养老、保障性住房等方面与城镇居民平等享受基本公共服务，特别是在省外务工的农民工面临困难更多。同时，城乡二元结构和城市内部二元结构矛盾突出，2020 年之前，还有 1000 多万农村人口亟待转移，城市建成区内涉及 200 多万户的城中村、棚户区需要改造。二是体制机制尚不健全，阻碍了城镇化健康发展。户籍管理、土地管理、社会保障等方面的制度改革滞后，农民转市民后财产权益的保护和实现机制尚不完善，多元化的城市建设投融资体制机制尚未完全建立，城市建设资金不足、过度依赖土地出让金；一些地方城镇建设规模扩张过快，占地过多，用地粗放，制约了城镇化健康发展。

3. 创新性资源相对薄弱，制约自主创新体系建设

当前，河南创新性资源相对薄弱，尚不适应经济新常态下河南经济的发展，制约自主创新体系建设。一是全社会创新意识薄弱。社会尚未形成强大的鼓励创新、支持创新的意识和氛围，对创新重要性的认识有待提高。二是自主创新活动较低。和中部各省相比，河南工业企业的 R&D 活动仍有差距。2013 年工业企业中开展 R&D 活动的企业数占 8.29%，仅高于山西省，明显低于中部其他四省，也低于全国平均水平。三是创新主体发展水平低。2013 年底，全省大中型企业建有研发机构的仅为 23%。高水平研发团队和领军

人才缺乏，河南人口上亿，院士人数在全国却排名靠后，截至 2014 年 10 月，全省共有 19 位专职院士，与周边其他省份相比并没有优势，陕西、山东、安徽等省份均比河南拥有的院士多。四是科技创新管理的统筹协调不够，有限的科技资源没有得到优化配置，国家激励科技创新的政策有些没有得到很好落实，有利于培养、吸引、留住人才，支持创新人才脱颖而出的社会环境尚未形成。

4. 结构性矛盾较为明显，制约现代市场体系发展

当前，就河南现有的市场体系来看，市场主体和现代市场体系相背离的情况比较突出，主要体现在：一是民营经济发育不足，使得国有、民营经济和外商投资企业未能构成均衡的三足鼎立局面，限制和制约了市场的动力和活力。二是现代市场体系与中介行业发展滞后的矛盾。国外市场中介组织具有服务性、中介性和非政府性，在提高市场活动效率、促进市场体系完善方面具有重要作用。就目前来看，河南中介行业由于存在一些薄弱环节，相对于河南现代市场体系建设的需要还比较滞后。河南中介行业滞后主要体现在对政府依赖较强，运作方式不够规范，中介组织运作的资金匮乏，中介组织规模较小，中介组织的服务能力不强等。三是区域金融市场、要素市场、人力资本市场等发展仍不成熟，使得市场创造力和活力受到限制。上述因素，都在一定程度上制约了河南现代市场体系的进一步发展。

三　经济新常态下河南强化体系建设的对策措施

（一）加快优化产业结构，着力打造现代产业体系

一是加快推动传统支柱产业升级发展，促进存量优化。依托科技创新，利用高新技术、先进适用技术以及信息化技术，针对河南现有的化工、有色、钢铁等传统优势产业，综合运用延伸链条、技术改造、兼并重组、淘汰落后等手段，进行脱胎换骨式的改造提升，促使传统制造业向高附加值制造业方向发展。二是着力促进高成长性产业集群发展，促进增量调整。按照

“统筹规划、发挥优势、突出特色、集聚发展”的原则，围绕河南高成长性产业发展方向，依托产业集聚区，培育发展一批以电子信息产业集群、生物医药产业集群、新型合金材料产业集群等为重点的，特色鲜明、链条完善、具有核心技术、竞争力强的产业集群，为建设先进制造业大省提供有力支撑。三是积极布局战略性新兴产业，提升产业综合竞争力。着力培育具有核心技术的龙头企业和产业集群，努力把新一代信息技术产业培育成为新的支柱产业，把生物、新能源、新能源汽车、新材料等产业培育成为先导产业，促进节能环保、高端装备制造产业成为新的增长点，提升河南产业竞争力。四是加快资源型产业绿色转型，促进产业可持续发展。依托河南能源、有色等资源性产业发展基础，健全激励与约束机制，加强资源节约与管理，大力发展循环经济，根据资源型产业的不同阶段，实行不同的转型策略，引导资源耗费型生产模式向资源循环利用型生产模式转变，最终实现资源性产业的绿色重构。

（二）科学统筹城乡发展，构建现代城乡体系

坚持改革创新，勇于先行先试是河南推进新型城镇化的重要驱动力之一。当前，以创新驱动河南新型城镇化进程，需要加强体制机制创新，有序推进农业转移人口市民化；强化规划引领，合理优化城镇发展布局和形态；强化科技创新，持续提高城市可持续发展能力；加强制度创新，科学统筹城乡一体化发展，从而全面推进河南创新驱动新型城镇化健康、科学、有序发展。一是体制机制创新，有序推进农业转移人口市民化。有序推进农业转移人口市民化，是推进以人为核心的城镇化的本质要求，其关键在于，通过体制机制创新，提高社会公共服务的供给能力，推进公共资源配置的体制机制创新，推进均等化服务的创新探索与改革实践，实现城镇基本公共服务常住人口的全覆盖，有序推进河南农业转移人口市民化。二是科学规划引领，合理优化城镇发展布局和形态。创新驱动新型城镇化，需要优化城市空间分布和规模结构，加快中原城市群建设，提高中心城市辐射带动能力，着力增强县级城市集聚产业和人口的能力，有重点地发展中心镇，推动大中小城市和

小城镇协调发展，形成科学合理的城镇发展布局和形态。三是强化科技创新，持续提高城市可持续发展能力。顺应现代城市发展新趋势，健全规划建设体制机制，推动集约智能、绿色低碳发展，增强文化魅力，完善基础设施，强化社会治理，加强城市管理，实现城市可持续发展。四是坚持制度创新，完善推进新型城镇化的体制机制。制度创新是破解城镇化深层次矛盾的关键，科学推进河南新型城镇化进程，需要持续深化重点领域和关键环节的改革，不断破解土地、资金等要素制约和难题，加快形成有利于新型城镇化发展的制度环境。

（三）加快提升自主创新能力，强化自主创新体系建设

一是着力构建以企业为主体、市场为导向、产学研相结合的技术创新体系。强化企业技术创新主体地位，加强企业研发中心建设，增强企业自主创新能力。推动产学研相结合，积极发展产业技术创新战略联盟，探索建立产业技术研究院。加强公共技术服务、成果转化服务、科技中介、科技投融资等各类技术创新服务平台建设。构建以企业为主体，技术创新战略联盟、产业技术研究院、企业研发中心、各类服务平台有机结合的产业（集群）技术创新体系。二是深化改革、完善机制、促进创新资源高效配置和综合集成。突出市场需求的创新导向机制，推动科技与经济紧密结合，促进创新资源以企业为主体高效配置。完善科技评价和激励机制，激发广大科技人员创新创业活力。完善科技成果转化机制，促进科技成果迅速转化为现实生产力。健全科技创新的要素保障机制，培育完善资本、技术和人才等要素市场。完善政府科技管理体制机制，提升政府服务、引导、推动创新的效能。加强科技创新人才队伍建设，确立河南科技人才竞争比较优势。三是扩大科技对内对外开放。积极引进技术、成果、人才，引进研发机构，聚集和扩大创新资源。加速引进科技成果在河南转化和应用，提升引进消化吸收再创新能力。搭建对外科技合作平台，开展合作研究，利用外部资源推动创新。鼓励支持河南企业走出去，通过企业并购和引进技术，开展国际科技合作，参与国际竞争，快速提升创新能力。四是加强统筹部署和协同创新。强化创新

的规划引导、统筹部署，提升创新的整体效能。发挥社会主义集中力量办大事的体制优势，实施重大科技专项，突破重大技术瓶颈。发挥政府的组织协调优势，积极推进协同创新。强化示范带动，组织新技术的应用示范推广，以应用促创新。

（四）深入推进市场化改革，加速现代市场体系建设

一是深入推进市场化改革。坚持以经济建设为中心，深化经济体制改革，推进市场体系建设，处理好政府和市场的关系，使市场在资源配置中起决定性作用和更好地发挥政府作用，加快转变经济发展方式，增强各类市场主体活力，建立公平透明开放的市场规则，全面激发非公有制经济活力，完善主要由市场决定价格的机制。二是健全完善市场监管体制。完善市场监管机制其目的在于促进市场公平竞争，维护市场正常秩序，从制度层面确保市场在资源配置中起决定性作用。完善市场监管机制，应立足于促进企业自主经营、公平竞争，消费者自由选择、自主消费，商品要素自由流动、平等交换，建设统一开放、竞争有序、诚信守法、监管有力的现代市场体系，加快形成权责明确、公平公正、透明高效、法治保障的市场监管格局，进而建成体制比较成熟、制度更加完善的市场监管体系。三是加快政府职能转变。从减少行政审批事项入手，凡是取消和下放后有利于激发经济发展动力活力的行政审批事项，一律做到能减则减、能放就放、能清则清，最大限度地缩小行政审批、核准、备案范围，进一步向市场放权。四是加快涉外经济体制改革，转变对外经济发展方式，促进河南现代市场体系建设。要围绕建立健全开放型经济体系，完善利用外资和进出口管理体制，建立健全外经贸发展的促进和服务体系，形成促进生产要素跨境流动和优化配置的体制机制。

参考文献

丛晶：《加快完善现代市场体系　提高资源配置效率》，《中国市场》2014 年第 26

期。

丁志伟、张改素、王发曾：《中原经济区现代城镇体系的规模与等级结构研究》，《中国人口·资源与环境》2013 年第 4 期。

刘伟、苏剑：《“新常态”下的中国宏观调控》，《经济科学》2014 年第 4 期。

钱津：《完善现代市场体系的若干基本问题》，《兰州大学学报》（社会科学版）2008 年第 3 期。

吴玉萍、孙婧玮：《加快构建河南省现代产业体系动力机制的对策分析》，《价值工程》2014 年第 10 期。

B.14

强化让中原更出彩的基础支撑能力

高 璇*

摘 要： 让中原更出彩是一项庞大的系统工程，需要交通、信息、水利、能源、生态环境等基础设施支撑。未来一段时间，要加快基础支撑能力建设，突出重点、弥补短板、强化弱项，以提高基础设施的网络化、协调性、共享性为目的，以提高基础设施的利用效率为核心，坚持高端发展、融合发展、科学发展、集约发展、绿色发展，构建安全、高效、合理的基础支撑体系，为实现中原更出彩奠定坚实的基础支撑。

关键词： 中原更出彩 基础设施 支撑能力

习近平总书记在河南考察时强调，实现“两个一百年”奋斗目标，实现中华民族伟大复兴的中国梦，需要中原更出彩。让中原更出彩，是中央的期望，时代的要求，河南的担当。让中原更出彩是一项庞大的系统工程，涉及经济、社会、文化等诸多方面，这些都离不开强有力的基础设施支撑。通过“三个总”的战略谋划，着力加强交通、信息、水利、能源、生态环境等五大基础设施建设，以基础设施互联互通为纽带，推动局部优势向综合优势转变，提升服务功能，积蓄发展后劲，培育竞争新优势，使中原发展更出彩。

* 高璇，经济学博士，河南省社会科学院助理研究员。

一　强化让中原更出彩基础支撑能力的重要意义

在实现中华民族伟大复兴的中国梦进程中让中原更出彩，任务光荣而艰巨，强化让中原更出彩的基础支撑能力责任重大、意义重大，是保持河南持续发展的重要支撑，适应经济发展新常态的必然要求，增创发展新优势的战略举措，是加快新型城镇化进程的关键抉择。

（一）保持经济社会持续发展的重要支撑

基础能力是经济社会发展的重要支撑，万丈高楼平地起，没有坚实的根基，高楼大厦终究是盖不高、盖不好的。首先，强化基础支撑能力符合河南省情。近年来，河南经济社会发展持续保持着好的趋势、好的态势和好的气势，但人口多、底子薄、基础弱、人均水平低、发展不平衡的基本省情没有改变，传统优势逐渐削弱的事实没有改变，深层次矛盾没有得到有效缓解，迫切需要强化基础支撑能力，以基础设施建设为纽带，提升发展实力和竞争力，推动河南经济社会持续健康发展。其次，强化基础支撑能力契合河南发展阶段的实际。当前，河南正处于工业化发展中期和城镇化快速推进期，处于经济社会发展调整期和各种矛盾集中期，机遇与挑战并存，迫切需要强化基础支撑能力，为破解现阶段发展难题，挖掘发展潜力提供重要支撑。最后，夯实基础设施和条件贴合河南发展定位的要求。河南最大的优势在于区位，把区位优势转化为经济优势需要强大的基础设施来支撑，在建设内陆开放型经济战略高地的进程中，迫切需要进一步完善基础设施建设，增强现代综合服务功能，为中原更出彩提供强大的战略支撑。

（二）适应经济发展新常态的必然要求

当前我国经济发展进入新常态运行阶段，表现为经济从高速增长转向中高速增长，增长模式由粗放型向创新和消费驱动型转变。为适应经济新常态，河南明确提出了寻求新的经济增长点、加快经济发展方式转变、优化产业结构等一揽子方案，这些方案的实行对河南基础能力建设提出了新的要求，强化让中原更出彩的基础支撑能力将是河南适应经济发展新常态的必然要求。一是强化基础支撑能力是寻找新的经济增长点的需要。为打破传统路径依赖，寻求以内需和出口为突破口的新的经济增长点，迫切需要建立与新的经济增长点相适应的基础设施和条件，如为进一步扩大出口，需要加快完善现代交通体系，建立覆盖中西部、辐射全国、连通世界的现代综合交通枢纽。二是强化基础支撑能力是转变经济发展方式的需要。为改变传统的不平衡、不协调、不可持续的粗放型经济增长方式，形成协调、可持续发展的集约型增长方式，也需要改变粗放的基础设施建设方式，构建集约型基础能力支撑体系，为经济发展方式转变提供重要支撑。三是强化基础支撑能力是优化产业结构的需要。为调整经济结构，实现产业和产品结构的优化升级，将使基础设施需求结构发生变化，集约利用的要求进一步强化，需求弹性系数趋向下降，迫切需要不断强化基础支撑能力，以适应产业结构优化升级的要求。

（三）增创发展新优势的战略举措

增创发展新优势是让中原更出彩的关键环节。以基础设施互联互通为纽带，实现传统优势向新优势转变，局部优势向综合优势转变，是增创发展新优势的题中之义。第一，强化基础支撑能力是强化比较优势的重要选择。河南交通区位优势明显，为将这一传统优势转化为发展新优势，需要强化基础支撑能力，构筑多种运输方式布局合理、功能完善、内捷外畅、安全高效的现代综合交通体系，配以航空经济、大数据、物联网等新模式新技术，形成基于现代综合交通枢纽的现代物流新优势，从而实现传统优势向新优势的转化，全面强化河南的比较优势。第二，强化基础支撑能力是体现后发优势的战略选择。河南是一个后发地区，具有明显的后发优势，如何进一步放大后发优势，实现跨越发展，是让中原更出彩的根本所在。为充分体现后发优势，需要对交通、信息、水利、能源、生态环境等五大基础设施进行系统整合，构筑现代化的基础能力支撑体系，并以该体系为纽带，以产业集聚区、航空港等为载体，从而形成新的后发优势，推动河南经济发展。

（四）保障和改善民生的关键抉择

保障和改善民生是让中原更出彩的根本点和落脚点。基础设施建设水平与人民生活质量直接相关。近年来，河南从广大人民群众最关心、最直接、最现实的利益问题入手，不断加大保障和改善民生的力度，使人们的物质生活条件得到极大提高。但与发达地区相比，河南民生和社会建设仍比较滞后，特别是在基础设施建设方面还存在着不平衡、不协调、不可持续等问题。随着河南居民生活水平的不断提高，人们对干净的水、畅通的交通、便捷的通信、优美的环境等方面的要求越来越高。要切实按照建设美丽河南的要求，不断加快基础设施建设，下大力气改善生产生活条件，满足人民群众日益增长的基础设施需求，让广大人民群众共享改革发展成果。

二　强化让中原更出彩基础支撑能力的现实基础

近年来，河南以谋跨越求崛起、建小康富人民、兴河南强中原为目标，基础设施建设取得巨大成就，交通、信息、水利、能源、生态环境等五大基础设施建设硕果累累，为让中原更出彩进一步夯实基础。

（一）河南基础支撑能力建设的主要成效

1. 交通枢纽地位日益凸显

多年来，河南始终把交通运输作为全省经济社会发展的先行军、主力军，作为增强全省经济竞争力的制高点，坚持适度超前，加快发展。目前已初步形成以高速公路、铁路、航空为骨架，以国省干线公路为依托的包含多种运输方式的综合交通网络。在公路方面，通过全省各级交通部门不断加大公路交通建设，全省公路建设日新月异。截至 2013 年底，全省公路通车总里程达到 25.0 万公里，密度达到 149.9 公里/百平方公里，其中高速公路通车总里程 5800 多公里，全省道路运输货物总量占综合运输比重的 90% 以上。在铁路方面，河南紧紧抓住国家加快铁路发展机遇，以高速铁路、客运专线、城际铁路、大能力运输通道为重点，全面加快铁路建设。截至2013年底，全省铁路运营里程达到4822公里，其中，中央铁路4014公里，地方铁路808公里。另外，在建铁路里程达到1489公里，基本形成以“三纵四横”为骨架，四通八达的铁路网，路网密度超过252.9公里/万平方公里。在民航运输方面，河南省抓住国家在中西部地区构建国内大型航空枢纽的机遇，大力实施民航优先发展战略，采取一系列举措加快民航事业发展。截至2013年年底，郑州新郑国际机场、洛阳机场和南阳机场三个民用机场共完成旅客吞吐量1412.9万人次，同比增长11.3%；完成货邮吞吐量25.8万吨，同比增长68.5%。

2. 信息化水平不断提升

近年来，随着信息化作用的不断凸显，河南信息化进程不断加快，初步形成宽带网络基本覆盖、通信电话村村通、数字电视全覆盖的信息网络格局。截至2013年年底，全省通信光缆线路总长度达到73.3万公里，同比增长41.7%；全省电话用户累计新增750.6万户，总数达到8424万户，实现全省自然村电话“村村通”工程；宽带网络覆盖了全省99%以上的行政村，互联网用户达到5090.5万户，4G网络实现全省县以上城区、高速公路、机场和重点景区的全覆盖；“三网”融合稳步推进，广电网络完成18个省辖市光纤同轴混合网双向改造，全省基本实现CMMB信号全开通。

3. 水利网络系统逐渐完善

随着省委省政府对水利设施建设的高度重视和财政投入的持续增长，河南水利工作取得了一定成效，初步形成了复合型、多功能的水利网络。在民生水利工程建设方面，以农村饮水安全建设、水库移民基础设施建设、提高保障城市供水能力为重点，大力加强民生水利基础设施建设，切实改善生产生活条件。农村饮用水安全工程大力推进，截至2013年底，基本解决“十一五”规划剩余人口的饮用水问题，基本实现自来水村村通；南水北调及大中型水库移民基础设施水平进一步推进，截至2013年底，顺利实现南水北调移民搬迁工作；城市供水能力持续提升，通过建立水质监测工作机制、水源地安全保障联动机制、突发性污染事件供水安全保障应急预案等，使城市供水能力得到全面提升。在水利基础设施建设方面，通过南水北调中线工程河南段建设顺利推进、受水配套工程全面开工等大型水利工程建设，水利基础设施水平有了较大提高。在水利薄弱环节建设方面，通过持续加快农田水利工程建设，新建、续建灌区工程建设基本完成，大型水库除险加固全部完成，一批治淮骨干工程和引黄调蓄工程顺利建成等，水利薄弱环节有了明显改善。

4. 能源可持续发展能力持续提高

近年来，河南能源基础支撑能力迅速提升，已成为我国重要的能源生产大省和消费大省，初步形成了传统能源与可再生能源全面发展的能源供应体系。一是能源保障能力显著增强。2013 年河南全省能源生产总量达到 13248 万吨标准煤，其中原煤占 89.9%，原油占 5.1%，天然气占 0.5%，水电占 4.5%。全省电力装机容量达到 6051.5 万千瓦，其中水电装机 395 万千瓦，同比增长 0.1%；火电装机 5580 万千瓦，同比增长 5.0%；新能源 76.5 万千瓦，同比增长 39.4%。河南电网形成 500 千伏“两纵四横”梯形主网架，市域实现 220 千伏环网供电，县域实现 110 千伏双电源供电，110 千伏以上变电总容量达到 1.83 亿伏安，线路总长 4.52 万公里，实现了与西北、华北、华中三大区域电网联网。在原油方面，初步形成了以郑州为中心的成品油“十字”形干线管网和多气源供气网络。二是结构调整成效明显。2013 年河南能源消费总量中煤炭所占比重为 80.8%，比 2009 年下降了 6.4 个百分点；火电“上大压小”工作继续推进，累计关停小机组 1300 多万千瓦；新能源发电持续推进，2013 年发电装机达到 76.5 万千瓦，同比增长 39.4%。三是减排效果突出。2013 年全省万元工业产值综合能耗持续走低，较 2012 年回落 0.08 个百分点，全省人均生活能源消耗增速不断下降，较 2012 年下降了 9.9 个百分点。

5. 生态环境质量显著改善

近年来，按照美丽河南建设要求，河南生态环境质量有了明显改善。一是环保基础设施建设取得重大进展。为有效改善环境质量，近年来河南加强城镇污水处理厂和生活垃圾处理场建设与管理。在城市污水处理和生活垃圾收集方面，截至 2013 年年底，全省城市污水处理量达 15.2 亿吨，城市污水处理厂集中处理率高达89.9%，同比增长了3.3个百分点；全省生活垃圾清运量为805万吨，生活垃圾无公害化处理率达90%，同比增长3.6个百分点；在乡镇污水处理和生活垃圾收集方面，河南在全国率先实行“县县建成污水处理厂和垃圾处理场”的目标。二是环境综合整治成效显著。为营造天蓝水净地绿的人居环境，河南加快对水污染、大气污染进行了整治。在水污染整治方面，通过对南水北调中线工程水源地、全省主要饮用水源地和贾鲁河、卫河、惠济河等流域进行整治，对重污染涉水企业进行治理，全省实现好于Ⅲ类的水质断面达38个，占总断面的45.8%；在大气治理方面，通过对小水泥、小造纸、小耐火材料等企业比较集中的区域，化工、医药、电力等高排放行业实施综合整治，2013年二氧化硫排放量较2012年减少了2.2万吨，省辖城市环境空气质量达标率为72.8%。

（二）河南进一步强化基础支撑能力面临的主要问题

经过多年努力，河南基础支撑能力有了明显提高，但与中原更出彩对基础支撑能力的要求相比，仍存在不少问题，突出表现在：一是综合交通体系尚需不断完善。从基础设施总量上看，河南基础设施总量依然不足，铁路货运持续走低的态势还在进一步加剧，客运“一票难求”的现象仍将持续存在；相较于国际国内一流机场，河南民航业发展依然较慢，国际航线依然较少，客运能力增长缓慢；干线公路规模仍比较小，不能满足经济社会日益发展的需要。在管理水平上，河南交通运输管理水平依然较弱，道路应急保障能力依然不足，公路超载现象屡禁不止；城市堵车现象愈演愈烈，城市交通管理水平有待提高；综合交通公共信息发展建设滞后，公共信息平台有待建立。在运输方式协调发展上，河南运输方式协调发展能力有待加强，铁路、公路、民航等各种运输方式尚未实现高效衔接，综合交通运输仍以公路为主，运输结构仍不尽合理，需要铁路、民航不断加大规模。二是水资源供需矛盾和水环境污染问题依然存在。河南生产生活供水保障能力依然不强，一些城市供水紧张，一些地方不时发生饮水困难；全省还有3000多万亩耕地“望天收”；防洪排涝安全工程体系尚不完备，抗灾能力较弱；环境问题较多，水污染尚未根本解决。三是能源支撑能力有待进一步提高。能源结构依然单一，煤炭资源消费量超过总量的80%，高于全国平均水平；资源约束压力日益加大，煤炭、成品油、天然气调入量逐年增加，河南能源对外依存度持续攀高；能源利用率依然不高，河南工业多处于产业链前端，产业结构偏重，能源消耗强度较大的问题依然突出。四是生态环境压力依然很大。水土流失现象日趋严重，截至2013年底，全省累计水土流失治理面积为323.7万公顷，比2012年少了127.4万公顷；水污染治理压力依然存在，截至2013年底，全省地表水水质级别为中度污染，较2007年轻度污染上升一个档次。城市空气质量仍需提高。资料显示，2013年全省省辖市城市环境空气质量级别为轻污染，较2007年环境质量下降一个级别。五是信息化水平依然不高。信息基础设施建设水平仍较低，城乡信息服务差别依然较大，部分偏远地区通信设施依然落后，信息化与工业化、城镇化的融合度有待进一步提升。

三　强化让中原更出彩基础支撑能力的思路与对策

按照中原更出彩的基本要求，未来一段时间，要加快基础支撑能力建设，突出重点、弥补短板、强化弱项，以提高基础设施的网络化、协调性、共享性为目的，以提高基础设施的利用效率为核心，坚持高端发展、融合发展、科学发展、集约发展、绿色发展，着力加强交通、信息、水利、能源、生态环境等五大基础设施建设，构建安全、高效、合理的基础支撑体系，为实现中原更出彩奠定坚实的基础支撑。

（一）坚持高端发展，打造连通世界的综合交通枢纽

交通是基础性、先导性产业。人类经济社会发展的每一次飞跃，都伴随着运输方式的创新、物流网络的扩大和开放程度的深入。河南应依托现有交通区位优势，坚持高端发展，形成多种运输方式布局合理、功能完善、内捷外畅、安全高效的大交通格局，打造覆盖中西部、辐射全国、连通世界的现

代综合交通枢纽，为中原更出彩奠定交通基础。一是持续推进航空枢纽建设。加快推进郑州航空港二期工程、T2 航站楼和综合交通换乘中心建设，推进许昌等地候机楼的二、三级配套工程建设；强化空地交通衔接、构建完善的机场集疏系统；积极开拓郑州前往洛杉矶、悉尼、仁川、东京、大阪、多哈等国际货运航线，完善快件集散、海关监管体制机制，形成特色鲜明的国际航空货运枢纽。二是全面推进铁路枢纽建设。按照中原经济区布局要求，强力推进“米字”形铁路网建设；在建成郑州至开封、焦作、机场等地的城际铁路基础上，加快其他城际铁路网建设，形成以郑州为中心，半小时左右通达开封、许昌、焦作等城市，一小时左右通达省内其他省级市的城际铁路网；重点抓好航空港、铁路港、公路港等枢纽场站建设；稳步推进货运干线铁路建设，形成“三纵五横”大能力货运铁路网；大力推进“郑州班列”扩大运营、E 贸易试点验收、集装箱国际陆港建设，全力推进国际铁路港建设。三是进一步推进公路枢纽建设。稳步推进高速公路建设，着力形成内联外通的高速公路网；进一步提升干线公路服务水平，实现国道覆盖所有县市，省道覆盖所有产业集聚区和中心镇；以新型城镇化建设为契机，实现“县县畅、乡乡联和农村骨干路网等级化”；加快综合性客货运枢纽建设，全面提升公路港场站水平。四是加快水运枢纽建设。加快实施沙颍河、涡河、沱浍河等重点航运开发工程，推进贾鲁河、惠济河、唐河等航道工程，建设畅通高效的内河水运通道；通过发挥内河航运比较优势，形成与公路、铁路的无缝对接，构建重要的现代港口枢纽。

（二）坚持融合发展，打造全国重要的信息网络枢纽

信息化是当今世界发展的大趋势，是推动中原更出彩的重要力量。河南应抓住和用好新一轮科技革命和信息化快速发展的机遇，坚持融合发展，找准工业化与信息化的融合点，把握信息化与城镇化的结合点，抢占信息化创新发展的制高点，大力推进信息基础设施建设，打造全国重要的信息网络枢纽。一是加快推进郑州国家级互联网骨干直联点建设，进一步争取全国性或区域性重大项目落地，全面提升郑州信息集散中心和通信网络交换枢纽。二

是要加快推进光纤宽带普及提速，优化完善4G网络覆盖，扩大重点区域和公共场所无线局域网覆盖范围，促进“四化”同步发展。三是要加强顶层设计，完善激励机制，推进融合创新，积极发展云计算、大数据产业，抢占信息化创新发展制高点。

（三）坚持科学发展，打造功能齐全的水利支持系统

水不仅是人类生存的条件，是经济社会发展的战略性资源，也是生态环境优良的基本要求，有水才有生机、才有灵气。河南应抓住让中原更出彩的重要战略机遇，从保障生活饮用水安全、保障经济社会发展水资源需求、提高抗灾能力、优化水生态环境四个方面出发，坚持科学发展，打造功能齐全的水利支持系统。一是加大水利基础设施建设。应抓住国家加大节水供水工程建设和淮河流域治理的大好机遇，推进出山店水库、前坪水库等大中型防洪、灌排工程建设；加强以引黄为重点的水资源调配工程建设，推动大中型灌区续建配套、节水改造，建设一批抗旱应急水源工程。二是推进民生水利工程建设。加大病险水库和病险水闸的除险加固工作，确保防洪、排涝、供水等综合效益的发挥；大力推进农村饮用水安全工程建设，全面实现村村通自来水；加强城市供水、排涝以及生态水系建设，完善配套污水处理工程，为建设优美城市、宜居环境创造良好条件。

（四）坚持集约发展，打造“内节外引”的能源支撑系统

能源是经济社会发展的物质基础，是实现中原更出彩的重要保障。为扭转河南能源不断增大的供需矛盾，应坚持集约发展，实施“内节外引”能源战略，不断完善能源支撑体系。一是推动能源节约工程建设。科学利用省内能源，推广节能技术，减少单位生产总值和人均能源消耗。二是积极实施能源引进战略。充分利用河南区位优势，推动全国电力联网枢纽、全国重要煤炭储配中心、区域性油气输配中心建设，实现电力、煤炭、天然气等能源入豫，确保河南能源供应，为建设富强河南、文明河南、平安河南、美丽河南，让中原更出彩奠定坚实的基础。三是加强新能源开发利用。因地制宜，

统筹推进生物质能、太阳能、风能、地热能等新能源的开发利用，努力提高非化石能源在能源消费中的比例，开辟能源供应新渠道。

（五）坚持绿色发展，打造天蓝水净地绿的生态环境系统

生态文明既是关系人民群众生活质量的民生问题，也是关系调整产业结构、转变发展方式和发展环保产业的经济问题。河南应按照美丽河南的要求，坚持绿色发展，加快构筑“四区三带”的区域生态格局，实施蓝天工程、碧水工程、乡村清洁工程等，营造天蓝水净地绿的人居环境，为实现中原更出彩提供环境保障。一是加快构建“四区三带”区域生态格局。加快推进建设桐柏大别山生态区、伏牛山地生态区、太行山地生态区、平原生态涵养区，构建横跨东西的沿黄生态涵养带、沿淮生态走廊和纵贯南北的南水北调中线生态走廊，形成“四区三带”的区域生态格局。二是加快水生态治理保护工程和水污染治理工程建设。进一步加大生态环境综合治理力度，重点做好丹江口库区及上游、革命老区水土保持重点防治工程和易灾地区水土流失综合治理工程、坡耕地水土流失综合整治工程、黄河流域淤地坝建设及除险加固工程、风沙区综合治理工程、城市周边重点水源地保护工程，逐步建立人与自然和谐相处的水生态环境，构建水资源保护和河湖健康体系；严格控制污染物排放，加强对造纸、印染、化工、制革、农副产品加工、食品加工等重点行业主要污染物监测与防治，大力开展工业废水无害化处理，确保碧水工程的实施。三是进一步推进大气污染治理工程。严格控制二氧化硫和氮氧化物的排放总量，强力推进电力行业燃煤机组加装脱硫脱硝设施，非电力行业推进烟气脱硫脱硝设施建设，加强机动车氮氧化物排放控制，定期进行环保检测；加快调整能源结构，确保空气质量达标，全面提高河南空气质量水平。

参考文献

河南省人民政府：《2014 年政府工作报告》，2014。

河南省社会科学院、河南日报社课题组：《让中原更出彩的战略谋划与总体设计》，《河南日报》2014 年 8 月 5 日。

河南省统计局：《2014 河南省统计年鉴》，2014。

张亚军：《可持续发展条件下的新一代城市基础设施建设》，《上海城市规划》2010 年第 3 期。

B.15

打造河南经济升级版的战略保障研究

林园春*

摘　要：李克强总理提出经济升级版这一概念，并认为经济升级版意味着更强的创新实力、更优的经济结构、更高效的市场环境、更稳固的民生。打造河南经济升级版是一项长期的系统工程，涉及经济、社会发展的各个方面，不可能一蹴而就。因此，需要强化开放、改革、人力资源、思想文化、社会和谐、干部队伍等六个方面的保障，为打造河南经济升级版提供强有力的支撑。本文在分析强化河南经济升级版战略保障面临的主要问题的基础之上，提出了强化河南经济升级版战略保障的对策建议。

关键词：河南　经济升级版　战略保障

打造河南经济升级版，就是要通过加快经济转型升级，实现经济发展质量和效益提高，是一个从传统经济增长函数关系上升为新型经济增长函数关系的过程。打造河南经济升级版是促进河南经济持续、和谐发展的战略选择和实现全面建成小康社会目标的现实需要，具有十分重大的意义。然而，打造河南经济升级版是一项长期的系统工程，涉及经济、社会发展的各个方面，不可能一蹴而就。因此，需要强化开放、改革、人力资源、思想文化、社会和谐、干部队伍等六个方面的保障，为打造河南经济升级版提供强有力的支撑。

---

* 林园春：经济学硕士，河南省社会科学院助理研究员。

一 强化河南经济升级版战略保障的重要意义

2014 年 5 月，习近平总书记在河南考察时指出，我国发展仍处于重要战略机遇期，我们要增强信心，从当前中国经济发展的阶段性特征出发，适应新常态，保持战略上的平常心态。可以说，当前国际国内环境十分复杂，经济平稳运行与隐忧风险并存，发展的红利逐步转换，纷杂的社会矛盾不断凸显。在这样一个大背景下，打造河南经济升级版是适应全球经济形势变化的必然选择，是经济新常态下河南发展的必然要求。打造河南经济升级版，意味着要加大结构调整力度，意味着用更大力气释放改革红利，意味着改善民生和促进社会公平、公正。而这些目标，恰恰需要通过强化开放、改革、人力资源、思想文化、社会和谐、干部队伍等六个方面的保障来实现。郭庚茂书记指出，开放、改革、人力资源、思想文化、社会和谐、干部队伍等六个方面的保障，是激发经济社会发展动力活力的关键所在，必须常抓不懈，切实抓出成效。

开放决定着一个国家和地区的发展水平，是打造河南经济升级版的动力保障，只有扩大开放，充分利用两种市场两种资源，河南才能抓住产业布局在世界范围内调整的机遇，抓住东部沿海地区加快向中、西部进行产业转移的机遇，在较短时间内实现经济转型发展。面对经济新常态，打造河南经济升级版必须在原有基础上实现新的全面提升，使经济发展更加全面，社会发展更加和谐，人民生活更加富足，涉及市场关系和顶层设计的调整，涉及经济结构和发展动力的转变，这些都必须依靠改革才能完成，改革是打造河南经济升级版的机制保障。人力资源是地区发展的核心战略资源，也是打造河南经济升级版的关键资源和紧缺资源，谋划、调整人力资源的专业素质结构、层级结构、分布结构，是打造河南经济升级版的重要保障，其意义是以人力资源合理布局促进区域协调发展，以人力资源结构升级引领经济升级。思想文化建设是适应经济社会快速发展、增强区域软实力的必然要求，可以为打造河南经济升级版提供思想保障、精神动力和文化支撑。和谐是社会繁荣发展的基石，是河南人民安居乐业的基础，是打造河南经济升级版的基础保障。领导干部是打造河南经济升级版的组织者和领导者，是经济社会发展的顶层设计者，干部队伍素质攸关全局、影响深远，是打造河南经济升级版的根本保障。

二　强化河南经济升级版战略保障面临的主要问题

近一个时期，河南省委省政府把提升河南发展、打造河南经济升级版的总方略定位为：完善一个载体，构建四个体系，夯实五大基础，强化六个保障。其中，六个保障能力不断增强，为实现总目标、实施总布局提供了具体保障。省委省政府持续把对外开放作为应对复杂局面和破解各种制约的综合性战略举措，重视招商引资与重大项目引进，开放正朝着更大规模、更宽领域、更高水平、更好效果发展。把改革开放作为推动科学发展的根本动力，改革创新力度不断增强，深化重要领域和关键环节的改革，释放发展的巨大潜力，增强发展的源头活力。人才强省战略迈出坚实步伐，人才培养机制不断完善，人力资源总量不断增加，人才队伍整体素质不断提高，为经济社会发展提供了有力的智力支持。通过加强宣传思想文化工作，为中原崛起河南振兴提供了思想保障、精神动力和文化支撑。同时，始终坚持把人民利益放在第一位，持续加大民生投入，全面发展社会事业，提高社会保障水平，社会基本和谐稳定，夯实了河南经济社会繁荣发展的基石。干部队伍建设不断加强，建设了一支德才兼备的高素质执政骨干队伍，为河南发展提供了根本保障。

但应该看到，六个战略保障还存在一些突出问题，距离充分保障河南经济升级版的打造还有一些差距。

（一）对外开放程度不高

作为一个内陆省份，河南不沿海、不沿江、不沿边，仅靠自力更生、自谋发展，永远不可能融入国际经济发展的大浪潮，实现经济升级版。省委书记郭庚茂强调，开放是加快河南经济社会发展的全局性、战略性举措，是决定河南前途命运的关键抉择和基本省策。但是，同沿海省份相比，河南的对外开放水平仍然较低。首先，招商引资能力不强。2013 年河南全面利用外资 86.88 亿美元，外商投资 245.44 亿美元，占比不足全国的 8%，远远落后于广东、上海、山东、江苏等地。在招商引资过程中，更是存在只重数量、不重质量，招商手段简单粗放的问题，导致招商引资的效果不能很好发挥，河南的地方优势资源未被充分利用和开发。其次，对外贸易滞后。2013 年，河南省实现进出口总值 599.5 亿美元，外贸进出口规模继续保持中部六省第一，外贸进出口增速排在全国第 8 位，进出口规模排在全国第 12 位，但应看到富士康一家企业对外贸的贡献率就占据河南半壁江山，形势仍然不容乐观。当前河南对外贸易问题突出表现为，对外贸易主体结构仍不均衡，对外贸易的商品结构过度集中，各市对外贸易发展不均衡。只有增强机遇意识，进一步扩大对外开放，以开放促转型、以开放促发展，才能最终实现河南经济升级版。

（二）体制机制亟须完善

制度就是生产力，好的体制机制可以把人的积极性充分调动起来，使各种生产要素的作用充分发挥，让打造河南经济升级版的创造活力充分涌流。改革开放初期，沿海地区率先改革开放，创造了体制优势，实现了率先发展。河南在过去的改革开放大潮中发展相对滞后，可以说河南与沿海地区的差距主要体现在体制机制上。经济新常态下，河南唯有全面深化改革，完善体制机制，才能跨越发展实现经济升级版。当前，制约河南打造经济升级版的体制机制障碍主要集中在经济领域，其根源在改革不到位、不深入。例如，社会主义市场经济体制还不完善，政府与市场的关系还没有理顺，有的资源配置本应由市场决定，却是由政府配置。省内各地市部门分割、地区封锁、行业垄断等有悖于市场经济规律的现象还大量存在。政府财权与事权不匹配，预算管理制度、税收制度等财税制度不健全，城乡一体化体制机制没有形成。只有深化体制机制改革，以改革推动经济发展方式转变，才能促进河南经济升级版的打造。

（三）高端人才资源匮乏

人才是第一资源，也是区域发展的核心资源和战略资源。打造河南经济升级版，离不开各行各业各领域的优秀人才。河南一直是人口大省，却非人力资源大省，高端人才匮乏是制约河南发展的重要原因。从受教育程度看，2013年大学专科文化程度人口为403.45万人，占6岁及以上人口的比重为4.5%；大学本科文化程度人口为185.88万人，占6岁及以上人口的比重为2.8%；研究生文化程度人口为12.27万人，占6岁及以上人口的比重为0.1%。从上述数据可以看出，河南省人力资源素质整体偏低、高学历人力资源所占比例过小。从人力资源状况看，河南省人才总量为792万人，占从业人员的18.2%，占人力资源总量的11.0%。在专业技术人才中拥有高级职称的人才总量为23万人，占专业技术人员总量的6.3%；拥有中级职称的人才总量为87万人，占专业技术人员总量的25.8%。可以看出，中高级专业技术人才比例较低，高端人才资源匮乏。在高技能人才中，高级技师和技师4.5万人，高级工5万人，高级工和技师占技能人才的7.2%。我们由此可以看出，高端技能人才占人力资源比例也偏低。高端人才资源匮乏成为打造河南经济升级版的主要障碍，因此需提升河南人力资源的总体优势，为打造河南经济升级版提供智力保障。

（四）思想文化支撑不足

思想是行动的先导，文化是发展的软实力，思想文化是打造河南经济升级版的精神支柱和思想动力。当前，人民的思想文化领域仍存在一些观念制约，不利于河南经济升级版的打造。第一，小农意识强烈。河南是一个农业大省，农村人口所占比例较大，有些地方小农意识仍然突出，小富即满、小进即安、因循守旧的思想仍然存在，严重影响着中原经济区的发展，影响着打造河南经济升级版的进程。只有摒弃传统小农意识，充分调动广大人民群众的积极性与主动性，才能加快推进河南经济升级版的打造进程。第二，全局观念不强。打造河南经济升级版是一项艰苦卓绝的系统工程，是为亿万河南人民谋福祉的重要战略。打造河南经济升级版，要把思想文化和行动统一到河南省委、省政府的决策上来，要讲大局，要将大局观贯穿始终。但是，现在还有些人在思想认识上不能自觉地做到全局为重、大局为先，不能自觉地融入打造河南经济升级版的工作中。第三，创新意识缺乏。打造河南经济升级版，关键在于把改革的红利、内需的潜力和创新的活力进行充分的叠加，需要有创新的意识。但是，在文化思想领域，仍存在抱着老皇历，对付新问题的现象，跳不出旧思维，想不出新办法，拿不出新举措。只有强化思想文化建设，摒弃思想文化领域的恶习，才能为打造河南经济升级版提供思想保障、精神动力和文化支撑。

（五）社会矛盾叠加凸显

稳定是社会繁荣发展的基石，没有和谐稳定的社会环境，既不可能集中精力抓发展，也不可能让老百姓安居乐业，打造河南经济升级版更是无从谈起。当前，经济新常态下，河南经济稳中有进，保持了良好的发展势头，但是各种社会矛盾叠加凸显，带来社会发展的隐性风险，不容小觑。首先，坚持效率优先与贫富差距不断扩大的矛盾。基尼系数是国际上用来综合考察居民收入差异的一个重要分析指标。基尼系数为 0.4，一般会作为收入分配差距的“警戒线”，一般发达国家的基尼系数在 0.24 ~ 0.36，美国偏高为 0.4。据国家统计局 2013 年发布的数据，全国 2012 年的基尼系数为 0.474，且呈上升趋势，贫富差距扩大趋势明显，由此引发的各类矛盾也越来越突出。河南作为全国的缩影，且农民人口较多，这一现象更加突出，必须引起重视。其次，就业需求不断扩大与就业岗位不足的矛盾。河南是人口大省，近年来随着高等教育的普及，越来越多的大学生成为求职大军中的一员，就业压力也越来越大。很多大学生毕业之后，直接待业在家，带来社会安定隐患。再次，经济发展较快与社会事业发展较慢的矛盾。河南经济稳中有进，但各项社会事业发展相对缓慢。公共卫生体系、社会保障体系等不健全不断引发各类社会危机。此外，市场逐步开放与诚信体系缺失的矛盾也越来越突出。国家及省委省政府一直强调，要充分发挥市场的作用，让市场在资源配置中起决定性作用。但是，市场的良好运行要求有诚信与法治做保障。由于社会诚信体系不健全，市场交易成本增加，资源配置效率降低，市场经济秩序遭到破坏，社会安定受到影响。最后，各种犯罪活动和敌对势力的渗透破坏活动严重存在，引发社会矛盾，也给河南社会的和谐稳定带来诸多不利的影响，成为打造河南经济升级版的障碍。

（六）干部队伍建设滞后

干部队伍是打造河南经济升级版的顶层设计者和指挥官，建设一支德才兼备的高素质执政骨干队伍，是打造河南经济升级版的根本保证。但是，目前河南省的干部队伍建设还相对滞后，还存在一些问题。一是评价考核体系不健全。干部考核存在着目标设置内容、标准、要求不够合理，目标考评主观性和量化加权困难的问题。考核缺乏统一的规定作为依据，评价考核活动缺乏整体的战略规划，缺乏相对稳定的规范性操作办法，仍基本采用查台账、开座谈会听取意见、现场察看等传统的考核办法，没有采用信息化、系统化、计量化的技术手段。二是竞争机制和激励机制不完备。在干部选拔任用上，渠道还不够畅通，方式方法还不尽合理，不能做到人尽其才，才尽其用。三是对职业道德教育的重视度不够。公务员的职业特点是依法行使国家行政权力、执行国家公务，其权力来源于人民，又服务于人民，除了严格依法行政，遵守公共道德以外，还应遵循特殊的职业道德。但是由于缺乏公务员职业道德教育的基本制度，大多重视工作任务的落实，而疏于干部队伍的职业道德教育，致使少数干部过分追求物质利益，忽视精神上的自我完善，职业道德观念淡化，不愿作为、无能作为、慢作为、懒作为、虚作为等情况或多或少地存在。这些问题如果不解决，打造河南经济升级版的目标就不可能实现。

三　强化河南经济升级版战略保障的对策建议

强化打造河南经济升级版的战略保障，要从持续扩大对外开放、深化体制机制改革、提升人力资源优势、强化思想文化建设、确保社会和谐稳定、加强干部队伍建设六个方面入手。

（一）持续扩大对外开放

开放程度决定着一个国家和地区的发展水平，只有持续扩大对外开放，河南才能在最短的时间内实现跨越发展、赶超发展，打造经济升级版。为此，应坚持对外开放的基本省策，持续拓宽开放领域、优化开放环境。一要推进郑州航空港经济综合试验区建设，发挥龙头作用。按照“大枢纽带动大物流、大物流带动产业群、产业群带动城市群、城市群带动中原崛起河南振兴富民强省”的思路，完善开放平台功能，加快建设国际航空物流中心，加强口岸通关、物流设施等基本能力建设，重点引进物流集成商，建设各类货物分拨中心，搞好郑州市跨境贸易电子商务服务试点，形成全球便捷安全通道。培育产业群，建设全球重要的智能手机生产基地，着力引领全省产业转型升级，成为打造河南经济升级版的核心增长极。二要全面融入丝绸之路经济带建设。丝绸之路经济带建设是河南省与西亚各国深化合作的大好机遇，带来的将是世界上最大的欧亚大陆的一体化和全面复兴。河南要紧紧抓住这一机遇，提升郑州、洛阳作为新亚欧大陆桥经济走廊重要节点城市的支撑作用，进一步强化“郑欧班列”联通中亚、直达欧洲的重要纽带作用。三要进一步提升招商引资水平。要突出产业链招商、集群式招商，积极探索“全链条、全要素、全服务、无障碍”的立体招商模式，提高招商的专业化、科学化水平。鼓励支持世界 500 强企业及知名跨国公司在河南设立总部、研发中心、营销中心等重大引资引智引技结合项目。四要营造良好的营商环境。加强开放载体平台建设，推进综合保税区、保税物流中心和陆空口岸建设，完善电子口岸平台，推动企业注册登记、投资者保护等方面与国际接轨，探索推行权力清单和负面清单管理制度，促进投资贸易便利化。

（二）深化体制机制改革

为打造河南经济升级版，省委、省政府在战略谋划、制定经济发展的对策上做了很多努力，取得显著成效，但是如果体制机制不行，效果就会大打折扣。唯有深化体制机制改革，抓住“两个突出”、把握“两个条件”、做到“两个结合”，才能为打造经济升级版提供体制保障。第一，进一步提高思想认识。深化改革，首先要深刻认识到改革的重要意义。不改革难以转变经济发展方式，不改革难以在区域竞争中占据优势地位，不改革难以实现河南经济升级版。所以，改革势在必行。要进一步加强宣传教育，使各级领导干部增强改革的意识、改革的决心，使全社会形成支持改革、推进改革的良好氛围。第二，坚持务实改革。把握关键性、体制性、时效性的改革，进一步确定改革的重点任务，做到“两放活、两提升”，即把市场主体放活，把生产要素放活，提升公共服务能力和服务效率，提升资源配置科学化和集约化水平。加快实施政府职能转变，扭转政令不畅的“堰塞湖”现象，纠正拖延应付和打折扣、搞变通的行为，研究推进改革的具体措施，让市场作用得到更好发挥，让政府管理更加到位，努力营造各类主体公平竞争的市场环境。深化行政审批制度改革，对行政审批事项进行审核、清理、下放，充分发挥市场机制作用，激发市场主体的内生动力，为打造升级版提供“源头活水”。第三，完善改革工作机制。进一步理顺领导体制，发挥河南全面深化改革领导小组、专项小组、专题小组的作用，既发挥综合协调作战的效能，又调动方方面面的积极性，提高工作效率。要完善各项工作制度，推动改革工作进入常态化。

（三）提升人力资源优势

河南人口多，是优势也是压力，如果能把人培养好、培训好，就能把人口压力转化为打造河南经济升级版的人力资源优势。一要坚定不移地把提升全民技能水平作为长远的重大战略来抓，加快国家职教改革试验区建设，深入实施全民技能振兴工程和职业教育攻坚二期工程，坚持产教融合、校企合作、工学结合，不断提高劳动者素质，实现人口红利向人力资源红利转变。二要加大高层次人才引进力度。通过加大资金投入、完善人才引进政策、加强人才引进平台载体建设，集聚更多的高层次人才来河南创新创业。要坚持领军人才引进与创新团队引进相结合，特别是根据航空港综合实验区及新能源、新医药、新材料等新兴产业的发展规划，引进急需的高层次人才和创新创业团队。三要建立健全人才发现培养、评价使用、流动配置、激励保障等方面的制度，着力营造人尽其才、才尽其用的良好环境。同时，对人才资源进行整体统筹、科学配置，做到人才资源优势互补。谋划、调整人才的专业素质结构、层级结构、分布结构，以人才合理布局促进区域协调发展，以人才结构升级引领经济升级。

（四）强化思想文化建设

强化思想文化建设是打造河南经济升级版的思想保证和文化支撑。一要加强思想道德建设。大力倡导做文明人、办文明事，弘扬红旗渠精神、焦裕禄精神，引导人们讲道德、尊道德、守道德，形成向上的力量、向善的力量。二要发挥文化资源优势，加快文化改革发展，激发文化创造活力，持续推进华夏历史文明传承创新区建设。倡导文明新风，深入开展中国特色社会主义和河南梦教育，大力培育社会主义核心价值体系。三要加强舆论引导。要保证主流媒体在舆论引导格局中的主导地位，让主流媒体在打造河南经济升级版宣传战役、重大经济事件报道中“唱主角”，成为“主流舆论场”的关键角色，着力提高主流媒体的权威性。及时报道打造河南经济升级版工作的进展情况和实际成效，尤其要注重挖掘正反两方面的典型，以身边事教育、警示身边人，树立正确舆论导向，营造浓厚的舆论氛围。此外，要强化各级各类媒体、媒介的协同作用，调动所有媒体、媒介的积极性，构建打造河南经济升级版的立体舆论引导机制。

（五）确保社会和谐稳定

没有稳定，就没有发展。社会和谐稳定是打造河南经济升级版的基础保障。当前，河南进入各类矛盾凸显期，各类矛盾交汇叠加、交叉影响、蔓延升级，维护社会和谐稳定的任务十分艰巨。因此，要认真解决影响社会稳定的源头性、根本性和基础性问题，加快推进以改善民生为重点的社会建设，着眼“双安”、推进“双治”、强化“双基”。一要突出抓好四项基础制度建设。完善基层民主科学决策机制，深化拓展“四议两公开”工作法，从源头上减少矛盾；完善矛盾调和化解机制，更好地维护公平正义；完善基层群众服务网络机制，解决好群众服务最后一公里的问题；完善党风政风监督检查机制，对于党员干部违反党纪政纪、侵害人民群众利益的行为，严格追究。二要强化民生改善和社会治理创新。抓好就业这一民生之本，创造更多就业岗位，重点做好高校毕业生、农村转移劳动力、化解产能过剩中出现的下岗失业人员就业工作。抓好教育、医疗、社保、住房、基本公共文化服务等民生保障，持续实施好十项重点民生工程。抓好信访稳定，坚持急则治标、缓则治本、长则建制，保持信访渠道畅通，维护信访秩序，化解信访积案。通过这一系列措施，为打造河南经济升级版提供保障，提供一个稳定的社会环境。

（六）加强干部队伍建设

打造河南经济升级版，离不开强大的干部队伍。加强干部队伍建设，首先要提高领导干部的执政能力。切实配强打造河南经济升级版工作的各级领导班子，尤其是抓好“一把手”的选拔和储备，探索省直管县干部管理机制，进一步优化领导班子结构，增强整体能力。其次要完善干部考评和任选机制。坚持正确的用人导向，引导干部树立正确的政绩观，进一步完善省辖市、省直部门领导班子和省管干部综合考核办法以及实现经济社会发展、省直部门、产业集聚区 3 个目标考核评价办法。认真落实干部选拔任用工作条例，强化党组织的领导和把关作用，用好选人用人“考德”这根杠杆，把合适的干部放在合适的岗位上。再次要加强基层党组织建设。坚持有形覆盖与有效覆盖两手抓，让党的组织和党的工作延伸到各领域，整顿软弱涣散的基层党组织，以基层服务型党组织带动城乡基层群众自治性组织建设。最后要加强作风和廉政建设。坚持作风建设常抓、细抓、长抓，形成纠正四风、改进作风的长效机制。严格落实党风廉政建设责任制，加大监督、执纪和问责力度，以零容忍态度惩治腐败，为打造河南经济升级版提供组织保障。

参考文献

曹东升：《加快河南转型发展打造经济升级版的若干思考》，《经济决策探索》2013年第6期。

郭锦辉：《打造中国经济升级版要以体制升级为前提》，《中国经济时报》2013年10月14日。

喻新安等：《着力打造河南经济升级版》，《河南日报》2013年8月26日。

郑新立：《打造经济升级版的六个举措》，《中国经贸》2013年第7期。

朱启贵：《打造经济升级版实现经济强国梦》，《中国社会科学报》2013年11月6日。

B.16

河南推进高成长服务业大省建设的思路与对策研究

完世伟*

摘　要： 河南加快推进高成长服务业大省建设，既是贯彻落实中央决策部署的具体行动，也是遵循经济规律、加快实施三大国家战略规划、打造“四个河南”、实现中原崛起河南振兴富民强省总目标的战略举措。建设高成长服务业大省，河南具有良好的基础和环境，但也存在不少困难和问题。要顺应高成长服务业发展专业化、融合化、集群化、信息化的趋势，着力推动现代物流、信息服务、金融、旅游、文化、科教、商务服务、健康服务、养老及家庭服务等服务业扩量提质发展，使高成长服务业逐步成为带动服务业大省建设的主导力量和战略支撑。

关键词： 河南省　高成长服务业　发展思路　对策建议

高成长服务业是现代服务业的重要组成部分，是衡量综合经济实力和现代化水平的重要标志。建设高成长服务业大省，就是要立足省情和现实基础，顺应经济发展趋势，遵循产业发展规律，推动河南服务业发展提速、比重提升、水平提高，建设增长速度快、市场前景好、产业规模大、业态模式新，具有较强影响力和竞争力的全国重要现代服务业基地，增强服务业对河南经济社会发展的带动力和支撑力。

---

* 完世伟，河南省社会科学院经济研究所所长，研究员。

一 建设高成长服务业大省的重大意义

近年来，河南高成长服务业取得了长足发展，成为拉动经济增长、促进结构调整、保障改善民生的重要力量。加快推进高成长服务业大省建设，既是贯彻落实中央决策部署的具体行动，也是遵循经济发展规律，加快实施三大国家战略规划，打造“四个河南”，实现中原崛起河南振兴富民强省总目标的战略举措，具有重大现实意义和深远战略意义。

（一）建设高成长服务业大省，是扩需求稳增长、促就业惠民生的重大举措

高成长服务业作为当今全球经济中增长速度最快、知识密集度最高、高层次人才就业最集中的产业，是扩需求稳增长的强大引擎。加快发展高成长服务业，通过创新服务业态、经营模式和服务内容，拓展消费需求空间，从而直接扩大消费与投资，拉动经济增长。高成长服务业还是就业的“天然蓄水池”和最大的“容纳器”。据有关部门测算，单位服务业产值所创造的就业岗位是工业的5倍。发挥高成长服务业吸纳就业的主渠道作用，加强人才培养开发和就业服务体系建设，将河南人口多的压力转化为人力资源丰富的优势，保障和改善民生，增强高成长服务业对经济社会发展的带动力和支撑力。

（二）建设高成长服务业大省，是调结构转方式、打造经济升级版的战略选择

高成长服务业既有高成长性、高附加值、高效益的“三高”内在属性，又有新技术、新业态、新方式的“三新”外在特征，是经济转型发展的关键所在，代表着经济新常态下产业转型升级的大趋势和动力源。当前，河南正处在人均生产总值突破6000美元的重要阶段，无论是居民消费水平提升、工业经济转型升级，还是改变高投入、高消耗、高污染、低效益的粗放型发

展方式，都要求加快高成长服务业发展。加快发展高成长服务业，有利于更好地满足人们对高端服务产品日益增长的需求，推动消费领域的转型升级；能够充分发挥高成长服务业对先进制造业和现代农业的引领和带动作用，使服务业、先进制造业和现代农业协同发展；能够实现科技、人才、信息、资金等资源要素优化配置，加快经济结构调整和经济发展方式转变。

（三）建设高成长服务业大省，是缓解资源环境约束、建设生态文明的迫切需要

2008年国际金融危机以来，受外部环境和自身结构性矛盾相互交织的影响，河南以往走过的高消耗、高污染的粗放式发展道路再也行不通。高成长服务业具有能耗低、污染少、人力资源密集、科技含量高、经济效益好的特点，发展高成长服务业有利于土地的节约、集约利用，有助于减少、控制污染，保护环境和修复重建生态环境等，并且通过发展专业化的服务业，还能提高其他产业的节能环保效率，这是河南这样一个人口密集、人均资源短缺的发展中大省的必然选择。加快高成长服务业发展，能够促进资源节约型和环境友好型社会建设，形成节约资源和保护环境的产业结构、生产生活方式，显著提升生态文明水平。

二　建设高成长服务业大省的基础和环境

（一）建设高成长服务业大省，河南有现实的基础和条件

河南是中国人口大省、经济大省、农业大省、新兴工业大省、有影响力的文化大省，是全国重要的战略枢纽和人流、物流、信息流中心。改革开放以来，尤其是“三大国家战略规划”实施以来，河南与沿海省份在思想观念、体制条件、政策环境、基础设施、服务水平等方面的差距逐步拉平，在区位、资源、市场及要素成本等方面的优势在提升，在全国区域经济新格局中的地位凸显，呈现科学发展良好态势。2008年以来，河南服务业保持较

快的增长速度，近几年平均增长10.8%，高于生产总值平均增速0.6个百分点；服务业总量连续多年居全国第8位、中部六省首位。2013年，全省服务业增加值、固定资产投资双双突破万亿元大关，服务业占比达到2004年以来最高水平；服务业领域新批外商投资企业占全省总数的1/3，实际到位省外资金增长169%，占全省总额的46.5%；全省服务业完成税收占全部税收的比重达到52%。全省商务服务、金融服务、科研服务等各类高成长服务业企业至2013年底达到11.2万户，占企业总量的21.6%，占比提高1.6个百分点；注册资本总额5270.4亿元，占企业注册资本总额的18.3%，占比提高5.6个百分点。全省服务业呈现规模不断扩大、结构逐步优化、开放持续加快、作用日益凸显的良好发展态势，为加快推进高成长服务业大省建设奠定了坚实的基础。

（二）建设高成长服务业大省，河南具有良好的发展环境

从国际环境看，2008年全球金融危机之后，国际服务业转移的广度和深度都在不断拓展，制造业与服务业的“双转移”趋势日渐明显，资本向服务业转移的趋势越来越明显。尤其是信息技术进入一个新的发展时期，云计算、大数据、移动互联网、物联网等技术的突破，给信息技术应用模式带来了一场深刻变革，通过渗透到经济和社会生活各个领域，将培育众多新的服务产业增长点。从国内环境看，我国正处于经济增长速度换挡期、结构调整阵痛期、前期刺激政策消化期“三期叠加”时期，打造经济升级版是克强经济学的核心所在，发展和繁荣高成长服务业是打造经济升级版的突破口和切入点。国内经济政策调整形成的倒逼机制，深化改革红利的释放，“三化协调”、“四化同步”科学发展形成的内生动力，居民收入和生活水平逐步提升形成的消费潜力等，这些都有利于推进高成长服务业大省建设。从省内环境看，2013年河南人均生产总值已超过6000美元，服务业呈现一个快速发展的黄金期。打造经济升级版，需要高成长服务业的坚实支撑。扩内需促就业，需要惠民生的高成长服务业优先发展。全面推进“三大国家战略规划”、建设“四个河南”，使高成长服务业发展空间进一步拓展。2014年

5月，习近平总书记在河南调研指导工作时指出："要加快发展服务业，把服务业培育成现代产业体系的重要支柱。"习主席的讲话为高成长服务业发展指明了方向。可以说，河南高成长服务业发展的条件非常优越。

但同时必须看到，河南高成长服务业发展也存在不少困难和问题。一是世界经济一直处于低速增长状态，围绕市场、资源、人才、技术、标准等方面展开的国际竞争更加激烈。二是我国经济进入中高速增长的新常态，发展高成长服务业将面临其他省区更加激烈的竞争。三是河南作为内陆发展中的省份，服务业深化改革任务仍然艰巨。四是高端人才短缺成为制约高成长服务业发展的关键因素。这些对河南加快推进高成长服务业大省建设提出了挑战。河南要立足省情和现实基础，顺应经济发展趋势，遵循产业发展规律，加快解决突出的矛盾和问题，全力推动高成长服务业大发展。

三　高成长服务业发展趋势及其对河南的启示

伴随着信息革命和技术的迅猛发展，经济全球化和区域经济一体化的深入推进，高成长服务业的发展呈现一些新特点、新趋势。一是呈现专业化趋势。随着生产专业化的不断加深，加之现代科学技术的推动，传统行业内部的研发、生产、销售、物流等曾经由单一企业独立承担的环节开始出现分离，并通过运用现代信息技术使自身的工作效率得到前所未有的提高，由此使第三方服务企业以及其他极具专业化的行业发展与壮大。二是呈现融合化趋势。高成长服务业正在全球范围内快速发展，改变着传统生产经营组织形态和管理模式，推动着第一、二、三产业逐步融合。高成长服务业与高新技术产业、先进制造业和现代农业相互融合，相互支撑，日益交织，使得资源配置更加合理，推动产业结构日趋高度化。三是呈现集群化趋势。各国经验表明，服务业倾向于相对聚集在一定的空间范围内，集群化发展。服务业对制度与商务环境的需求更甚于制造业，聚集发展便于制度与商务环境供给，促进服务创新和知识交流、业务互补，实现服务业组织机构的网络化，提高行业效率和服务企业的竞争力。四是呈现信息化趋势。在信息化时代，高成长服务业的发展很大程度上取决于信息技术的应用渗透程度，高成长服务业就是依托以信息技术为代表的新技术和现代管理理念发展起来的，信息和知识相对密集的服务业，以大数据、云计算、物联网等信息技术为核心的第三次产业革命将使高成长服务业不断向信息化、网络化、智能化方向发展。

河南科学推进高成长性服务业大省建设，关键要做到四个坚持：一是坚持产业互动。以深化社会化分工、专业化协作扩大服务业市场需求，以加快高成长服务业发展提升先进制造业和现代农业发展水平，形成三次产业融合互动发展的新格局。二是坚持产城融合。以城镇产业、人口集聚带动的消费需求和就业需求拉动高成长服务业发展，以提升服务业供给能力和水平不断完善城镇功能，实现高成长服务业与城镇发展相互促进、共同繁荣。三是坚持创新驱动。广泛应用现代信息技术，大力推动服务业交叉渗透、跨界融合，加快业态创新、模式创新、技术创新、管理创新、理念创新，抢占发展先机，提升综合竞争力。四是坚持集聚集约。构建特色鲜明的服务业集聚区，构筑资本、技术、信息、人才集聚平台，强化产业链配套协作与专业分工，促进高成长服务业集聚集群集约发展。

四　建设高成长服务业大省的思路与目标

（一）总体思路

牢牢把握国际服务业加速转移、国内经济平稳较快发展、区域服务需求快速增长的重要机遇，深入实施“三大国家战略规划”，贯彻落实“坚定总坐标、坚持总思路、完善总方略”的战略谋划，统筹推进先进制造业大省、高成长服务业大省、现代农业大省建设，把加快发展高成长服务业作为打造经济升级版的战略重点，以市场化、产业化、信息化、社会化、国际化为方向，优化空间布局，提升发展载体，深化改革开放，激发企业活力，加强政策扶持，完善发展环境，构建充分融入产业经济各领域和社会生活各方面、具有多元活力的现代服务业发展格局，建设高成长服务业大省，为让中原在实现中国梦进程中更加出彩提供有力支撑。

（二）发展目标

力争到2020年，构建生产服务集聚化、生活服务便利化、基础服务网络化、公共服务均等化的现代服务业体系，对经济转型升级形成强有力支撑，基本建成高成长服务业大省，成为全国重要的现代服务业基地。服务业年均增速高于生产总值增速，高于全国平均水平，全省服务业增加值比2013年翻一番，超过2万亿元，居中西部地区前列。服务业增加值占生产总值的比重达到40%，服务业从业人员占全社会从业人员的比重达到32%，对经济增长的拉动作用显著增强。高成长性服务业增加值占服务业增加值的比重超过50%，服务业集聚发展水平和区域服务功能不断提升和增强。主要行业管理、技术和商业模式创新水平显著提高，新兴业态不断涌现，骨干企业集团化、规模化、品牌化水平明显提高，营业收入超百亿元的企业达到30家以上。全省区域中心城市、地区中心城市和中小城镇服务业协调联动发展格局基本形成，郑州市服务业首位度和带动作用显著提升和增强，现代物流、金融、文化、信息等区域中心地位基本确立，成为全国重要的区域服务业发展中心。

（三）空间布局

根据全省区域经济和城市空间布局，按照集聚化与网络化相结合的原则，依托各地区位优势和产业基础，引导高成长性服务业向中心城市、产业带和产业园区集聚，构筑“一核突破、四轴提升、多点支撑”的空间布局结构，形成梯次推进、分工清晰、优势互补、功能完善、特色鲜明的高成长服务业发展格局。“一核”突破，依托郑州及其周围相邻城市为主体的核心区，支持加快发展现代物流、信息服务、金融、旅游、文化等产业，形成面向中原、服务中西部的现代物流中心、信息服务中心、金融中心等区域性服务中心，不断增强综合实力和辐射带动力，成为全省高成长服务业发展的重要核心区。“四轴”提升，依托沿陇海线发展轴，沿京广线发展轴，沿濮阳、郑州、南阳发展轴，沿焦作、郑州、周口发展轴等四条重点开发地带，形成以郑州为中心的“米”字形发展轴，以现有交通流、物质流和信息流为纽带，突出国家级开发区、省级开发区及产业集聚区、各特色园区和产业主导功能区的优势功能、整体特色，推进高成长性服务业发展。“多点”支撑，按照集中、集聚、集约发展的要求，重点加快商务中心区和特色商业区发展，因势利导推动产业集聚区配套服务区和服务业特色园区建设，形成一批技术领先、创新性强、特色鲜明、规模较大的服务业集聚区，打造服务业发展新高地。

五　建设高成长服务业大省的重点任务

立足河南服务业发展基础和比较优势，顺应现代服务业发展趋势，着力推动现代物流、信息服务、金融、旅游、文化、科教、商务服务、健康服务、养老及家庭服务等服务业扩量提质发展，逐步成为带动服务业发展的主导力量和战略支撑。

（一）现代物流业

依托综合交通枢纽和铁路、公路、航空网络优势，加快构建以郑州为中心、以区域节点为支撑的物流网络，形成大枢纽促大物流、大物流带大产业的发展格局。依托郑州航空港经济综合实验区，推动空、铁、公三港联动发展，构建高效衔接的多式联运体系，建成全省联网、与国家边贸口岸联结的电子口岸，开展跨境贸易电子商务服务试点，推动“郑欧班列”规模化运营，增强郑州国际物流中心功能，打造郑州国际航空货运枢纽和丝绸之路经济带物流集散中心。建设中国智能骨干网郑州核心节点，打造全国快递转运集散中心和国际网购物品集散分拨中心。加快发展冷链、邮政快递、电子信息产品、医药、汽车及零部件、家居建材、农产品及农资等优势专业物流，建设一批具有区域影响力的物流集群。推动洛阳、商丘、安阳、信阳、南阳、三门峡、濮阳、许昌等区域物流节点体系建设，完善区域货物集散、分拨和配送功能。鼓励物流企业参与制造业、商贸业供应链管理，拓展供应链集成设计、业务流程再造、物流管理咨询等新兴服务领域。

（二）信息服务业

加快发展信息传输、计算机服务和软件业，大力发展电子商务，推动信息服务业跨越式发展。加快“宽带中原”建设，推进“三网”融合，建设郑州国家级互联网骨干直联点，推动4G网络规模商用，开展下一代互联网示范城市、智慧城市、物联网重大应用示范工程区域试点，加快中国联通中原数据基地、中国移动（郑州）数据中心建设，积极引进知名互联网、物联网、云计算企业设立总部或区域基地，建成全国重要的区域性数据枢纽。深入推进基础信息服务平台建设，加快建成中国移动（洛阳）呼叫中心、中国电信（信阳）呼叫中心。加快提升软件业支撑能力，高水平建设郑州软件园、惠普（洛阳）国际软件人才及产业基地等园区。壮大电子商务市场主体，建设国家电子商务示范城市和示范基地，培育中华粮网、众品商城等综合性、行业性电子商务服务平台，完善物流配送、金融结算等配套体系，推动工业企业与电商企业联动融合发展。创新技术和商业模式，培育发展物联网、云计算、大数据、移动互联网等新兴业态，发展北斗卫星导航位置和地理信息服务，推动信息服务业集群化、规模化、高端化发展。

（三）金融业

加快建设郑东新区金融集聚核心功能区，吸引境内外金融机构区域总部入驻，建设金融后台与外包服务产业园区，打造郑州区域性金融中心。推动中原证券公司、万达期货公司等上市融资，支持中原信托公司增资扩股，完成省级银行组建，推动设立地方保险法人机构、资产管理公司、金融租赁公司、大型基金公司和区域性股权交易市场。推动民间资本发起设立民营银行、村镇银行、金融租赁公司、消费金融公司。推动农村信用社改组为农村商业银行。培育发展多层次资本市场，支持郑州商品交易所丰富期货品种、争取开展境外投资者参与交易试点，在重点领域发起设立创业投资基金和产业投资基金。推动企业上市、扩大债券融资、创新信托业务、引进保险资金。深化郑汴金融同城和农村金融改革，积极发展大型制造、施工、运输等设备设施融资租赁服务，创新金融产品，发展金融服务新业态，培育新的增长点。

（四）旅游业

围绕建设世界知名旅游目的地，整合资源、培育品牌、创新服务，构建以观光旅游为基础、休闲度假为主导、新型业态为特色、精品线路为依托的旅游产业体系。着力打造南太行、伏牛山、桐柏—大别山等山水度假旅游集群和沿黄河、南水北调生态旅游带，布局建设中心城市文化休闲街区和环城游憩带，全面发展休闲度假游。叫响“老家河南”形象品牌，增强古都游、根亲游、功夫游等对海内外市场的影响力，打造中原历史文化旅游区。积极开辟山居游、民俗游、近郊游、生态游等乡村旅游精品线路，大力发展乡村旅游。加快培育旅游新业态，支持健康养生游、工业观光游、户外运动游、自驾自助游等发展。推进旅游智慧化、标准化建设，加快完善旅游交通集散体系和公共服务体系，深化中原经济区城市、高铁沿线城市旅游发展联盟合作。加强旅游宣传，创新营销方式，强化与国际组织合作，加快发展入境游，提升河南旅游国际知名度。

（五）文化产业

围绕推进华夏历史文明传承创新区建设，充分利用河南文化资源优势，发展创意文化，激活传统文化，提升文化产业核心竞争力，打造文化强省。加快郑州区域性文化中心和省文化改革发展试验区、文化产业示范园区建设，实施文化产业“双十”工程，加快建设一批具有区域影响力的影视演艺、新闻出版、工艺美术、文化旅游等产业基地，推动中心城市集聚发展创意设计、动漫游戏等产业。利用网络和数字技术，大力发展数字出版、移动多媒体、交互式网络电视等新兴业态，提高移动文化信息服务、数字娱乐产品等增值服务能力。实施文化精品工程，打造具有全国影响力的影视、媒体、动漫、演艺、工艺美术、名家等文化品牌。推进文化科技创新工程，创建国家级文化和科技融合示范基地，力争把河南建设成为在全国有较大影响力的区域文化科技融合中心。支持骨干企业跨区域、跨行业、跨所有制发展，培育大型文化企业集团。

（六）科技和教育

加快发展科技研发、专利服务、检验检测、科技金融等服务业，以国家技术转移郑州中心、国家专利审查协作河南中心、河南省技术产权交易所为载体，建立完善技术转移网络，推动科技服务重点项目攻关。加快综合性工业设计公共服务平台建设，推进重点产业和新兴领域核心关键技术研发，支持具备条件的企业和机构申建国家级工业设计中心。创新科技贷款担保、科技保险等科技金融业务，推广“孵化＋创投”模式。积极发展现代教育，鼓励社会力量办学，提高基础教育水平，优化发展高等教育，大力发展职业教育和开展技能培训，实施全民技能振兴、职教攻坚、技能人才回归工程，加快人力资源强省建设。强化与国内外高校、知名网络教育平台合作，鼓励企事业单位开展知识更新培训，加快中原人力资源服务产业园区、国家级高技能人才培训基地建设，打造一批实训基地和职业教育培训基地，培育一批连锁化、品牌化经营的大型教育培训机构。

（七）商务服务业

加快培育一批企业化经营、社会化服务，具有较强竞争力的商务服务机构和品牌。积极发展会计、税务、法律、资产评估、信用评估、管理咨询、市场调查等商务咨询服务业，促进商务服务产品和方式创新。加快商务中心区建设，推动会计、法律、管理咨询、评估认证、经纪代理等商务服务机构向商务中心区集聚，加快培育形成一批高端商务服务业集群。推进郑州区域性会展中心建设，吸引国家级、区域性品牌展会落户，培育一批知名会展品牌。

（八）健康服务

统筹基本医疗卫生服务和非基本医疗卫生服务，加快建立覆盖全生命周期、内涵丰富、结构合理的健康服务业体系。完善社会办医扶持政策，鼓励社会力量举办医疗机构，支持国内外知名医疗集团连锁经营，积极发展专业性医院管理集团和第三方体检及健康管理咨询机构。积极拓展健康护理、营养保健、休闲养生、健身美容等非医疗性健康管理服务产业，推进郑州区域性医疗中心和高端医疗集聚区建设，形成一批医疗、保健养生、健康护理、体育健身等服务基地和医疗器械、保健及体育用品等产业园区。

（九）养老及家庭服务业

推动养老服务设施建设，推进公办养老机构改革试点工作，创新养老服务模式。积极培育和引进规模化、连锁化养老服务企业，创新养老服务产品，大力发展生活照料、医疗护理、精神慰藉、紧急救援等服务业，促进养老服务与医疗、家政、健身、旅游等相关领域互动发展。大力发展家政服务、病患陪护、家庭用品配送、家庭教育等家庭服务业，支持大型家庭服务企业在社区设立连锁便民服务网点，完善服务标准，加强市场监管。加快养老、家政公共服务平台建设，促进服务企业规模化、品牌化、标准化发展。

六　建设高成长服务业大省的对策建议

当前及今后一个时期，要充分认识加快推进高成长性服务业大省建设的重要性、必要性和紧迫性，认清形势，抢抓机遇，乘势而上。多措并举，综合施策，在重点产业和领域上谋发展，在载体平台建设上下功夫，强化龙头企业和项目带动，进一步推动服务业改革开放，促进服务业企业创新发展，加大服务业智力支撑和政策支持，切实推进高成长服务业大省建设。

（一）加强载体平台建设，推进集聚发展

着眼于集约利用土地、节约各种成本、合理空间布局，要重点加快商务中心区和特色商业区发展，积极推动产业集聚区配套服务区和服务业特色园区建设，推进高成长服务业集聚发展，最大限度地提高资源配置效率。大力引进龙头企业和高端品牌，着力推动金融、管理咨询、中介服务等商务服务机构和企业总部向商务中心区集聚，引导符合居民消费升级换代的综合商业设施和文化休闲项目在特色商业区集中布局。按照规划引领、分类指导、明晰定位、合理布局、集聚集约的原则，建设一批具有较强服务能力和影响力的服务业专业园区。依托产业集聚区，建设以研发设计、物流配送、检验检测、展示交易等生产性服务为重点的区中园，形成一批为主导产业提供社会化服务的配套服务区。基于此，培育一批产业高集聚、产出高效益、功能高复合、空间高密度、就业高容量的服务业集群，形成高成长服务业发展新高地。

（二）以做强做大做优为核心，提高企业竞争力

积极引导各类生产要素向优势企业和行业龙头集中，按照主业突出、特色鲜明、成长性好、竞争力强的标准，培育一批创新型服务业领军企业。支持服务业企业加大科技研发投入，推进技术、管理和制度创新，构建产学研协同合作机制、多元研发投入机制，高水平建设研发中心、重点实验室和工程实验室，突破关键核心技术，全面提升企业自主创新能力。积极创建自主服务品牌，以现代物流、金融、信息、文化、旅游等为重点，开展商标战略实施示范企业创建活动，培育形成一批具有自主知识产权和较强市场影响力的服务品牌。加强服务质量管理体系、标准化体系和信用体系建设，积极申请开展国家级服务业标准化试点，制定实施一批与国内外接轨的地方标准和服务规范。

（三）以扩大对外开放为引擎，强化开放发展

积极承接服务业产业转移，大力引导国际资本和先进技术投向现代物

流、信息服务、电子商务、服务外包、文化旅游等领域。大力引进高端人才、先进技术和现代管理理念，争取跨国公司、央企、知名民营企业在豫设立地区总部和区域性研发、物流、销售、结算、后台服务中心。依托郑州航空港经济综合实验区，吸引航空物流、专业会展、电子商务、航空金融、服务外包等知名企业入驻，打造高端服务业基地。以郑州跨境贸易电子商务服务试点、郑欧国际货运班列规模化运营为契机，支持企业开拓海外市场，扩大服务贸易规模。鼓励和支持运输、劳务、文化旅游等产业开拓国际市场。引导有条件的金融、中介服务等机构提供跨境专业服务。

（四）以深化改革为动力，增强发展后劲

加快市场化改革步伐，打破地域界限和行业垄断，鼓励民间资本进入电信、铁路、市政公用设施、金融、教育、卫生、文化、旅游等服务业领域。完善服务业投融资机制，组建或改组一批大型国有资本投资运营公司。开展现代服务业试点改革，推动郑州国家服务业综合改革试点率先取得突破，鼓励其他地方积极探索、先行先试。推进行政审批改革，对企业投资建设项目的备案权一律下放到县（市、区）、产业集聚区以及其他有备案权限的机构。以重点领域改革破除内在障碍，强化高成长服务业发展的内生动力和活力。

（五）以人才引进和培养为关键，强化智力支撑

实施高成长服务业人才培养开发工程，加大人力资本投资力度。加强对现代物流、旅游、金融、电子商务、文化创意等领域高级管理人才、专业人才的培养培训，建设会计、审计、法律、咨询、建筑设计等专业化、职业化人才队伍。建立健全服务业人才、智力和项目相结合的柔性引进机制，畅通服务业人才引进绿色通道，对引进的高级服务业人才在研发经费、住房补贴、家属随迁、子女入学等方面提供优惠政策，为人才创造宜居宜业、安全舒适的环境。健全人才评估体系和激励机制，最大限度调动人才积极性和创造性，努力营造良好的创新创业氛围。

（六）以政策支持为基础，强化要素保障

综合运用准入、土地、税收、价格、金融、财政等经济手段，推动高成长服务业发展。认真落实注册资本登记制度改革方案，推进注册制度便利化。进一步清理行业壁垒，放宽市场准入。统筹考虑服务业发展用地布局，保障优化土地供应，加大服务业集聚区建设的支持力度，城市和小城镇黄金地段优先用于发展服务业。落实税收支持政策，加大对现代物流、文化、旅游、电子商务、信息服务等领域的支持力度。拓宽融资渠道，合理引导金融机构增加重点企业授信额度，扩大贷款规模，在国家允许贷款利率浮动幅度内给予一定的利率优惠。支持符合条件的服务业企业上市融资和发行债券。加大各级财政资金支持力度，重点支持商务中心区、特色街区、产业集聚区配套服务区和服务业特色园区建设等。

B.17

河南航空经济驱动发展模式研究

陈 萍*

摘 要： 航空经济通过航空运输带动人流、物流、信息流等要素流动，使航空指向的产业在机场周边集聚，并形成具有自我增强机制的聚集效应。航空经济驱动腹地经济发展的作用是伴随着聚集的流入效应、流出效应和乘数效应共同发挥的。航空经济驱动腹地经济发展的路径：航空经济通过其要素流入效应驱动区内产业集聚，乘数效应驱动区内和腹地就业与税收增长，流出效应驱动腹地经济增长。在理论分析的基础上，结合郑州航空港经济综合实验区发展现状，给出其驱动腹地经济发展的几个着力点：以超前的规划理念确保产业在航空经济区内的集聚；要加快各类载体和平台建设，加强口岸功能；要加快航空港经济综合实验区通达性建设。推动产业升级，促进航空经济与区域经济的耦合发展。

关键词： 航空经济 驱动发展 产业集聚

一 航空经济驱动型发展模式概述

在铁路、公路支撑地区发展的时代，沿海、沿江地区利用其便利的区位优势，借助国家改革开放的优惠政策，扩大进出口，对外贸易快速发展，这

* 陈萍，河南省社会科学院助理研究员。

种以海运出口拉动经济增长的发展方式，带来了东部沿海地区的繁荣。现阶段我国经济正处于工业化、信息化、城镇化、市场化、国际化的快速发展时期，区域经济获得竞争优势的关键在于速度，航空运输业作为实现生产、流通、投资和消费一体化、快捷化的重要交通工具，可以最大限度地发挥一个国家和区域的潜在经济能力，航空运输是这一有效配置运输资源的重要交通方式。航空运输通过机场的航线网络，带动微观要素流入和流出国外的工商业大城市，将航空经济区的要素快速融入全球经济浪潮，带来整个经济要素的循环。或者说，航空经济是通过促进要素的快速流动，推动区域对外开放，以改善区域条件，获得区域发展，航空经济的开放性是其促进区域发展的动力源泉。随着经济全球化深入发展，航空运输正成为全球范围内配置高端生产要素、提升国家和区域竞争力的重要途径，航空经济成为一种驱动经济发展的新引擎和开放型区域经济发展的新模式。

国内外关于航空经济的研究始于对航空经济发展经验的总结和关于航空经济概念、产业类型、空间结构等方面的研究，而从理论层面对航空经济这种经济形态的产生机理、形成条件等研究很少，关于航空经济驱动经济发展的作用机理只见于国内文献研究。从理论层面对航空经济的研究可以归纳为两类，一类是基于动力机制的航空经济演化研究，主要是关于航空经济演进规律的研究。刘雪妮利用流量经济理论、产业集群理论以及城市经济理论分析我国临空经济发展的内部动力机制，并指出初级要素大规模集散带来的流量经济效应、产业集群效应以及城市经济的形成是临空经济形成的内在作用机制。曹允春提出动力机制是驱动临空经济演进的力量结构体系及其运行规则，基础性动力、内生性动力和外源性动力是推动经济演进的三种动力，然后依据三种动力在不同阶段的作用差异性所产生的演化路径，提出了“基于时间成本的区位选择机制”是机场极化空间阶段的形成机制，临空产业综合体空间的演化机制是“基于专业化分工的临空产业链群的网络协同机制”和“基于机场竞争优势获取的资源要素需求机制”，知识创新空间阶段的演进机制是“创新机制”。另一类是增长极理论，朱前鸿认为航空港经济区通过辐射对区域经济产生带动作用，一是辐射区经济的宽度，即辐射区经济产业门类，由于航空港高效、快速、便捷的特点，会促进与此关联的产业出现并形成规模；二是辐射区经济的深度，即区域经济加入航空港的因素后，能促进原有产业的优化和升级换代，推进“双转移”。基于航空经济动力机制的研究属于航空经济作为一种经济形态的内在规律的研究，研究航空经济驱动腹地经济发展的规律，应该将航空经济放在腹地经济这样一个更大的背景下，深入剖析航空经济区作为一个经济主体，与腹地经济关系的互动研究。严格地说，基于航空经济动力机制的研究，还不属于航空经济驱动经济发展的作用机理的研究。基于“增长极”理论的研究，虽然弥补了基于动力机制研究的不足，但是航空经济作为一种新的经济形态，其带动经济发展的作用机理，应该是在一定的时间和空间范围内，维持和平衡各种社会、经济、文化、区域等之间的互动关系的总和，是各种关系综合作用的系统，只从“增长极”视角进行研究，还有些片面。

二　航空经济驱动经济发展的作用机理

依托民用航空业使人流、物流、信息流、资金流等各种经济要素迅速向机场周边聚集，逐渐形成航空经济这种新的经济形态，它的发展有着一定的必然性。依据国际经验，航空经济是产业形态演变和运输方式变革的共同产物，它的出现表明一个国家或地区的经济发展达到了一定水平。可以说航空经济是一种较高阶段的经济形态。一般认为，只有在区域人均 GDP 达到 3000 美元的前提下，航空经济才能发展，因此，区域经济的初步成熟是航空经济发展的必要条件。作为一种新的区域经济形态，其发展的根源还要从一般意义的经济发展理论出发，找出其区别于一般理论的特性。区域经济学认为，要素与经济活动主体在区域空间上的聚集是区域产生的根本原因，聚集是推动区域经济发展的根本力量。作为一种特殊的经济形态，航空经济带来经济增长主要是看其在经济运行中如何带来产业集聚。如前文所述，航空经济的发展依托民用航空业，通过航空运输带动人流、物流、信息流等要素流动，首先引导航空指向产业在机场周边集聚，并形成具有自我增强机制的聚集效应，引致周边产业趋同，进而形成以航空指向产业为主导、多种产业有机关联的产业集聚。这种自我增强机制聚集效应发生作用的过程，实际上是要素在流动中伴随的三种效应——流入效应、流出效应和乘数效应的作用过程，从而形成产业集群，驱动经济发展。

（一）航空经济的流入效应

所谓流入效应，是指客观上存在导致经济活动主体或要素向特定空间聚集的动机或力量。在航空经济建设的第一阶段，一些航空指向型企业为利用机场便利的交通条件，开始在其周边聚集，使得机场的物流、仓储、旅游等功能逐步完善，这个过程本身就包含区域性要素聚集。可以说，机场的发展为航空经济发展提供了可能。随着经济发展到第二阶段后，机场通达性大为增强，一些时间价值指向明显的微观经济主体开始在机场周边集聚，通过节约研发和进入目标市场的时间，从而降低企业运营成本，提高生产效率，扩大市场范围，更深入地参与全球分工。也就是说，机场地区是要素价格较低的优势地区，这将极大地提高企业的竞争力，对速度要求较高的企业向机场地区聚集具有较强的驱动力，这种驱动力就是流入效应。从流量经济的视角来看，机场设施在一定区域内的垄断和不可转移带来的要素集散平台的独特性和唯一性，从而促使要素被动地流入机场及其周边地区。

（二）航空经济的乘数效应

乘数效应是指特定空间上聚集的某一经济主体的发展变化，引起与之相联系的其他经济主体的连锁反应程度，这种反应可能是成倍增加，也可能成倍地减少。航空经济的乘数效应表现在两个方面，一个是航空经济区内的乘数效应。航空经济区内的航空运输业及航空相关产业之间互相影响，带来连锁乘数效应。另一个是航空经济区产出与腹地经济产出之间的连锁乘数效应。航空经济区最大的特性就是开放性，与其他经济区域有着更多更深入的联系，尤其与其腹地经济之间，航空经济区的产出增加会通过前向、后向和侧向联系，带来腹地经济区域就业或产出成倍的增长。

（三）航空经济的流出效应

区域经济学原理所指的流出效应与流入效应相对应，是指流动性要素从原来的区位转移到其他区位的现象。这种转移有三种情况，一是经济主体由于经济活动内容发生改变，在原始区位无法满足其发展要求而进行转移；二是经济主体为寻求更大的发展空间，从原始区位转移到其他区位的现象；三是该经济主体的活动对组织之外的人或社会产生的影响，或者说其经济活动会带来外部收益，这种收益使得双方都获益。与流入效应相对应，这种流出效应更多地发生在航空经济发展的第三阶段，在航空经济区已经成为以高新技术产业、现代服务业为主导的产业构成较高的区域，在与腹地经济联系的过程中，其经济功能必然要向周边经济稍落后地区扩散，从而带动上下游经济链条的发展，其外在的表现就是航空经济区与腹地经济区域的共同发展。更确切地说，这里所说的流出效应，是指航空经济区成为增长极后的扩散效应，即经济的溢出效应。

三　航空经济驱动腹地经济发展的耦合路径

（一）以航空经济的流入效应驱动区内产业集聚

航空经济的首要价值为工商业企业在全国和全球范围内接近它们的供应商、消费者和企业合作伙伴提供通达性，最终提高企业和区域经济效率。航空经济与其他交通枢纽经济的最大区别在于机场提供的平台可以大幅度提高要素的流动速度，从而使其具有更大的能量和吸引力，吸引更高级的要素进入。因此，在航空经济发展初期，主要是吸引对航空运输依赖性较强的企业，这些企业也是对速度要求较高的企业，这些企业首先是航空产业，包括航空制造和航空服务业等，其形式主要体现为以旅客和货物运输为服务对象的服务业的发展。随着航空经济的发展，专业化水平不断提高，将吸引腹地区域其他要素向航空经济区流入，如高新技术、资本和人才，形成高新技术产业集聚，从而引发企业对创新网络，集体学习等的需求，带来知识交流和共享，吸引知识密集型企业。或者说，航空经济对要素的吸引流入效应本身也会在经济活动中由低位地区向高位地区流动，不断地自我强化，产生航空经济空间上更大规模的产业集聚，而通过大规模的初级要素集聚所带动的更高一级要素的集聚，对航空经济本身来说就是一个产业升级的过程。

（二）以航空经济的乘数效应驱动腹地就业和税收

与航空经济乘数效应在航空经济区内与航空经济区外的两重效应结果相对应，其乘数效应也包括直接经济效应和间接经济效应。直接经济效应是指航空经济区自身的建设带来区内经济的成倍增长，通过建设机场、商务区、出口加工区、保税物流园区、物流园等多个功能区，为航空经济发展提供金融、邮电、通信、餐饮、会展、旅游等服务；航空经济区为此要吸纳大量的就业人口，这些就业人口为当地增加了税收，会通过消费和政府购买行为带来更大范围的经济增长。间接经济效应是指航空经济区带动腹地经济的成倍增长。航空关联产业通过前向、后向、侧向产业联系发挥经济辐射和扩散作用，带动区外其他产业发展和区域整体经济的增长。

（三）以航空经济的流出效应驱动腹地经济发展

航空经济的发展最直接地表现在两个方面，一是地方机场的旅客吞吐量和货邮吞吐量的提升，二是利用外资和进出口贸易的发展。航空经济区就是通过航空运输从区内区外获得资源和要素，通过与区内区外的联系，来寻求发展。航空经济区的主导产业和航空关联产业，是产业关联效应非常强大的产业，需要腹地为其提供劳动、资本、技术等生产要素，在这种产业的前向、后向、侧向联系中，航空经济腹地成为极化区域，航空产业再通过自我增强功能，促进腹地技术、知识、信息方面的溢出效应向外围扩散，进而带动周边区域经济持续增长。

航空经济的流入效应、流出效应以及乘数效应，并不是独自发生的，而是在航空经济运行中相互交叉、共同作用的结果。航空经济驱动经济发展的模式可以概括为：航空经济通过其要素流入效应驱动区内产业集聚，乘数效应驱动区内和腹地就业及税收增长，流出效应驱动腹地经济整体增长。

四　以航空经济驱动腹地经济发展的几个着力点

郑州航空港经济综合实验区是全国首个上升为国家战略的航空经济实验区，在其建设的两年里，河南省委省政府出台一系列保障措施，使得郑州航空港经济综合实验区取得很大的发展，也为航空经济实践提供了很多先行先试的宝贵经验。但是在航空经济区获得发展后，如何以实验区的发展反哺腹地经济发展，关键是确保郑州航空港经济综合实验区与河南全省的要素互动，发挥流入效应、流出效应与乘数效应。结合上文的理论分析，笔者提出以下建议。

（一）创新规划理念，充分发挥流入效应，促进产业集聚

只有确保航空经济的流入效应发挥作用，对速度要求较高的企业为快速接近它们遥远的供应商、消费者或者商业合作伙伴会在机场周边聚集，带来航空经济区自身的发展。航空经济区区别于其他经济区的重要一点就是其对速度的要求，这就要求我们要以航空大都市的理念规划郑州航空经济综合实验区，使航空经济区成为一种高效的“通道”，通过空间和距离的最小化使人流、物流和信息流达到最大化。在做好城市整体规划的基础上，整合新郑机场二期规划、地面交通规划、土地商业利用规划，提高航空经济综合实验区内的流动效率、投资效率和发展效率，增强企业集聚能力，以便引致更多的设施需求、房地产投资回报，加速区域经济增长。

（二）加快平台建设，推进口岸建设，助推要素流动

郑州航空港经济综合实验区的发展目标之一，是建设国际航空物流中心。物流中心建设的关键在于货物的集散能力。作为一个联系国内国际的内

陆开放平台，海关特殊监管区应发挥首要作用。首先，郑州要继续推进出口加工区、保税物流中心、综合保税区三个海关特殊监管区域的整合，即整合现有区域类型、现有区域政策和管理资源，以增强实验区的口岸功能。其次，着力推进海关特殊监管区域实现“五个优化”，即优化产业结构、优化贸易结构、优化区域功能、优化管理职能、优化监管模式，实现海关特殊监管区域多元化发展。再次，要加强各类开放载体建设。加快肉类指定口岸建设，申报建设药品、汽车进口指定口岸；加快电子口岸建设，建立完善信息交换平台，实现不同监管区之间、监管区与省内外口岸之间的物流信息和通关放行信息互通；完善铁路、航空口岸功能等。

（三）推动“四网建设”，提高实验区通达性，扩大区内区外要素互动

航空经济驱动经济发展的核心是通过减少区域乃至全球的空间和时间摩擦来产生“速度经济”，提高机场与其周边区域的通达性，人口与货物的流动性，才能产生经济效益。郑州航空港经济综合实验区要加快陆空联运体系建设，形成航空、公路、铁路高效衔接、互动发展的联运格局，推动郑州机场与郑州高铁客运枢纽站紧密对接，把郑州打造成覆盖中西部、辐射全国、连通世界的现代综合交通枢纽，为加快实现中原崛起、河南振兴构筑重要平台，努力做好四张“网”建设。一是货运网。围绕构建国际物流集散中心，着力推进航空港、公路港、铁路港以及货运场站建设，深化与国内外航空运输货代企业的战略合作，以郑州国际物流园为主体，加强与航空港、铁路港物流对接，实现互动发展。二是客运网。完善郑州站、郑州东站和郑州机场三大客运枢纽功能，实现“铁路、公路、机场”协同发展，成为实现客运“零换乘”的关键。同时，加快建设郑州南站，加强枢纽场站间的衔接，积极发展旅客联运，强化郑州在全国铁路客运网的中心地位。三是通道网。以调整铁路、公路为骨架，以航线网络为先导，形成郑州与国内外城市的运输网络。重点抓好“米”字形快速铁路网建设，争取建成徐连客运专列，建设郑州至万州铁路，加快郑州经周口至合肥铁路前期工作。完善郑州机场至

西华高速、机场高速改扩建工程。逐步构建国际航线、高铁网络以及调整通道，实现四通八达。四是物流网。到2015年，覆盖全省的公路运输5小时物流圈，国内1000公里范围内的陆路12小时物流圈和航空2小时物流圈，国际航空24小时物流圈和新欧亚大陆桥15天物流通道。力争到2015年全省快递业务量突破4亿件，其中国际快件达到1000万件，航空快递货运量超过15万吨。

（四）布局产业规划，加强经济联动，推动航空经济与腹地经济的互动发展

航空经济是新的区域经济发展模式，为确保其获得可持续发展，政府应积极对航空产业选择和产业布局进行合理规划。要根据机场定位和腹地区域经济特点规划航空产业。首先，加强郑州航空港经济区与郑州经济圈的协调联动。要以航空经济的发展驱动区域经济发展，需要实现以航空经济区为极点辐射相临跨行政边界的经济腹地区域，需要行政管理克服“路径锁定”来解决区域合作中的问题，要通过专门管理机构协调项目联合开发与经济运营。其次，要根据产业链发展的需要，推进产业集群，吸引其上下游企业在临空经济区附近集聚，发挥航空经济对郑州区域经济的带动作用，通过政府、企业互动，推动航空经济与河南区域经济在各个层面上的协同，从而形成多元化、集约化和产业化的规模经济形态。

参考文献

曹允春：《临空经济演进的动力机制分析》，《经济问题探索》2009年第5期。

陈萍：《内陆开放型航空港：基于要素流动的空间效应》，《区域经济评论》2013年第3期。

郝寿义：《区域经济学原理》，上海人民出版社，2007。

刘雪妮：《我国临空经济的发展机理及其经济影响研究》，《南京航空航天大学》2008年第3期。

孙波、金丽国、曹允春：《临空经济产生的机理研究——以首都国际机场为例》，《理论探讨》2006 年第 6 期。

王喜成：《推进郑州航空港建设的路径思考》，《区域经济评论》2013 年第 5 期。

杨波：《航空港经济区对区域经济发展作用的机理和政策启示——基于新结构经济学的框架》，《全国商情》（理论研究）2013 年第 8 期。

朱前鸿：《国际空港经济的演进历程及对我国的启示》，《学术研究》2008 年第 10 期。

B.18

打造丝绸之路经济带重要综合枢纽思路研究

崔理想*

摘　要：丝绸之路经济带，是古丝绸之路的“升级版”，是我国经济主动适应“新常态”的关键抉择。河南是丝绸之路经济带上的重要板块；打造丝绸之路经济带重要综合枢纽，是河南融入丝绸之路经济带的现实选择，也是河南区位、交通、文化、经济、市场等综合优势充分发挥的内在要求。结合河南省情，本文梳理了河南打造丝绸之路经济带重要综合枢纽的现实基础，以此为基，笔者尝试提出了“一体双核三支撑”总体思路，并对其内涵及建设的主要着力点进行了分析和阐述。

关键词：丝绸之路经济带　枢纽　河南

丝绸之路经济带，东牵亚太经济圈，西系欧洲经济圈，其市场规模和潜力独一无二，被认为是“世界上最长、最具有发展潜力的经济大走廊”，是古丝绸之路的“升级版”。共建丝绸之路经济带，是推动我国形成全方位开放新局面的一重大战略构想，亦是我国经济主动适应“新常态”的关键抉择。河南作为丝绸之路经济带上的重要经济板块，面对如此难得的发展机

* 崔理想，河南省社会科学院经济研究所研究实习员。

遇，应主动融入，乘势而上，充分发挥自身独特的综合优势，着力打造丝绸之路经济带重要综合枢纽，努力在丝绸之路经济带建设中发挥不可或缺的作用。

一　河南打造丝绸之路经济带重要综合枢纽的现实基础

（一）优势条件

丝绸之路，是互通有无之路，归根结底是“优势”输出之路。河南打造丝绸之路经济带重要综合枢纽，需想方设法将自身诸多优势充分利用起来，利用好。

1. 无法复制的区位交通

（1）独特的区位优势。河南素有“中原”“中州”之称，其东接安徽、山东，北接河北、山西，西连陕西，南临湖北，呈望北向南、承东启西之势。“中原通天下，河南达九州”，河南凭借其独特的区位优势，在古时便成为驿道、漕运必经之地，商贾云集之所；在当今，便成为我国经济由东向西梯次推进发展的中间地带。可以预见，在丝绸之路经济带建设过程中，河南独特的区位优势的充分发挥，必将使河南成为推动省际乃至国际区域合作的重要桥梁、纽带。

（2）突出的交通优势。河南是“中国铁路心脏”“中国交通十字路口”“全国航线网络中心”。密集的铁路、公路、航空，将河南与全国乃至世界紧密联系在一起。当前，以郑州机场为中心的 1.5 小时航程可覆盖全国 2/3 的主要城市，3/5 的人口，3/4 的 GDP 产生地；以郑州为中心“米”字形布局的城际铁路网正在加快建设中；“郑欧班列”实现高频常态化开行，货源辐射超过全国半数省份，集货半径超过 1500 公里；全省高速公路通车里程居全国第一位。陆空高效衔接、多式联运、内捷外畅、效益倍增的综合交通运输网络正在形成，其地位和功能持续提升。突出的交通优势为河南在丝绸之路经济带建设中发挥重大作用奠定了坚实基础。

2. 潜力无限的经济市场

（1）经济总量显著。2013 年，河南省经济社会发展继续保持好的趋势、好的态势、好的气势，其生产总值达到 32155.86 亿元，比上年增长 9.0%。其中，第一产业增加值 4058.98 亿元，增长 4.3%；第二产业增加值 17806.39 亿元，增长 10.0%；第三产业增加值 10290.49 亿元，增长 8.8%。2013 年，河南全社会固定资产投资达到 2.6 万亿元，与丝绸之路经济带沿线的西部主要省份相比，居第 1 位（见表 1）。地方公共财政收入方面，2013 年，河南地方公共财政收入 2415.45 亿元，居第 2 位。从以上数据可以看出，河南在丝绸之路经济带上经济实力名列前茅，这为打造丝绸之路经济带重要综合枢纽提供了有力支撑。

表 1　2013 年河南与西部 10 省份相关数据对比

单位：亿元

省份	地区生产总值		全社会固定资产投资		地方公共财政收入	
	数量	名次	数量	名次	数量	名次
陕　西	16045.21	4	14884.1	3	1748.33	3
甘　肃	6268.01	9	6527.9	9	607.27	9
青　海	2101.05	11	2361.1	11	223.86	11
宁　夏	2565.06	10	2651.1	10	308.34	10
新　疆	8360.24	8	7732.3	8	1128.49	8
内蒙古	16832.38	3	14217.4	4	1720.98	4
重　庆	12656.69	6	10435.2	6	1693.24	5
四　川	26260.77	2	20326.1	2	2784.10	1
云　南	11720.91	7	9968.3	7	1611.30	6
广　西	14378.00	5	11907.7	5	1317.60	7
河　南	32155.86	1	26087.5	1	2415.45	2

数据来源：《中国统计年鉴（2014）》。

（2）市场潜力巨大。河南是人口大省，2013 年人口为 9413 万人，仅少于广东省的 10644 万人、山东省的 9733 万人，居全国第 3 位。庞大的人口，昭示着巨大的市场潜力。从居民消费水平来看，2013 年河南省居民人均消费水平为11782元，在与西部主要省份对比中，居倒数第5位，仅比甘肃、新疆、云南、广西四省区略高；与全国平均水平相比，相差3850元；与沿海发达省份相比，差距更大（见表1）。这说明拥有巨大人口基数的河南，其市场潜力仍未被充分激发。一旦其巨大消费市场潜力被充分激发，必将在丝绸之路经济带建设中发挥重大作用。

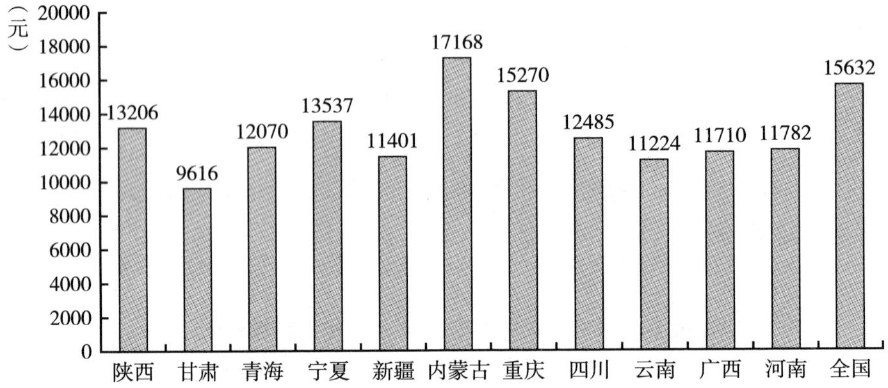

图1　2013年河南与西部10省份及全国居民人均消费水平对比

数据来源：《中国统计年鉴（2014）》。

3. 独一无二的文化资源

（1）中原文化丰富多彩。古代丝绸之路，不仅仅是东西商贸之路，也是东西文化交流之路。中原文化在古丝绸之路文化交流中发挥了重大作用。河南是中原文化的代表区域，也成为古丝绸之路上文化传播与交汇的要地。巩义石窟寺、汉魏洛阳古城、隋唐洛阳城、白马寺、汉函谷关与崤函古道（石壕古道）等遗迹是其最有力的见证。作为中国传统文化源头的中原文化，其内涵不断丰富，特色日益突出，涵盖思想文化、农耕文化、商业文化、医学文化、汉字文化、宗教文化、戏曲文化、民俗文化、武术文化、姓氏文化等，达18种之多。河南优势的文化资源若能充分发挥，将有力促进沿线经济板块间的合作与发展，增色丝绸之路经济带。

（2）文化认同基础良好。河南良好的文化认同基础，主要体现在三个方面：一是坚实的丝绸之路文化基础。河南作为古丝绸之路上东西方文化交汇之要地，其传承下来的丝路文化，将在丝绸之路经济带建设中起到重要作用，成为推进合作交流的坚实基础。二是积极开展文化交流。近年来，河南与沿线国家文化、旅游等合作交流频繁，与很多国家的城市建立了友好关系。2013 年，全年开展对外文化交流 100 多项，涉及世界五大洲和中国港澳台等 10 多个国家和地区。2013 年，河南接待入境游客人数达到 207. 33 万人次，其中外国游客 125. 27 万人次，分别较上年增加了 16. 56 万人次、6. 53 万人次。三是推动文化事业和文化产业共同发展。近年来，河南文化事业蓬勃发展，文化服务力、吸引力、影响力明显提升，文化遗产保护工作扎实推进；以传媒出版、文化旅游、功夫娱乐、影视动漫、戏曲演艺等为代表的文化产业迅速发展，并成为河南建设“四个大省”的重要支柱（见表2）。

表 2　2013 年河南与西部 10 省份文化产业相关数据对比

单位：个

省份	文化制造业企业		文化批发和零售商业		文化服务企业	
	数量	名次	数量	名次	数量	名次
陕　西	1572	5	2220	4	13357	5
甘　肃	1034	6	1237	8	6616	8
青　海	241	10	263	11	1663	11
宁　夏	241	10	420	10	2109	10
新　疆	652	8	863	9	5776	9
内蒙古	572	9	1396	7	7461	7
重　庆	2014	3	3005	2	16127	3
四　川	2633	2	1713	6	22017	2
云　南	987	7	1831	5	11391	6
广　西	1787	4	2227	3	13534	4
河　南	5250	1	4738	1	25154	1

数据来源：《中国统计年鉴（2014）》。

4. 日益深入的开放发展

（1）“引进来”。随着郑州航空港、综合保税区、跨境“E 贸易”、郑欧班列、产业集聚区等诸多战略举措的有序推进与发展，河南已由中原腹地逐步向开放前沿转变，“引进来”效果显著。郑州航空港建设有序，吸引了沿海机场的许多国际客流、物流向郑州机场转移，航空经济得到大力发展。高频常态化开行的“郑州班列”，集合全国出口货源的能力日益增强，长三角、珠三角、环渤海经济圈、东北老工业基地等已成为其稳定的基础货源地。大量货物的高频集散，吸引了大批知名物流企业入豫发展。河南180个产业集聚区稳步发展，引来了大量产业链式企业进入河南，有力地推动了产业结构优化升级。河南集聚要素能力的日益增强，成为河南建设丝绸之路经济带重要综合枢纽的又一重要支撑。

(2)“走出去”。河南在积极“引进来”的同时，也积极推进河南元素“走出去”。凭借突出的交通、文化、产业等综合优势，除了上述积极开展对外文化交流，将少林武术、太极拳等文化元素输出外，河南还积极将技术、设备及品牌输出。例如，向国内外输送以风神轮胎、宇通客车等为代表的具有国际竞争力的河南品牌产品；与中亚国家在农业、石油开采等领域积极开展合作，并向中亚国家输出农业技术、石油开发技术、农业机械等，开辟了对外开放合作的新空间；河南农业产业化龙头企业在新疆等地区积极发展枣业基地、棉花基地等。近年来，河南出口能力及规模均不断提升，综合带动效应亦不断增强，这为积极推动国内外合作与交流，推进丝绸之路经济带建设，奠定了良好的基础。

（二）制约因素

1. 基础设施支撑体系尚不够完善

经济起飞离不开基础设施建设的助推。河南积极融入丝绸之路经济带，需要强大的基础设施支撑能力。当前，河南基础设施支撑体系建设还不够完善，存在一些不足。交通基础设施建设不均衡，尤为表现在广大乡村地区。农村公路标准、等级不高，城乡道路衔接不顺畅等现象存在，在很大程度上制约着城乡一体化、农业现代化、农村物流等一系列战略举措的推进。信息网络基础设施建设不均衡，城市信息化基础建设投入大，乡村信息化建设滞后，信息基础设施指数水平显著低于沿海发达省份。公共服务基础设施建设方面，多项指标低于国家平均水平，同样存在城乡建设不均衡问题。基础设施支撑能力弱，其“乘数效应”及其助推经济起飞的作用就难以得到发挥。河南欲更好地融入丝绸之路经济带，成为重要综合枢纽，就需要想方设法提升基础设施支撑能力，充分发挥其“乘数效应”。

2. 与沿线节点合作交流基础受限

丝绸之路经济带是沿线节点间开展紧密合作，推动协调发展的经济带。深入开展合作与交流，是建设丝绸之路经济带的根本办法。当前，丝绸之路经济带沿线节点间合作交流基础受到不少限制，这与各节点间的资源、交通、人才等要素禀赋密切相关。与上述西部 10 省份相比，河南基础设施支撑能力整体要强于西北 10 省份，尤其是综合交通服务体系方面。人口红利方面，相较于沿线其他节点地区，河南居第 1 位，随着人口红利向人才红利不断转变，这种差距也将进一步拉大。再者，以新疆为代表的西部省份，在能源、资源方面，其优势要明显好于河南。河南不少支柱行业发展就因能源、资源短板而受困，如电解铝行业。恰如上述诸多因素的存在，使得丝绸之路经济带沿线各地经济呈散珠状分布，紧密连接度不够。河南打造丝绸之路经济带重要综合枢纽，就须着力破解这些合作发展瓶颈。

3. 人才、资金等核心要素较缺乏

人才、资金等要素，是支撑河南打造丝绸之路经济带重要综合枢纽的关键所在。人才方面，河南是人口大省，在外务工、求学工作的人众多，这是河南人口红利的优势所在。但与打造丝绸之路经济带重要综合枢纽的内在要求相比，河南劳动力整体素质偏低，人口红利向人才红利的转化进程较缓慢，高素质的优秀人才较为缺乏。资金方面，河南是经济大省，经济总量位居全国前列，但金融业发展滞后，市场成熟度、金融支持经济发展力度等方面存在不足，突出表现为“银行业信贷配给不足，信贷风险增加”“保险业经营效益下滑，市场秩序缺规范”“证券业区域性发展失衡，与经济发展区域性不匹配”等特征。综上而言，人才、资金等核心要素发育不足，将在一定时期内制约着河南打造丝绸之路经济带重要综合枢纽目标的实现，影响其尽快融入丝绸之路经济带。

二　河南打造丝绸之路经济带重要综合枢纽的总体思路

自丝绸之路经济带提出以来，共建丝绸之路经济带，已逐渐成为沿线国家与人民发展经济、追求美好生活的普遍诉求。那么，如何共建丝绸之路经济带？习近平提出：可以用创新的合作模式，共同建设“丝绸之路经济带”，以点带面，从线到片，逐步形成区域大合作。他同时提出“五通”启动步骤，即“第一，加强政策沟通。第二，加强道路联通。第三，加强贸易畅通。第四，加强货币流通。第五，加强民心相通”。在明确共建丝绸之路经济带总构想、总方向的基础上，河南应如何打造丝绸之路经济带重要综合枢纽，才能更好地融入丝绸之路经济带，并发挥不可或缺的作用呢？

经过梳理，笔者认为，河南打造丝绸之路经济带重要综合枢纽的总体思路可归纳为：以丝绸之路经济带战略总构想为指导，结合河南省情，以经贸合作和文化交流为重点，以构建“畅通、高效、安全”的丝绸之路经济带重要综合枢纽为导向，以改革创新为动力，充分发挥区位、交通、文化、市场等综合优势，加速推动综合优势向竞争优势转变，查漏补缺，科学谋划，不断加强基础设施服务体系、要素载体支撑体系支撑能力建设，加快推进产业结构优化升级，努力提升信息化水平，着力打造“一体双核三支撑”。这里，“一体”是指“丝绸之路经济带重要综合枢纽”，是总目标。“双核”是指综合枢纽的两个内核——“经济枢纽”和“文化枢纽”，两者紧密关联，“经济枢纽”带动“文化枢纽”发展，“文化枢纽”促进“经济枢纽”发展。“三支撑”是指“物流枢纽”、“产业枢纽”和“信息枢纽”，三者共同支撑“经济枢纽”、“文化枢纽”的实现，进而支撑“综合枢纽”总目标的实现。

“一体双核三支撑”，是统一的整体，内生关联紧密。“一体”，好比一生命机体；“双核”是该生命机体的“心脏”和“大脑”；“三支撑”是该生命机体的“骨骼”、“血肉”和“神经”。综合枢纽的内在结构，如图2所示。

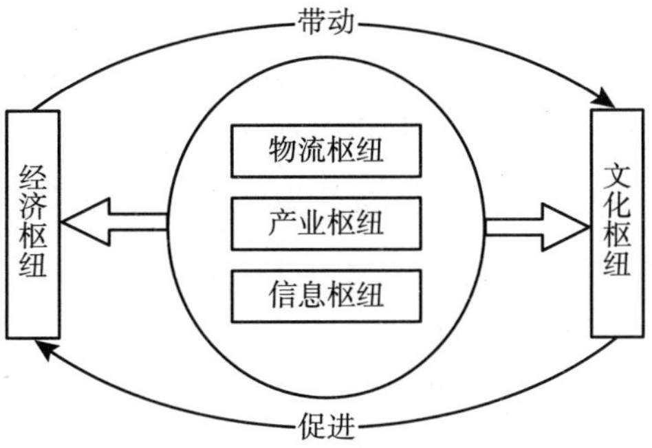

图2　综合枢纽内在结构示意

三　河南打造丝绸之路经济带重要综合枢纽的践行路径

“一体”的良性运转，离不开“双核”的良性运转；“双核”的良性运转又离不开“三支撑”的良性运转。打造丝绸之路经济带重要综合枢纽，首先需要着力加强“双核”、“三支撑”建设，推进其良性运转。

（一）建设“经济枢纽”的着力点

丝绸之路经济带，首先是一条经济带。“经济枢纽”是打造丝绸之路经济带重要综合枢纽的核心要求，宛若生命机体的“心脏”。当前，河南建设“经济枢纽”，可从以下方面着力。

1. 积极与沿线节点开展经贸合作

按照平等相待、互利共赢的原则，积极开展“主体多元、方式多样、领域丰富”的合作。“主体多元”，即国有企业、民营企业和个体从业者等，齐头并进，各扬所长，互补发展。“方式多样”，即独资、合资、参股、并购以及与第三国企业合资开发资源等方式，多式并存发展。“领域丰富”，即合作涉猎产业类别不受限，互通有无。

2. 推进航空经济、县域经济发展

以郑州航空港建设为依托，大力发展航空经济，积极参与国际市场分工，不断增强提供高时效、高质量、高附加值产品和服务的能力，努力成为经济带上最具发展活力、带动能力和增长潜力的节点。同时，大力发展县域经济，着力提高县域经济的规模总量、发展质量和就业吸纳能力，使其在支撑河南成为经济带“经济枢纽”中起到重要作用。

3. 不断加强平台载体建设

加强郑州航空港基础工程建设，提升航运能力，吸引货物、要素集聚，推进中原腹地向开放前沿转变。继续推进郑州跨境电子商务服务试点建设，不断向“买全球卖全球”目标迈进。继续推进“郑欧班列”常态化开行，提升商品服务半径，成为连接经济带沿线节点的重要桥梁、纽带。加强产业集聚区建设，不断提升其吸引产业、吸纳就业的能力。

（二）建设“文化枢纽”的着力点

经济建设，文化先行。“文化枢纽”是打造丝绸之路经济带重要综合枢纽的另一核心要求，宛若生命机体的“大脑”。建设“文化枢纽”，其主要着力点有以下几方面。

1. 广泛开展文化交流

复兴丝绸之路，离不开文化交流。以“人、物、思想”为交流内涵，加强与沿线国家及地区的文化交流，增信释疑，相互借鉴，取长补短，共同发展。交流“人”，可互派留学生，抑或人才。交流“物”，可开展商贸合作。交流“思想”，可与沿线地区合作，举办丝绸之路文化展等。

2. 大力发展文化产业

积极整合和深挖丝路文化资源，与沿线地区开展合作，大力发展文化产业，共建丝绸之路文化产业带，努力使其成为经济带的重要亮点和支撑。除丝路文化外，努力推进中原特色文化产业化发展，重点发展数字传媒、创意设计、动漫游戏、文化旅游、工艺美术等文化业态。

3. 积极培育新丝路文化

在发扬传统丝路文化的同时，积极发掘河南地域特色文化，创新发展思路，探索文化交流与合作新模式，尝试将河南传统文化有序转变为新丝路文化，不断拓展合作的新空间、新领域。

（三）建设“物流枢纽”的着力点

建成连通境内外、辐射东中西的物流枢纽，是当前河南区位、交通等综合优势发挥的集中体现。“物流枢纽”，是河南融入丝绸之路经济带建设的“硬”支撑，恰似生命有机体的“骨骼”。

1. 完善基础设施

找准物流基础设施薄弱环节，不断完善运输通道和网络，加快推进物流节点设施、集疏运体系建设，着力提升基础设施网络衔接的顺畅度，努力形成以综合运输大通道为骨干、以重点港站枢纽为节点、以各种运输线网为支撑、以城乡配送网络为基础的物流基础设施服务体系。

2. 坚持发展现代物流

着力培育现代物流业，推动其与制造业联动发展。科学谋划，以郑州为龙头，建设内陆型国际物流中心，并努力建成提供第二方、第三方、第四方物流基地。大力推广现代物流理念、技术和新型流通方式，引导和扶持传统运输企业向现代物流企业转型。推进物流、产业和市场融合发展。

3. 积极发展农村物流

统筹交通、邮政、供销、商务等农村物流资源，加强农村物流基础设施建设，完善农村物流服务体系。积极发展“四站合一”（客运站、货运站、交管站和维修站）运输模式，提高运输资源利用率。鼓励有条件的企业发展班车物流和货运公交。重视发展农产品冷链物流，建立农产品绿色通道试点，推广先进物流技术。着力培育、优化农村物流市场主体。

（四）建设“产业枢纽”的着力点

河南融入丝绸之路经济带最终依靠产业地位。产业，犹如生命有机体的

“血肉”，没有产业的支撑，就会“营养不良”。

1. 科学推进产业转移

一方面要继续积极承接产业转移，想方设法将好企业“引进来”。明确承接方向，加快推进现代产业体系构建；加强产业集聚区等承接载体建设；加快服务型政府建设，进一步优化承接环境。另一方面要与沿线地区加强合作，让有条件的企业“走出去”，成立子企业、分工厂，形成新的货源基地、消费市场，助力企业做大做强，增强沿线节点间联系。

2. 持续优化产业结构

改造升级传统产业，着力推进钢铁、有色、纺织服装等传统工业和商贸物流、住宿餐饮等传统服务业优化升级，整合一批、淘汰一批。积极发展布局新兴产业，着力培育发展新一代信息技术、生物、新能源、新能源汽车、新材料、节能环保、高端装备制造等产业。不断完善产业集聚区等产业发展载体，加快中央商务区（CBD）、总部基地等新载体建设。

3. 引导产业链式发展

依据贸易分工理论，引导和推进产业链式发展，境内链接和境外链接并进，鼓励和引导产业链核心节点企业与关联中小企业分工协作，推进企业关系由散转聚、由疏转密、由小转大，实现产业链上中下游节点企业紧密连接，不断提升企业竞争力、产业链竞争力乃至区域竞争力。

（五）建设“信息枢纽”的着力点

信息决定成败。随着大数据时代的到来，信息在经济社会发展中发挥着越来越重要的作用，其好比生命有机体的“神经系统”。

1. 完善信息网络服务系统

与沿线区域合作，尝试共建沿线区域互通的信息网络交换平台，消除信息壁垒，互通有无，共同推进丝绸之路经济带建设。推动云计算中心、云服务中心等信息服务平台建设，优化网络结构，加强信息服务基础设施建设，提高其利用效率，构建城市信息港、宽带城市、无线城市、区域信息交换中心、经济带信息集散地等，减少“信息孤岛”，增强信息枢纽地位。

2. 加强信息化支撑能力建设

增强信息化支撑产业发展能力，推动信息化与工业化深度融合，推进农业信息化、文化信息化、物流信息化、城镇化等建设，提升产业发展软实力；建设产业发展信息平台、招商引资信息平台；加快发展信息服务业。增强信息化支撑民生建设能力，着力抓好电子政务和社会事业信息化建设与应用，推进电子政务网络、惠民信息工程等项目建设。

3. 大力发展电子商务

普及和深化电子商务应用，拓展电子商务应用领域，提高电子商务创新发展能力。推进网上商都电子商务、农产品市场信息等重大服务平台建设。扶持商贸流通、医药产品和移动支付等电子商务发展。规范发展电子商务，营造电子商务可信环境，推动经济带沿线区域间电子商务协调发展。

参考文献

国家统计局：《中国统计年鉴（2014）》，中国统计出版社，2014。

河南省统计局：《河南统计年鉴（2014）》，中国统计出版社，2014。

栾姗、董鲁皖龙：《构建陆空联运新体系》，《河南日报》2014 年 6 月 1 日。

柯杨、郭倩：《通道为“骨” 经贸为“肉”》，《河南日报》2014 年 5 月 28 日。

喻新安、完世伟、王玲杰：《河南经济发展报告（2014）》，社会科学文献出版社，2013。

喻新安、谷建全、完世伟、赵然：《河南金融发展报告（2014）》，社会科学文献出版社，2014。

河南省人民政府：《河南概况》，河南省人民政府门户网站，2014 年 11 月 10 日。

国家交通运输部：《交通运输部关于交通运输推进物流业健康发展的指导意见》，2013。

体制改革篇

Reform

B.19

郑州航空港经济综合实验区体制机制创新研究

任晓莉*

摘　要：在世界经济形势错综复杂、国内外竞争日益加剧的情况下，郑州航空港经济综合实验区在不到两年的时间里，大型航空枢纽建设快速推进，形成机场枢纽和产业集聚互动发展的良好态势，成为中原地区组织生产最快捷的区位和带动中国中部地区经济发展的重要力量。但由于缺乏科学、灵活、高效、创新的体制机制，郑州航空港经济综合实验区仍面临着诸多需要研究和解决的问题。郑州航空港经济综合实验区应进一步解放思想，先行先试，大胆改革，进一步加快制度创新步伐，大力创新工作举措，完善工作机制，实现面上推进，点

* 任晓莉，河南省社会科学院研究员。

上突破，快速助推其实现体制机制创新，抓住机遇，抢占对外开放制高点，把郑州航空港经济综合实验区打造成全省对外开放的平台和窗口，成为深化改革、体制创新的实验示范区，形成全省的产业新高地、开放新高地和创新新高地。

关键词：郑州航空港经济综合实验区　管理体制　工作机制　体制机制创新

自2013年3月7日郑州航空港经济综合实验区（以下简称“郑州航空港区”）成为全国第一个上升为国家战略的航空港经济发展先行区以来，郑州航空港区致力于打造内陆开放新高地，以打造引领中西部地区发展的重要引擎，提升郑州综合交通运输枢纽的区位优势，支撑中原经济区建设，提高区域竞争力等为奋斗目标，着力创新工作举措、完善工作机制，在世界经济形势错综复杂、国内外竞争日益加剧的情况下，取得了不凡的成就。从发展的态势来看，郑州航空港区已经在最短的时间内形成机场枢纽和产业集聚互动发展的良好态势，成为带动中原经济区乃至中国中部地区经济发展的重要力量。同时也要看到，郑州航空港区刚刚起步一年多，虽然发展势头迅猛，但由于基础弱、时间短，特别是缺乏科学、灵活、高效、创新的体制机制，各类管理制度还处于孕育、起步阶段，仍面临着诸多需要研究和解决的问题。郑州航空港区体制机制创新滞后的表现及原因是什么？如何采取有效措施快速助推其实现体制机制创新，使其早日成为中原经济区建设的新引擎、推动中部区域迅速崛起的“加速器”，是本文研究的核心问题。

一　郑州航空港区上升为国家战略一年来的体制机制创新进展

郑州航空港区获批一年多以来，河南省委、省政府把郑州航空港区作为中原经济区建设的战略突破口和关键性抓手，明确提出了“建设大枢纽、发展大物流、培育大产业、塑造大都市”的总体思路，举全省之力加快推进，特别是通过各方面的共同努力，初步建立了有效的郑州航空港区管理体制和运行机制；各项规划相继出台，形成系统的规划体系；省直各有关单位相继出台各类政策，形成有效的政策支持体系。同时启动了大枢纽建设、大物流发展、大产业培育，实现了良好开局。2013 年完成生产总值 333.82 亿元，增长 24.7%；固定资产投资 209.02 亿元，增长 54.1%。

据中国民用航空局提供的数据，2013 年郑州机场旅客吞吐量达到 1314 万人次，比 2012 年增长 12.56%，在全国排名第 18 位；货邮吞吐量达到 25.57 万吨，比 2012 年增长 69.13%，在全国主要机场中增速居第 1 位，排名由 2012 年的第 15 位跃升至第 12 位。

2014 年上半年，郑州机场完成旅客吞吐量 754.5 万人次、货邮吞吐量 17.9 万吨，分别增长 26.1% 和 127.1%，客货运量增速均居全国主要机场首位，货运总量排名超过厦门、昆明、重庆、南京，由上年的第 12 位上升到第 8 位。特别是国际客货运量分别达到 39.1 万人次、9.4 万吨，增长 46.6% 和 229.5%。机场二期工程顺利推进。航站楼、综合交通换乘中心、飞行区、信息指挥中心等主要工程全面完成上半年计划目标，完成投资 22.27 亿元，完成计划的 105.8%。投资增长和产业集聚取得新突破。1～5 月份，完成固定资产投资 116.3 亿元，同比增长 129.5%，拉动全省投资增长 0.8 个百分点；完成实际利用外资和引进省外资金 2.08 亿美元和 16.5 亿元，分别增长 126.7% 和 64.4%。

1. 管理体制日益完善

科学而高效的制度安排是建设郑州航空港区的基础和前提。河南省委、省政府抢抓郑州航空港区上升为国家战略的难得机遇，把郑州航空港区建设摆在经济工作的首要位置。在郑州航空港区发展规划被国务院批复的 1 个月后河南省委、省政府就开始密集出台各项支持意见和政策，确定了“市管为主、省级扶助”和“两级三层”的管理体制，成立了省、市两级郑州航空港区建设领导小组及办公室，设立了郑州航空港区党工委和管委会，形成职责明确、协调联动的管理架构和运行机制。同时，为加快郑州航空港区建设，按照构建具体化、规范化、制度化的工作协调推进机制的原则，建立了省航空港郑州航空港区建设领导小组“周协调、月督查”制度，通过加强建设过程中重大问题的协调和督查，确保各项建设目标如期实现，迅速形成郑州航空港区整体推进、全面建设、势如破竹的工作局面。

2. 规划体系初步形成

《郑州航空港经济综合实验区发展规划（2013～2025 年）》是总体的战略发展规划，而将宏观规划愿景文本化、明确化、具体化的各类专项规划则必不可少。河南按照国务院批复的郑州航空港区发展规划，采用国际招标的方式，邀请英国阿特金斯等 6 家国内外知名规划编制机构，参与概念性总体规划编制；同时邀请约翰·卡萨达（John Kasarda）教授等国内外航空理论、机场规划、临空经济、航空物流方面的知名专家，组建专业化咨询团队，全程参与指导规划编制。2014 年上半年，郑州航空港概念性总体规划已经河南省委议事会、河南省政府常务会议审议通过并印发实施，综合交通、公共设施、产业、生态水系、商业网点等 26 个专项规划已通过专家评审。

3. 政策支持体系基本建立

为减少郑州航空港区行政层级，提高行政效率，河南在体制机制创新方面多次进行大胆探索，实现多项创新。2013 年 11 月以来，河南省出台了《关于支持郑州航空港经济综合实验区发展的若干政策》和《关于郑州航空港经济综合实验区与省直部门建立直通车制度的实施意见》，出台了支持郑州航空港区发展的 81 项政策，建立了郑州航空港区与省直部门的直通车制度，赋予航空港区省辖市一级管理权限，明确了在发展改革、工业和信息化、商务等 26 个领域 266 项具体直通事项，该区可直通相关省直部门，涉及用地直批、价格自定、政策直享。河南省财政厅、郑州海关等 11 个部门还出台了专项政策，郑州市和郑州航空港区管委会分别出台了相关政策，如航空港区享受省辖市待遇，“3 年内地方收入无须上交”“将郑州航空港区基础设施建设项目纳入省重点项目管理”“航空港区知识产权可按 70% 入股”“航空港区的外来务工人员与同城职工享有同样的社会保障等待遇”，项目经航空港区审查后，由航空港区报送市政府办公厅对应处室，由办公厅相关处室协调有关部门3日内办结，相关手续直接报送等，形成支撑航空港区建设发展的省、市、航空港区三级政策体系。

4. 基础设施建设快速推进

进入2014年，西安、武汉、合肥、长沙、成都等中西部省会城市也都相继朝着航空经济的方向发展，拿出了比较完善的建设方案。在区域竞争压力日益增大的情况下，郑州航空港区突出抓好机场二期工程、客货运吞吐量、重大项目、招商引资、改革创新等大事要事，推动综合交通枢纽建设、航空物流发展、起步区和市政基础设施建设全面提速。截至2014年8月，郑州机场二期工程进展顺利，飞行区场道、T2航站楼和综合交通换乘中心建设快速推进，郑州航空港与城际铁路、地铁交叉施工方案制定完成，已累计完成投资47.77亿元，占总投资额的29.13%。郑州航空港区外围高速公路网和内部路网建设加快推进。供排水、供电、供气等一批市政基础设施和公共服务设施项目相继开工建设。同时，加大基础设施建设力度，着力提升城市承载能力，郑州航空港区内新开工的道路建设、生态水系及园林绿化建设等也都在紧锣密鼓地进行。

5. 航线网络不断完善

郑州航空港区积极加大航线开辟力度，完善航线网络，郑州机场已开通全货机航线27条，国际货运航线数量占中部地区九成以上。郑州机场成为中部地区唯一获批开展国际快件业务的机场。南航河南航空有限公司挂牌成立。河南航投成功收购卢森堡货运航空公司35%的股权，郑州机场将成为其全球第二个枢纽机场。“郑欧班列”开行30班，实现了每周两班常态化运行，货源地覆盖珠三角、长三角、环渤海等主要经济圈和东北地区，并顺利开通欧洲至郑州的返程班列，实现了我国内陆腹地到欧洲、中亚地区货物运输的往返双向贯通。海关总署批准郑州航空港区增设国内地区代码，成为全国第二个获得海关国内地区代码的综合航空港区。《郑州市跨境贸易电子商务服务试点实施方案》获得国家批准，成为全国唯一依托保税监管场所“入区退税，进境保税，国际分拨、配送”功能的进出口综合性试点，90多家网商、物流商、支付商企业已入区备案，京东商城、阿里巴巴、万国优品等相继落户。在全国跨境贸易电子商务服务试点城市中，郑州率先获批国际快件出口总包直封权，郑州至纽约、莫斯科、伦敦等13个国际城市可实现“当日寄出、次日递达”。新郑综合保税区功能进一步拓展，成为“自产内销货物返区维修”全国10个试点之一，启用了综保区货站，开通了辐射全国近20个大中城市的卡车航班或海关监管卡车。口岸建设实现新突破，成功争取国家质检总局同意筹建河南进口肉类指定口岸。

6. 招商引资带动全局

郑州航空港区充分发挥政策优势，始终坚持把开放招商作为决定其前途命运的关键抉择，把对外开放、招商引资作为港区发展最直接、最有效的综合性战略举措，持续深入开展大招商活动，成功签约了一大批重大招商引资项目，为港区的持续稳定健康发展提供了强大的动力和活力。一年多来，港区围绕航空物流、高端制造、现代服务业三大主导产业，突出招大引强，招商引资“一举应多变，一招求多效”的综合带动作用持续增强，取得了显著成效。截至2014年8月，累计签约项目69个，总投资2034亿元。比如，智能手机招商取得重大进展，与创维、酷派、天宇等13家整机生产企业相继签约，与深圳268家手机生产企业进行了集中对接，与酷派13家核心供应商签订了框架协议。成功举办了郑州航空港区发展规划新闻发布会、中国发展高层论坛2013“中原之夜”、博鳌亚洲论坛郑州航空港区专题推介会、国际民航组织第38届年会郑州航空港区专题推介会等重大活动。

二　郑州航空港区体制机制创新亟须突破的瓶颈及障碍

经过一年多的实践，郑州航空港区已经成为中国内陆地区发展的一个亮点，对周边省市经济的带动力将越来越凸显，但对比国内外一流航空枢纽，其机场运行能力仍居国内三流水平。航线网络规模总量偏低，国际航线数量与通达能力有限，航线客源结构单一，中转基础设施及功能不足等，也制约了郑州航空港区的发展，问题主要集中在体制不顺、机制不活、人才匮乏、管理水平低下等四大方面。

1. 体制架构缺乏创新，管理部门互不对接

郑州航空港区是中国首个航空港经济发展先行先试区，负有占据政策创新制高点的使命，但目前的行政管理体制仍然类似于一个城市新区的行政架构，管理体制不顺畅、不对接问题仍然存在，整体建设执行力偏低，表现在以下几方面。

一是行政管理体制对接不畅。郑州航空港区目前厅级机构，市管为主、省级辅助的“两级三层”行政架构仍然存在着工作推进机制层级多、责任主体不突出、行政效率受限的问题。而上海的浦东新区和天津的滨海新区，都是由市里（省级）直接管辖，没有委托下一级政府代管，行政牵绊少、体制创新力度大、办事效率高。二是航空港区与机场管理分割。郑州航空港区管委会与新郑国际机场管理有限公司同为厅级单位，分别为两套行政班底，容易造成日常工作中规划不同步、目标不统一、工作不协调、项目不对接等诸多问题。而与郑州航空港建设模式极为相似的孟菲斯航空城，在发展之初就设立了孟菲斯机场管理局的专门机构，统一专职处理航空城及机场的相关事务，办事效率得到保障。

2. 机制滞后欠灵活，要素支撑能力不足

郑州航空港区需要在既有的体制下采取灵活的办法解决面临的实际问题，理顺各种利益关系，激发与提升机制的活力和效率，充分调动各部门各环节的能动性和创造活力。但是目前，郑州航空港区在土地利用、资金筹备等方面还存在机制不活、瓶颈制约过多等突出问题。

一是土地利用与土地行政规划缺乏协调性。在概念性总规划落地时，面临规划之间互不衔接进而导致引进项目落地难、土地报批难等相关问题。二是航空港建设资金不足，金融支持方式单一。当前郑州航空港区建设中，政府资金渠道主要是财政直接支持，这种做法在郑州航空港区开始发展的时期会有极大的促进作用，但长期下来会给政府财政带来极大压力。此外，适合航空港区产业特点的飞机融资租赁等新的金融创新模式还未形成，吸引货源

的跨境电子商务及其支付系统、期货交割系统都不完善。三是缺乏机制灵活的离岸金融平台。目前航空港还没有开展离岸金融业务的平台，以致许多境外成员公司的外汇资金无法有效管理。同时，融资租赁公司也比较缺乏，无法有效支持大型航空产业的发展。

3. 各类人才培养滞后，高端人才极为匮乏

人才是郑州航空港区发展的基石和灵魂，航空港建设尤其需要国际化的战略视野，需要具有开放型思维的人才。但郑州航空港区人才队伍建设“先天不足”与后天“营养不良”并存。

一是缺乏一支素质过硬的干部队伍。航空港区建设是一项开创性工作，要求建设者必须有开阔的视野、创新的意识和充满激情的创业精神，然而目前在航空港发展战略、招商引资、产业发展、自主创新等方面，干部的能力素质明显不足。二是高端专业技术人才匮乏。一方面，随着临空经济的快速发展，郑州航空港区对航空物流、装备制造、投融资等方面的高端人才需求呈几何级数增长，而在港区这类人才的供应非常有限，急需熟悉航空港相关业务的优秀人才及高级主管，这已经成为制约郑州航空港区发展的瓶颈。另一方面，在现有政府人才队伍中，尤其在关键岗位、核心部门具有专业知识背景、熟悉相关产业领域、具有高超谈判水平的专业招商人才、管理人才缺口较大，这也导致航空港在对外招商引资上难以实现重大突破。三是港区内的从业人员或居民大部分由港区原有乡镇居民组成，文化素养和技能相对不高，需要大量的培训机构快速提高现有居民的素质，以符合郑州港区建设的需要。

4. 管理协调能力不高，海关监管区功能分散

口岸条件直接决定空港经济发展的快慢和成败，高效的货物运转效率、高质量满足货主服务要求的多功能服务，较少的货物中转时间，便利的VAT（增值税）税制等，都能提高航空港的吸引力和竞争力，但是目前郑州航空港区在便利通关上还存在很大的问题。

一是郑州（新郑）综合保税区、保税物流中心、出口加工区3个独立的海关特殊监管区各为一体、功能分散，未能实现港区联动。二是监管区口

岸外联少，功能未有效发挥。3 个海关特殊监管区与国内主要城市口岸合作较少，在区域通关、通检方面，没有发挥应有的口岸功能，口岸集聚货物能力不强，也影响了河南自由贸易区的建设申报。三是边检过境手续烦琐，大通关机制亟待推进。

三　实现郑州航空港区体制机制创新的政策建议

目前，郑州航空港区已经有一个好的基础、好的开端、好的态势，要加快发展，夯实后劲，必须在体制机制创新上有更大的突破。要力争通过 2～3 年的创新实践与发展，将郑州航空港区基本建成行政管理高效、投资贸易便利、监管模式灵活、城市生态宜居、法制环境规范的体制机制创新示范区，成为全国航空港经济发展最具活力的区域。

1. 创新之一：加快行政管理体制创新，优化机构职能配置

积极落实河南省政府赋予郑州航空港区的省辖市级经济社会管理权限，探索下放部分省级经济管理权限。进一步健全“两级三层”管理架构的工作运行机制，充分发挥省、市两个航空港区建设领导小组在综合协调、督查考核等方面的作用。全面落实和深化省直部门与郑州航空港区直通车制度，逐步扩大直通范围和优化直通流程。在郑州航空港区实行相对灵活的机构设置办法，赋予其根据发展需要适时优化调整内设机构职能的权限。创新郑州航空港区管委会、街道办事处两个层级的管理体制和工作机制，强化管委会的统筹、组织、协调职能，充分发挥办事处在城市管理和项目服务中的作用，推进管理重心下移。

2. 创新之二：深化行政审批制度改革，提高政务服务水平

将郑州航空港区列为省级行政审批事权下放试点，继续加大行政审批事项“减、放、转”力度。进一步简化和规范审批程序，优化审批流程，提高审批效率。健全郑州航空港区行政服务中心运行机制，推行一口受理、并联审批、多证联办的“政务超市”审批服务模式。建立统一的网上审批服务平台，实行网上公开申报、受理、咨询和办复，逐步扩大网上审批的范

围。强化审批中介机构监管，建立健全代理审批制度。推进行政审批监督制约机制建设，强化审批事中、事后监管，完善行政审批责任考评体系。全面推行权力清单制度，公开行政服务事项和权力运行流程，接受企业和公众监督。

3. 创新之三：打破条块管理障碍，推动区域合作共建

按照“空间全覆盖、职能全覆盖”的要求，打破郑州航空港区与新郑市、中牟县以及开封尉氏县之间的行政区划障碍，建立符合郑州航空港区统一规划、建设、管理需要的体制模式。在产业发展、项目布局、口岸建设等方面，强化郑州航空港区与郑东新区、郑州经济技术开发区、郑州高新技术开发区、上街区等周边区域的统筹协作，促进联动发展。理顺郑州航空港区党工委、管委会与海关、检验检疫、工商、税务、质检等中央、省派驻垂直机构的关系，探索建立有利于促进郑州航空港区改革发展的垂直机构管理体制。建立郑州航空港区管委会与机场公司之间的定期沟通联络机制，加强合作交流，共同推动机场发展。

4. 创新之四：坚持科学发展导向，创新发展目标考核评价体系

按照科学可持续发展的要求，差异化制定郑州航空港区发展目标考核评价体系，突出建设大枢纽、发展大物流、培育大产业、塑造大都市等中心工作，合理配置指标权重，充分发挥目标体系的发展导向作用。对郑州航空港区发展目标实行单独考核，不参与和其他县（市）区、产业集聚区、开发区的统一评比。适当减少对郑州航空港区的专项工作考核，并对部分考核指标进行单列。创新考核方式，探索建立企业、群众等社会各界广泛参与的考核工作机制，促进考核公开公正。强化考核结果运用，建立目标考核奖惩激励约束机制，充分调动工作积极性和创造性。

5. 创新之五：持续加大招商引资力度，构建高水平开放型经济体系

整合提升郑州新郑综合保税区及其周边海关特殊监管区的加工、贸易、物流、金融、现代服务等功能，破除要素资源流动的体制机制障碍。实施“一线放开、二线管住”的海关监管模式，简化货物进出境手续，促进货物自由流通；加强海关、质检、工商、税务、外汇等管理部门协作，完善一体

化监管方式。推动新郑综合保税区与郑州出口加工区、河南保税物流中心和郑州国际陆港物流中心、铁路集装箱中心站等海关特殊监管区域的整合优化，促进其联动发展、政策共享、信息共用，积极启动空港型自由贸易区申报工作。扩大金融服务、航空运输、物流快递、电子商务等服务业领域的投资开放，放宽投资资质要求、股比限制、经营范围限制等准入措施，营造有利于各类投资者平等准入的市场环境；借鉴国际通行规则，改革外商投资管理模式，探索建立负面清单管理模式，对外商投资试行准入前国民待遇。改革境外投资管理方式，对境外投资开办企业实行以备案制为主的管理方式，加强投资事后管理和服务，提高境外投资便利化程度。探索建立统一的工商登记与商事登记制度，改革并优化工商登记与商事登记流程，逐步形成与国际接轨的外商投资管理制度。创新口岸建设及监管服务模式，设立口岸管理体制改革试点，探索海关、检验检疫、边检、海事等制度创新，实现依法把关、监管有效、方便进出、服务优良、管理科学、收费合理、国际一流的口岸管理，构建大通关体制。

6. 创新之六：改革投融资模式，推动现代生产要素高效集聚

以财政资金和政策为杠杆，创新投融资模式，构建多元化融资体系，引导各类资金投入郑州航空港区建设。统筹各级财政资金，加大对郑州航空港区机场、高速公路和城区道路等建设项目的倾斜力度。支持政府性投融资公司参与郑州航空港区建设，对承担郑州航空港区内重大基础设施建设的项目进行支持和补贴，推进政府性投融资平台债务公开化、透明化。引导社会资本参与郑州航空港区建设，支持运用 BT、BOT 等模式参与郑州航空港区机场和通用航空设施、公路铁路、通信等基础设施项目建设，对社会资本投资教育、卫生、养老等项目进行补贴。创新财政支持产业发展的方式与机制，增强产业发展专项资金的引导和放大作用，设立产业发展基金、股权投资引导基金，吸引社会资本注入，用于扶持郑州航空港区内电子信息、生物医药、航空制造等主导产业发展。鼓励融资租赁机构、保险公司、证券公司、信托公司等金融机构支持郑州航空港区建设，探索开展小额贷款公司发行优先股试点。加大企业直接融资力度，推动各类企业上市和挂牌，鼓励企业积极利用“新三板”进行融资和重组，引导优质企业利用优先股等工具进行融资，支持开展中小企业私募债试点。

7. 创新之七：强化金融市场功能，创建现代金融服务体系

推动金融服务业对符合条件的民营资本和外资金融机构全面开放，支持在郑州航空港区内设立外资银行和中外合资银行。允许郑州航空港区内具备条件的金融机构适时开展综合经营试点，支持银行业金融机构针对郑州航空港区制定专门的信贷支持策略和管理方案。允许金融市场在郑州航空港区内建立面向国际的交易平台，逐步允许境外企业参与商品期货交易。鼓励金融机构加大创新力度，推出促进航空经济发展的金融产品，降低航空经济相关业务风险。大力发展互联网金融，建立相关服务平台，促进互联网、金融和航运物流机构之间的融合。推动金融机构在郑州航空港区开展知识产权质押等灵活多样的金融创新服务，支持科技创新型企业破解融资难问题。加快在郑州航空港区建设区域性股权交易市场。加强郑州航空港区金融环境和信用体系建设，推动郑州市依托航空港建立区域性风险投资和财富管理中心。研究建立与郑州航空港区以及自由贸易区相适应的金融监管制度，有效防范金融风险。

8. 创新之八：加快土地管理制度创新，推进土地节约集约高效利用

深化土地资源市场化配置，建立健全存量土地循环利用机制和配套政策，完善城市更新、土地整备等二次开发模式。推行工业用地弹性出让和租赁制，支持存量工业用地盘活利用，建立低效利用土地市场化退出机制。推进土地总登记和土地空间使用权登记试点，改革完善土地储备制度，创新土地开发经营模式，将土地规划、项目建设和资本运作相统一，不断提升土地增值收益和存量土地的利用水平。科学安排土地供应，将郑州航空港区基础设施建设项目纳入省重点项目管理范围，严格项目准入，建立起省、市、航空港区管委会之间的用地保障联动机制。探索建立存量土地盘活、土地产出效益与新增建设用地计划指标分配挂钩制度。规范征地程序，探索建立土地权属争议多元调解处理机制，完善土地增值收益分配机制和对被征地农民的合理保障机制。探索土地利用监管新模式，强化土地利用全程监管，预防囤

地、炒地、闲置土地等现象。探索建立土地和房产审裁制度，提高土地和房产权益纠纷裁决的效率。

9. 创新之九：加速集聚创新资源，打造自主创新示范区

加快自主创新体系建设，围绕航空物流、高端制造业和现代服务业等主导产业建设各类研发机构，建设各类特色技术创新中心和科技园区，形成以企业为主体、以市场为导向的技术创新体系。完善科技创新评价、激励机制，统筹创新专项资金，向郑州航空港区倾斜，支持航空偏好型产业发展。加强创新载体建设，建立科技企业孵化器、大学科技园和重点实验室等研发平台。积极搭建科技合作交流对接平台，加大政策鼓励力度，吸引国内外科研机构、高校和企业入驻，积极引进技术成果和高层次人才，鼓励各类创新主体间的资源和信息共享。加强高新技术企业培育，加强企业和科研院所的协同创新机制，加速产学研转化速度，对符合条件的创新型企业施行一定的税收减免。建立健全知识产权保护和运用体系，完善知识产权仲裁机制。创新郑州航空港区管理模式，加快“引进来”和“走出去”，建立和强化郑州航空港区企业和各类机构全球化发展的服务平台，支持优势企业开拓国际市场。

10. 创新之十：创新高端人才政策与工作机制，构建人才特区

加大引进航空港经济高层次人才的力度，出台各类人才引进的补贴和扶持政策，对郑州航空港区内的航空运输和物流企业引进的高层次人才，在子女入学、住房购置等方面放宽户籍限制条件，对航空和机场特殊紧缺人才按政策施行个人所得税优惠。建设海外高层次人才创新创业基地，对创新型企业放宽创业门槛，实施海外创新创业人才引进普惠性政策，对引进的高层次科技人才及其团队优先立项建设研发中心。与国内外著名高校建立合作关系，为民航事业以及电子信息、生物医药、电子商务、航空经济相关产业发展培养专门人才。支持企业和科研院所在郑州航空港区内设立博士后科研工作站和研发基地。

B.20

加快河南省现代市场体系建设的重点难点及路径分析

杜明军*

摘　要：加快河南省现代市场体系建设，重点在于：一是产权明晰，需要打破垄断、深化国企改革、实行负面清单；二是市场价格信号机制构建，需要着力完善农产品、资源性产品、公共产品价格机制；三是市场要素自由流动，需要促进城乡要素双向流动、打造多赢一体化市场。难点在于政府作用发挥的合理适度，需要构建政府与市场的共生关系、信用体系，完善监管机制。

关键词：现代市场体系　重点　难点　路径

引　言

现代市场体系是中国特色社会主义市场经济制度构成的首要部分，是涵盖商品、要素及其衍生市场的有机统一体。改革开放以来，河南省不断强化市场体系建设，坚持以扩消费、惠民生为中心，基本形成城乡相对配套、门类比较齐全、地区特色鲜明的市场体系，极大地促进了中原崛起河南振兴。但河南省的市场体系建设还存在不少问题和挑战。首先，市场体系的完善程

* 杜明军，经济学博士，河南省社会科学院经济研究所副研究员。

度与发达地区存在差距，更明显地区别于成熟市场经济体。除了历史文化、社会习惯和体制机制等方面的原因外，根本原因在于市场需求的特点和层次不同。发达经济体中普遍存在的诸如家庭服务、保健及各种各样的俱乐部等异常活跃的市场，为我们依托现代市场体系拉动消费需求转型升级树立了榜样。其次，市场体系运行常常存在诸如证券热、房地产热等宏观非理性的“发烧”现象。由于持续转型发展中的市场规范度、法制健全度、市场主体成熟度等相对较差，投机和寻租等行为的示范效应常常导致羊群效应，结果使市场运行态势大起大落。需要逐步完善市场体系，理顺利益关系，规范市场秩序。再次，市场交易中假冒伪劣产品屡禁不绝。这种特定环境下的市场负效应，亟须法律制度完善，历史、文化、观念等因素的制约。需要加强对市场体系本质的认识，构建偏好长期利益的良好外部市场环境。以上问题都属于市场体系范畴问题，需要贯彻党的十八届三中全会的要求：“建设统一开放、竞争有序的市场体系，是使市场在资源配置中起决定性作用的基础。”不仅需要用系统论的思维理念，更需要努力突破重点，着力化解难点，快速推进河南现代市场体系建设。需要重点突破以下几方面的障碍：一是产权利益主体明晰度不够，导致市场行为选择非理性；二是价格决定机制不明晰，致使对资源配置扭曲；三是市场体系内在分割，造成要素流动不顺畅。更需要着力化解政府“有形之手”的作用发挥不合理、不适度等难题挑战，为河南经济转型升级，跨越“中等收入陷阱”，实现中原崛起河南振兴奠定坚实的基础。

一　产权明晰

现代市场体系最显著的特征之一在于：市场主体的自主选择权利，企业自主经营，消费者自由消费。这就需要明晰产权，为市场主体行为选择的理性化提供坚实基础和动力。产权明晰意味着归属清晰、权责明确、保护严格、流转顺畅，以提供行为选择激励，降低交易费用，提高资源配置效率。

（一）产权明晰对现代市场体系构建意义重大

第一，产权明晰是由市场经济的本质规定的。市场体系运行的全部活动是基于产权基础并围绕产权而展开。表现为基于利润或经济收益目标追求的产权行为选择。第二，产权明晰是保障现代市场体系开放性、竞争性的基础。产权归属模糊，抑制市场主体大胆冲破垄断和封锁的动力与能力。第三，产权明晰有利于充分激发各市场主体的积极性，实现速度和效益的有机统一。偏好数量扩张、单纯追求增长速度，而忽视质量和效益提高的关键原因之一在于产权明晰不够。产权清晰能使发展的主体和动力源发生革命性置换，由外在的压力转变成各市场主体的内在动力。第四，产权明晰有利于优化资源配置，推动经济结构的调整与升级。产业结构老化，重复建设严重，根本原因在于现有产权不明晰。第五，产权明晰有利于规范市场主体行为，促进社会信用氛围的形成和市场秩序的规范，假冒伪劣等市场问题、信用问题严重，本质上与产权不清晰相关。第六，产权明晰为限定政府行为边界，完善宏观调控体系创造基础。

（二）产权明晰需要打破垄断，实行负面清单模式

明晰产权需要打破垄断。垄断包括合理的经济性垄断与不合理的非经济性垄断，其本质源于进入壁垒的独占存在。企业具有追求“独一无二”垄断的天性。如果独占是创新所致或自然垄断所造成，必然是成本最低的、合理的经济性垄断；反之，如果独占借助权力，就是低效率或高成本的、不合理的非经济性垄断。在构建市场经济体系进程中，如果不发挥市场的基础作用，基于利益的非均衡需求，就容易形成行政干预性垄断和地域性封锁。垄断限制了市场主体的自由进入，阻碍了产权明晰进程，必须逐步消除不合理的垄断。

明晰产权需要实行负面清单模式，“法不禁止即可行”，是构建现代市场体系的本质要求，也是转变经济和社会治理模式的积极探索。实行负面清单管理，“法无禁止即可为”，有助于激发市场主体活力，扩大市场主体自

由，促进产权明晰化；也有助于规范政府行为、促进行政行为的公开化、透明化，使得政府审批权力仅限于负面清单所列举事项，杜绝对产权明晰行为的干涉，实现由事前监管向事后监管转变。对市场在资源配置中发挥决定性作用，完善市场体系，促进产权明晰，具有重大而深远的意义。

（三）明晰产权需要深化国有企业改革，整合理顺产权关系

国企改革尚未到位，导致市场运行的微观主体行为失范，迄今面临着攻坚的挑战。深化国企改革，首先需要明晰产权，划定企业和政府的行为边界，解决政企不分的问题，逐步消除市场分割、促进公平竞争，弱化非合理垄断等现代市场体系构建的内在障碍，形成基于产权关系明晰的硬约束行为选择机制，为市场体系的构建奠定基础。市场主体的产权关系越明晰，市场主体的媒介联系越具有动力，互动联系越密切，依赖和稳定程度越高，经济发展的市场化程度越高，现代市场体系发育就越成熟。

（四）明晰产权需要改革企业登记制度，促进规范有序退出

明晰产权需要改革企业登记制度。企业登记制度改革有利于促进产权明晰化，是完善现代市场体系的重要举措。应转变政府职能，简政放权，推进工商注册登记便利化。取消最低注册资本限额，赋予投资者更多自由，提高企业资金运转效率，增强企业竞争力。强化市场主体法律地位平等，统一市场准入标准，促进内外资法律法规统一，保持内外资政策稳定、透明、可预期。明晰产权需要完善市场主体规范有序破产制度。在有效实施《企业破产法》的基础上，保障企业资产、债务依法清偿，维护职工利益。

二　市场价格信号机制构建

现代市场体系最显著的特征之一在于：基于市场的价格信号机制是现代市场体系构建的核心环节和必要条件。价格信号是市场各要素中最核心的内容，价格机制是市场机制的核心内容，是市场机制中最敏感、最有效的调节

机制，这需要市场价格信号机制的构建和进一步完善。依托价格信号调节资源配置，调节生产和投资方向及规模，调节商品供求关系，调节消费需求方向和结构，调节收入分配，调节技术进步和经营管理，推动和引导社会经济发展。

（一）市场价格信号机制是现代市场体系构建的核心基础

第一，价格机制是各种市场信号的传播者。价格机制提供和传递各种经济信息，发挥现代市场体系晴雨表的功能。第二，价格机制是现代市场体系运行的神经中枢。现代市场体系各个行为主体的互动运作，要素和商品的流转，必须通过市场价格信号导引才能实现。第三，价格机制是现代市场体系利益关系的调节者。任何价格变动都会重新改变、组合和划分各个行为主体的利益关系。第四，价格机制在市场机制中居核心地位，对其他机制起着推动作用。供求机制反映价格变动关系与供求关系的内在联系，保证市场机制的正常运行，但价格机制对供求机制起着推动作用。竞争机制引导经济社会在竞争中前进，但价格机制对竞争机制起着推动作用，价格涨落促进竞争和各类创新。激励机制是市场机制的动力机制，但受制于价格机制的影响，价格变动发出信号，激励行为变动。风险机制是市场机制的基础机制，但受制于价格机制的影响，价格涨落能推动冒险、创新以及利润追逐。第五，价格机制调节商品供求关系。调节消费需求的方向和结构；调节生产，推动劳动生产率提高和资源节约、分配；调节商品比价体系引导经济发展方向、结构优化和转型升级。第六，价格机制调节生产和投资的方向及规模。第七，价格机制调节技术进步和经营管理。第八，价格机制是宏观经济的重要调控手段。价格总水平变动是宏观调控的重要根据，推动社会总供给与总需求的平衡。因此，价格机制是市场体系构建的主要形式和根本内容。只要“主要由市场决定价格的机制”还没有完全确立，现代市场体系就不能称为完善。目前河南省市场体系中的绝大部分价格已经市场化，但要符合党的十八届三中全会《决定》的要求，构建现代市场体系，需要着力完善农产品、资源型产品和公共产品的市场价格信号机制。

（二）构建农产品市场价格信号机制

目前，农产品市场价格信号机制的功能作用尚未充分发挥，需要解决诸如粮食收购价格未充分反映实际价格水平；农民只能作为农产品市场价格的被动接受者；处于中间环节的流通企业易形成垄断，成为价格制定者，导致实际生产者往往处于被动和不利地位；信息不对称削弱农民议价能力，易导致农产品市场价格被抑制等问题。必须进一步理顺农产品价格形成机制。优化农产品市场体系结构。发挥其在农产品价格形成和农产品市场运行中的关键作用。提高农户的组织化程度，解决小农户和大市场之间的矛盾。加强政府对农产品市场的宏观调控。及时提供市场信息服务，有效抑制和消除市场垄断，解决农产品市场的外部性问题。学习国外成功经验，改进农产品价格调控方式，增强调控能力。建立完善稳定的农产品价格干预政策框架，综合运用多种调控手段，完善农产品价格支持措施。

（三）构建资源性产品价格信号机制

资源的自然属性是资源价格形成的重要前提条件之一。资源性产品的生产能力增长缓慢，供给增长的滞后期较长，中短期可替代性较差，导致价格弹性低，价格上涨往往是经济景气的伴随性产物。目前的主要问题：一是产权市场的非市场化导致价格形成的市场化程度较低。资源产权市场整体尚处于起步发展阶段，市场化改革远没有完成。大多数矿产企业，特别是国有企业，矿业权获取的市场化程度仍需提升。二级市场的权利转让，流动性不畅，交易灵活性较差，市场发育不良，价格形成的市场化不能有效促进资源的正常优化配置。二是资源垄断企业占有的资源收益权与国家整体资源利益存在着偏离，本应由全体公民共享的资源利益为资源垄断集团所占，而资源开发利用的社会成本则由全体社会公民承担。三是资源部门大多仍然是垄断经营。可获取超过市场平均利润的自然垄断利润。四是价格管制扭曲价格比例关系。通过资源价格管制不可能形成真正反映市场需求和资源稀缺性的价格，扭曲资源配置，降低资源利用效率。五是资源价格管制对资源产权明晰和优化造成侵害。因此，必须构建资源性产品价格信号机制。发挥市场的决定性配置作用。逐步放开价格管制，全面推进资源性产品价格市场化。建立完善资源性产品战略储备制度，平抑资源性产品价格波动；完善资源产权制度，推进资源产权有偿使用、市场化流转。完善资源性产品的中介服务制度。

（四）构建公共产品价格信号机制

公共产品是服务于公共利益的居民必需品，所属产业关涉国计民生基础和上游产业。公共产品定价上涨源于不可再生资源的稀缺性，以及提供公共产品的成本上升，但背后隐藏着公共产品价格形成机制的深层次矛盾，影响着消费公平公正的实现。目前的主要问题有：第一，部分公共产品行业和部门假借价格改革之名损害消费者权益。第二，部分公共产品的价格构成偏离价值。特别是某些基础产业和公用事业开征建设基金随价征收，但并非专款专用。第三，公共产品存在明显的价格消费歧视。存在不公正的本地居民和外地人两个市场，阻碍要素流动，导致社会不公。第四，市场价格秩序混乱。价格欺诈、质次价高、不正当价格竞争等，不同程度地损害着消费者权益。

因此，必须完善公共产品定价的制衡机制。完善《反垄断法》，谋求公共产品定价的司法介入。依托司法保障使公共产品定价不再是纯粹的行政行为，形成对公共产品定价行为的有力制衡。逐步完善公共产品定价的行政体制。通过政务公开等，使公共产品定价的依据和行政程序完整向社会公布。推进定价“政监分离”，改变公共产品的价格制定、价格监察和价格处罚三权过于集中的状况，分置价格的决策权、执行权和处罚权。建立完善公共产品价格申诉机制。完善价格听证会，提高舆论监督的有效性。促进消费者团体和专家团体的职业化建设。实行“公示”制度，把政府定价决策中多方利益集团的博弈过程，充分、透明地展示，构建有效的舆论监督平台。引入独立审计力量作为听证证据。以独立第三方审计机构的职业声誉为公共产品定价的真实性提供担保，增强听证会的监督约束力。

三　市场要素自由流动

现代市场体系最显著的特征之一在于：涵盖土地、劳动、资本、企业家才能等要素的市场交换客体，不受人为市场壁垒的封锁与分割，交易由市场供求所决定，实现市场一体化。这需要市场要素自由流动，不被权力所控制，破除各种制度性障碍，实现有效突破时空约束的自由流动和优化配置。

（一）要素自由流动是现代市场体系构建的内在要求

第一，市场要素的自由流动在于满足需求拉动的内在要求。需求拉动市场要素定位，引导市场体系定向、形成和完善。各要素都有自身的使用价值，乃至起着不可替代的作用。要素的基本需求决定了其流动的必然方向和用途。需求程度越高，市场越易形成，市场体系就更趋于完善、灵活有效。第二，市场要素的自由流动在于满足利益驱动的内在要求。要素流动受自身利益驱使，决定市场要素必然流动的方位和目标。市场要素常常寻找或流向能带来更多利益的去处。第三，市场要素的自由流动在于满足竞争促动的内在要求。市场经济的本质特征之一在于竞争，以促进要素流向占有优势的主体或资源聚集地，必定使资源禀赋占优势，生产能力强的竞争者获得较多收益。第四，市场要素的自由流动在于满足媒介载动的内在要求。各种不同的要素流通媒介决定了要素的传播途径、速度和效果等。要素的充分、合理流动，必然以与媒介流动变化特点相应的方式进行。第五，市场要素的自由流动在于满足要素互动的内在要求。现代市场活动极其复杂，各种要素同时、多方位、多方式流动，多种要素相互作用，多种因素综合影响，多种方式共同进行。利益驱动、充分竞争减少了逐利取巧的机会；利益主体之间、要素之间及主体与客体之间的相互制约、分散制衡，必然存在或创造出利益最大化的交易契机和创新机遇。

（二）要素自由流动迫在眉睫

首先，部分市场的分割和封锁阻碍着市场体系的构建，或乱设卡、乱收费，或实行价格歧视，或保护性扶持等，其实质是阻碍要素商品的自由流动。其次，城乡二元市场问题比较突出。城市和农村市场的发育路径不同，城市市场的行政垄断逐渐减弱，不完善的市场机制扩展了作用发挥的空间，导致农村市场化进程相对缓慢。主要源于体制性障碍，城乡要素无法自由双向流动。

（三）促进城乡生产要素双向流动

第一，明确指导思想。应完善城乡居民的权利，健全市场化配置资源的体制机制，实现要素在城乡之间自由流动，激发现代市场体系的内生动力，加快形成城乡经济社会一体化发展新格局。第二，坚持基本原则。坚持农村基本经营制度。要素在城乡之间自由流动的改革探索，要有利于巩固和完善农村基本经营制度。坚持科学规划和完善最严格的耕地保护制度，要素流动和开发利用，必须符合规划和耕地保护要求，有利于资源节约集约利用，促进生态环境建设。坚持群众主体地位，要素流动必须由农民自己做主，任何单位、组织和个人不得以任何形式阻止、限制或强制、包办，不得剥夺和侵害农民权益。坚持因地制宜、循序渐进，要素在城乡之间自由流动的政策性、系统性强，应根据不同时期、不同情况进行改革探索，在先行试点的基础上，逐步总结推广。第三，进一步夯实要素自由流动的基础性工作。深化农村产权制度改革确权颁证工作。鼓励支持农民集体形成长久不变的决议。约定土地承包经营权长久不变；约定集体经营性资产和农村未利用土地使用权股份量化到户后长久不变；约定自留地、宅基地使用权长久不变；约定土地征用、征收时，按照“占谁补谁”进行补偿。第四，深化要素流动的配套改革。深化户籍制度改革，推进征地制度改革。第五，加强要素在城乡之间自由流动。建立健全生产要素自由流动服务平台。促进要素在公开、公平、公正的市场环境中自由流动。促进农村产权的直接抵押担保融资。完善金融服务体系，建立农村产权抵押担保风险基金，支持金融机构积极开展农村房屋、土地承包经营权、集体建设用地使用权等农村产权的直接抵押融资。规范土地股份合作社的组建。在确权颁证和试点的基础上，研究制定土地股份合作社的登记管理办法，由农民自愿组建土地股份合作社。

（四）打造多赢的一体化市场

规划建设完整协同的市场体系。根据区域发展战略定位和思路规划，进一步完善市场布局协调机制，做好城市功能区分与规划协调，优化布局期货、产权交易，资本金融，碳交易，科技，人才，文化，旅游，消费和各种专业市场，规划和建设现代化的完整市场体系。把进一步普及电子商务与提升服务平台档次作为提升现代市场交易技术水平的主要手段，打破部门分割，把政府信息平台、外经贸信息平台和企业电子商务平台有效连接起来，形成智能型市场体系。

四　政府作用发挥得合理适度

（一）现代市场体系建设需要“政府之手”

现代市场经济离不开“政府之手”，但其作用功能与“市场之手”完全不同。市场机制配置资源存在收入与财富分配不公、外部负效应、竞争失效和市场垄断、失业、区域经济不协调、公共产品供给不足、公共资源使用过度等缺陷和问题，需要“政府之手”保障公平竞争，加强市场监管，保证公共产品和公共服务，进行适时适度宏观调控，推动可持续发展，促进共同富裕，弥补市场失灵。

（二）政府作用发挥面临重大困难

第一，我国历史累积问题过多过重，悖论很多，矛盾重重。需要扬弃改革前的旧体制机制，还需消除改革后在权力与市场结合中形成的各种体制性严重偏差，如收入差距、腐败、特殊利益集团、权贵资本主义等问题。第二，特殊利益集团成为现代市场体系构建的重大障碍。他们既不想回到改革开放前，也不想继续深化改革，固守现状，越来越成为防范、阻挠、反对现代市场体系构建的最大阻力。第三，现代市场体系构建的观念性障碍依然存在。最突出地表现在意识形态方面，主要妨碍现代市场体系改革大目标的形成和确立。第四，现代市场体系构建的公众信任障碍。与改革初期相比，现代市场体系改革比较难于得到公众的理解与支持，不仅源于公信力大幅度下降，还由于问题积累过多过重，急躁情绪明显，使现代市场体系改革受到怀疑和指责。第五，中央与地方关系扭曲的挑战。改革开放取得巨大成功的主要原因在于，市场经济促进分权，但历史现实必须依托集权来保持政策和治理的有效性。政治上的集权和经济上的分权之间的矛盾，形成市场体系构建难以克服的两难局面和进一步发展的瓶颈。第六，日益加剧的收入财富分配失衡的挑战。最基本的社会公平与正义的沦丧，当然有政策因素，但主要源于市场体系不完善及经济结构长期失衡。从根本上解决分配不公，必须尽快完善现代市场体系，提高科技和高品质劳动力的投入和收入，从根本上实现经济转型升级。第七，社会转型的挑战。市场经济带来了个体的经济独立性和社会能动性，导致政治参与成为公民不可让渡的权利、责任和义务。在构建现代市场体系中满足不断高涨的政治参与诉求，保持社会根本稳定，成为关键议题。

（三）构建政府与市场之间的共生互补关系

“政府之手”和“市场之手”都是现代市场体系构建所必需的。有形之手作用发挥的非适度，会造成政府职能的缺位、错位、越位，比如存在的地方权力分割和市场封锁，市场规则不统一，部门和地方保护主义；要素市场发展滞后，阻碍优胜劣汰和结构调整；市场秩序不规范，以不正当手段谋取经济利益；等等。其重要原因在于“政府之手”作用发挥不到位，诱发经济混乱，阻碍社会主义市场经济体制的完善。必须转变政府职能，以“壮士断腕”的勇气“简政放权”，优化职能结构，在微观方面要弱化退出，在社会管理和服务方面要强化到位。要更好地承担起现代市场体系建设的作用。

（四）构建监管基础机制，打造市场秩序

加强市场法制化建设。市场经济是法制经济，应抓紧制定、修订、颁布和实施《反垄断法》、《反倾销法》和其他重要的法律法规，促进市场的依法管理，有效约束政府的管理行为。统筹安排，培育市场体系构建所需要的物质基础。应从现代市场体系培育完备的全局出发，统筹安排交通运输、信息技术、基础设施等市场体系发育所需要的基本物质条件。强化依据标准监管。严厉惩处垄断行为和不正当竞争行为。强化风险管理。广泛运用科技手段实施监管。

B.21

深化科技体制改革 加快创新驱动发展的思考

袁金星*

摘　要：改革开放至今，河南科技体制改革经历了四个阶段，进入了全面深化时期，党的十八届三中全会为进一步深化科技体制改革指明了方向，河南必须着力破解科技管理体制、成果转化机制、激励机制、环境营造等方面的问题，大胆探索，全面深化科技体制改革，使创新驱动发展战略在中原崛起，河南振兴、富民强省的进程中发挥更大作用。

关键词：科技体制　改革　创新驱动

长期以来，我国高度重视科技进步和创新，从“向科学进军”到“科学技术是第一生产力”，从“科教兴国战略”到“提高自主创新能力，建设创新型国家”，对科技创新的思想认识逐步提高，工作思路逐步清晰，工作力度逐步加大。特别是党的十八大明确提出“科技创新是提高社会生产力和综合国力的战略支撑，必须摆在国家发展全局的核心位置”，把创新驱动发展战略提升到国家战略高度，全社会对科技的关注度全面提高。但与此同时，科技领域的深层次问题也开始不断显现，尤其是一些体制机制问题不断暴露，加快改革已迫在眉睫。《中共中央关于全面深化改革若干重大问题的

* 袁金星，河南省社会科学院助理研究员。

决定》对深化科技体制改革进行了大段论述，习近平总书记在有关场合也多次强调，实施创新驱动战略最为紧迫的是要进一步解放思想，加快科技体制改革步伐，破除一切束缚创新驱动发展的观念和体制机制障碍。河南目前正处于爬坡过坎、攻坚转型的关键时期，实施创新驱动发展战略是贯彻落实科学发展观、奋力实现中原崛起的重大战略举措，必须进一步深入推进科技体制改革，确保河南科技持续保持好的气势、好的态势和好的趋势，使创新驱动发展战略在中原崛起、河南振兴、富民强省的伟大征程中发挥更大作用。

一　河南科技体制改革发展历程

改革开放30多年来，河南科技创新取得了一系列辉煌成就，为推动现代化建设、改善人民生活和助力中原崛起做出了重大贡献，这一过程始终贯穿着科技体制改革。回顾河南科技体制改革发展历程，也是持续探索创新驱动发展的历史轨迹，从改革开放至今，大致可以分为以下四个阶段。

（一）第一阶段：科技体制改革全面启动阶段（1985~1995年）

1985年3月13日，中共中央发布了《关于科学技术体制改革的决定》，这标志着我国科技体制改革进入到全面展开的阶段。同年，河南省委、省政府颁布了《关于贯彻〈中共中央关于科学技术体制改革的决定〉的意见》，提出了河南科技体制改革的总原则和政策措施，制定了一系列“放活科研机构、放活科技人员”的政策，全省科技体制改革迅速深入推进，先后出台了改革科技拨款制度、开拓技术市场、强化企业技术开发与吸收能力、改革科技管理制度和人员管理办法等一系列文件，旨在放活科研机构、调动科研人员积极性，以多种形式推动全省科技力量进入经济建设主战场。随着“科技兴企”、“科技兴农”以及“科技成果推广工程”等实施，取得了一批达到国际先进水平的科研成果，产生了显著的经济效益和社会效益，科技创新开始在经济社会发展中发挥越来越大的作用。

（二）第二阶段：科研机构转制改革阶段（1995~2006年）

1995 年，中共中央、国务院召开全国科技大会，提出了“科教兴国”战略，并颁布了《关于加速科学技术进步的决定》，提出要实施“稳住一头、放开一片”的科技方针，明确了改革的重点任务。同年，河南省提出“科教兴豫”战略，省人大颁布了《河南省科学技术进步条例》，开始推动应用型科研机构企业化转制和社会公益性科研机构分类改革。1999 年，国家出台了《关于加强技术创新发展高科技实现产业化的决定》，对科技体制改革提出了新要求，同年河南省出台了《河南省委、省政府关于贯彻中共中央、国务院〈关于加强技术创新、发展高科技、实现产业化的决定〉的实施意见》，落实国家科技改革有关精神，特别是2001 年2 月，河南省出台了《关于深化科研机构管理体制改革的意见》，把科研机构管理体制改革推向深入，经过技术开发类科研机构企业化转制、转制科研机构产权制度改革、社会公益及农业类科研机构分类改革三个阶段，省属科研机构管理体制改革工作于2006 年基本完成，全省科技创新的动力活力进一步释放，郑麦9023、豫麦34 等新品种选育和推广使河南农业科技走在全国前列，04 交换机的成功研制打破了国外产品的垄断等，河南科技创新步入了逐步提速的通道。

（三）第三阶段：科技管理体制改革阶段（2006~2012年）

2006 年国家还颁布了《国家中长期科学和技术发展规划纲要》，出台了《关于实施科技规划纲要增强自主创新能力的决定》，提出了自主创新战略，推出了16 字科技方针，并首次推出了16 个国家科技重大专项。同年，河南省委、省政府出台了《关于增强自主创新能力　建设创新型河南的决定》，还颁布了《河南省中长期科学和技术发展规划纲要（2006 ~ 2020 年）》，确定了指导思想，发展目标，6 大战略重点，9 个优先发展领域，55 项主要任务以及支撑措施，理清了今后一段时期全省科技工作的战略思路。全省在推进科技计划体制改革、设立重大科技专项计划、推动科研机构改革等方面，取得更深入的进展，尤其是通过重大科技专项的设立，推动科技管理体制的变革，使全省科技体系结构得到优化，形成科研院所、高校、企业和科技中介机构等各具特色的多元化管理模式。

（四）第四阶段：深化科技体制改革阶段（2012年以来）

2012 年 7 月，国家颁布了《关于深化科技体制改革加快国家创新体系建设的意见》（中发〔2012〕6 号），提出了推进科研院所和高等学校科研体制机制改革、科技管理体制改革等多项改革目标和措施。2012 年 11 月，党的十八大把创新驱动发展战略确定为国家战略，同时指出要改革科技资源配置体制机制等。党的十八届三中全会通过的《中共中央关于全面深化改革若干重大问题的决定》，对建立产学研协同创新机制、健全技术创新激励机制等都提出了明确要求，深化科技体制改革已经成为我国经济社会整体改革的重要组成部分。河南深入贯彻落实党中央实施创新驱动发展战略的有关精神，出台了《中共河南省委河南省人民政府关于加快自主创新体系建设促进创新驱动发展的意见》，指出要破除束缚创新驱动发展的体制机制障碍，着力增强自主创新能力；2013 年 4 月，河南出台《中共河南省委关于贯彻党的十八届三中全会精神全面深化改革的实施意见》，对全省科技体制改革做了全面部署，河南科技体制改革和其他领域改革一样进入全面深化阶段。

二　河南深化科技体制改革面临的主要问题

当前，河南已进入落实国家创新驱动发展战略、深化科技体制改革的新阶段，国内外科技发展新形势也为科技体制改革提出了新要求，破解长期制约全省科技事业发展和创新能力提升的科技体制问题已刻不容缓，主要问题包括以下几个。

（一）管理体制问题

科技领域存在的很多问题都与管理体制相关。目前科技领域管理体制仍然延续多头管理的组织模式，政出多门、名出多门、钱出多门、牌出多门的现象十分突出，造成科研管理混乱，科技资源分散、创新效率低下，低水平重复建设频发，市场机制在科技资源配置过程中的基础性作用发挥不够。河南在这方面的突出表现就是，区域科技资源布局不均衡相对于区域经济发展不平衡更为明显。有关统计数据显示，2012 年，郑州和洛阳两个地区的科技经费筹集总额占全省筹集总额的近 40%，有 R&D 活动的单位个数约占全省的 39.4%，专利申请数占全省总数的一半有余，科技项目占全省总数的近 50%；另外，存在管理条块分割，使得科技资源特别是相应的科技基础条件等相关建设缺乏统一规模和统一布局，产生了大量的低水平重复建设，造成省内科技资源总量不足与大量资源闲置并存。

（二）成果转化机制问题

科技和经济“两张皮”问题，是河南科技界一直没有很好解决的问题。企业、高校、科研院所、中介服务机构之间通过什么机制来实现更紧密的结合，如何使高校、科研机构的成果更顺畅地实现产业化等，都还没有真正破题，“产学研用”相结合看似美好，但要真正落地实行依旧难度较大。一是高校和科研院所很难形成相对集成、有很强目的性的创新活动，产生的具有自主知识产权的成果数量相对较少，很多成果与社会需求脱节，加之科技成果的处置权和收益权界定不清，大量的科技成果无法向省内生产领域转化；二是省内科技成果转化的投入明显不足，河南在科技成果转化方面的风险投资机制、保险机制、科技信贷机制和信用评估机制等发展比较滞后，有的还处于酝酿阶段，资金支持不足制约了河南科技成果的有效转化。产生这些问题，归根结底是缺少一个充满活力的成果转化机制。

（三）激励机制问题

良好的激励机制是企业创新的活力之源、科技事业发展的动力之魂，创新驱动发展战略推进的“加速器”。当前，河南还没有建立起一套完善的、可持续发展的创新激励机制。表现在：一是创新成果的激励保护机制不健全，全省创新考核指标体系还不完善，部分单位不顾实际需要，盲目求新求洋，政府采购自主创新产品不够，部分企业对政府保护知识产权信心不足，宁愿自己保密也不申请专利，科技创新成果转化带来的技术成果使用权、价值评估、入股和收益分配等活动缺乏相应的规范和管理；二是助力创新的政策激励机制不完善，省内部分经济发展水平较低的地市，增加税收与落实创新优惠政策矛盾较大，企业实际享受的技术开发经费抵扣企业所得税明显不足。另外，多数中小民营科技型企业对于国家、省里在科技、产业方面的扶持、优惠、导向等政策了解不够，使得部分激励政策在实施过程中达不到预期效果。

（四）环境营造问题

深化科技体制改革，离不开良好的发展环境。目前，河南深化科技体制改革、实施创新驱动发展战略的环境还不是太理想。一是思想认识还有待提高，省内很多有关科技政策的制定仍沿袭传统思维模式，缺乏明显、有效的创新，尚未形成全社会各级各部门倡导创新、支持科技、发展科技、向科技倾斜的合力和良好风气。二是政府在创新环境营造方面的作用有待强化，省、市政府尤其是县级政府普遍存在服务意识不强、职能转换缓慢以及职权越位、错位、缺位等问题，导致很多好的政策措施在执行时不能及时落地。三是法制环境建设相对滞后，省内很多省辖市、县仍存在有法不依现象，一些乱收费、乱摊派甚至偷税漏税问题屡屡见诸报端，这些都影响着全省的创新氛围。此外，全省人文环境也亟须改善，诚信体系尚未有效建立，居民素质尤其是公众意识较差，这些都不利于创新环境的营造。

三　深化科技体制改革加快创新驱动发展的思路

党的十八届三中全会为深化科技体制改革描绘了清晰的轮廓，进行了全方位的部署，河南必须结合自身省情，在实践中大胆探索，全面深化科技体制改革，加快创新驱动发展步伐，使科技在河南经济社会发展中发挥更大作用。

（一）指导思想

以科学发展观为指导，深入贯彻党的十八大、十八届三中全会精神，坚持自主创新、重点跨越、支撑发展、引领未来的方针，围绕粮食生产核心区、中原经济区、郑州航空港经济综合实验区三大国家战略规划实施，全面落实《中共中央、国务院关于深化科技体制改革加快国家创新体系建设的意见》、《中共中央关于全面深化改革若干重大问题的决定》，以深化科技体制改革为动力，大力实施创新驱动发展战略，充分发挥市场对各类创新要素配置的决定性作用，以促进科技与经济紧密结合为重点，强化企业创新主体地位，加强创新链与产业链、资金链融合，加快推进知识创新、技术创新、协同创新、转化应用和环境建设，全面建设创新型河南，为早日实现中原崛起、河南振兴、富民强省的总目标提供强大动力。

（二）主要目标

到2020年，技术创新市场导向机制与产学研协同创新机制比较完善，创新资源和创新要素优化配置取得显著成效，创新效益全面提升，创新能力明显增强，基本形成全面、协调、系统的创新驱动发展格局，为全面建成小康社会，实现中原崛起河南振兴提供强有力的科技支撑。

到2020年，基本形成要素完备、配置高效、协调发展、充满活力的自主创新体系。全社会研究开发投入占地区生产总值的比重达到2.5%的全国平均水平；科技进步贡献率达到60%；高新技术产业增加值占工业增加值的比重达30%左右；发明专利年授权量进入全国前10名，全省科技总体水平进入全国先进行列。

（三）重点任务

1. 完善企业主导的协同创新机制

围绕河南战略新兴产业发展和转方式、调结构的要求，坚持以“产”为主导、“学”和“研”为基础、“用”为目的，强化企业和省内外科研能力领先的高校、科研机构联手合作，共同探索具有河南特色的“企业出题、政府立项、协同破解”的政产学研用协同创新模式。大力推进以企业为中心的产业链协同创新，推动创新要素向产业链上的重点企业集聚，做到制定激励政策以企业为中心，搭建服务平台以企业为中心，建立研发机构以企业为中心，引育人才以企业为中心，全面提升企业在创新中的主体作用。政府积极牵线搭桥，推动科研机构、高校与企业对接，形成创新利益共同体，逐步建立高校、科研机构与企业之间优势互补、利益共享、风险共担、人才共用、共同发展的协同创新长效机制。全面强化产学研协同创新，建立健全产业技术创新战略联盟协调组织，推动形成以企业为主体，产业技术研究院、公共技术服务、成果转化服务、科技中介、科技投融资等各类技术创新服务平台有机结合的产业（集群）技术创新体系。

2. 健全科技成果转化机制

加快科技成果考评机制改革，着力构建以应用需求为主的科技成果考核评价机制，同时，加大对科技成果的保护力度，建立科技成果知识产权归属和利益共享机制，以此来引导省内企业尤其是高校和科研机构把研究重心转移到经济发展主战场，推动科技和经济相结合，使科研活动、科技成果更多地体现为对全省产业发展和经济转型的实质性贡献。积极推动科技成果产业化，以大力培养和发展战略性新兴产业和高新技术产业为主，以省级以上高新区和创新型产业集聚区为重点，围绕新一代电子信息、新能源及新能源汽车、新材料、高端装备制造、生物医药等战略型新兴产业和产业集群，实施产业化专项工程。同时，要强化企业对创新产品的推广应用和市场拓展的扶持，修改省政府采购目录，提高省内自主创新产品的比重。加快完善科技服务体系，打通科技成果“展示、交易、共享、服务、交流”的渠道，吸引更多国内外科技成果到河南交易、转化。

3. 深化科技管理体制改革

积极推进科技计划管理改革，修订《河南省科技发展计划（项目）管理办法》，突出统筹资源，完善产业技术创新的目标导向机制和项目形成机制，提高科技计划管理水平。制定科技创新权责清单、负面清单，大力推进科研项目审批制度改革，同时完善科技计划运行机制，逐步建立科技项目决策、执行、评价相对分开、互相监督的制度。完善科技项目管理组织流程，完善科技项目管理的法人责任制，加强实施督导、过程管理和项目验收。建立健全科技项目的第三方评估机制。深化财政科研资金管理改革，构建分权制衡、功能优化、权责统一、公开透明的科技业务管理政务平台；创新科研经费支持方式，对高等院校、科研单位承担企业技术创新项目，且该项目得到企业经费支持的政府优先给予支持；探索建立科技经费信用管理和绩效评价制度，健全科技项目管理问责机制，提高经费使用效益。

4. 大力优化创新社会环境

坚持把实施创新驱动发展战略与贯彻落实省委、省政府一系列调结构、促转型、惠民生的重大战略部署有机结合起来，与全面建成小康社会，实现中原崛起、河南振兴、富民强省有机结合起来，使科技创新在河南经济社会发展的各个领域以及各项工作中都有更好的体现。紧紧围绕“四个河南”建设，加快创新平台建设，整合现有平台资源，打破布局分散现状，进一步理顺管理体制，积极推动国家自主创新示范区和国家级高新区创建工作，形成全省各地高新区与产业集聚区齐头并进、融合发展的良好态势。紧紧围绕“两不三新、三化协调、四化同步”的科学发展路子，加强在工业化、城镇化、农业现代化以及民生领域的科技创新，让科技创新为全省经济社会发展注入新的动力。加大对重大科技成果、杰出科技人才以及创新型企业的宣传；深入实施全民科学素质提升计划，全面提高公民科学素质。大力弘扬求真务实、勇于创新的精神，在社会营造热爱科学、宽容失败的创新文化，在全社会形成讲科学、学科学、用科学的浓厚氛围和良好风尚。

参考文献

韩霁：《科技体制改革必须触及深层次矛盾》，《经济日报》2012年9月24日。
河南省统计局、国家统计局河南调查总队：《河南六十年》，中国统计出版社，

2009。

李乃胜：《关于深化科技体制改革的几点思考》，《中国科学报》2013 年 12 月 4 日。

汪克强：《深化科技体制改革应着力解决三个问题》，《中国科学报》2012 年 8 月 3 日。

喻新安：《河南经济发展报告（2013）》，社会科学文献出版社，2013。

喻新安：《中原崛起的实践与探索》，河南人民出版社，2009。

B.22
推进国有资产管理体制改革的思路与对策

唐晓旺*

摘　要：我国现行的国有资产管理体制，存在多头管理、政企不分、政事不分、监督机制不足、法律法规不健全等问题。推进国有资产管理体制改革，要按照分类管理的思路，将国有资产分为纯公益性和经营性两大类。同时，按决策、执行、监督相分离的思路，推进经营性国有资产管理体制改革，健全法律法规，完善监督机制，构建出资多元、监管统一的国有资产管理体系。

关键词：国有资产管理　体制改革　混合所有制

推动国有资产管理体制改革，是我国深化经济体制改革的一项重要任务。近年来，围绕国有资产管理体制改革，党和国家进行了不断的探索。党的十七大提出“加快建设国有资本经营预算制度”，十八大再次强调“完善各类国有资产管理体制”，党的十八届三中全会进一步明确了“以管资本为主加强国有资产监管”的方向。这是全面深化改革背景下，党和国家对加强国有资产监管做出的新部署。我们要深刻领会这一精神实质，并结合河南的实际，健全国有资产管理，深化国有企业改革，推动全省混合所有制经济发展。

* 唐晓旺，河南省社会科学院经济研究所副研究员。

一　推进国有资产管理体制改革的战略意义

党的十八届三中全会从进一步推进国有企业改革、促进混合所有制经济发展的角度，对国有资产管理体制改革提出了总体要求，并做出全新的部署。加快建立出资多元、监管统一的国有资产监管体系，促进国有资产保值增值，是增强国有企业和国有经济活力的重要途径，是促进社会主义市场经济发展的内在要求，对于新时期推进中国特色社会主义建设和发展有着重要的意义。

（一）健全社会主义市场经济体制的内在要求

国有资产是国有经济的重要载体，推动国有资产保值增值，实现其做大做强，是社会主义经济发展的一项重要任务。健全社会主义市场经济体制，客观上要求公有制与市场经济相结合，要求国有企业适应市场的发展变化，要求发挥国有经济的主导作用，这些都需要以完善的国有资产管理体制为前提。推进国有资产管理体制改革，有利于理顺政府与市场的关系，从而激发国有企业和国有经济的活力，促进国有资产保值增值，实现国有经济做大做强，是社会主义市场经济体制改革的重要内容，也是深化行政管理体制改革的重要组成部分。

（二）坚持和完善基本经济制度的必然选择

国有资产是广大人民群众通过辛勤劳动积累和创造的物质财富，是社会主义基本经济制度的重要基础。管理好、经营好这些资产，实现做大做强，对于巩固公有制的主体地位，发挥国有经济的主导作用，都有着重要的意义。加快推进国有资产管理体制改革，是促进国有资产保值增值的重要手段，是巩固和完善社会主义基本经济制度的必然选择，也是推动我国经济社会平稳较快发展的重要途径。

（三）积极发展混合所有制经济的客观需要

近年来，随着混合所有制经济的快速发展，国有企业的产权结构、治理方式和组织结构等都已经发生较大变化，对现有的国有资产管理体制带来新的挑战。这些变化客观要求调整和完善国有资产管理体制，调整和改变管理国有企业的方式和方法，调整和优化国有资产监管机构的角色、职能、任务等。实现从资产管理向资本管理转变，从以管企业为主向以管资本为主转变，是下一步国有资产管理体制改革的方向，对于推动我国混合所有制经济发展具有重要意义。

（四）推动国有企业改革的迫切要求

当前，国有企业改革已进入深水区，现行国有资产管理体制因其自身的缺陷，成为深化国有企业改革的一个重大障碍。推动国有资产管理体制改革，已成为深化国有企业改革的推进器和加速器，对突破国有企业体制障碍具有强大的牵引作用。要适应市场化发展的新形势，进一步推进政企分开、政资分开，形成出资多元、监管统一的国有资产管理体制。

（五）加快转变政府职能的重要环节

近年来，我国积极推动行政体制改革，转变政府职能，创新管理方式，取得积极的成果。然而，目前很多改革措施还不到位，在执行过程中还遇到很多障碍，特别是在国有资产管理方面，多头管理仍然存在，政企不分、政资不分的弊端仍然存在，国有资产保值增值遇到较大的挑战。从根本上解决这些问题，需要进一步推动行政体制改革和政府职能转变，推动国有资产管理体制改革，推动政企分开、政资分开，推动各级政府公共管理部门与所属企业脱钩，建立政企政资分工与制衡相统一、责权明晰、管理科学、精干高效的国有资产管理体制。

二 我国现行国有资产管理体制存在的问题

现行的国有资产管理体制，是以国资委为出资人和监管人，“管人、管事、管资产”集于一身为特征的管理体制。这一体制对于克服原有国有资产管理多头、政企不分的弊端，发挥着重大的作用，同时也存在一些亟待解决的困难和问题。

（一）国有资产多头管理仍然存在

近年来，国有资产管理体制改革取得了一定的进展，但从整体上看，众多国有资产仍处于分散管理的状态，管理主体、管理框架相对混乱，多头管理的弊端仍然存在，国有资产利用效益不高。

一是管理主体分散。作为代行国有资产出资人职能的国务院国资委，仅限于管理 113 家中央企业非金融类经营性的国有资产，规模约为 40 万亿元，占全国国有资产的比重为 15%。其余 8288 万户企业，则由中央和国务院相关部、委、办、局管辖，涉及 400 多户金融类企业，铁路、邮政、烟草、出版等领域的经营性国有资产。各部门由于管理目标、手段不同，缺乏统一的评价标准，不仅无法从整体上对国有资产进行界定和划分，也无法适应国有资产改革和发展的需要。

二是管理框架不一。国务院国资委负责管理 113 家中央企业，范围仅为部分非金融类经营资产，为数众多的金融、铁路、邮政、烟草、出版等领域的经营性资产和非经营性资产则游离于国资委的管理框架之外。而地方国资委则不同，除了经营性资产外，它们往往把金融类资产、部分行政事业性资产划归国资委管理。

三是管理效率低下。由于国有资产多头管理的存在，各管理部门之间缺乏协调机制，严重影响了国有资产的高效管理和合理利用。各个部门因占有国有资产不均而产生了不同的利益诉求，加上国有资产监管体制相对不完善，一些部门脱离了国有资产的监管，造成大量国有资产的流失。

（二）政企不分、政资不分相对突出

目前，国有资产管理体制仍存在政企不分、政资不分的问题，出资人职责和政府公共管理职能的分离还不到位，存在较大的交叉重叠，一些地方对企业日常经营活动的干预有增加的趋势。

一是国资委定位不清。作为国有资产出资人和监管人双重角色的国资委，无论在财务上、法律上，还是在工商注册上，都不是“法人实体”，没有运营国有资本的法律地位，企业国有资本出资人和持有人是谁的问题还没有真正解决，有效的国有财产委托代理关系尚未建立。国资委只能按照政府授权，通过“管人、管事、管资产”，管理国有企业。在国资委与国有企业的关系上，仍保留着一定的行政性色彩，行政纽带强于产权纽带。

二是国资委职能异化。国务院赋予国资委的职能中，包含着两项相互矛盾的目标：出资人保值增值的营利性目标和国有经济布局调整的社会公共目标。事实上，这两个目标在一定程度上是互相矛盾的，致使国资委在实际工作中往往扮演市场主体和监管者双重角色，政资不分问题突出。

三是行政化倾向严重。国资委履行出资人和监管人职责，实质上形成政企不分、政资不分的局面。国资委管理国有企业的事务很具体，行政化倾向严重，出现“既当裁判，又当运动员”的问题，与出资人的角色相去甚远。同时，在部分企业公关能力很强的情况下，国资委的监管职能也没能有效行使。

（三）缺乏有效的监督机制

党的十六大确定的国有资产管理体制，实现了“管人、管事与管资产”相结合，国资委被赋予更多职权。这在一定程度上有利于提高行政工作效率，消除国有资产多头管理的体制弊端，却出现了“谁来监督国资委”的问题。

第一，国有资产监督局限在行政体系之内。按照现行国有资产管理法，全国人民代表大会将对国资委的监督权授予人民政府，这就从法律上将对国资委的监督约束权局限在行政体系之内，形成国有资产运营、管理与监督在行政系统内“三合一”的特征，使得政府在国有资产运作、管理、监督上既是“运动员”，又是“裁判员”，自觉或不自觉地形成一套自我授权、自我运行、自我约束、自我激励的行为模式。

第二，国有资产管理缺乏人民代表的监督。按照现行国有资产管理体制，国家对国有资产管理的监督体现在三个层级，即对国资委的监督体现在国家财务层面，对国有资产经营公司的监督体现在产权代表层面，对国有企业的监督体现在内部的财务层面。国有资产管理缺乏来自广大人民的有效监督，或者说是缺乏人民通过其代表机关行使有效监督的体制机制。

第三，国有资产管理的公开性、透明度不够。基于国有资产公有的性质，人民具有国有资产管理及运营状况的知情权、收益权和监督权。但是实际上，现行国有资产管理体制的公开性、透明度远远不够。在每年的全国人民代表大会上，国有资产管理状况只是作为财政预算报告的一小部分向人大代表汇报，整个经营性国有资产的详细运营情况，则不得而知，公开性、透明度较低，内部人控制风险较大。

（四）国有资产监管法律法规不健全

近年来，在国有资产监管方面，已制定一些法律法规，如《中华人民共和国国有企业国有资产法》、《企业国有资产监督管理暂行条例》等。但从总体上看，国有资产监管法律体系还不完善，国有资产监管缺乏法律依据和制度保障。

第一，国有资产管理法律法规不健全。现行的国有资产法管理范围较窄，而且过于原则性或笼统性，规范性和约束力较弱，不具备国有资产基本法的条件。国有资产管理方面的法规，大多是以管理办法、暂行条例等形式存在，法律阶位较低，约束力有限，不能适应国有资产管理的需要。

第二，对国有资产的监督保护不力。当前，对国有资产的监督体系由内外部两部分构成：内部监督主要是企业内部监督机构如监事会的监督；外部监督主要包括国有资产管理机构的监督、审计机构的监督、人大的监督等。

但从实际情况来看，内部监督弱化，监事会的监督实施远远不够；外部监督不力，有些机构并未能起到监督作用，导致国有资产的大量流失。

第三，对国有资产的执法保护薄弱。由于国有资产的多头管理，国有资产监管的缺位、越位和错位时有发生，监管失效导致的国有资产流失、被侵占现象较为严重。加上国有资产法制建设滞后，对造成国有资产流失、被侵占的责任人没有及时进行惩处，导致国有资产流失难以得到有效控制。

三　推进国有资产管理体制改革的思路和对策

基于当前我国国有资产多头管理、政企不分、监督异位、分工与制衡不足的现实，并存在诸多弊端的情况，为适应金融资本和产业资本相互生长融合的大趋势及国有资产兼并、重组的需要，下一步应探索构建“出资多元，监管统一”的国有资产监管体系。

（一）分类推进国有资产监管制度改革

按照分类改革的思路，加快推进国有资产分类改革，探索不同的国有资产监管模式。实践中，按照是否具有公益性，常常将国有资产分为两类。

一类是纯公益性的国有资产。主要包括军工中的核心企业、国家重要物资储备类企业，如中储粮、中储棉等。对于这类纯公益性国有企业，原则上实行国有独资或者控股，由国资监管部门行使出资人和监管人职责，继续以国有企业存在，主要领导人由国家任命，薪酬和待遇执行国家相关规定。

另一类是经营性的国有资产。主要包括除上述纯公益性资产之外的所有国有资产，即国有出资企业资产。对于这类资产，由国有资本投资和运营公司行使出资人职责，国资监管部门负责监管国有资本投资和运营公司的资本运营，不再保留国有企业的身份，企业领导人在市场上选聘，薪酬和待遇按照市场水平确定。

（二）构建经营性国有资产监管架构

对于经营性国有资产，要按决策、执行、监督相分离的思路完善管理体制，构建国有资产管理委员会、国有资本投资运营公司、国有资本监督委员会分工协调的国有资产监管框架。

一是在国家层面上建立国有资产管理委员会，负责制定国有资源配置和长远发展规划，设立组建类似于新加坡淡马锡的投资经营公司，代表中央统筹运营经营性国有资本。在地方层面也成立地方国有资产管理委员会，代表本级政府行使地方国有资产的所有者权利和决策职能，并接受国有资产委员会的指导和监督。

二是改组成立若干个国有资本投资运营公司。国务院授权投资运营公司行使国有资产所有权的职责，以股东身份参与出资企业的经营管理，按照出资比例获得资本收益，资本收益要上交公共财政。国有投资公司在改造现有条件成熟的中央企业母公司基础上形成，国有资本运营公司可以通过新设方式成立。

三是将国资委改组为独立的监管机构。剥离国资委的出资人职能，一改其管人、管事、管资产的多种身份，改组为专司国有资本监管的独立监管机构，成立国有资本监督委员会（简称“国监委”），代表国家监管经营性国有资本，监管对象是各个专业性国有资产投资运营公司。

（三）进一步完善国有资产监督机制

加快建立运营、管理与监督相分离的新的国有资产管理体系。在政府系统保留国有资产管理委员会，专门行使国有资产运营管理职能。在人大系统建立国有资产监察委员会，发挥人民代表对国有资产的监督职能。

一是完善国有资产监管机构的监督。在现有国资委的基础上，剥离“出资人”职能，成立国有资产监督委员会，专司国有资产的监管职能，同时在各级地方设立派出机构，集中统一行使国有资产管理运行的监督职能。

二是发挥司法、审计机构的监督职能。加快制定《国有资产监督法》，明确中央和地方、政府和企业之间的责权利关系。强化对国有资产投资运营公司的审计监督，加大对国有资产违纪违法案件的查处，严防国有资产的流失，确保国有资产保值增值。

三是完善人大对国有资产管理的监督权。建立人民代表大会对国有资产管理与运营的监督制度，各级政府要向人大专门报告国有资产管理、运营情况。建立人大对国有资产运营、管理情况的巡视、检查、评议、质询以及听证机制，充分运用人大一系列行之有效的手段监督国有资产的运营管理情况。

（四）不断健全完善国资监管法规体系

不断深化国有资产管理立法工作，强化执法监督，做到有法可依，有法必依，执法必严，违法必究，构建系统完备、科学规范、运行有效的国资监管制度体系，为国有资产管理体制健康运行提供法律保障。

一是积极推进《国有资产法》立法。加快制定国有资产基本法，统一调整和规范经营性国有资产、非经营性国有资产管理和监督行为，调整和规范国有资产基础管理、国有资本授权经营、国有资产监督管理等行为。同时，根据《国有资产法》，制定不同类型国有资产的管理法规。

二是完善深化重点业务领域立法。根据《国有资产法》，加快制定国有资产投资与产权管理、业绩考核与薪酬分配等重点领域的法律法规，积极规范国有资产监管方式和手段，提升国有资产监管效能。

三是清理现有国有资产法律法规。坚持“立、改、废”并举，加快推进国有资产立法工作，及时修改不符合改革方向的旧法，废止不适应监管要求以及与上位法不一致的废法和伪法。加强对立法和法律法规执行情况的监督检查，探索建立法律实施后评价制度，确保国有资产各项监管制度得到有效实施。

参考文献

陈庆、安林：《完善国有资产管理体制研究》，《首都经贸大学学报》2014 年第 1 期。

郭春丽：《国有资产管理体制改革的总体思路和实现路径》，《宏观经济管理》2014 年第 10 期。

黄海燕：《完善国有资产管理体制的探讨》，《宏观经济管理》2014 年第 10 期。

季晓楠：《不断完善国有资产管理体制》，《经济日报》2014 年 9 月 23 日。

B.23 建立投资准入负面清单管理模式分析

陈　锐*

摘　要：负面清单管理方式以“法无禁止即可为”为核心理念，通过给予市场充分的自由来发展经济，在国内外已取得良好的效果。河南产业集聚区已取得傲人的发展成绩，但要在原有的基础上继续前进，充分发挥市场因素的作用，引入负面清单管理模式就成为一种必然。本文简述了负面清单管理模式，并初步探讨了河南产业集聚区引入负面清单管理模式的重要性与前景。

关键词：负面清单　产业集聚区　河南省

负面清单概念最早起源于对外贸易谈判领域，意思是指当一国引进外资时，用清单的方式对限制开放的领域和与最惠国待遇不符的管理措施公开列明，从而对外商投资行为进行规范的举措。负面清单是相当新的外资管理办法，与其对应的是正面清单，即用清单的方式列明可以投资的领域，很早就在经济管理部门被广泛采用。在当代，国际上常用正面清单的方式列明开放的领域，在此基础上再采用负面清单，对开放领域中的投资行为进行管理，比如著名的《服务贸易总协定》就是采取这种方式来约束各国的投资管理行为。我国在对外开放三十余年后也开始采用这种方式，具有代表性和标志性意义的就是上海自由贸易区。

* 陈锐，经济学博士，河南省社会科学院助理研究员。

一 投资准入负面清单的概念及在其他省市的发展概况

2013 年 8 月 22 日，国务院正式批准设立上海自由贸易试验区。9 月 30 日，上海市政府公布了上海自由贸易试验区负面清单，正式将负面清单制度引入中国大陆。该负面清单共涵盖 18 个大类，1069 个小类和 190 项特别管理措施。负面清单发布以来，受到了国内外广泛的好评，但也存在一些问题，比如清单覆盖范围过广、限制条款多于禁止条款、开放程度不高等。针对这些问题，2014 年 7 月 1 日，上海市政府公布了 2014 年上海自贸区负面清单，对这些问题做出回应，其中特别管理措施降为 139 条，完全禁止类为 29 条。上海市政府也表示，2015 年将进一步缩短清单，优化负面清单管理。

自从上海自贸区采用负面清单管理方式以来，其他省市纷纷跟进，成都、海南和甘肃等地都推出了自己的负面清单。其中成都高新区结合自身产业升级的需要，推出了产业政策味道浓厚的负面清单，结合信息技术、生物医药、高端装备制造、生产性服务业和节能环保等规划的主导性行业，特别是下一代信息网络，核心基础电子产业，高端软件，生物医药、生物医学工程，航空装备，先进环保产业和金融，商务服务业等重点产业发展领域和相关配套产业推出“外商投资准入负面清单”和“内资投资准入负面清单”，分别为 69 条和 19 条。值得借鉴和重视。

二 河南省产业集聚区现状

（一）产业集聚区已具备相当实力，成为推动河南经济社会发展的重要力量

截至 2013 年底，河南已有 180 个产业集聚区，覆盖了电子信息、汽车及零部件、装备制造、新能源、生物医药等多个行业，并包含了如郑州航空

港经济综合实验区这样的大型国家级经济综合实验区，已具备相当规模。从投资上看，2010～2013年，河南产业集聚区累计完成投资3.56万亿元，占同期全省投资的45.3%。2013年，产业集聚区规模以上工业企业实现主营业务收入3.13万亿元，占全省的52.6%。河南省的产业集聚区不仅在量上对河南经济贡献巨大，在质上更产生了明显的效应。一些产业集聚区引进了先进的生产技术，延长了产业链，使得河南省在世界产业链上的地位明显提升。产业集聚区的兴起还带动了一些后发地区的发展，促进了当地经济水平的提升和人民收入水平的提高。尤其值得注意的是，随着河南省产业集聚区的发展，一些先进的管理方法被引入河南，河南参照先进地区经验建立了一套行之有效的考评和激励机制，每年在180个产业集聚区都需要评出“十强、十快、十先进”，经过一系列严格的指标考核后授牌嘉奖。加上其他惩处办法的不断引入和完善，为产业集聚区的健康成长提供了坚实的制度保障。

（二）已培育一批实力较强、影响力较大的集聚区

在河南省，一批具有较强实力和较大影响力的集聚区已经成长起来，涵盖了电子信息、汽车整车制造、汽车配件和生物医药等领域，在业界的话语权不断增强。比如郑州高新技术产业集聚区推进一区多园政策，包含新材料产业园、光伏产业园、格力电器郑州产业园、动漫创意产业园等10个重点产业园区，以园区为载体，充分发挥园区内部企业的专业化生产经营水平，促进产业化和高端项目集聚，充分发挥其规模效应和协作效应。巩义产业集聚区已成为全国最大的铝箔生产基地。其中，郑州航空港经济综合实验区的发展尤为令人瞩目。2013年郑州航空港被列为国家级经济综合实验区，招商引资取得“开门红”，航空物流、电子信息、机械装备制造、现代服务业成为航空港经济发展热点，成为河南经济增长的新引擎。河南产业集聚区正在向专业化、精细化方向发展，与全国其他地区尤其是东部地区，以及国外的经济联系也越来越密切，吸引了一大批国内外产业巨头前来投资，河南的产业集聚区也由此壮大，辐射能力进一步增强。

（三）形成一套行之有效的管理方式，对管理方式的创新需求越来越迫切

产业集聚区是由政府依据经济和产业发展规律而统一规划，企业依据比较优势和互补效应实现聚集，从而达到集约利用资源、提高经济效益的集产业发展与行政管理为一体的区域。产业集聚区对河南省的工业化起到了重大的推动作用，改变了河南工业的落后面貌，这与河南省在管理体制上的改革创新有着不可分割的联系。为了加快产业集聚区的发展，河南推行了以产业发展功能和行政区划职能配套为特征的集聚区管理体制，产业集聚区管理机构拥有相当的人事、财务、重要生产要素审批等权力，并可与相应政府管理部门建立“直通车”直接沟通。其中，郑州航空港经济综合实验区在管理方式上的创新更是引领河南甚至内陆地区管理体制创新的潮流，省委省政府不但建立了“两级三层”的管理体制，建立了航空港与省直部门直通车制度，并在报关通关、税收、用地、融资等方面进行了一系列管理创新。但随着集聚区与河南经济的快速发展，现有的管理体系尚难以完全满足需要，这就要求河南省吸收国内外先进经验，进一步创新产业集聚区管理方式。

三　河南省产业集聚区采用负面清单管理制度的重要性

（一）促进产业集聚区在有序化、市场化轨道上健康稳定地发展

产业集聚区作为推动区域经济社会发展的一支重要力量，能充分利用规模效应和互补效应，促进产业上下游协作，降低企业交易成本，最终实现产业从无到有、从小到大的发展。因此产业集聚区内部产业的发展，不能盲目跟风，什么企业都可以进驻，缺乏整体的思路和规划，不但会导致各个企业因缺乏配套而成本高昂，更会破坏原有的整体规划和布局，拖累经济的发

展。实行负面清单管理方式可以解决这一棘手问题。如果在产业集聚区发展过程中，相关管理部门及时制定负面清单，列出限制发展的产业，框定进驻企业大致的范围，就可以使产业集聚区沿着有序竞争、彼此协作的轨道发展，摆脱恶性竞争的状态，从而符合市场规律的要求。目前全国各地的产业集聚区都或多或少存在着内部失序和竞争失控的状况，采用负面清单管理方式已经刻不容缓，河南省的产业集聚区也应该吸收外省在发展过程中的教训，及时采用负面清单管理方式规范产业集聚区的发展。

（二）促进新产业和新技术的发展，优化产业集聚区内部产业技术结构

产业集聚区发展的重要目的之一，就是发展高新技术产业，或者利用新技术改造传统产业，为传统产业发展寻找新路子。要想实现这个目的，就不能让一些技术落后、低水平重复的项目和企业进驻，享受相关优惠政策，挤占新产业、新技术的发展空间。产业集聚区在我国 30 余年的发展实践中，落后产业产能进驻产业集聚区，鸠占鹊巢的事情屡见不鲜，不但造成经济资源的浪费，也失去了许多发展机遇。在我国经济增长进入新常态、产业升级任务艰巨的情况下，必须做好产业集聚区集约发展的工作，控制落后产业产能的膨胀，实行负面清单管理方式可以圆满地完成这一任务。通过制定各个产业集聚区具体的负面清单，不但可以限制落后产业产能的进驻，还可以让新产业、新技术有一个比较好的发展环境，享受到相对充分的政策优惠和扶持，对新产业、新技术产生集聚效应和相互促进效应。一些高新技术企业也可以在产业集聚区中充分享受到正的外部效应，从其他企业的研发、生产、人才培养等活动中受益，既实现了范围经济和规模效应，也优化了产业集聚区内部的产业技术结构，从而使得产业集聚区在河南经济发展和工业化进程中起到战略性作用。

（三）实现内外资平等待遇，促进民营资本的发展壮大

改革开放之初资本缺乏，吸引外资不失为一项立竿见影、加快经济发展

和提高人民收入的有效解决办法。这项政策取得了明显成效，我国吸引的外资在世界上一直处于前列，但也造成对民族资本尤其是民间资本的压制，如世界性名牌的缺失，就与外资对民间资本的压制有着相当大的关系。在全国比较著名的产业集聚区中，外资企业占主导地位并不是罕见现象，外资本来就享有政策优惠，又能利用产业集聚区的局部政策，对民营资本的压制就更为明显。采用负面清单管理方式能改变这一点。负面清单管理方式仅仅列出禁止和限制的条目、行为，对各种经济主体特别是内、外资都是一致的，待遇基本扯平，无形当中消解了外资享有超国民待遇的优势，有利于民营资本的发展。河南是一个后发的大省，民营经济本来就不甚发达，比沿海一些省份更容易形成外资压制民间资本的局面。这种局面一旦形成，对于河南省的经济持续健康发展是不利的，毕竟一地经济的发展最终还是要靠本地资本而非外来资本。因而采取负面清单管理方式扶持河南民营资本，实行内外资平等待遇就十分重要。

（四）对关系国计民生和地区发展的战略性行业进行保护

对于国家和地区而言，总有一些事关国计民生的战略性产业需要由政府经营或监督，不能完全交给市场，譬如供水、供热和一些自然垄断性行业和高成长性行业。产业集聚区往往具有整体性的功能，或多或少有一些环节涉及敏感领域，不适合完全交给市场，这就需要政府将这些环节列入负面清单，以进行管理或规范。在现阶段的河南，产业集聚区肩负着发展河南经济、打造区域经济升级版的重任，存在着许多不宜完全市场化的产业链条和部门，这些链条或部门往往涉及国计民生，不但影响省内民众的生活，甚至在全国都会产生影响，因而将这些链条或部门纳入负面清单进行管理是完全必要的。从国际上看，对事关国计民生和战略性部门进行一定程度的控制，设置进入门槛或者纳入负面清单，也是十分常见的，并且取得了良好的效果。在河南面临产业和经济升级的关键时刻，采用负面清单管理方式对一些重要产业和行业进行保护，也是保护河南经济发展成果、增强河南经济发展动力的客观需要。

四 河南省产业集聚区推行负面清单管理模式的对策

（一）尽快制定具体的负面清单目录

负面清单在中国尚属新事物，在河南尤其如此。上海自贸区实施负面清单管理一年多以来，暴露出诸多问题，如以限制项取代禁止项，负面清单目录过长，一些做法不符合国际惯例，等等。这些问题中最突出的就是负面清单目录过长，并且一些关键部分比较含糊，在实践中造成一定程度的混乱。河南的产业集聚区特别是航空港区虽然已经有了比较明确的发展思路和产业扶持导向，但在产业发展、企业进驻的同时，如何去粗存精，确保产业规划意图实现与负面清单管理方式结合尚有很大的提升空间。要想发挥负面清单管理方式在河南省产业集聚区特别是航空港区方面的作用，有关部门应牵头组织各个产业集聚区特别是航空港区制定相应的负面清单目录。各个产业集聚区应当针对自身发展实际，理清发展思路，结合自身规划，初步制定出具体的负面清单目录，并在此基础上向国内外专家和智库征求意见，做出修改后与上级主管部门协商后报请批准，尽早将负面清单管理方式落到实处。

（二）对现有地方性法规进行清理，调整不符合负面清单管理要求的部分

负面清单作为一种新的管理方式，对我国现有的管理体制提出了一定的挑战。我国管理体制长期以来是一种“准入制”，报批是传统管理体制的重要特征，而负面清单管理方式则为管理对象设定了一个行为禁止范围，凡这个范围之外的都可以做，这与传统的报批制度有着根本性的差异。采用负面清单管理体制，势必对现有的法律法规特别是地方性法规做出一定的调整，以适应负面清单管理体制的要求。上海自贸区的实践证明推行负面清单管理体制最大的困难就是消除计划经济残余对负面清单的影响。河南省对负面清单管理体制还比较陌生，审批制的思想无论在政府还是企业都根深蒂固，要

想短期内将负面清单管理方式在全省产业集聚区尤其是航空港区推行，必须清理有关地方性法规，调整其中不符合负面清单管理要求的部分。这就需要相关管理部门转变发展思路，适当放权于企业和社会，以适应负面清单管理模式的要求。

（三）转变产业集聚区管理部门职能，增强其服务功能

现阶段我国负面清单管理方式的实施，往往都是依托于服务特定目标和规划的经济园区，以这些园区为核心而发挥作用。在现阶段我国的经济园区特别是产业集聚区，其管委会的主要功能仍然有一定的计划经济色彩，既不符合负面清单管理体制的要求，也与国际惯例不符，从而制约了我国产业集聚区的规范化和国际化进程。这就需要经济园区管理部门转变职能，削减其管制功能，增强其服务功能，为负面清单管理体制的推行创造条件。对产业集聚区管理部门的职责原本就比较注重其服务功能，管理部门应在原来的基础上，进一步增强服务功能，简化相关审批手续，取消不符合负面清单管理要求的审批事项，实施商务登记制度改革，与税务等政府职能部门合作简化税收、质检等事务流程，航空港等省重点园区应全面推行备案制，除了少数关键领域外，普通项目入驻航空港等重点园区无须报批，只需备案即可。

（四）根据相关发展规划和省情，细化负面清单

负面清单的制定，不但要与国际接轨，尽量简化清单条目，也要符合各地具体情况，以及产业规划、发展意图。上海自贸区在制定负面清单的过程中，大幅简化了管理手续，降低了企业的管理成本，但在一些产业发展和环境保护方面，上海自贸区并未放松要求，而是因地制宜，制定了严格的负面清单。其他省份也多考虑到本省的实际情况，制定了符合自身实际的负面清单。河南省目前有 180 多个产业集聚区，这些产业集聚区不仅承担了各地经济发展、产业进步的重担，也是整个河南省打造经济升级版的最重要载体，因而在制定负面清单的时候，一定要根据各地实际情况，因地制宜，按照各个产业集聚区的规划、发展重点和环保要求，制定符合各集聚区实际的负面

清单，做到全面覆盖、重视差异、细化条目、简便易行，将河南省承担的国家发展战略融入负面清单管理，同时各地政府也要根据各产业集聚区发展的客观要求，推出符合自身实际、差异化的负面清单，协助负面清单管理模式的顺利建立和运行。

（五）简化手续，重视监管体系建设

负面清单管理体制要求政府尊重市场规律，适当放权，企业和市场可在不违反国家有关法律法规的情况下，有着相当的行动自由。一言以蔽之，法无禁止皆可为。这就给现有的政府管理体系带来了许多挑战。一方面，政府以往对经济社会的管理和调控主要依靠受理和审批等方式，对行政手段依赖性较大，不能完全适应负面清单管理方式所提出的新要求；另一方面负面清单管理方式也会带来一些新风险，比如物联网、大数据等新产业形态与以往的产业形态有很大差异，带来许多新风险，如果它们按照负面清单管理方式的许可范围入驻产业集聚区，就会使得新产业形态风险与负面清单本身风险叠加，进而在现有监控体系的空白区内发生许多难以监管的行为，有可能对整个社会和产业集聚区产生不利影响。这就需要政府有关部门转变现有监管方式，弱化审批色彩，强化市场监控，将市场能解决的事务交予市场解决，同时加强与负面清单相配套的事中事后监管体系的建设，包括监管信息定期公开制度、负面清单跟踪—反馈—调整制度、随机抽查制度等，特别是政府有关部门应当加强对市场信息的搜集、处理能力，并在此基础上建立风险预防和管控制度，以适应负面清单管理体制的需要。

（六）充分发挥航空港的作用，探索符合河南省情的负面清单管理方式

郑州航空港经济综合实验区是华北内陆地区集交通、物流、生产于一体的经济园区，它以新郑国际机场为核心，以新郑综合保税区为依托，以发展先进制造业和物流业为方向，在 2025 年前后建成内陆对外开放的新高地。2013 年，郑州航空港综合实验区正式上升为国家战略，国家将在财税、金

融、口岸通关、土地管理、服务、航线航权等多方面对郑州航空港经济综合实验区予以支持。郑州航空港综合经济实验区本身就是内陆地区对外开放战略的重要组成部分，是北方内陆地区对外开放的桥头堡和排头兵，具有采取与国际接轨的管理方式的内在要求。在定位、功能等方面，郑州航空港与上海自贸区具有一定的相似之处，因而河南应该借鉴上海自贸区的经验，在航空港全面推行负面清单管理方式，加快航空港的发展。同时航空港为负面清单在河南推行提供了一个很好的平台，河南省可以及时发现、解决、总结负面清单管理方式在推行过程中遇到的种种问题，提炼出一整套可行的办法，从而加快负面清单这一先进的管理模式在河南的推广和普及。

参考文献

陈鹃：《河南省产业集聚发展问题分析》，《河南财政税务高等专科学校学报》2009年第12期。

龚柏华：《“法无禁止即可为”的法理与上海自贸区》，《东方法学》2013年第6期。

吕玉辉：《河南产业集聚区发展中的政府决策、定位与管理创新》，《黄河科技大学学报》2011年第11期。

孙婵、肖湘：《负面清单制度的国际经验及其对上海自贸区的启示》，《重庆社会科学》2014年第5期。

杨圣明：《负面清单：对外开放的全新管理模式》，《全球化》2014年第4期。

张辉：《全球价值链下地方产业集群升级模式研究》，《中国工业经济》2005年第9期。

赵新勇：《产业集群的形成机理和作用机制研究》，《商业研究》2006年第5期。

B.24

深化河南财税体制改革的思考与对策

王 芳*

摘 要： 自1994年分税制改革以来，特别是“十二五”以来，河南财税体制改革取得明显成效。但同时，现行的财税体制的问题也日益显现，如预算透明度不高、地方税体系建设滞后、事权与支出责任划分不清晰等。按照党的十八大和十八届三中全会要求，进一步深化河南财税体制改革，需要以完善预算管理制度、健全税收制度、调节事权与支出责任制度、凝聚深化改革正能量为突破口，加快建立现代财税体制。

关键词： 河南 财税体制 改革

党的十八大提出了“加快改革财税体制”的要求，党的十八届三中全会《决定》以新的理念对深化财税改革作了系统部署，2014年6月30日，中共中央政治局审议通过《深化财税体制改革总体方案》，如何深化财税体制改革，充分发挥财政应有职能，更好地为河南经济社会科学发展服务，是一个需要深入思考并且亟待解决的问题。

一 “十二五”以来河南财税体制改革的主要成效

自1994年分税制以来，特别是“十二五”以来，河南财税体制改革深

* 王芳，河南省社会科学院助理研究员。

入推进，其总体趋势是：财权和事权向市县下放；省以下转移支付制度不断规范细化；财政体制对各级政府发展经济积极性的导向作用日益明显；从重视体制的规范性到兼顾体制的有效性，激励性措施不断增加，取得了比较明显的成效。

（一）财政总体实力进一步提升

“十二五”规划的前三年，是河南财政收支快速增长的时期。全省地方财政收入由2011年的2851.91亿元增加到2013年的3686.81亿元，年均增长13.7%；全省财政支出由2011年的4248.82亿元增加到2013年的5582.31亿元，年均增长14.6%。预计2014年，河南财政收入在全国经济步入新常态的背景下仍可实现高于GDP增幅1.5个百分点的增长。以流转税和所得税为主体、其他税种相配合的多税种、多环节、多层次调节的复合税制日益完善，税收体系结构逐步转向健康合理，进一步加强了其在税收收入结构中的主体地位。2011～2013年，河南省地方税收累计完成4497.38亿元，在全省地方财政收入中的占比为72.8%。财政实力的增强，为中原崛起、河南振兴、富民强省奠定了坚实的物质基础。

（二）财政支出结构不断优化

“十二五”以来，河南在不断扩大财政支出规模的同时，持续优化财政支出结构，不断加大民生方面的投入规模，目前全省五项社会保险制度已经全面实施，新型农村合作医疗、城乡最低生活保障制度、城乡居民社会养老保险制度实现全覆盖，基本公共服务水平得到显著提高。2013年，河南全省财政支出规模为5582.31亿元，相当于2010年财政支出规模的1.63倍，年均增长率达到17.7%。而“十二五”前三年河南对就业、教育、卫生、住房保障等民生投入规模累计达到8196.11亿元，民生支出与非民生支出之比约为6∶4，而OECD单一制国家中央以下政府同年支出的平均比例约为6∶4，使城乡居民均能享受到公共财政的实惠。与此同时，着力使财政支出重点向农业农村倾斜，让“三农”享受更多的公共财政。2011～2013年，全省财政用于“三农”的投入达到1662.06亿元，有力地提高了粮食等重要农产品的生产能力，促进农民收入水平的快速提升，推动了农村综合改革的顺利进行，使全省“三农”发展焕发出新的生机与活力。

（三）顺应了治理体系和治理能力现代化的方向

近年来，河南着力完善预算管理制度，省级财政预算公开步伐明显加快。从2011年41个省级部门首次公开部门预算以来，2014年河南95个省级部门公开部门预算及其“三公”经费预算；地方财政预算公开工作稳步推进，2011年，16个省辖市财政公开了本级一般公共预算，到2014年，有18个省辖市、82个县财政部门公开了本级一般公共预算，有12个省辖市、49个县相关部门公开了本级部门预算等。此外，以增值税、成品油税费、内外资企业所得税、个人所得税、车船税改革等为主要内容的税制改革稳步推进，取得了明显成效。公共财政体系的不断健全，财税改革的进一步深化，为推进治理体系和治理能力现代化创造了良好条件。

（四）统筹推进其他领域重点改革

近年来，财税改革为其他改革提供财力保障和动力支持，发挥了在全面深化改革中的基础性和支撑性作用，协调推动了相关领域改革。一是运用财政政策支持农村综合改革试点，有序促进土地承包经营权流转，培育新型农业经营主体。二是加大财政保障力度，支持县级公立医院医药分离改革试点，深化医药卫生体制改革。三是保证财政在教育事业方面的支持规模，确保各项教育投入政策有效落实，完善教育经费保障机制。四是进一步推动文化体制改革，认真落实促进文化产业发展的相关财政税收政策措施，支持鼓励全省文化产业的繁荣发展。五是加快推进并完善事业单位分类改革和经费保障机制，事业单位全部收支纳入预算管理取得新突破。

二　当前河南财税体制改革面临的突出问题

随着经济社会发展和国内外形势的变化，现行财税体制一些深层次的问题和不足日益凸显，已经越来越不能满足河南转变经济发展方式，促进经济社会科学可持续发展的要求。

（一）预算管理制度的规范性、透明度有待提升

一是预算决算公开程度不够。包括支出政策、项目安排、预留资金和超收资金的使用等情况都不够透明。虽然目前预算公开已经成为社会的共识并形成一种趋势，但是在实践中往往存在着有限的公开，即使是公开了，人们依然“看不懂”。二是预算民主化水平不高。由于预算编制过程不公开，财政部门及政府的各专业部门习惯以会议的方式决定下一年的预算策略和政府开支的优先次序，公众对预算编制过程的参与空间极其有限，无法对预算编制施加影响，更无从知晓政府如何执行预算，这些都有碍预算制度的科学化、民主化发展。三是预算约束刚性不足。当前，预算体系部门制衡机制尚未完善，是预算管理体制改革中的薄弱环节，使得预算编制、审批、执行、监督之间缺少制衡，财政资金“跑冒滴漏”甚至被侵占挪用等问题都时有发生。四是财政分配的法治化、规范化建设需要进一步增强。目前财政法律法规体系的不完善，使得部门利益特征、人治特征等现象在政府财力分配的过程中依然较为明显，财政工作的规范化有待加强。

（二）地方税收体系建设较为滞后

完善地方税收体系，是深化财税体制改革的重要内容，直接影响着财税体制改革的进度。目前，我国地方税收体系存在严重缺陷，河南的情况也是如此。总体来说，地方税收体系的滞后性主要有几个表现：一是税权划分不明确。在我国现行的分税制财政体制框架下，地方拥有某些税种和部分共享税的收入权和安排使用权，但是关于税收的立法权、开停征权、政策管理权却由中央掌握，这势必影响各级地方政府税收征管工作的开展。二是税种不明晰。目前，营业税、企业所得税和个人所得税是地方税收的主体，所占有的规模最大，但也并非真正意义上的地方税。比如营业税比较容易被重复计征，这对产业的升级转型极为不利；另外随着“营改增”

的全面推广，地方政府难以因地制宜配置财政资源，培养和设置稳定的地方税源，构建可持续发展的地方税收体系已迫在眉睫。三是税种老化、内外不一。河南现行的地方税种中，有些是20世纪50年代初由当时的政务院颁布实施的，最近的也是20世纪80~90年代制定的，过于老化的税种严重制约了公平、公正的税收、投资环境的营造，进而影响全省经济社会的健康良性发展。

（三）事权与支出责任划分不清晰

现行的中央与地方事权与支出的划分是1994年分税制体制改革时确定的，虽然划分了各级政府的支出范围，但是较为模糊、笼统，缺乏严格的法律规范，造成省与地市支出责任的不明确、不清晰。一是中央与地方部分事权与支出责任错位。一些应由中央负责的事务交给地方承担，如跨流域大江大河治理、跨区域司法管理等，而一些不适宜由地方来承担的事务，则由中央负责管理。对于那些中央和地方共同承担管理责任的事项，比如基础设施建设、支持农业发展、社会保障、教育卫生等方面的支出责任划分则不够具体、不够明确。二是省以下各级地方政府之间的事权和财权划分缺乏依据。现行的分税制财税体制对于省级以下的各级政府间的事权和财权划分并没有做出严格的规定，相应地，河南在进行财税体制改革时也没有对省级及以下各级政府的事权和财权做出明确的规定和调整。在推行省直管县改革后，虽然政府间的财政层级有所减少，但是省市县各级政府间的事权与支出责任划分仍然存在不清晰、不规范的问题，并且出现财权上移、事权下移的现象，使得基层地方政府财政相当困难，财政压力普遍较大。

三　进一步深化河南财税体制改革的政策建议

深化河南财税体制改革，要立足河南实际，以党的十八大、十八届三中全会关于深化财税体制改革的战略部署和国家《深化财税体制改革总体方案》的系统安排为指导，全面贯彻落实省委第九届七次全会精神，加快建立健全适应现代市场经济和治理能力现代化要求的现代财政制度，为加快中原崛起、河南振兴、富民强省进程，让中原更出彩，提供财税制度保障。

（一）建立全面规范、公开透明的现代预算管理制度

一要加快建立公开透明的预算制度。一方面要逐步做到除涉密信息外，各部门“三公”经费的全公开；另一方面要扩大和细化部门预决算公开的范围和内容，并做出相应的说明，努力使公开预算浅显易懂。二要完善政府预算体系，改进年度预算控制方式。要进一步提高财政预算的统筹能力，立足河南发展实际，在重点保障全省教育、科技、农业等领域发展需要的同时，清理规范重点支出与年度财政收支增幅或生产总值挂钩事项，一般不采取挂钩方式。要进一步改进预算审核重点，由原来的注重平衡状态、赤字规模逐步转向注重支出预算与政策，强化支出预算的硬约束。要建立健全跨年度预算平衡机制，稳步推进财政预算的中期规划管理，同时要注重各级政府及部门内相关规划与中期规划的统筹安排与相互衔接。三要规范预算的执行与管理。要强化财政预算硬约束，严格按照预算安排各项支出，不得支出未经预算安排的任何事项。要加快对预算下达和执行的进度，加强财政结转结余资金管理，规范国库资金管理，完善国库现金管理，合理调节国库资金余额，严格权责发生制核算范围，规范和清理财政借垫款。四要加强地方政府债务管理。以政府债券为主体，加快建立健全地方政府举债融资机制，同时将政府债务分类纳入预算管理，实行限额控制。对地方政府的举债程序和资金用途进行明确规范和严格限定，省政府在财政部核定的债务限额内，核定分地区和省本级一般债务和专项债务限额。

（二）建立健全有利于科学发展、社会公平、市场统一的税收制度体系

按照现行体制，税收政策由中央制定。作为省级政府来说，深化税收制度改革，其核心是在配合中央全面推进各项税收制度改革的基础上，逐步建

立健全地方税收体系。一是扩大增值税改革内容与范围。尽快全面实行营业税改增值税，将改革范围进一步扩大到所涉及的各个行业和领域，加快建立规范的消费型增值税制度。二是进一步完善消费税制度。以消费税的税率结构、征收范围、征收办法等方面为重点进一步优化完善消费税制度，充分发挥消费税对“三高”产品和一些奢侈品的调节作用。三是加快资源税改革。实施煤炭资源税从价计征改革，将煤炭及已实行从价计征的原油、天然气矿产资源补偿费并入资源税，取消煤炭可持续发展基金、煤炭及油气价格调节基金等相关收费基金。扩大资源税从价计征范围，并全面取消矿产资源补偿费，清理取消价格调节基金等相关收费基金。四是探索开征环境保护税。研究对固体废物、水污染物、噪声、二氧化碳等影响生态环境的主要污染物开征环境保护税及制定具体措施，将其排放量作为主要计税依据，进一步发挥税收对生态环境保护的促进作用。五是实施房地产税改革。在保障基本居民需求的基础上，依法将城乡个人住房及工商业房地产全部纳入征税范围，并对建设、交易、保有环节的税负进行科学设置，充分发挥房产税对房地产市场良性发展的调节作用，逐步把房产税培育成地方财政收入的稳定来源。

（三）建立事权和支出责任相适应的制度

科学合理的事权划分对于处理好中央与地方、省与市县的关系尤为重要，是现代财政制度有效运转的基础。要围绕推进治理体系和治理能力现代化，科学划分省以下事权和支出责任，并调整省以下分税制财政体制，完善财政转移支付制度，实现省以下事权和支出责任相适应，力争 2020 年实现全部事权和支出责任在省、市、县各级间的科学、清晰、合理配置，形成健全完善的事权和支出责任相适应制度及与之相配套的体制机制。下一阶段，在中央理顺与地方事权和支出责任的基础上，要合理划分河南省与下辖市县的事权和支出责任。一方面要在完善公共财政体系的基础上，进一步理顺省市县事权关系。在中央与地方收入、事权、支出责任划分基础上，考虑市县承受能力及履职需要，相应调整和明确省与市县收入、事权与支出责任。把地方政府易于掌握情况、对区域外影响较小的事务交给地方管理，在充分发挥各级地方政府主动性的同时，提高区域公共服务水平。把地方政府易于掌握情况，但对区域外影响较大的事务，归为省级政府与地方政府共同管理，明确各自支出责任，再通过转移支付等方式，实现管理职责与支出责任、事权与财权相统一的格局。另一方面要提高省以下政府间财政管理效率，通过完善转移支付、建立县级基本财力保障机制等措施，切实缓解县级财政困难，有效提高县级政府的财政实力，共同支持县域经济发展。

（四）凝聚深化财税体制改革的正能量

一是切实把思想和行动统一到中央改革决策部署上来。要认真学习关于深化财税体制改革的相关意见、政策，全面领会现阶段财税体制改革的重要意义和改革要求，进一步统一思想，坚定信心，在全社会凝聚起深入推进改革的共识和力量。二是坚持问题导向研究各项具体改革政策措施。随着新一轮财税体制改革的逐步深入，一些深层次的矛盾和问题必然日益凸显，在坚定改革信心的同时，还必须做到客观地对待和认识问题，科学地研究和解决问题。特别是涉及如公开透明预算、整合税收优惠、清理专项资金等财税体制改革的核心内容时，要敢于正视矛盾、化解矛盾，勇于担当。三是坚持顶层设计与摸着石头过河相结合。目前中央颁布的财税体制改革总体方案还属于顶层设计层面，而由顶层设计层面过渡到具体操作层面还有相当距离，需要对每项改革要求的方案、步骤、路径、举措进行深入研究。因此，我们要坚持顶层设计与摸着石头过河相结合的方法，坚持立足实际，试点先行，注重学习和借鉴改革的成功案例和典型经验。四是坚持整体推进与重点突破相结合。财税体制改革涉及内容广泛，各方面密切结合成一个完整的体系。因此在推进财税体制改革的过程中，一方面要明确改革的重点和主攻方向，争取在一些矛盾突出、问题集中的关键环节取得突破性的进展；另一方面要注重财税改革与其他领域各项改革的衔接与统筹，增强改革的系统性与协调性，努力形成改革合力。

参考文献

楼继伟：《中国政府间财政关系再思考》，中国财政经济出版社，2013。

贾康、程瑜：《新一轮税制改革的取向、重点与实现路径》，《中国税务》2014 年第 1 期。

张淑翠、许正中：《新一轮财税体制改革的事由、取向与破解路径》，《四川行政学院学报》2014 年第 4 期。

附　录

Appendix

B.25
附　表

林园春

表 1　2010 年至 2014 年 9 月全国主要经济指标

	2010 年		2011 年		2012 年		2013 年		2014 年(1～9 月)	
	绝对数	增速(%)	绝对数	增速(%)	绝对数	增速(%)	绝对数	增速(%)	绝对数	增速(%)
国内生产总值(亿元)	401512.8	10.4	438853.0	9.3	472436.5	7.7	568845.2	7.7	419908	7.4
第一产业(亿元)	40533.6	4.3	42256.5	4.3	44178.6	4.5	56957.0	4.0	37996	4.2
第二产业(亿元)	187383.2	12.3	206655.1	10.3	223014.5	7.9	249684.4	7.8	185787	7.4
第三产业(亿元)	173596.0	9.9	189941.4	8.8	205243.3	7.1	262203.8	7.1	196124	7.9
规模以上工业增加值(亿元)	—	15.7	—	13.9	—	10.0	—	9.7	—	8.5
全社会固定资产投资(亿元)	251683.8	23.8	311485.1	23.8	374694.7	20.3	447074	19.3	357787	16.1
社会消费品零售总额(亿元)	156998.4	18.3	183918.6	17.1	210307.0	14.3	237809.9	13.1	189151.0	12.0
居民消费价格指数(以上年同期为100)	103.3	3.3	105.4	5.4	102.6	2.6	102.6	2.6	102.1	2.1
海关进出口总值(亿美元)	29740.0	34.7	36418.6	22.4	38671.2	6.2	41589.9	7.5	31626	3.3
出口总值(亿美元)	15777.5	31.3	18983.8	20.3	20487.1	10.8	22090.0	7.8	16971	5.1
进口总值(亿美元)	13962.4	38.8	17434.7	24.9	18184.1	4.2	19499.9	7.2	14655	1.3
地方财政总收入(亿元)	40613.04	24.6	52547.11	29.4	61078.29	16.2	69011.16	12.9	56763	10.1
城镇居民人均可支配收入(元)	19109.4	7.8	21809.8	14.1	24564.7	12.6	26955.1	9.7	22044.0	9.3
农民人均纯收入(元)	5919.0	14.9	6977.3	17.9	7916.6	13.4	8895.9	12.4	8527.0	11.8

数据来源：2010～2014 年《中国统计年鉴》，国家统计局网站。

表 2　2010 年至 2014 年 9 月河南省主要经济指标

	2010 年		2011 年		2012 年		2013 年		2014 年(1 ~9 月)	
	绝对数	增速(%)	绝对数	增速(%)	绝对数	增速(%)	绝对数	增速(%)	绝对数	增速(%)
国内生产总值(亿元)	23092. 36	12. 5	27232. 04	11. 6	29810. 14	10. 1	32155. 86	9. 0	25445. 43	8. 5
第一产业(亿元)	3258. 09	4. 5	3512. 06	3. 7	3772. 31	4. 5	4058. 98	4. 3	3715. 19	4. 3
第二产业(亿元)	13226. 38	14. 8	15887. 39	15. 1	17020. 20	11. 7	17806. 39	10. 0	13804. 02	9. 4
第三产业(亿元)	6607. 89	11. 4	7832. 59	8. 4	9017. 63	9. 2	10290. 49	8. 8	7926. 22	8. 7
规模以上工业增加值(亿元)	9901. 52	19. 0	11882. 55	19. 6	12654. 83	14. 6	13986. 51	11. 8	838. 83	11. 0
全社会固定资产投资(亿元)	13338. 05	21. 0	16935. 88	25. 8	20558. 61	22. 5	25321. 52	23. 2	21284. 59	19. 7
社会消费品零售总额(亿元)	8004. 15	19. 0	9453. 65	18. 1	10915. 62	15. 7	12426. 61	13. 8	9938. 13	12. 8
居民消费价格指数(以上年同期为 100)	103. 5	3. 5	105. 6	5. 6	102. 5	2. 5	102. 9	2. 9	101. 9	1. 9
海关进出口总值(亿美元)	177. 92	32. 0	326. 42	83. 1	517. 50	58. 6	599. 51	15. 9	416. 49	7. 5
出口总值(亿美元)	105. 34	43. 4	192. 40	82. 7	296. 78	54. 3	359. 93	21. 3	249. 57	7. 8
进口总值(亿美元)	72. 57	18. 4	134. 01	83. 5	220. 72	64. 9	239. 59	8. 6	166. 92	7. 1
地方财政总收入(亿元)	2293. 37	19. 3	2851. 22	24. 3	3282. 75	18. 5	3686. 81	12. 3	3041. 32	10. 3
城镇居民人均可支配收入(元)	15930. 26	10. 8	18194. 80	14. 2	20442. 62	12. 4	22398. 03	9. 6	18191. 93	9. 3
农民人均纯收入(元)	5523. 73	14. 9	6604. 03	19. 6	7524. 94	13. 9	8475. 34	12. 6	7599. 66	11. 8

表格制作：林园春

数据来源：2011 ~2014 年《河南统计年鉴》，河南省统计局网站。

Abstract

This book is compiled by a group of Henan Academy of Social Sciences. Using "Henan economic development under the new normal" as the theme, we make in-depth and systematic analysis on the main features of the economic operation of Henan in 2014 and the trend of economic development of Henan in 2015. Then we multi-dimensionally research and discuss the steps and effects in Henan province of steady growth, adjusting structure and promoting reforms. We also give some policy advices on advancing steadily under the new normal.

The main report of this book is written by the research group of Henan Academy of Social Sciences. It represents the basic viewpoints of this book on analyzing and forecasting the Henan economic situation from 2014 to 2015, and the prospective situation problem analysis and countermeasures of Henan economic operation under the new normal. In the main report, in 2014, under the complicated situation of the world economic recovery slowly and the national economy in a new normal "three period superimposed" stage, Henan conscientiously carry out and implement the arrangements of the central and provincial party committee on economic working, insisting on adjust steadily, change to win, turn to good and change into activation, and organizing all work, such as steady growth, promoting reform, adjusting the structure, solid foundation, controlling risk and benefit people's livelihood, to ensure the economic operation of whole province maintained a overall smooth, undermined stability posture, indices co-ordinate well, scientific development continue to strengthen. Economic operation has shown some new characteristics and new luminescent spot, and also facing some new problems and challenges. The research group forecast 2014, Henan Province's GDP will grow by 8.6%, above-scale industrial added value will increase by 11.2%, fixed asset investment up to20.5%, total retail sales of social consumer goods will grow by 12.9%;

consumer price index will be 102; exports will grow by 8% , imports will grow by 7. 5% , in 2015 Henan's GDP will grow by 8. 5% , above-scale industrial added value will increase by 11% ; urban fixed asset investment grows by 20% ; total retail sales of social consumer goods will increase by 13% ; the consumer price index will be 101. 5; exports will increase by 10% , imports will increase by 8% .

The investigation and evaluation part of this book, mainly through the establishment of index system and quantitative model, conducted a comprehensive evaluation on the evaluation of integrated economic competitiveness for 30 cities in Central Plains Economic Region and the quality of 108 county's economic development for Henan in 2014. Then, based on the analysis of the main progress and achievement of the three major national strategy implementation of Henan in recent years, according to the plan objectives and requirements, the research group makes a quantitative evaluation of the effectiveness and progress of the three major national strategy implementation, and also analyzes the main facing problems. Finally, the research group puts forward the strategic point and suggestions to promote the three major national strategy implementation of Henan. In the situation analysis part, mainly based on the trend analysis of Henan current economic development in different fields and industries under the new normal of economy, and forecast for 2015, then the author separately bring out the corresponding measures about accelerating structural adjustment, promoting the transformation and upgrading. In the economy central issue part, mainly based on the analysis of system construction , strengthening the basis, strategic security, aviation economy, integrated hub of silk road economic belt, and bring out the key tasks and corresponding measures to response to the new normal of economy, building Henan economic upgrade and central plains more give prize. In the reform part, mainly based on the analysis of Zhengzhou air harbor economic comprehensive test area of system and mechanism innovation, modern market system construction, innovation driven development, reform of the fiscal and taxation system, and bring out the progress, problems , promoting ideas and suggestions for comprehensively deepen reforms in Henan province.

Aiming at different requirements in promoting the development of Henan economy under the new normal, this book invites the famous experts and scholars, which are from relevant scientific research institutes, universities and government departments, to research and analyze the key and difficult points in the area of steady growth, adjusting structure, promoting reform, and to propose the countermeasures and suggestions of achieving the goal in different aspects, that is Central rise, Henan revitalization and Enriching province under the new normal.

Contents

B I General Report

Abstract: Under the new normal of economy, Henan's economy shows some new features and new bright spots in 2014. At the same time, it faces some new problems and new challenges. The research group forecasts 2014 Henan's GDP will grow by 8.7% ; above-scale industrial added value will increase by 11.2% ; fixed asset investment up by 21% , total retail sales of social consumer goods will grow by 12.9% ; consumer price index will be 102; exports will grow by 8% ; imports will grow by 7.5% . In 2015 Henan's GDP will grow by 8.5% , above-scale industrial added value will increase by 11% ; urban fixed asset investment growth will be 20% ; total retail sales of social consumer goods will increase by 13% ; the consumer price index will be 101. 5; exports will increase by 10% ; imports will increase by 8% .

Keywords: Henan; New Normal; Economic Situation; Analysis and Prediction

Ⓑ Ⅱ Survey and Evaluation

B. 2 Evaluation of Integrated Economy Competitiveness for Cities in Central Plains Economic Region (2014)

Research Group of Henan Academy of Social Sciences / 028

Abstract: Central Plains Economic Region (CEPR) is located in the central hinterland of China, covering 30 cities and 2 counties in 5 provinces. CEPR is the strategy vector to realize the rising of central China, occupies an important position in the new frame of the regional development in China. The cities are important units of CEPR. In this paper, we study the evaluation of integrated economy competitiveness for CEPR cities in 2014. We construct a new evaluation index system, and then statistical data were calculated to get the 2014 integrated economy competitiveness ranking for CEPR cities. Finally, we put forward the analysis and recommendations.

Keywords: Central Plains Economic Region; the Integrated Economic Competitiveness; AHP Method

B. 3 Evaluation Report on County Territory Economy Development Quality of Henan Province In 2014

Research Group of Henan Academy of Social Sciences / 050

Abstract: According to the development quality characteristics of county territory economy, the index system of the development quality of county territory economy has been built up, and the scoring and ranking on the development quality of county territory economy have been evaluated, and the evaluation report has been finished on county territory economy development quality of Henan Province in 2014.

Keywords: County Territory Economy; Economy Development Quality; Entropy Method

Abstract: Under the new condition of economy, Henan needs to further implement the three national strategic plans for maintaining the good posture of its economic and social development. Based on the analysis of the main progress and achievement of the three major national strategies implementation of Henan in recent years, according to the plan objectives and requirements, the research group makes a quantitative evaluation of the effectiveness and progress of the three major national strategies implementation, and also analyzes the main problems. Finally, the research group puts forward the strategic point and suggestions to promote the three major national strategies implementation of Henan.

Keywords: National Strategic Plan; Overall Assessment; Strategic Point; Suggestion

B Ⅲ Situation Analysis

Abstract: Based on the feature of the new condition and requirement of

Advanced-manufacturing province, in combination with the current situation of the development of Henan province, this paper gives out a comprehensive summary of Henan's industrial development from January to September in 2014. Furthermore, on the basis of the analysis of the situation at external and internal environment, the process, industrial development in Henan province in 2014, was forecasted and the key on Henan's industrial development in 2015 was put forward.

Keywords: Henan; Industrial Development; the New Normal

B. 6 Analysis and Prospect of the Developing Situation of Service Industry in Henan Province (2014 –2015)

Hou Hongchang / 110

Abstract: This is a very important year, the people of Henan Province thorough implement the three National Strategic Plans, and this has driven the development of service industries. The whole service industry developed steadily and orderly, with the growth rate of gross improving steadily, the scale of investment expanding; consumption demand increasing continuously, during the first three quarters. But some problems still exist, such as Value-added of the Service Industry, the small proportion of traditional service industry, the imbalances of the local development etc. . Prospecting the 2015, Henan's service industry would have a lot of opportunities while facing many challenges. So, we forecast the growth rate of Henan Service Industry will be 9. 2% .

Keywords: Service Industry; Economics Analysis; Forecast; Proposal

Abstract: In 2014, a good development momentum is maintained at agricultural economy in Henan province. Its main features are the production of major farm crops increased and the relative prices of agricultural products and agricultural material fell, the income of rural residents has been increased steadily, new agricultural entities grew fast as well as countryside land contracting operating right transfer accelerated. The development of agricultural economy in Henan province is also faced with prominent contradictions. Inflexibly increasing demand of crop is coexists with hard constraints of resources. Agriculture modernization has lagged behind the industrialization and urbanization. The development of agricultural information has lagged behind industry development. Under the background of stable growth of economy, perfect property rights system, economic restructuring and construction for agricultural rule of law, the agricultural economy in Henan province will have larger development space in 2015.

Keywords: New Normal; Supply and Demand of Agricultural Products; Land System; Operation Entities

Abstract: Based on the analysis concerning the evolution of fixed asset investment situation in Henan Province during the first three years of the 12th Five-Year Plan, this thesis emphatically stresses the current investment situation in the first three quarters of 2014 as well as the growth rate of investment, structures of investment and the three main industries, the structure of industrial investment, investments of real estate and industrial cluster districts and so on, affirming the positive factors while identifing the existing problems. Last but not the least, the development prospect of Henan investments under the new normal is discussed in this thesis.

Keywords: New Normal; Real Estate Investments; Analysis and Outlook

B. 9 Analysis and Forecast the Trend of the Consumer Price Index in Henan Province

Cai Yuping, *Gao Huiqing* / 145

Abstract: As the "barometer" of the economic development, the trend of consumer price index of Henan province not only complies with the trend of the price changes, but also shows the obvious regional characteristics. In 2013, affected by the economic development of the external environment , the lack of demand and investment growth is weak and other factors, the present situation of Henan CPI growth rate decreased firstly and then showed slight rising , and maintained at 2. 6% . Entering 2014, the rising pressure of Henan province CPI decreased significantly, and going up continuously fall after a rise. Compared with the national, Henan province consumer price index shows. the characteristics of "big fluctuation", that is mainly determined by the level of economic development of Henan province and the economic structure in the future. At the background of stabilized in the economic operation , Henan province consumer price index does not appear obvious rise in the fourth quarter of 2014 and 2015, and expected the fourth quarter will be maintained at about 1. 9% . In 2015, in the "three periods" in the context of superposition, CPI inflation will rise to about 2. 2% .

Keywords: The Consumer Price Index; The Three Periods of Superposition; The Price Regulation

Abstract: While all indicators of open economy keep increasing steadily, improving quality and efficiency of it has become the social focus under the new normal. Based on the actual of Henan province, to improve quality and efficiency of open economy, some countermeasures and suggestions are put forward. In 2015, enhancing technology content and added value of export product, improve quality of electromechanical and high-tech industries, advancing quality of introduced project, optimizing top-level design of development of industry clusters, setting up and perfecting the technical innovation system, and cultivating a number of successful enterprises with soul should be highly appreciated.

Keywords: Henan Province; Open Economy; Improving Quality and Efficiency

Abstract: Three essential Characteristics marked the operation situation of Henan's real estate in 2014: to begin with, the operation situation of Henan's real estate this year is on the downward trend, yet it is better than the national overall situation; and then, the market of real estate is clearly differentiated; finally, the operation situation of Zhengzhou's real estate is still on the upward trend. The future trend of real estate market in China will be decided by the following factors: government efforts on bail-outs, the choice on urbanization approaches, banks' financial policies and their implementation effects as well as the needed time on the establishment of long-term mechanism. For the sake of the sound development of

Henan's real estate, the following notions are supposed to be established: real estate cannot be employed as an everlasting economic growth trigger; exorbitant housing price might well be an obstacle for Zhengzhou's leaping development; the development of real estate relies on the sustainable resources and environments. Therefore, this present paper is designed to offer a few proposals for the authorities and the developers.

Keywords: Real Estate; Operation Situation; Development Countermeasures

B. 12 Under the New Normal, the Operational Status and Development Trend of the Tourism Economy in Henan for 2014 −2015 *Ren Han* / 180

Abstract: Affected by the new normal economy, tourism economy in Henan province in 2014 also showed China's new normal economy unique growth trend down. Domestic tourism, outbound tourism and inbound tourism— the three big markets showing a "total growth slowdown" posture, compared with other provinces in the country, domestic tourism income is in the third position, the high-speed growth in previous years due to the demographic dividend on the release in the tour of the province and the country in the swim in, reach a certain base, is bound to slow growth, sustained moderate growth; inbound tourism benefit from early small base and the September Zhengzhou airport open "landing visa", showing negative growth in national circumstances, to maintain the growth of 6% , but the total ranked twenty-fifth; Outbound tourism due to the per capita GDP increased year by year, nearly MYM6000. It is outbound tourism and the demographic dividend superposing peak, medium growth trend will continue. Expect the phase characteristics of the 2015 Henan tourism economy will continue in 2014 tourism economic development, can be summarized as: the growth rate of Henan tourism industry will continue full speed growth, the growth rate of tourism industry is higher than the rate of economic growth of the province, higher than the national average growth rate of tourism industry; tourism comprehensive income growth rate higher than the growth rate of the number of visitors. Is expected in the future for a long period of time, this "new" change will be the development of Henan's tourism economy in the "normal" to adapt the new normal, make it become the foundation of Henan tourism economy sustainable development, put forward the policy recommendations.

Keywords: Tourism Economy in the New Normal; Industry Performance; Market Performance; Trend Prediction; Sustainable Development

B IV Economic hot spots

Abstract: In this study, we take the construction problem of Henan province under the background of economic new normal as a perspective, and analyze the strategic significance of system construction for upgrading Henan economy, based on this analysis, we further analyze the current situation and the restricting factors in the process of system construction of Henan province. The restricting factors include these factors: the deep-seated contradictions of industrial system, the systemic problems of urban and rural system, innovative resources relatively weak, the structural problems of the modern market system. Then, some suggestions are put forward to raise the level of the modern industrial system, the modern urban and rural system, the independent innovation system and the modern market system of Henan province.

Keywords: Economic New Normal; System Construction of Henan Province; Countermeasures and Suggestions

B. 14 The Study of Strengthening the Basis of the Central Plains more Give Prize

Gao Xuan / 206

Abstract: Let the central plains Perform much better is a huge system engineering, need transportation, information, water conservancy, energy, ecological environment and other infrastructure supporting. The future for a period of time, to accelerate the construction of basic support ability, should highlight the key, make up the short board and strengthen the weaknesses, should improve the infrastructure of network, coordination, sharing for the purpose, improve the utilization efficiency as the core of infrastructure. Adhere to high-end development, integration development, intensive development, green development and scientific development, building a basis supporting system for the safe, efficient and reasonable, and strengthen the solid foundation for the realization of the central plains more well-done.

Keywords: Let the Central Plains More Well-done Infrastructure; the Ability of Supporting

B. 15 Strategic Security Research on Upgrading Henan Economy

Lin Yuanchun / 218

Abstract: Premier Li Keqiang, first proposed the concept of economic upgrade, and point that economic upgrade means more innovation strength, better economic structure, more efficient market environment, the more stable the livelihood of the people. Building an upgrade of Henan economy is a long-term systematic project, involving all aspects of the economic and social development, will not happen overnight. Therefore, we need to strengthen the open and reform, human resources, ideological culture, social harmony, the cadres in six aspects, such as security, to make Henan economic upgrade to provide strong support. Based on the analysis of Henan economic upgrade strategy guarantee on the basis of the main problems facing the proposed strengthening of Henan economy upgrade strategic safeguard countermeasures and Suggestions.

Keywords: Henan; Upgrade of Henan Economy; Strategic Security

Abstract: To accelerate the construction of high-growth services of Henan province, is not only to implement the central decision-making deployment of specific actions, but also to follow the economic laws, speed up the implementation of the three national strategic planning, to create "four Henan", Henan province enriching the overall revitalization strategic initiatives objectives. Construction of high-growth services province, Henan has a good foundation and the environment, but there are many difficulties and problems. To adapt to the development of specialized high-growth services, integration, clustering, information technology trends, efforts to promote modern logistics, information services, financial services, tourism, culture, science, education, business services, health care, pension and family services and other services expand the amount and quality and development, and gradually become a major provincial construction led the dominant force and strategic support services.

Keywords: Henan Province; High-growth Service Industry; Thinking; Countermeasure Research

Abstract: By the air transportation, aviation economy can lead the aviation oriented enterprise gather around the airport area, and produce agglomeration effect which is strengthened by itself. Along with this agglomeration effect, there are three kinds of effects: the inflow effect, the outflow effect and the multiplier effect. It is the role played by these three effects, which are the mechanism of aviation economy driving hinterland economy development. Furthermore, the article also analyse the development pathway of aviation economy driving hinterland economy. Based on the theory analysis, the paper also take Zhengzhou aviation economy comprehensive experimental area as an example, in order to find out the important points during the construction on how to foster the experimental are driving Henan economy development.

Keywords: Aviation Economy; Driven Development; Industry Agglomeration

B. 18 Research on the Idea of Building an Important Integrated Hub of Silk Road Economic Belt

Cui Lixiang / 255

Abstract: The Silk Road economic belt, the updated version of the Silk Road, is a China's key selection to adapt to the "new normal" of economy. Henan is an important part of the Silk Road economic belt. Building an important integrated hub of the Silk Road economic belt is a realistic choice of Henan to integrate into the Silk Road economic belt, is an inherent requirement of making full use of Henan's comprehensive advantages on location, transportation, culture, economy, market and so on. Based on the basis of Henan situation, this paper attempts to put forward a general idea that "one body, duel-core and three supports". Moreover, the paper analyses and expounds this idea and the main focus of building the important integrated hub of the Silk Road economic belt.

Keywords: Silk Road Economic Belt; Hub; Henan

Ⅴ Reform

Abstract: In the perplexing, world economic situation of domestic and international competition is becoming increasingly intensified, Zhengzhou air harbor economic general experimentation area in less than two years, the rapid advance of large aviation hub construction, the formation of a good trend of interactive development of hub airports and industrial agglomeration, become the Central Plains area organization of production the most efficient location and drive regional economic development is the important power of central China. But because of the lack of scientific, efficient, flexible, system and mechanism innovation, it still faces many problems to be researched and solved. Zhengzhou air harbor economic comprehensive experimentation area should liberate a thought further, foretaste of go ahead of the rest, bold reform, to further accelerate the pace of institutional innovation, vigorously innovation measures, improve the working mechanism, the realization of face advance, the point of breakthrough rapid boosting the implementation of system and mechanism innovation, seize the opportunity, to seize the commanding heights of opening to the outside world, the Zhengzhou air port experimentation area into the province's open platform and windows, become a deepening reform and system innovation experiment demonstration area, the formation of new heights, industry of the whole province open to new heights of new heights and innovation.

Keywords: Zhengzhou Air Harbor Economic Comprehensive Experimentation Area; Zhengzhou Air Port; Management System; Working Mechanism; Innovation Mechanism

B. 20 Analysis on Key Difficulties and Paths of Accelerating Modern Market System Construction in Henan Province

Du Mingjun / 281

Abstract: The emphases of constructing modern market system depend on: 1) clear property rights, its requiring to break the monopoly, to deepen the reform of state owned enterprises, to implement the negative list; 2) market price signal mechanism construction, its requiring to improve the price mechanism of agricultural products, resource products, public products; 3) free flow of market factors, its requiring to promote two-way flow of urban and rural elements, create win-win market integration. The difficulty lies in reasonable moderation of government role, its requiring to construct the symbiotic relationship between government and market, build credit system, perfect supervision mechanism.

Keywords: Modern Market System; Emphasis; Difficult Point

B. 21 To Further Reform of Science and Technology System and Speed up the Innovation-driven Development Thinking

Yuan Jinxing / 293

Abstract: Since the reform and opening up, Henan science and technology system reform has experienced four stages, entered the comprehensive deepening period, The third plenary session of the 18th CPC national congress pointed out the direction of the reform of science and technology system, Henan must resolve transformation of scientific and technological achievements of management system, mechanism, incentive mechanism, environment and other problems, bold exploration, deepening the reform of science and technology system comprehensively, to make innovation-driven development strategy in the rise of central China, Henan revitalize, the prosperous common people strong province play a bigger role in the process.

Keywords: Science and Technology System Reform Innovation-Driven Development

Abstract: China's existing state-owned assets management system, there is a bull management, witch hunt, regardless of politics, lack of oversight mechanisms, inadequate laws and regulations and other issues. To advance the state-owned assets management system, the state-owned assets should be separated into pure public and operating two categories according to the classified management ideas. Meanwhile, according to the decision-making, implementation, monitoring phase separation ideas, promoting operating state-owned assets management system, improve laws and regulations; improve the supervision mechanism, unified supervision of state-owned assets management system.

Keywords: Mixed Ownership of State-owned Assets Management System

Abstract: With the establishment of Shanghai Free Trade Zone , the negative list came into China. Negative list management method regards "method nonrestraint are available" as the core idea, recommends to give the market freedom to develop economy, and is used by most of countries. Henan industrial cluster districts have obtained proud achievements, but if Henan province wants to move forward on the basis of the original results, she should give full play to the role of market factors, and introducing negative list management become necessary. This paper briefly describes the negative list management model, and preliminarily discusses the Henan Cluster Districts and importance of introducing negative list management model and prospects.

Keywords: Industrial Cluster Districts; Negative List; Henan Province

Abstract: Since the tax system reform in 1994, especially since the "Twelfth Five Year Plan", Henan finance and tax system reform has achieved remarkable Performance. But at the same time, the existing problems of the current fiscal and taxation systems are increasingly apparent, such as low transparency in budget, the weak local tax system construction is lagging behind, the failure in diriving the responsibility and expenditure, and so on. In accordance with the requirements for the party's eighteenth and eighteenth of the Third Plenary Session, to further deepen the reform of fiscal and taxation system in Henan, need to improve the budget management system, perfect the tax system, regulating the responsibility and expenditure system, condensing deepening reform positive energy as the breakthrough point, to accelerate the establishment of a modern fiscal and taxation systems.

Keywords: Henan; Fiscal and Taxation System; Reform

B VI Appendix

✤ 皮书起源 ✤

“皮书”起源于十七、十八世纪的英国，主要指官方或社会组织正式发表的重要文件或报告，多以“白皮书”命名。在中国，“皮书”这一概念被社会广泛接受，并被成功运作、发展成为一种全新的出版型态，则源于中国社会科学院社会科学文献出版社。

✤ 皮书定义 ✤

皮书是对中国与世界发展状况和热点问题进行年度监测，以专业的角度、专家的视野和实证研究方法，针对某一领域或区域现状与发展态势展开分析和预测，具备权威性、前沿性、原创性、实证性、时效性等特点的连续性公开出版物，由一系列权威研究报告组成。皮书系列是社会科学文献出版社编辑出版的蓝皮书、绿皮书、黄皮书等的统称。

✤ 皮书作者 ✤

皮书系列的作者以中国社会科学院、著名高校、地方社会科学院的研究人员为主，多为国内一流研究机构的权威专家学者，他们的看法和观点代表了学界对中国与世界的现实和未来最高水平的解读与分析。

✤ 皮书荣誉 ✤

皮书系列已成为社会科学文献出版社的著名图书品牌和中国社会科学院的知名学术品牌。2011 年，皮书系列正式列入“十二五”国家重点图书出版规划项目；2012~2014 年，重点皮书列入中国社会科学院承担的国家哲学社会科学创新工程项目；2015 年，41 种院外皮书使用“中国社会科学院创新工程学术出版项目”标识。

中国皮书网

www.pishu.cn

发布皮书研创资讯，传播皮书精彩内容
引领皮书出版潮流，打造皮书服务平台

栏目设置：

- □ 资讯：皮书动态、皮书观点、皮书数据、皮书报道、皮书发布、电子期刊
- □ 标准：皮书评价、皮书研究、皮书规范
- □ 服务：最新皮书、皮书书目、重点推荐、在线购书
- □ 链接：皮书数据库、皮书博客、皮书微博、在线书城
- □ 搜索：资讯、图书、研究动态、皮书专家、研创团队

中国皮书网依托皮书系列“权威、前沿、原创”的优质内容资源，通过文字、图片、音频、视频等多种元素，在皮书研创者、使用者之间搭建了一个成果展示、资源共享的互动平台。

自 2005 年 12 月正式上线以来，中国皮书网的 IP 访问量、PV 浏览量与日俱增，受到海内外研究者、公务人员、商务人士以及专业读者的广泛关注。

2008 年、2011 年中国皮书网均在全国新闻出版业网站荣誉评选中获得“最具商业价值网站”称号；2012 年，获得“出版业网站百强”称号。

2014 年，中国皮书网与皮书数据库实现资源共享，端口合一，将提供更丰富的内容，更全面的服务。

法律声明

S 子库介绍
Sub-Database Introduction

中国经济发展数据库

涵盖宏观经济、农业经济、工业经济、产业经济、财政金融、交通旅游、商业贸易、劳动经济、企业经济、房地产经济、城市经济、区域经济等领域，为用户实时了解经济运行态势、把握经济发展规律、洞察经济形势、做出经济决策提供参考和依据。

中国社会发展数据库

全面整合国内外有关中国社会发展的统计数据、深度分析报告、专家解读和热点资讯构建而成的专业学术数据库。涉及宗教、社会、人口、政治、外交、法律、文化、教育、体育、文学艺术、医药卫生、资源环境等多个领域。

中国行业发展数据库

以中国国民经济行业分类为依据，跟踪分析国民经济各行业市场运行状况和政策导向，提供行业发展最前沿的资讯，为用户投资、从业及各种经济决策提供理论基础和实践指导。内容涵盖农业，能源与矿产业，交通运输业，制造业，金融业，房地产业，租赁和商务服务业，科学研究环境和公共设施管理，居民服务业，教育，卫生和社会保障，文化、体育和娱乐业等 100 余个行业。

中国区域发展数据库

以特定区域内的经济、社会、文化、法治、资源环境等领域的现状与发展情况进行分析和预测。涵盖中部、西部、东北、西北等地区，长三角、珠三角、黄三角、京津冀、环渤海、合肥经济圈、长株潭城市群、关中一天水经济区、海峡经济区等区域经济体和城市圈，北京、上海、浙江、河南、陕西等 34 个省份及中国台湾地区。

中国文化传媒数据库

包括文化事业、文化产业、宗教、群众文化、图书馆事业、博物馆事业、档案事业、语言文字、文学、历史地理、新闻传播、广播电视、出版事业、艺术、电影、娱乐等多个子库。

世界经济与国际政治数据库

以皮书系列中涉及世界经济与国际政治的研究成果为基础，全面整合国内外有关世界经济与国际政治的统计数据、深度分析报告、专家解读和热点资讯构建而成的专业学术数据库。包括世界经济、世界政治、世界文化、国际社会、国际关系、国际组织、区域发展、国别发展等多个子库。

权威·前沿·原创

社会科学文献出版社

皮书系列

2015年

盘点年度资讯　预测时代前程

社会科学文献出版社 学术传播中心 编制

社会科学文献出版社
SOCIAL SCIENCES ACADEMIC PRESS (CHINA)

社会科学文献出版社成立于1985年，是直属于中国社会科学院的人文社会科学专业学术出版机构。

成立以来，特别是1998年实施第二次创业以来，依托于中国社会科学院丰厚的学术出版和专家学者两大资源，坚持“创社科经典，出传世文献”的出版理念和“权威、前沿、原创”的产品定位，社科文献立足内涵式发展道路，从战略层面推动学术出版的五大能力建设，逐步走上了学术产品的系列化、规模化、数字化、国际化、市场化经营道路。

先后策划出版了著名的图书品牌和学术品牌“皮书”系列、“列国志”、“社科文献精品译库”、“全球化译丛”、“气候变化与人类发展译丛”、“近世中国”等一大批既有学术影响又有市场价值的系列图书。形成了较强的学术出版能力和资源整合能力，年发稿5亿字，年出版图书1400余种，承印发行中国社科院院属期刊70余种。

依托于雄厚的出版资源整合能力，社会科学文献出版社长期以来一直致力于从内容资源和数字平台两个方面实现传统出版的再造，并先后推出了皮书数据库、列国志数据库、中国田野调查数据库等一系列数字产品。

在国内原创著作、国外名家经典著作大量出版，数字出版突飞猛进的同时，社会科学文献出版社在学术出版国际化方面也取得了不俗的成绩。先后与荷兰博睿等十余家国际出版机构合作面向海外推出了《经济蓝皮书》《社会蓝皮书》等十余种皮书的英文版、俄文版、日文版等。截至目前，社会科学文献出版社共推出各类学术著作的英文版、日文版、俄文版、韩文版、阿拉伯文版等共百余种。

此外，社会科学文献出版社积极与中央和地方各类媒体合作，联合大型书店、学术书店、机场书店、网络书店、图书馆，逐步构建起了强大的学术图书的内容传播力和社会影响力，学术图书的媒体曝光率居全国之首，图书馆藏率居于全国出版机构前十位。

上述诸多成绩的取得，有赖于一支以年轻的博士、硕士为主体，一批从中国社科院刚退出科研一线的各学科专家为支撑的300多位高素质的编辑、出版和营销队伍，为我们实现学术立社，以学术的品位、学术价值来实现经济效益和社会效益这样一个目标的共同努力。

作为已经开启第三次创业梦想的人文社会科学学术出版机构，社会科学文献出版社结合社会需求、自身的条件以及行业发展，提出了新的创业目标：精心打造人文社会科学成果推广平台，发展成为一家集图书、期刊、声像电子和数字出版物为一体，面向海内外高端读者和客户，具备独特竞争力的人文社会科学内容资源供应商和海内外知名的专业学术出版机构。

社长致辞

我们是图书出版者，更是人文社会科学内容资源供应商；

我们背靠中国社会科学院，面向中国与世界人文社会科学界，坚持为人文社会科学的繁荣与发展服务；

我们精心打造权威信息资源整合平台，坚持为中国经济与社会的繁荣与发展提供决策咨询服务；

我们以读者定位自身，立志让爱书人读到好书，让求知者获得知识；

我们精心编辑、设计每一本好书以形成品牌张力，以优秀的品牌形象服务读者，开拓市场；

我们始终坚持“创社科经典，出传世文献”的经营理念，坚持“权威、前沿、原创”的产品特色；

我们“以人为本”，提倡阳光下创业，员工与企业共享发展之成果；

我们立足于现实，认真对待我们的优势、劣势，我们更着眼于未来，以不断的学习与创新适应不断变化的世界，以不断的努力提升自己的实力；

我们愿与社会各界友好合作，共享人文社会科学发展之成果，共同推动中国学术出版乃至内容产业的繁荣与发展。

社会科学文献出版社社长

中国社会学会秘书长

2015 年 1 月

皮书起源

“皮书”起源于十七、十八世纪的英国，主要指官方或社会组织正式发表的重要文件或报告，多以“白皮书”命名。在中国，“皮书”这一概念被社会广泛接受，并被成功运作、发展成为一种全新的出版形态，则源于中国社会科学院社会科学文献出版社。

皮书定义

皮书是对中国与世界发展状况和热点问题进行年度监测，以专业的角度、专家的视野和实证研究方法，针对某一领域或区域现状与发展态势展开分析和预测，具备权威性、前沿性、原创性、实证性、时效性等特点的连续性公开出版物，由一系列权威研究报告组成。皮书系列是社会科学文献出版社编辑出版的蓝皮书、绿皮书、黄皮书等的统称。

皮书作者

皮书系列的作者以中国社会科学院、著名高校、地方社会科学院的研究人员为主，多为国内一流研究机构的权威专家学者，他们的看法和观点代表了学界对中国与世界的现实和未来最高水平的解读与分析。

皮书荣誉

皮书系列已成为社会科学文献出版社的著名图书品牌和中国社会科学院的知名学术品牌。2011 年，皮书系列正式列入“十二五”国家重点出版规划项目；2012~2014 年，重点皮书列入中国社会科学院承担的国家哲学社会科学创新工程项目；2015 年，41 种院外皮书使用“中国社会科学院创新工程学术出版项目”标识。

经　济　类

经济类皮书涵盖宏观经济、城市经济、大区域经济，
提供权威、前沿的分析与预测

经济蓝皮书

2015 年中国经济形势分析与预测

李　扬 / 主编　　2014 年 12 月出版　　定价 :69.00 元

◆　本书课题为“总理基金项目”，由著名经济学家李扬领衔，联合数十家科研机构、国家部委和高等院校的专家共同撰写，对 2014 年中国宏观及微观经济形势，特别是全球金融危机及其对中国经济的影响进行了深入分析，并且提出了 2015 年经济走势的预测。

城市竞争力蓝皮书

中国城市竞争力报告 No.13

倪鹏飞 / 主编　　2015 年 5 月出版　　估价 :89.00 元

◆　本书由中国社会科学院城市与竞争力研究中心主任倪鹏飞主持编写，汇集了众多研究城市经济问题的专家学者关于城市竞争力研究的最新成果。本报告构建了一套科学的城市竞争力评价指标体系，采用第一手数据材料，对国内重点城市年度竞争力格局变化进行客观分析和综合比较、排名，对研究城市经济及城市竞争力极具参考价值。

西部蓝皮书

中国西部发展报告（2015）

姚慧琴　徐璋勇 / 主编　　2015 年 7 月出版　　估价 :89.00 元

◆　本书由西北大学中国西部经济发展研究中心主编，汇集了源自西部本土以及国内研究西部问题的权威专家的第一手资料，对国家实施西部大开发战略进行年度动态跟踪，并对 2015 年西部经济、社会发展态势进行预测和展望。

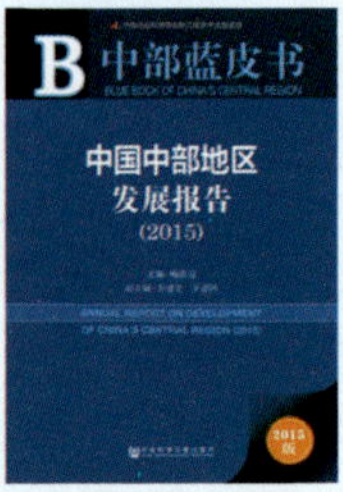

中部蓝皮书

中国中部地区发展报告（2015）

喻新安 / 主编　　2015 年 5 月出版　　估价 :69.00 元

◆　本书敏锐地抓住当前中部地区经济发展中的热点、难点问题，紧密地结合国家和中部经济社会发展的重大战略转变，对中部地区经济发展的各个领域进行了深入、全面的分析研究，并提出了具有理论研究价值和可操作性强的政策建议。

世界经济黄皮书

2015 年世界经济形势分析与预测

王洛林　张宇燕 / 主编　　2014 年 12 月出版　　估价 :69.00 元

◆　本书为“十二五”国家重点图书出版规划项目，中国社会科学院创新工程学术出版资助项目，作者来自中国社会科学院世界经济与政治研究所。该书总结了 2014 年世界经济发展的热点问题，对 2015 年世界经济形势进行了分析与预测。

中国省域竞争力蓝皮书

中国省域经济综合竞争力发展报告（2015）

李建平　李闽榕　高燕京 / 主编　　2015 年 3 月出版　估价 :198.00 元

◆　本书充分运用数理分析、空间分析、规范分析与实证分析相结合、定性分析与定量分析相结合的方法，建立起比较科学完善、符合中国国情的省域经济综合竞争力指标评价体系及数学模型，对 2013~2014 年中国内地 31 个省、市、区的经济综合竞争力进行全面、深入、科学的总体评价与比较分析。

城市蓝皮书

中国城市发展报告 No.8

潘家华　魏后凯 / 主编　2015 年 9 月出版　　估价 :69.00 元

◆　本书由中国社会科学院城市发展与环境研究中心编著，从中国城市的科学发展、城市环境可持续发展、城市经济集约发展、城市社会协调发展、城市基础设施与用地管理、城市管理体制改革以及中国城市科学发展实践等多角度、全方位地立体展示了中国城市的发展状况，并对中国城市的未来发展提出了建议。

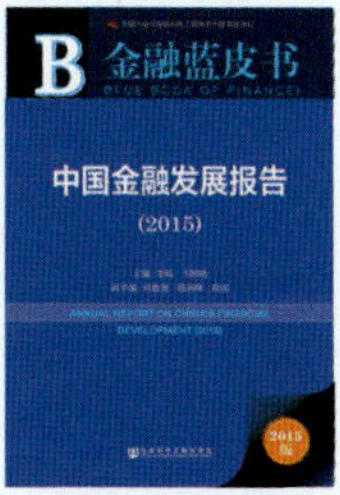

金融蓝皮书

中国金融发展报告（2015）

李　扬　王国刚 / 主编　2014 年 12 月出版　估价 :69.00 元

◆　由中国社会科学院金融研究所组织编写的《中国金融发展报告（2015）》，概括和分析了 2014 年中国金融发展和运行中的各方面情况,研讨和评论了 2014 年发生的主要金融事件。本书由业内专家和青年精英联合编著，有利于读者了解掌握 2014 年中国的金融状况，把握 2015 年中国金融的走势。

低碳发展蓝皮书

中国低碳发展报告（2015）

齐　晔 / 主编　2015 年 3 月出版　估价 :89.00 元

◆　本书对中国低碳发展的政策、行动和绩效进行科学、系统、全面的分析。重点是通过归纳中国低碳发展的绩效，评估与低碳发展相关的政策和措施，分析政策效应的制度背景和作用机制，为进一步的政策制定、优化和实施提供支持。

经济信息绿皮书

中国与世界经济发展报告（2015）

杜　平 / 主编　2014 年 12 月出版　估价 :79.00 元

◆　本书由国家信息中心继续组织有关专家编撰。由国家信息中心组织专家队伍编撰，对 2014 年国内外经济发展环境、宏观经济发展趋势、经济运行中的主要矛盾、产业经济和区域经济热点、宏观调控政策的取向进行了系统的分析预测。

低碳经济蓝皮书

中国低碳经济发展报告（2015）

薛进军　赵忠秀 / 主编　2015 年 5 月出版　估价 :69.00 元

◆　本书是以低碳经济为主题的系列研究报告，汇集了一批罗马俱乐部核心成员、IPCC 工作组成员、碳排放理论的先驱者、政府气候变化问题顾问、低碳社会和低碳城市计划设计人等世界顶尖学者、对气候变化政策制定、特别是中国的低碳经济经济发展有特别参考意义。

社会政法类

社会政法类皮书聚焦社会发展领域的热点、难点问题，
提供权威、原创的资讯与视点

社会蓝皮书

2015 年中国社会形势分析与预测

李培林　陈光金　张　翼 / 主编　2014 年 12 月出版　定价 :69.00 元

◆　本报告是中国社会科学院“社会形势分析与预测”课题组 2014 年度分析报告，由中国社会科学院社会学研究所组织研究机构专家、高校学者和政府研究人员撰写。对 2014 年中国社会发展的各个方面内容进行了权威解读，同时对 2015 年社会形势发展趋势进行了预测。

法治蓝皮书

中国法治发展报告 No.13（2015）

李　林　田　禾 / 主编　　2015 年 2 月出版　　估价 :98.00 元

◆　本年度法治蓝皮书一如既往秉承关注中国法治发展进程中的焦点问题的特点，回顾总结了 2014 年度中国法治发展取得的成就和存在的不足，并对 2015 年中国法治发展形势进行了预测和展望。

环境绿皮书

中国环境发展报告（2015）

刘鉴强 / 主编　　2015 年 5 月出版　　估价 :79.00 元

◆　本书由民间环保组织“自然之友”组织编写，由特别关注、生态保护、宜居城市、可持续消费以及政策与治理等版块构成，以公共利益的视角记录、审视和思考中国环境状况，呈现 2014 年中国环境与可持续发展领域的全局态势，用深刻的思考、科学的数据分析 2014 年的环境热点事件。

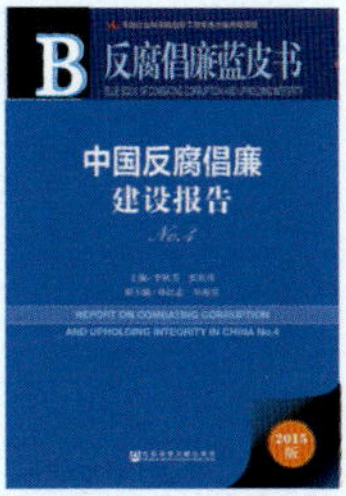

反腐倡廉蓝皮书

中国反腐倡廉建设报告 No.4

李秋芳　张英伟 / 主编　2014 年 12 月出版　　定价 :79.00 元

◆　本书抓住了若干社会热点和焦点问题，全面反映了新时期新阶段中国反腐倡廉面对的严峻局面，以及中国共产党反腐倡廉建设的新实践新成果。根据实地调研、问卷调查和舆情分析，梳理了当下社会普遍关注的与反腐败密切相关的热点问题。

女性生活蓝皮书

中国女性生活状况报告 No.9（2015）

韩湘景 / 主编　2015 年 4 月出版　估价 :79.00 元

◆　本书由中国妇女杂志社、华坤女性生活调查中心和华坤女性消费指导中心组织编写，通过调查获得的大量调查数据，真实展现当年中国城市女性的生活状况、消费状况及对今后的预期。

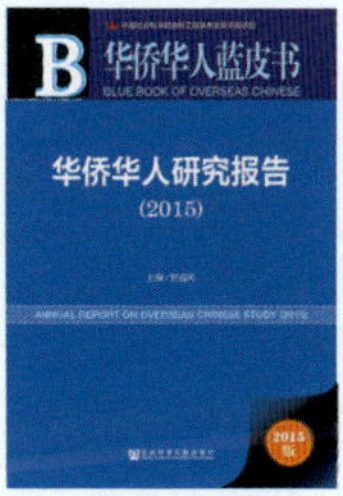

华侨华人蓝皮书

华侨华人研究报告 (2015)

贾益民 / 主编　2015 年 12 月出版　估价 :118.00 元

◆　本书为中国社会科学院创新工程学术出版资助项目，是华侨大学向世界提供最新涉侨动态、理论研究和政策建议的平台。主要介绍了相关国家华侨华人的规模、分布、结构、发展趋势，以及全球涉侨生存安全环境和华文教育情况等。

政治参与蓝皮书

中国政治参与报告（2015）

房　宁 / 主编　2015 年 7 月出版　估价 :105.00 元

◆　本书作者均来自中国社会科学院政治学研究所，聚焦中国基层群众自治的参与情况介绍了城镇居民的社区建设与居民自治参与和农村居民的村民自治与农村社区建设参与情况。其优势是其指标评估体系的建构和问卷调查的设计专业，数据量丰富，统计结论科学严谨。

行业报告类

行业报告类皮书立足重点行业、新兴行业领域，
提供及时、前瞻的数据与信息

房地产蓝皮书

中国房地产发展报告 No.12（2015）

魏后凯　李景国 / 主编　　2015 年 5 月出版　　估价 :79.00 元

◆　本书汇集了众多研究城市房地产经济问题的专家、学者关于城市房地产方面的最新研究成果。对 2014 年我国房地产经济发展状况进行了回顾，并做出了分析，全面翔实而又客观公正，同时，也对未来我国房地产业的发展形势做出了科学的预测。

保险蓝皮书

中国保险业竞争力报告（2015）

姚庆海　王　力 / 主编　2015 年 12 出版　　估价 :98.00 元

◆　本皮书主要为监管机构、保险行业和保险学界提供保险市场一年来发展的总体评价，外在因素对保险业竞争力发展的影响研究；国家监管政策、市场主体经营创新及职能发挥、理论界最新研究成果等综述和评论。

企业社会责任蓝皮书

中国企业社会责任研究报告（2015）

黄群慧　彭华岗　钟宏武　张　蒽 / 编著
2015 年 11 月出版　估价 :69.00 元

◆　本书系中国社会科学院经济学部企业社会责任研究中心组织编写的《企业社会责任蓝皮书》2015 年分册。该书在对企业社会责任进行宏观总体研究的基础上，根据 2014 年企业社会责任及相关背景进行了创新研究，在全国企业中观层面对企业健全社会责任管理体系提供了弥足珍贵的丰富信息。

投资蓝皮书

中国投资发展报告（2015）

杨庆蔚 / 主编　　2015 年 4 月出版　　估价 :128.00 元

◆　本书是中国建银投资有限责任公司在投资实践中对中国投资发展的各方面问题进行深入研究和思考后的成果。投资包括固定资产投资、实业投资、金融产品投资、房地产投资等诸多领域，尝试将投资作为一个整体进行研究，能够较为清晰地展现社会资金流动的特点，为投资者、研究者、甚至政策制定者提供参考。

住房绿皮书

中国住房发展报告（2014~2015）

倪鹏飞 / 主编　　2014 年 12 月出版　　估价 :79.00 元

◆　本报告从宏观背景、市场主体、市场体系、公共政策和年度主题五个方面，对中国住宅市场体系做了全面系统的分析、预测与评价，并给出了相关政策建议，并在评述 2013~2014 年住房及相关市场走势的基础上，预测了 2014~2015 年住房及相关市场的发展变化。

人力资源蓝皮书

中国人力资源发展报告（2015）

余兴安 / 主编　　2015 年 9 月出版　　估价 :79.00 元

◆　本书是在人力资源和社会保障部部领导的支持下，由中国人事科学研究院汇集我国人力资源开发权威研究机构的诸多专家学者的研究成果编写而成。 作为关于人力资源的蓝皮书，本书通过充分利用有关研究成果，更广泛、更深入地展示近年来我国人力资源开发重点领域的研究成果。

汽车蓝皮书

中国汽车产业发展报告（2015）

国务院发展研究中心产业经济研究部　中国汽车工程学会
大众汽车集团（中国）/ 主编　2015 年 7 月出版　　估价 :128.00 元

◆　本书由国务院发展研究中心产业经济研究部、中国汽车工程学会、大众汽车集团（中国）联合主编，是关于中国汽车产业发展的研究性年度报告，介绍并分析了本年度中国汽车产业发展的形势。

国别与地区类

国别与地区类皮书关注全球重点国家与地区，
提供全面、独特的解读与研究

亚太蓝皮书

亚太地区发展报告（2015）

李向阳 / 主编　　2015 年 1 月出版　　估价 :59.00 元

◆　本书是由中国社会科学院亚太与全球战略研究院精心打造的品牌皮书，关注时下亚太地区局势发展动向里隐藏的中长趋势，剖析亚太地区政治与安全格局下的区域形势最新动向以及地区关系发展的热点问题，并对 2015 年亚太地区重大动态做出前瞻性的分析与预测。

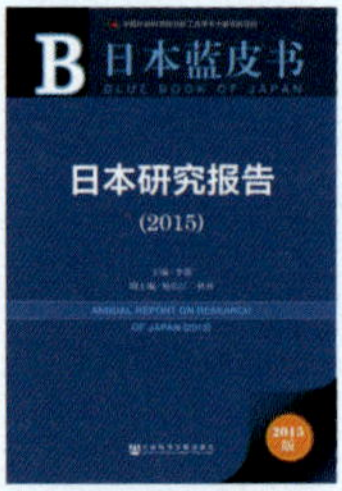

日本蓝皮书

日本研究报告（2015）

李　薇 / 主编　　2015 年 3 月出版　　估价 :69.00 元

◆　本书由中华日本学会、中国社会科学院日本研究所合作推出，是以中国社会科学院日本研究所的研究人员为主完成的研究成果。对 2014 年日本的政治、外交、经济、社会文化作了回顾、分析与展望，并收录了该年度日本大事记。

德国蓝皮书

德国发展报告（2015）

郑春荣　伍慧萍 / 主编　2015 年 6 月出版　估价 :69.00 元

◆　本报告由同济大学德国研究所组织编撰，由该领域的专家学者对德国的政治、经济、社会文化、外交等方面的形势发展情况，进行全面的阐述与分析。德国作为欧洲大陆第一强国，与中国各方面日渐紧密的合作关系，值得国内各界深切关注。

国际形势黄皮书

全球政治与安全报告（2015）

李慎明　张宇燕 / 主编　2014 年 12 月出版　估价 :69.00 元

◆　本书为“十二五”国家重点图书出版规划项目、中国社会科学院创新工程学术出版资助项目，为“国际形势黄皮书”系列年度报告之一。报告旨在对本年度国际政治及安全形势的总体情况和变化进行回顾与分析，并提出一定的预测。

拉美黄皮书

拉丁美洲和加勒比发展报告（2014~2015）

吴白乙 / 主编　2015 年 4 月出版　估价 :89.00 元

◆　本书是中国社会科学院拉丁美洲研究所的第 14 份关于拉丁美洲和加勒比地区发展形势状况的年度报告。 本书对 2014 年拉丁美洲和加勒比地区诸国的政治、经济、社会、外交等方面的发展情况做了系统介绍，对该地区相关国家的热点及焦点问题进行了总结和分析，并在此基础上对该地区各国 2015 年的发展前景做出预测。

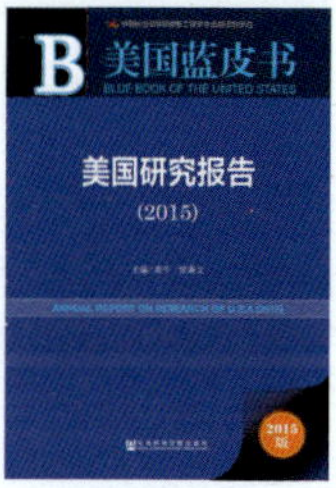

美国蓝皮书

美国研究报告（2015）

黄　平　郑秉文 / 主编　2015 年 7 月出版　估价 :89.00 元

◆　本书是由中国社会科学院美国所主持完成的研究成果，它回顾了美国 2014 年的经济、政治形势与外交战略，对 2014 年以来美国内政外交发生的重大事件以及重要政策进行了较为全面的回顾和梳理。

大湄公河次区域蓝皮书

大湄公河次区域合作发展报告（2015）

刘　稚 / 主编　2015 年 9 月出版　估价 :79.00 元

◆　云南大学大湄公河次区域研究中心深入追踪分析该区域发展动向，以把握全面，突出重点为宗旨，系统介绍和研究大湄公河次区域合作的年度热点和重点问题，展望次区域合作的发展趋势，并对新形势下我国推进次区域合作深入发展提出相关对策建议。

慈善蓝皮书
中国慈善发展报告（2015）
著(编)者:杨团　2015年5月出版 / 估价:79.00元

大学生蓝皮书
中国大学生生活形态研究报告（2015）
著(编)者:张新洲　2015年12月出版 / 估价:69.00元

法治蓝皮书
中国法治发展报告No.13（2015）
著(编)者:李林 田禾　2015年2月出版 / 估价:98.00元

反腐倡廉蓝皮书
中国反腐倡廉建设报告No.4
著(编)者:李秋芳 张英伟　2014年12月出版 / 定价:79.00元

非传统安全蓝皮书
中国非传统安全研究报告（2015）
著(编)者:余潇枫 魏志江　2015年6月出版 / 估价:79.00元

妇女发展蓝皮书
中国妇女发展报告（2015）
著(编)者:王金玲　2015年9月出版 / 估价:148.00元

妇女教育蓝皮书
中国妇女教育发展报告（2015）
著(编)者:张李玺　2015年1月出版 / 估价:78.00元

妇女绿皮书
中国性别平等与妇女发展报告（2015）
著(编)者:谭琳　2015年12月出版 / 估价:99.00元

公共服务蓝皮书
中国城市基本公共服务力评价（2015）
著(编)者:钟君 吴正杲　2015年12月出版 / 估价:79.00元

公共服务满意度蓝皮书
中国城市公共服务评价报告（2015）
著(编)者:胡伟　2015年12月出版 / 估价:69.00元

公民科学素质蓝皮书
中国公民科学素质报告（2015）
著(编)者:李群 许佳军　2015年6月出版 / 估价:79.00元

公益蓝皮书
中国公益发展报告（2015）
著(编)者:朱健刚　2015年5月出版 / 估价:78.00元

管理蓝皮书
中国管理发展报告（2015）
著(编)者:张晓东　2015年9月出版 / 估价:98.00元

国际人才蓝皮书
中国国际移民报告（2015）
著(编)者:王辉耀　2015年1月出版 / 估价:79.00元

国际人才蓝皮书
中国海归发展报告（2015）
著(编)者:王辉耀 苗绿　2015年1月出版 / 估价:69.00元

国际人才蓝皮书
中国留学发展报告（2015）
著(编)者:王辉耀 苗绿　2015年9月出版 / 估价:69.00元

国家安全蓝皮书
中国国家安全研究报告（2015）
著(编)者:刘慧　2015年5月出版 / 估价:98.00元

行政改革蓝皮书
中国行政体制改革报告（2014~2015）
著(编)者:魏礼群　2015年3月出版 / 估价:89.00元

华侨华人蓝皮书
华侨华人研究报告（2015）
著(编)者:贾益民　2015年12月出版 / 估价:118.00元

环境绿皮书
中国环境发展报告（2015）
著(编)者:刘鉴强　2015年5月出版 / 估价:79.00元

基金会蓝皮书
中国基金会发展报告（2015）
著(编)者:刘忠祥　2015年6月出版 / 估价:69.00元

基金会绿皮书
中国基金会发展独立研究报告（2015）
著(编)者:基金会中心网　2015年8月出版 / 估价:88.00元

基金会透明度蓝皮书
中国基金会透明度发展研究报告（2015）
著(编)者:基金会中心网 清华大学廉政与治理研究中心
2015年9月出版 / 估价:78.00元

教师蓝皮书
中国中小学教师发展报告（2015）
著(编)者:曾晓东　2015年7月出版 / 估价:59.00元

教育蓝皮书
中国教育发展报告（2015）
著(编)者:杨东平　2015年5月出版 / 估价:79.00元

科普蓝皮书
中国科普基础设施发展报告（2015）
著(编)者:任福君　2015年6月出版 / 估价:59.00元

劳动保障蓝皮书
中国劳动保障发展报告（2015）
著(编)者:刘燕斌　2015年6月出版 / 估价:89.00元

老龄蓝皮书
中国老年宜居环境发展报告(2015)
著(编)者:吴玉韶　2015年9月出版 / 估价:79.00元

连片特困区蓝皮书
中国连片特困区发展报告（2015）
著(编)者:冷志明 游俊　2015年3月出版 / 估价:79.00元

民间组织蓝皮书
中国民间组织报告(2015)
著(编)者:潘晨光 黄晓勇　2015年8月出版 / 估价:69.00元

民调蓝皮书
中国民生调查报告（2015）
著(编)者:谢耘耕　2015年5月出版 / 估价:128.00元

民族发展蓝皮书
中国民族区域自治发展报告（2015）
著(编)者:王希恩 郝时远　2015年6月出版 / 估价:98.00元

女性生活蓝皮书
中国女性生活状况报告No.9（2015）
著(编)者:《中国妇女》杂志社 华坤女性生活调查中心
华坤女性消费指导中心
2015年4月出版 / 估价:79.00元

企业国际化蓝皮书
中国企业国际化报告(2015)
著(编)者:王辉耀　2015年10月出版 / 估价:79.00元

汽车社会蓝皮书
中国汽车社会发展报告（2015）
著(编)者:王俊秀　2015年1月出版 / 估价:59.00元

青年蓝皮书
中国青年发展报告No.3
著(编)者:廉思　2015年4月出版 / 估价:59.00元

区域人才蓝皮书
中国区域人才竞争力报告（2015）
著(编)者:桂昭明 王辉耀　2015年6月出版 / 估价:69.00元

群众体育蓝皮书
中国群众体育发展报告（2015）
著(编)者:刘国永 杨桦　2015年8月出版 / 估价:69.00元

人才蓝皮书
中国人才发展报告（2015）
著(编)者:潘晨光　2015年8月出版 / 估价:85.00元

人权蓝皮书
中国人权事业发展报告（2015）
著(编)者:中国人权研究会　2015年8月出版 / 估价:99.00元

森林碳汇绿皮书
中国森林碳汇评估发展报告（2015）
著(编)者:闫文德 胡文臻　2015年9月出版 / 估价:79.00元

社会保障绿皮书
中国社会保障发展报告（2015）
著(编)者:王延中　2015年6月出版 / 估价:79.00元

社会工作蓝皮书
中国社会工作发展报告（2015）
著(编)者:民政部社会工作研究中心
2015年8月出版 / 估价:79.00元

社会管理蓝皮书
中国社会管理创新报告（2015）
著(编)者:连玉明　2015年9月出版 / 估价:89.00元

社会蓝皮书
2015年中国社会形势分析与预测
著(编)者:李培林 陈光金 张 翼
2014年12月出版 / 定价:69.00元

社会体制蓝皮书
中国社会体制改革报告（2015）
著(编)者:龚维斌　2015年5月出版 / 估价:79.00元

社会心态蓝皮书
中国社会心态研究报告（2015）
著(编)者:王俊秀 杨宜音　2015年10月出版 / 估价:69.00元

社会组织蓝皮书
中国社会组织评估发展报告（2015）
著(编)者:徐家良 廖鸿　2015年12月出版 / 估价:69.00元

生态城市绿皮书
中国生态城市建设发展报告（2015）
著(编)者:刘举科 孙伟平 胡文臻
2015年6月出版 / 估价:98.00元

生态文明绿皮书
中国省域生态文明建设评价报告（ECI 2015）
著(编)者:严耕　2015年9月出版 / 估价:85.00元

世界社会主义黄皮书
世界社会主义跟踪研究报告（2015）
著(编)者:李慎明　2015年3月出版 / 估价:198.00元

水与发展蓝皮书
中国水风险评估报告（2015）
著(编)者:王浩　2015年9月出版 / 估价:69.00元

土地整治蓝皮书
中国土地整治发展研究报告No.2
著(编)者:国土资源部土地整治中心　2015年5月出版 / 估价:89.00元

危机管理蓝皮书
中国危机管理报告（2015）
著(编)者:文学国　2015年8月出版 / 估价:89.00元

形象危机应对蓝皮书
形象危机应对研究报告（2015）
著(编)者:唐钧　2015年6月出版 / 估价:149.00元

医改蓝皮书
中国医药卫生体制改革报告（2015～2016）
著(编)者:文学国 房志武　2015年12月出版 / 估价:79.00元

医疗卫生绿皮书
中国医疗卫生发展报告（2015）
著(编)者:申宝忠 韩玉珍　2015年4月出版 / 估价:75.00元

应急管理蓝皮书
中国应急管理报告（2015）
著(编)者:宋英华　2015年10月出版 / 估价:69.00元

政治参与蓝皮书
中国政治参与报告（2015）
著(编)者:房宁　2015年7月出版 / 估价:105.00元

政治发展蓝皮书
中国政治发展报告（2015）
著(编)者:房宁 杨海蛟　2015年5月出版 / 估价:88.00元

中国农村妇女发展蓝皮书
流动女性城市融入发展报告（2015）
著(编)者:谢丽华　2015年11月出版 / 估价:69.00元

宗教蓝皮书
中国宗教报告（2015）
著(编)者:金泽 邱永辉　2015年9月出版 / 估价:59.00元

行业报告类

保险蓝皮书
中国保险业竞争力报告（2015）
著(编)者:王力　2015年12月出版 / 估价:98.00元

彩票蓝皮书
中国彩票发展报告（2015）
著(编)者:益彩基金　2015年10月出版 / 估价:69.00元

餐饮产业蓝皮书
中国餐饮产业发展报告（2015）
著(编)者:邢颖　2015年6月出版 / 估价:69.00元

测绘地理信息蓝皮书
智慧中国地理空间智能体系研究报告（2015）
著(编)者:徐德明　2015年1月出版 / 估价:98.00元

茶业蓝皮书
中国茶产业发展报告（2015）
著(编)者:杨江帆 李闽榕　2015年1月出版 / 估价:78.00元

产权市场蓝皮书
中国产权市场发展报告（2015）
著(编)者:曹和平　2015年12月出版 / 估价:79.00元

电子政务蓝皮书
中国电子政务发展报告（2014~2015）
著(编)者:洪毅 杜平　2015年2月出版 / 估价:79.00元

杜仲产业绿皮书
中国杜仲橡胶资源与产业发展报告（2015）
著(编)者:胡文臻 杜红岩 俞锐
2015年9月出版 / 估价:98.00元

房地产蓝皮书
中国房地产发展报告No.12（2015）
著(编)者:魏后凯 李景国　2015年5月出版 / 估价:79.00元

服务外包蓝皮书
中国服务外包产业发展报告（2015）
著(编)者:王晓红 刘德军　2015年6月出版 / 估价:89.00元

工业设计蓝皮书
中国工业设计发展报告（2015）
著(编)者:王晓红 于炜 张立群　2015年9月出版 / 估价:138.00元

互联网金融蓝皮书
中国互联网金融发展报告（2015）
著(编)者:芮晓武 刘烈宏　2015年8月出版 / 估价:79.00元

会展蓝皮书
中外会展业动态评估年度报告（2015）
著(编)者:张敏　2015年1月出版 / 估价:78.00元

金融监管蓝皮书
中国金融监管报告（2015）
著(编)者:胡滨　2015年5月出版 / 估价:69.00元

金融蓝皮书
中国商业银行竞争力报告（2015）
著(编)者:王松奇　2015年12月出版 / 估价:69.00元

客车蓝皮书
中国客车产业发展报告（2015）
著(编)者:姚蔚　2015年12月出版 / 估价:85.00元

老龄蓝皮书
中国老年宜居环境发展报告（2015）
著(编)者:吴玉韶 党俊武　2015年9月出版 / 估价:79.00元

流通蓝皮书
中国商业发展报告（2015）
著(编)者:荆林波　2015年5月出版 / 估价:89.00元

旅游安全蓝皮书
中国旅游安全报告（2015）
著(编)者:郑向敏 谢朝武　2015年5月出版 / 估价:98.00元

旅游景区蓝皮书
中国旅游景区发展报告（2015）
著(编)者:黄安民　2015年7月出版 / 估价:79.00元

旅游绿皮书
2015年中国旅游发展分析与预测
著(编)者:宋瑞　2015年1月出版 / 估价:79.00元

煤炭蓝皮书
中国煤炭工业发展报告（2015）
著(编)者:岳福斌　2015年12月出版 / 估价:79.00元

民营医院蓝皮书
中国民营医院发展报告（2015）
著(编)者:庄一强　2015年10月出版 / 估价:75.00元

闽商蓝皮书
闽商发展报告（2015）
著(编)者:王日根 李闽榕　2015年12月出版 / 估价:69.00元

能源蓝皮书
中国能源发展报告（2015）
著(编)者:崔民选 王军生　2015年8月出版 / 估价:79.00元

农产品流通蓝皮书
中国农产品流通产业发展报告（2015）
著(编)者:贾敬敦 张东科 张玉玺 孔令羽 张鹏毅
2015年9月出版 / 估价:89.00元

企业蓝皮书
中国企业竞争力报告（2015）
著(编)者:金碚　2015年11月出版 / 估价:89.00元

企业社会责任蓝皮书
中国企业社会责任研究报告（2015）
著(编)者:黄群慧 彭华岗 钟宏武 张蒽
2015年11月出版 / 估价:69.00元

汽车安全蓝皮书
中国汽车安全发展报告（2015）
著(编)者:中国汽车技术研究中心　2015年4月出版 / 估价:79.00元

汽车蓝皮书
中国汽车产业发展报告（2015）
著(编)者:国务院发展研究中心产业经济研究部
中国汽车工程学会 大众汽车集团（中国）
2015年7月出版 / 估价:128.00元

清洁能源蓝皮书
国际清洁能源发展报告（2015）
著(编)者:国际清洁能源论坛（澳门）
2015年9月出版 / 估价:89.00元

人力资源蓝皮书
中国人力资源发展报告（2015）
著(编)者:余兴安　2015年9月出版 / 估价:79.00元

软件和信息服务业蓝皮书
中国软件和信息服务业发展报告（2015）
著(编)者:陈新河 洪京一　2015年12月出版 / 估价:198.00元

上市公司蓝皮书
上市公司质量评价报告（2015）
著(编)者:张跃文 王力　2015年10月出版 / 估价:118.00元

食品药品蓝皮书
食品药品安全与监管政策研究报告（2015）
著(编)者:唐民皓　2015年7月出版 / 估价:69.00元

世界能源蓝皮书
世界能源发展报告（2015）
著(编)者:黄晓勇　2015年6月出版 / 估价:99.00元

碳市场蓝皮书
中国碳市场报告（2015）
著(编)者:低碳发展国际合作联盟
2015年11月出版 / 估价:69.00元

体育蓝皮书
中国体育产业发展报告（2015）
著(编)者:阮伟 钟秉枢　2015年4月出版 / 估价:69.00元

投资蓝皮书
中国投资发展报告（2015）
著(编)者:杨庆蔚　2015年4月出版 / 估价:128.00元

物联网蓝皮书
中国物联网发展报告（2015）
著(编)者:黄桂田　2015年1月出版 / 估价:59.00元

西部工业蓝皮书
中国西部工业发展报告（2015）
著(编)者:方行明 甘犁 刘方健 姜凌 等
2015年9月出版 / 估价:79.00元

西部金融蓝皮书
中国西部金融发展报告（2015）
著(编)者:李忠民　2015年8月出版 / 估价:75.00元

新能源汽车蓝皮书
中国新能源汽车产业发展报告（2015）
著(编)者:中国汽车技术研究中心
日产（中国）投资有限公司 东风汽车有限公司
2015年8月出版 / 估价:69.00元

信托市场蓝皮书
中国信托业市场报告（2015）
著(编)者:李旸　2015年1月出版 / 估价:198.00元

信息产业蓝皮书
世界软件和信息技术产业发展报告（2015）
著(编)者:洪京一　2015年8月出版 / 估价:79.00元

信息化蓝皮书
中国信息化形势分析与预测（2015）
著(编)者:周宏仁　2015年8月出版 / 估价:98.00元

信用蓝皮书
中国信用发展报告（2015）
著(编)者:田侃　2015年4月出版 / 估价:69.00元

休闲绿皮书
2015年中国休闲发展报告
著(编)者:刘德谦　2015年6月出版 / 估价:59.00元

医药蓝皮书
中国中医药产业园战略发展报告（2015）
著(编)者:裴长洪 房书亭 吴篠心　2015年3月出版 / 估价:89.00元

邮轮绿皮书
中国邮轮产业发展报告（2015）
著(编)者:汪泓　2015年9月出版 / 估价:79.00元

支付清算蓝皮书
中国支付清算发展报告（2015）
著(编)者:杨涛　2015年5月出版 / 估价:45.00元

中国上市公司蓝皮书
中国上市公司发展报告（2015）
著(编)者:许雄斌 张平 2015年9月出版 / 估价:98.00元

中国总部经济蓝皮书
中国总部经济发展报告（2015）
著(编)者:赵弘　2015年5月出版 / 估价:79.00元

住房绿皮书
中国住房发展报告（2014~2015）
著(编)者:倪鹏飞　2014年12月出版 / 估价:79.00元

资本市场蓝皮书
中国场外交易市场发展报告（2015）
著(编)者:高峦　2015年8月出版 / 估价:79.00元

资产管理蓝皮书
中国资产管理行业发展报告（2015）
著(编)者:智信资产管理研究院　2015年7月出版 / 估价:79.00元

甘肃蓝皮书
甘肃文化发展分析与预测（2015）
著(编)者:周小华 王福生　2015年1月出版 / 估价:69.00元

甘肃蓝皮书
甘肃社会发展分析与预测（2015）
著(编)者:安文华　2015年1月出版 / 估价:69.00元

甘肃蓝皮书
甘肃经济发展分析与预测（2015）
著(编)者:朱智文 罗哲　2015年1月出版 / 估价:69.00元

甘肃蓝皮书
甘肃县域经济综合竞争力评价（2015）
著(编)者:刘进军　2015年1月出版 / 估价:69.00元

广东蓝皮书
广东省电子商务发展报告（2015）
著(编)者:程晓　2015年12月出版 / 估价:69.00元

广东蓝皮书
广东社会工作发展报告（2015）
著(编)者:罗观翠　2015年6月出版 / 估价:89.00元

广东社会建设蓝皮书
广东省社会建设发展报告（2015）
著(编)者:广东省社会工作委员会　2015年10月出版 / 估价:89.00元

广东外经贸蓝皮书
广东对外经济贸易发展研究报告（2015）
著(编)者:陈万灵　2015年5月出版 / 估价:79.00元

广西北部湾经济区蓝皮书
广西北部湾经济区开放开发报告（2015）
著(编)者:广西北部湾经济区规划建设管理委员会办公室
广西社会科学院广西北部湾发展研究院
2015年8月出版 / 估价:79.00元

广州蓝皮书
广州社会保障发展报告（2015）
著(编)者:蔡国萱　2015年1月出版 / 估价:65.00元

广州蓝皮书
2015年中国广州社会形势分析与预测
著(编)者:张强 陈怡霓 杨秦　2015年5月出版 / 估价:69.00元

广州蓝皮书
广州经济发展报告（2015）
著(编)者:李江涛 朱名宏　2015年5月出版 / 估价:69.00元

广州蓝皮书
广州商贸业发展报告（2015）
著(编)者:李江涛 王旭东 荀振英　2015年6月出版 / 估价:69.00元

广州蓝皮书
2015年中国广州经济形势分析与预测
著(编)者:庾建设 沈奎 郭志勇　2015年6月出版 / 估价:79.00元

广州蓝皮书
中国广州文化发展报告（2015）
著(编)者:徐俊忠 陆志强 顾涧清　2015年6月出版 / 估价:69.00元

广州蓝皮书
广州农村发展报告（2015）
著(编)者:李江涛 汤锦华　2015年8月出版 / 估价:69.00元

广州蓝皮书
中国广州城市建设与管理发展报告（2015）
著(编)者:董皞 冼伟雄　2015年7月出版 / 估价:69.00元

广州蓝皮书
中国广州科技和信息化发展报告（2015）
著(编)者:邹采荣 马正勇 冯元　2015年7月出版 / 估价:79.

广州蓝皮书
广州创新型城市发展报告（2015）
著(编)者:李江涛　2015年7月出版 / 估价:69.00元

广州蓝皮书
广州文化创意产业发展报告（2015）
著(编)者:甘新　2015年8月出版 / 估价:79.00元

广州蓝皮书
广州志愿服务发展报告（2015）
著(编)者:魏国华 张强　2015年9月出版 / 估价:69.00元

广州蓝皮书
广州城市国际化发展报告（2015）
著(编)者:朱名宏　2015年9月出版 / 估价:59.00元

广州蓝皮书
广州汽车产业发展报告（2015）
著(编)者:李江涛 杨再高　2015年9月出版 / 估价:69.00元

贵州房地产蓝皮书
贵州房地产发展报告（2015）
著(编)者:武廷方　2015年1月出版 / 估价:89.00元

贵州蓝皮书
贵州人才发展报告（2015）
著(编)者:于杰 吴大华　2015年3月出版 / 估价:69.00元

贵州蓝皮书
贵州社会发展报告（2015）
著(编)者:王兴骥　2015年3月出版 / 估价:69.00元

贵州蓝皮书
贵州法治发展报告（2015）
著(编)者:吴大华　2015年3月出版 / 估价:69.00元

贵州蓝皮书
贵州国有企业社会责任发展报告（2015）
著(编)者:郭丽　2015年10月出版 / 估价:79.00元

海淀蓝皮书
海淀区文化和科技融合发展报告（2015）
著(编)者:孟景伟 陈名杰　2015年5月出版 / 估价:75.00元

海峡西岸蓝皮书
海峡西岸经济区发展报告（2015）
著(编)者:黄端　2015年9月出版 / 估价:65.00元

杭州都市圈蓝皮书
杭州都市圈发展报告（2015）
著(编)者:董祖德 沈翔　2015年5月出版 / 估价:89.00元

杭州蓝皮书
杭州妇女发展报告（2015）
著(编)者:魏颖　2015年6月出版 / 估价:75.00元

河北经济蓝皮书
河北省经济发展报告（2015）
著(编)者:马树强 金浩 张贵　2015年4月出版 / 估价:79.00元

河北蓝皮书
河北经济社会发展报告（2015）
著(编)者:周文夫　2015年1月出版 / 估价:69.00元

河南经济蓝皮书
2015年河南经济形势分析与预测
著(编)者:胡五岳　2015年3月出版 / 估价:69.00元

河南蓝皮书
河南城市发展报告（2015）
著(编)者:王建国 谷建全　2015年1月出版 / 估价:59.00元

河南蓝皮书
2015年河南社会形势分析与预测
著(编)者:刘道兴 牛苏林　2015年1月出版 / 估价:69.00元

河南蓝皮书
河南工业发展报告（2015）
著(编)者:龚绍东　2015年1月出版 / 估价:69.00元

河南蓝皮书
河南文化发展报告（2015）
著(编)者:卫绍生　2015年1月出版 / 估价:69.00元

河南蓝皮书
河南经济发展报告（2015）
著(编)者:完世伟 喻新安　2015年12月出版 / 估价:69.00元

河南蓝皮书
河南法治发展报告（2015）
著(编)者:丁同民 闫德民　2015年3月出版 / 估价:69.00元

河南蓝皮书
河南金融发展报告（2015）
著(编)者:喻新安 谷建全　2015年4月出版 / 估价:69.00元

河南商务蓝皮书
河南商务发展报告（2015）
著(编)者:焦锦淼 穆荣国　2015年5月出版 / 估价:88.00元

黑龙江产业蓝皮书
黑龙江产业发展报告（2015）
著(编)者:于渤　2015年9月出版 / 估价:79.00元

黑龙江蓝皮书
黑龙江经济发展报告（2015）
著(编)者:张新颖　2015年1月出版 / 估价:69.00元

黑龙江蓝皮书
黑龙江社会发展报告（2015）
著(编)者:王爱丽 艾书琴　2015年1月出版 / 估价:69.00元

湖北文化蓝皮书
湖北文化发展报告（2015）
著(编)者:江畅 吴成国　2015年5月出版 / 估价:89.00元

湖南城市蓝皮书
区域城市群整合
著(编)者:罗海藩　2014年12月出版 / 估价:59.00元

湖南蓝皮书
2015年湖南电子政务发展报告
著(编)者:梁志峰　2015年4月出版 / 估价:128.00元

湖南蓝皮书
2015年湖南社会发展报告
著(编)者:梁志峰　2015年4月出版 / 估价:128.00元

湖南蓝皮书
2015年湖南产业发展报告
著(编)者:梁志峰　2015年4月出版 / 估价:128.00元

湖南蓝皮书
2015年湖南经济展望
著(编)者:梁志峰　2015年4月出版 / 估价:128.00元

湖南蓝皮书
2015年湖南县域经济社会发展报告
著(编)者:梁志峰　2015年4月出版 / 估价:128.00元

湖南蓝皮书
2015年湖南两型社会发展报告
著(编)者:梁志峰　2015年4月出版 / 估价:128.00元

湖南县域绿皮书
湖南县域发展报告No.2
著(编)者:朱有志　2015年4月出版 / 估价:69.00元

沪港蓝皮书
沪港发展报告（2015）
著(编)者:尤安山　2015年9月出版 / 估价:89.00元

吉林蓝皮书
2015年吉林经济社会形势分析与预测
著(编)者:马克　2015年1月出版 / 估价:79.00元

济源蓝皮书
济源经济社会发展报告（2015）
著(编)者:喻新安　2015年4月出版 / 估价:69.00元

健康城市蓝皮书
北京健康城市建设研究报告（2015）
著(编)者:王鸿春　2015年3月出版 / 估价:79.00元

江苏法治蓝皮书
江苏法治发展报告（2015）
著(编)者:李力 龚廷泰　2015年9月出版 / 估价:98.00元

京津冀蓝皮书
京津冀发展报告（2015）
著(编)者:文魁 祝尔娟　2015年3月出版 / 估价:79.00元

经济特区蓝皮书
中国经济特区发展报告（2015）
著(编)者:陶一桃　2015年4月出版 / 估价:89.00元

辽宁蓝皮书
2015年辽宁经济社会形势分析与预测
著(编)者:曹晓峰　2015年1月出版 / 估价:79.00元

南京蓝皮书
南京文化发展报告（2015）
著(编)者:南京文化产业研究中心
2015年10月出版 / 估价:79.00元

内蒙古蓝皮书
内蒙古反腐倡廉建设报告（2015）
著(编)者:张志华 无极 2015年12月出版 / 估价:69.00元

浦东新区蓝皮书
上海浦东经济发展报告（2015）
著(编)者:沈开艳 陆沪根 2015年1月出版 / 估价:59.00元

青海蓝皮书
2015年青海经济社会形势分析与预测
著(编)者:赵宗福 2015年1月出版 / 估价:69.00元

人口与健康蓝皮书
深圳人口与健康发展报告（2015）
著(编)者:曾序春 2015年12月出版 / 估价:89.00元

山东蓝皮书
山东社会形势分析与预测（2015）
著(编)者:张华 唐洲雁 2015年6月出版 / 估价:89.00元

山东蓝皮书
山东经济形势分析与预测（2015）
著(编)者:张华 唐洲雁 2015年6月出版 / 估价:89.00元

山东蓝皮书
山东文化发展报告（2015）
著(编)者:张华 唐洲雁 2015年6月出版 / 估价:98.00元

山西蓝皮书
山西资源型经济转型发展报告（2015）
著(编)者:李志强 2015年5月出版 / 估价:98.00元

陕西蓝皮书
陕西经济发展报告（2015）
著(编)者:任宗哲 石英 裴成荣 2015年2月出版 / 估价:69.00元

陕西蓝皮书
陕西社会发展报告（2015）
著(编)者:任宗哲 石英 牛昉 2015年2月出版 / 估价:65.00元

陕西蓝皮书
陕西文化发展报告（2015）
著(编)者:任宗哲 石英 王长寿 2015年3月出版 / 估价:59.00元

陕西蓝皮书
丝绸之路经济带发展报告（2015）
著(编)者:任宗哲 石英 白宽犁
2015年8月出版 / 估价:79.00元

上海蓝皮书
上海文学发展报告（2015）
著(编)者:陈圣来 2015年1月出版 / 估价:69.00元

上海蓝皮书
上海文化发展报告（2015）
著(编)者:蒯大申 郑崇选 2015年1月出版 / 估价:69.00元

上海蓝皮书
上海资源环境发展报告（2015）
著(编)者:周冯琦 汤庆合 任文伟
2015年1月出版 / 估价:69.00元

上海蓝皮书
上海社会发展报告（2015）
著(编)者:周海旺 卢汉龙 2015年1月出版 / 估价:69.00元

上海蓝皮书
上海经济发展报告（2015）
著(编)者:沈开艳 2015年1月出版 / 估价:69.00元

上海蓝皮书
上海传媒发展报告（2015）
著(编)者:强荧 焦雨虹 2015年1月出版 / 估价:79.00元

上海蓝皮书
上海法治发展报告（2015）
著(编)者:叶青 2015年4月出版 / 估价:69.00元

上饶蓝皮书
上饶发展报告（2015）
著(编)者:朱寅健 2015年3月出版 / 估价:128.00

社会建设蓝皮书
2015年北京社会建设分析报告
著(编)者:宋贵伦 冯虹 2015年7月出版 / 估价:79.00元

深圳蓝皮书
深圳劳动关系发展报告（2015）
著(编)者:汤庭芬 2015年6月出版 / 估价:75.00元

深圳蓝皮书
深圳经济发展报告（2015）
著(编)者:张骁儒 2015年7月出版 / 估价:79.00元

深圳蓝皮书
深圳社会发展报告（2015）
著(编)者:叶民辉 张骁儒 2015年7月出版 / 估价:89.00元

深圳蓝皮书
深圳法治发展报告（2015）
著(编)者:张骁儒 2015年4月出版 / 估价:79.00元

四川蓝皮书
四川文化产业发展报告（2015）
著(编)者:侯水平 2015年2月出版 / 估价:69.00元

四川蓝皮书
四川企业社会责任研究报告（2015）
著(编)者:侯水平 盛毅 2015年4月出版 / 估价:79.00元

四川蓝皮书
四川法治发展报告（2015）
著(编)者:郑泰安 2015年2月出版 / 估价:69.00元

四川蓝皮书
2015年四川生态建设报告
著(编)者:四川省社会科学院
2015年2月出版 / 估价:69.00元

四川蓝皮书
四川省城镇化发展报告（2015）
著(编)者:四川省城镇发展研究中心
2015年2月出版 / 估价:69.00元

四川蓝皮书
2015年四川社会发展形势分析与预测
著(编)者:郭晓鸣 李羚 2015年2月出版 / 估价:69.00元

四川蓝皮书
2015年四川经济发展报告
著(编)者:杨钢 2015年2月出版 / 估价:69.00元

天津金融蓝皮书
天津金融发展报告（2015）
著(编)者:王爱俭 杜强 2015年9月出版 / 估价:89.00元

图们江区域合作蓝皮书
中国图们江区域合作开发发展报告（2015）
著(编)者:李铁 朱显平 吴成章 2015年4月出版 / 估价:79.00元

温州蓝皮书
2015年温州经济社会形势分析与预测
著(编)者:潘忠强 王春光 金浩 2015年4月出版 / 估价:69.00元

扬州蓝皮书
扬州经济社会发展报告（2015）
著(编)者:丁纯 2015年12月出版 / 估价:89.00元

云南蓝皮书
中国面向西南开放重要桥头堡建设发展报告（2015）
著(编)者:刘绍怀 2015年12月出版 / 估价:69.00元

长株潭城市群蓝皮书
长株潭城市群发展报告（2015）
著(编)者:张萍 2015年1月出版 / 估价:69.00元

郑州蓝皮书
2015年郑州文化发展报告
著(编)者:王哲 2015年9月出版 / 估价:65.00元

中医文化蓝皮书
北京中医文化发展报告（2015）
著(编)者:毛嘉陵 2015年4月出版 / 估价:69.00元

珠三角流通蓝皮书
珠三角商圈发展研究报告（2015）
著(编)者:林至颖 王先庆 2015年7月出版 / 估价:98.00元

国别与地区类

阿拉伯黄皮书
阿拉伯发展报告（2015）
著(编)者:马晓霖 2015年4月出版 / 估价:79.00元

北部湾蓝皮书
泛北部湾合作发展报告（2015）
著(编)者:吕余生 2015年8月出版 / 估价:69.00元

大湄公河次区域蓝皮书
大湄公河次区域合作发展报告（2015）
著(编)者:刘稚 2015年9月出版 / 估价:79.00元

大洋洲蓝皮书
大洋洲发展报告（2015）
著(编)者:喻常森 2015年8月出版 / 估价:89.00元

德国蓝皮书
德国发展报告（2015）
著(编)者:郑春荣 伍慧萍 2015年6月出版 / 估价:69.00元

东北亚黄皮书
东北亚地区政治与安全（2015）
著(编)者:黄凤志 刘清才 张慧智
2015年3月出版 / 估价:69.00元

东盟黄皮书
东盟发展报告（2015）
著(编)者:崔晓麟 2015年5月出版 / 估价:75.00元

东南亚蓝皮书
东南亚地区发展报告（2015）
著(编)者:王勤 2015年4月出版 / 估价:79.00元

俄罗斯黄皮书
俄罗斯发展报告（2015）
著(编)者:李永全 2015年7月出版 / 估价:79.00元

非洲黄皮书
非洲发展报告（2015）
著(编)者:张宏明 2015年7月出版 / 估价:79.00元

国际形势黄皮书
全球政治与安全报告（2015）
著(编)者:李慎明 张宇燕 2014年12月出版 / 估价:69.00元

韩国蓝皮书
韩国发展报告（2015）
著(编)者:刘宝全 牛林杰 2015年8月出版 / 估价:79.00元

加拿大蓝皮书
加拿大发展报告（2015）
著(编)者:仲伟合 2015年4月出版 / 估价:89.00元

拉美黄皮书
拉丁美洲和加勒比发展报告（2014~2015）
著(编)者:吴白乙 2015年4月出版 / 估价:89.00元

美国蓝皮书
美国研究报告（2015）
著(编)者:黄平 郑秉文 2015年7月出版 / 估价:89.00元

缅甸蓝皮书
缅甸国情报告（2015）
著(编)者:李晨阳 2015年8月出版 / 估价:79.00元

欧洲蓝皮书
欧洲发展报告（2015）
著(编)者:周弘　　2015年6月出版 / 估价:89.00元

葡语国家蓝皮书
葡语国家发展报告（2015）
著(编)者:对外经济贸易大学区域国别研究所　葡语国家研究中心
2015年3月出版 / 估价:89.00元

葡语国家蓝皮书
中国与葡语国家关系发展报告·巴西（2014）
著(编)者:澳门科技大学　2015年1月出版 / 估价:89.00元

日本经济蓝皮书
日本经济与中日经贸关系研究报告（2015）
著(编)者:王洛林 张季风　　2015年5月出版 / 估价:79.00元

日本蓝皮书
日本研究报告（2015）
著(编)者:李薇　　2015年3月出版 / 估价:69.00元

上海合作组织黄皮书
上海合作组织发展报告（2015）
著(编)者:李进峰 吴宏伟 李伟
2015年9月出版 / 估价:89.00元

世界创新竞争力黄皮书
世界创新竞争力发展报告（2015）
著(编)者:李闽榕 李建平　赵新力
2015年1月出版 / 估价:148.00元

土耳其蓝皮书
土耳其发展报告（2015）
著(编)者:郭长刚 刘义　　2015年7月出版 / 估价:89.00

亚太蓝皮书
亚太地区发展报告（2015）
著(编)者:李向阳　　2015年1月出版 / 估价:59.00元

印度蓝皮书
印度国情报告（2015）
著(编)者:吕昭义　　2015年5月出版 / 估价:89.00元

印度洋地区蓝皮书
印度洋地区发展报告（2015）
著(编)者:汪戎　　2015年3月出版 / 估价:79.00元

中东黄皮书
中东发展报告（2015）
著(编)者:杨光　　2015年11月出版 / 估价:89.00元

中欧关系蓝皮书
中欧关系研究报告（2015）
著(编)者:周弘　　2015年12月出版 / 估价:98.00元

中亚黄皮书
中亚国家发展报告（2015）
著(编)者:孙力 吴宏伟　　2015年9月出版 / 估价:89.00

中国皮书网

www.pishu.cn

发布皮书研创资讯，传播皮书精彩内容
引领皮书出版潮流，打造皮书服务平台

栏目设置：

- □ 资讯：皮书动态、皮书观点、皮书数据、皮书报道、皮书发布、电子期刊
- □ 标准：皮书评价、皮书研究、皮书规范
- □ 服务：最新皮书、皮书书目、重点推荐、在线购书
- □ 链接：皮书数据库、皮书博客、皮书微博、在线书城
- □ 搜索：资讯、图书、研究动态、皮书专家、研创团队

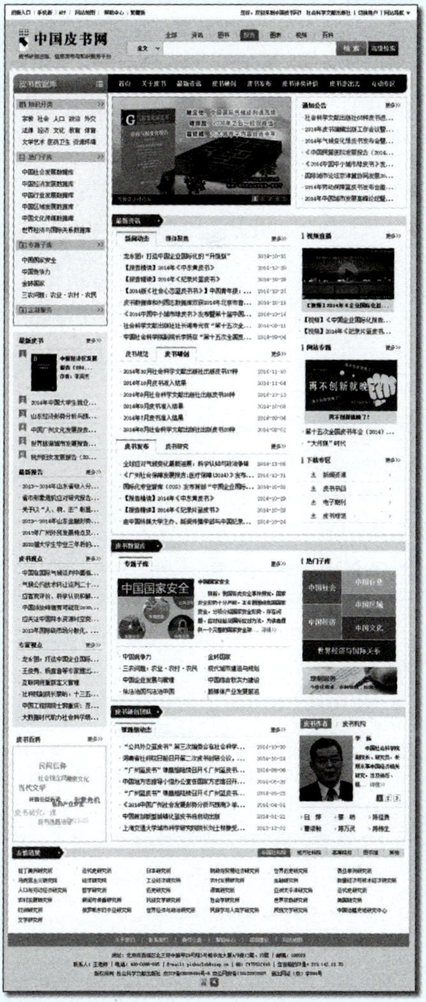

中国皮书网依托皮书系列“权威、前沿、原创”的优质内容资源，通过文字、图片、音频、视频等多种元素，在皮书研创者、使用者之间搭建了一个成果展示、资源共享的互动平台。

自2005年12月正式上线以来，中国皮书网的IP访问量、PV浏览量与日俱增，受到海内外研究者、公务人员、商务人士以及专业读者的广泛关注。

2008年、2011年，中国皮书网均在全国新闻出版业网站荣誉评选中获得“最具商业价值网站”称号；2012年，获得“出版业网站百强”称号。

2014年，中国皮书网与皮书数据库实现资源共享，端口合一，将提供更丰富的内容，更全面的服务。

皮书大事记

☆ 2014年8月，第十五次全国皮书年会（2014）在贵阳召开，第五届优秀皮书奖颁发，本届开始皮书及报告将同时评选。

☆ 2013年6月，依据《中国社会科学院皮书资助规定（试行）》公布2013年拟资助的40种皮书名单。

☆ 2012年12月，《中国社会科学院皮书资助规定（试行）》由中国社会科学院科研局正式颁布实施。

☆ 2011年，部分重点皮书纳入院创新工程。

☆ 2011年8月，2011年皮书年会在安徽合肥举行，这是皮书年会首次由中国社会科学院主办。

☆ 2011年2月，“2011年全国皮书研讨会”在北京京西宾馆举行。王伟光院长（时任常务副院长）出席并讲话。本次会议标志着皮书及皮书研创出版从一个具体出版单位的出版产品和出版活动上升为由中国社会科学院牵头的国家哲学社会科学智库产品和创新活动。

☆ 2010年9月，“2010年中国经济社会形势报告会暨第十一次全国皮书工作研讨会”在福建福州举行，高全立副院长参加会议并做学术报告。

☆ 2010年9月，皮书学术委员会成立，由我院李扬副院长领衔，并由在各个学科领域有一定的学术影响力、了解皮书编创出版并持续关注皮书品牌的专家学者组成。皮书学术委员会的成立为进一步提高皮书这一品牌的学术质量、为学术界构建一个更大的学术出版与学术推广平台提供了专家支持。

☆ 2009年8月，“2009年中国经济社会形势分析与预测暨第十次皮书工作研讨会”在辽宁丹东举行。李扬副院长参加本次会议，本次会议颁发了首届优秀皮书奖，我院多部皮书获奖。